왜
가난한 사람들은 부자를 위해 투표하는가

WHAT'S THE MATTER WITH KANSAS?: Middle America's Thirty-Year War with
Liberalism by Thomas Frank
Copyright ⓒ 2004 by Thomas Frank
All right reserved.
This Korean edition was published by Galapagos Publishing Co. in 2012
by arrangement with The Marsh Agency Ltd. in conjunction with The Spieler
Agency, New York through KCC(Korea Copyright Center Inc.), Seoul.

이 책은 (주)한국저작권센터(KCC)를 통한 저작권자와의 독점계약으로
갈라파고스에서 출간되었습니다. 저작권법에 의해 한국 내에서 보호를 받는
저작물이므로 무단전재와 복제를 금합니다.

왜 가난한 사람들은 부자를 위해 투표하는가
캔자스에서 도대체 무슨 일이 있었나

토마스 프랭크 지음 | 김병순 옮김

갈라파고스

오, 캔자스 바보들! 가련한 캔자스 바보들!
은행가에게 당신들은 한낱 수단에 불과하다.
　　　─민중가요, 1892년

차례

서문 미국에 도대체 무슨 일이 있었나? 9

1부 대초원의 수수께끼

　　1장 두 개의 나라, 도대체 이해 못할 그들의 선택 25
　　2장 캔자스는 어쩌다 보수의 중심이 되었나? 44
　　3장 하느님과 돈을 동시에 섬기다 91
　　4장 두 명의 버넌, 자꾸만 오른쪽으로 가다 104
　　5장 공화당이 왜 민주당을 도왔을까?* 117

---

* 원제는 'Con Men and Mod Squad'인데 con man은 사기꾼이라는 의미이고 mod squad는 부패 경찰에 맞서 싸우는 3명의 10대 남녀의 활약상을 그린 드라마 제목이다. 하지만 이 책에서는 공화당 내 신생 극우 보수주의자인 기독교 우파를 The Cons로, 기존의 중도 보수파를 The Mods로 약칭한다. 따라서 저자는 공화당 내 소수의 기존 중도파가 사기꾼 같은 다수의 신생 기독교 우파를 대상으로 싸운다는 중의적 의미로 제목을 설정한 듯함―옮긴이

2부 아무도 이해할 수 없는 분노

6장 박해받고, 힘없고, 눈먼 145

7장 망할 놈의 러시아 이란 디스코 176

8장 행복한(?) 공화당의 포로들 198

9장 캔자스가 당신의 죄를 대속하다 225

10장 반지성주의 물결 240

11장 엉뚱한 곳에 분노하는 사람들 269

에필로그 세상의 정원에서 283

감사의 말 301

옮긴이의 말 303

추천사: 왜 가난한 사람들은 자해선거를 하는가 | 장행훈(전 동아일보 편집국장) 309

인터뷰한 사람 317

주 319

서문
미국에 도대체 무슨 일이 있었나?

미국에서 가장 가난한 카운티가 있는 곳은 애팔래치아 산맥이나 남부 지역 끝자락이 아니다. 가축을 치는 농민들이 살기 위해 발버둥치지만 점점 몰락해가는 농촌 마을들이 있는 곳, 그리고 2000년 대통령 선거에서 공화당 대선 후보 조지 W. 부시가 80퍼센트가 넘는 압도적 표차로 승리한 대초원 지역이 바로 그곳이다.[1]

처음에 그 소식을 듣고 깜짝 놀랐다. 내가 아는 사람들도 대부분 어리둥절해하기는 마찬가지였다. 보통 생각할 때 노동자와 가난한 사람들, 사회적 약자와 고통 받는 사람들을 위한 정당은 민주당이다. 그렇게 생각하는 것이 상식이다. 정상적인 성인이라면 누구나 그렇게 생각할 것이다. 내가 대초원의 서부 고지대에 사는 가난한 사람들이 부시 대통령을 열렬히 지지했다고 한 친구에게 말했더니 그녀는 황당하다는 표정으로 "여태껏 남들을 위해 일했던 사람들이 어떻게 공화당 후보를 찍을 수 있지?"라고 물었다. 어떻게 그 많은 사람들이 하나같이 그런 잘못을 저지를 수 있단 말인가?

그녀가 그런 의문을 제기하는 것은 아주 당연하다. 그것은 우리 시대에 던지는 매우 의미심장한 질문이다. 무엇이 자신들에게 이익이 되는지 근본적으로 이해하지 못하는 현실은 오늘날 미국인의 정치적 삶이 어떤 상황인지를 단적으로 보여준다. 이러한 착란 현상은 미국의 시민사회라는 체제 자체를 배경으로 한다. 또한 이것은 사회를 구성하는 모든 요소들을 지탱하는 토대이기도 하다. 미국인들은 이런 착란 현상 때문에 공화당에 정부를 이루는 3개 부문을 모두 넘겨주고 말았다. 그들은 대통령과 의회, 주 정부까지 모두 공화당에 맡겼다. 민주당은 우경화하고 클린턴은 탄핵재판을 받으며 우스갯거리로 전락했다.

당신의 연봉이 30만 달러가 넘는다면 이러한 착란 현상의 혜택을 크게 받은 것이다. 당신이 건진 행운을 생각한다면 가끔은 그 궁핍한 하이 플레인스(서부 대초원의 고지대—옮긴이)의 공화당원들을 위해 건배하라. 당신이 이제 더 이상 과중한 부동산 세금이나 성가신 노동조합, 간섭 많은 금융 규제자들을 걱정하지 않아도 되는 것은 모두 다 그들이 자신들의 이익에 반하여 투표했기 때문이다. 오늘날 이렇게 충직한 후손들의 노고 덕분에 당신은 옛날 부자들이 "재산 몰수나 마찬가지라고" 목청을 높였던 엄청난 소득세 징수에서 벗어날 수 있게 되었다. 당신이 올해 롤렉스 시계 한 개 살 것을 두 개 사고 금으로 장식된 일인용 스쿠터 세그웨이를 살 수 있었던 것은 다 그들 덕분이다.

어쩌면 당신은 이 모든 것과는 거리가 먼 수백만 명의 미국 평균 소득자들 가운데 한 사람일지도 모르겠다. 이렇게 경제가 어려워지면서 당신이 보수주의를 지지하는 것은 당연할 수도 있다. 이런 입장에서 보면 노동자들에게 계속해서 민주당에 투표하기를 요구하는 것은 설득력이 없을뿐더러 난처하기까지 하다. 이러한 사실은 캔자스시티에서 열린 한 총기 전시회에서도 확인할 수 있다. 그곳에서 본 자동차 범퍼의 광고 스티커 문구는 다음과 같았다. "민주당을 지지하는 노동자는 콜 샌더스Col. Sanders(캔터키 후라이드 치킨(KFC)을 창업한 사람—옮긴이)를 지지하는 병아리나 다름없다!"

어쩌면 당신은 1968년(베트콩이 구정 대공세로 미군을 곤경에 빠뜨린 해—옮긴이)에 밤마다 텔레비전을 켜면 염주알을 늘어뜨린 부잣집 자식들(1960년대 미국은 베트남전에 반대하는 히피와 평화운동으로 상징되는데 헤르만 헤세의 『싯다르타』가 최고의 인기 소설이었음—옮긴이)이 나와 자기 나라를 비난하는 데 신물을 내며 미국 정부를 두둔하던 사람들 가운데 한 명일 수도 있다. 또 어쩌면 당신은 리처드 닉슨이 "침묵하는 다수"에 대해서 말했을 때 그것이 무엇을 뜻하는지 정확하게 알았을 수도 있다. 침묵하는 다수는 언제나 아무 말없이 열심히 일하지만, 전국에 방송되는 뉴스와 할리우드 영화, 또 잘난 척하는 대학교수들은 그들을 위해 꼭 해야 할 말들은 전혀 하지도 않고 오히려 그들을 조롱한다. 또 어쩌면 당신을 돌게 만드는 자들은 바로 진보 성향의 재판관들이었을지도 모른다. 그들은 사교 모임에서 칵테일을 마시며 떠들다 나온 멍청한 아이디어로 당신 주의 법을 개정한다. 또 자기들 마음대로 인종차별 철폐 제도를 만들고 그것을 시행하기 위해 필요한 수십억 달러를 당신 도시에 세금으로 떠넘긴다. 게다가 흉악한 범죄자들을 풀어주어 열심히 일하고 근면하게 사는 시민들을 희생양으로 만드는 짓을 무심코 저지른다. 또 어쩌면 당신은 당신 같은 사람들을 무장해제해서 마침내 권력을 빼앗으려고 하는 총기 규제 운동 때문에 분노했을지도 모르겠다.

어쩌면 당신은 로널드 레이건 때문에 보수 반동의 소용돌이 속으로 더 깊숙이 빨려 들어갔을 수도 있다. 레이건은 시간이 날 때마다 세상이 이처럼 엉망이 되기 전, 글렌 밀러의 경쾌한 스윙 음악으로 상징되는 찬

란한 미국에 대해 이야기하면서 당신의 기억을 되살려냈는지도 모른다. 혹은 날마다 오만하고 거드름 피우는 민주당 사람들을 몰아내자고 역설하는 러시 림보(프리미어 라디오 네트워크를 통해 미국 전역에 방송되며 최고의 청취율을 자랑하는 정치 토크 프로그램 〈러시 림보 쇼〉를 진행하는 미국의 대표적인 극우 방송인—옮긴이)의 주장에 설득당했을 수도 있다. 당신은 어쩔 수 없이 그렇게 떠밀렸는지도 모른다. 어쩌면 당신은 아무렇지도 않게 전투명령을 내리고는 자기가 나서야 할 때가 되면 겁쟁이로 돌변하는 그런 뻔뻔한 사람이면서, 아무 때고 '연민'이라는 새빨간 거짓말을 태연히 내뱉고는 아이비리그의 명문대학을 나오지 않은 보통사람들을 몹시 업신여기는 빌 클린턴 때문에 공화당을 지지하게 되었는지도 모른다.

민주당에서 공화당으로 지지하는 정당을 바꾼 사람들은 모두 저마다 전향한 까닭들이 있다. 아버지 세대는 많은 사람들이 철강노동자였고 열성적인 민주당 지지자들이었다. 그런데 어찌된 일인지 자식 세대는 모두 공화당에 표를 던지기 시작했고, 그들의 친척들은 언제부턴가 감리교 교회를 떠나서 도시 외곽에 있는 오순절 교회로 가기 시작했다. 또 육식을 하고 인디언 마스코트가 그려진 주립대학의 옷을 입는다고 비난하는 소리에 진절머리를 치던 사람들이 어느 날부터 갑자기 폭스 뉴스가 아주 "공정하고 균형 잡힌" 보도라고 말하기 시작했다. 이렇듯 그들이 정치적 전향을 하게 된 까닭은 저마다 다양하다.

사회학자들이 흔히 매우 "전형적인 미국 가정"이라고 부르며 무슨 때만 되면 몰려드는 중서부 도시들 가운데 한 곳 출신인 내 친구의 가정을 예로 들어보자. 그곳은 기계설비와 자동차 부품 같은 것들을 만드는 중간 규모의 산업도시였다. 1981년 레이건이 집권했을 때 그 도시 노동자의 절반 이상이 공장에서 일했고 그들 대다수는 노동조합에 가입되어 있었다. 그곳의 분위기는 노동계급의 기풍이 자리 잡고 있었다. 그 도시는 상투적으로 말하면 풍요로우면서 안정되고 자유로웠다.

친구의 아버지는 공립학교 교사이자 교원노조의 열성조합원이었으며 누구보다 헌신적인 민주당원이었다. 그는 과거 조지 맥거번(1972년 미국 대선에서 민주당 후보로 선출되었으나 닉슨에게 대패—옮긴이)의 열렬한 지지자였다. 뿐만 아니라 1980년 민주당 경선에서도 텍사스 출신의 흑인 하원의원 바브라 조던에게 표를 던졌다. 하지만 내 친구는 그때 애덤 스미스의 얼굴이 그려진 넥타이를 매고 윌리엄 F. 버클리(《내셔널 리뷰》의 발행인이자 작가로서 2008년에 타계한 미국 보수주의 흐름의 정신적 지주—옮긴이)의 글에 심취해서 레이건을 연호하는 열성 고등학생 공화당원이었다. 그 친구의 아버지는 자기 아들이 밀턴 프리드먼과 자유시장 자본주의의 신성함에 대해서 무책임하게 지껄이는 것을 듣고는 머리를 절레절레 흔들었다. 얘야, 언젠가 지금의 네가 얼마나 바보 같았는지 알게 될 거다.

하지만 마음이 바뀐 사람은 친구의 아버지였다. 그는 이제 투표할 때 가장 극우적인 공화당 후보를 찍는다. 그가 공화당으로 전향한 가장 큰 이유는 낙태 문제였다. 독실한 가톨릭 신자였던 친구의 아버지는 1990년대 초에 태아의 신성함이 그 무엇보다도 중요하다는 주장에 공감했다. 그때부터 보통사람들의 가치 기준을 업신여기고 상류층의 이익을 대변하는 신문 방송매체와 미국시민자유연맹, 그리고 가식적인 남녀평등주의자들을 비난하는 광적인 보수주의자들이 주장하는 모든 것을 서서히 받아들이기 시작했다. 그는 기독교인들이 지금 여기, 미국 땅에서 지독한 박해를 받고 있다고 생각했다. 실제로 그는 자신의 새로운 영웅이 된 빌 오라일리(폭스 TV의 정치 토론 프로그램 진행자로 러시 림보와 함께 대표적인 극우 방송인—옮긴이)가 교원노조를 "미국을 사랑하지 않는 매국노" 집단이라고 매도할 때에도 그 말을 조금도 의심하지 않는다.

친구 아버지가 살았던 중서부 지역의 작은 도시는 당시 경제 상황이 미국의 평균 수준보다 높았는데, 대다수 주민들이 친구 아버지와 같은 정치적 궤적을 그대로 따랐다. 그 지역주민들은 공화당의 경제정책 때문에 자신들이 사는 도시의 산업과 노동조합이 황폐해지고 이웃들의 삶이 곤궁해졌는데도 경제 문제는 거들떠보지도 않았다. 엉뚱하게도 문화적 문제들을 비난하고 새삼스레 기독교 윤리를 내세우며 낙태 반대를 주장하는 극우 공화당 의원의 편을 들었다. 오늘날 그 도시는 디트로이트의 축소판이 되었다. 무엇보다도 안타까운 것은 경제 상황이 점점 더 악화되면 될수록 주민들은 점점 더 냉소적이 되고 훨씬 더 보수적으로 바뀌어간다는 사실이다.

이러한 착란 현상은 보수주의의 대반동을 나타내는 특징적 표현이다. 1960년대 말 보수주의는 미국 전역에서 집단적으로 저항하며 으르렁대기 시작했다. 예전에도 보수주의는 재정감축을 강조했지만 보수 반동 세력은 강제 버스 통학 문제(백인과 흑인의 균형을 맞추기 위해 거주지역 밖의 학교로 아이들을 강제로 배정하여 버스 통학을 할 수밖에 없게 만든 제도—옮긴이)에서부터 비기독교적인 예술품에 이르기까지 대중의 분노를 폭발시킬 수 있는 모든 사회 문제들을 내세워 유권자들을 끌어모은다. 그러고는 이런 지지를 바탕으로 친기업적 경제정책들을 수행한다. 경제적 목적을 달성하기 위해 문화적 현상에 대한 분노를 동원하는 것이다. 보수 반동 세력이 영원히 끝나지 않을 이러한 문화전쟁을 통해 얻고자 하는 것은 그 때문에 발생하는—사람들의 뇌리에서 금방 사라질—사소한 충돌이 아니라 그러한 경제적 목적의 달성이다. 이러한 보수 반동의 물결은 최근 몇 년 사이에 민영화, 규제 철폐, 노동조합 폐쇄로 이어지는 자유시장의 세계적 합의를 이루어냈다. 보수 반동은 심지어 공화당이 신봉하던 자유시장이 실패하고, 그들의 자유주의 계획이 좌초하고, 그들의 '신新경제'가 붕괴되었음에도 공화당이 계속해서 직무를 수행할 수 있게 해주었다. 결국 정책추진자들은 '세계화'와 자유무역 제국이라는 환상에서 헤어나지 못하고 오히려 자기 확신 속에서 전 세계에 그와 같은 헛된 망상을 퍼트리는 결과를 초래했다. 어떤 예술가는 촌뜨기들에게 충격을 주기 위해 예수상을 오줌통에 담그기도 했으므로(1989년 미국 작가 안드레 세라노가 십자가상을 자신의 오줌통에 담근 사진을 〈오줌 예수〉라는 제목으로 발표하여 공화당과 보수 기독교계로부터 신성 모독이라는 강력한 반발을 야기함—옮긴이) 전 세계는 미국 공화당이 선호하는 방침에 따라 반드시 개조되어야 한다는 것이다.

보수대반동은 자유방임 정책을 부활시켰다. 하지만 그 자유방임이 옛 자본가들이 말했던 것처럼 돈에 대한 신성한 권리를 연상시키거나 거대한 존재의 사슬 속에서 인간이 어디에 자리하는지 겸손하게 배울 것을 요구하는 따위의 자유방임을 의미하지는 않는다. 오히려 그 반대로 오늘날 보수파들은 보수 반동이 지배계급의 적이고 부당하게 박해받는 자들의 목소리이며 역사에서 희생당한 자들의 정의로운 저항이라고 생각한다. 그러나 오늘날 그러한 투사들이 정부를 구성하는 세 부문을 지배한다는 사실은 전혀 문제시하지 않는다. 보수 반동의 가장 큰 수혜자가 바로 부자들이라는 사실도 전혀 거리끼지 않는다.

사실 보수대반동의 지도자들은 경제 문제를 정치에 연계시키는 일을 철저하게 무시한다. 이 운동의 기본전제는 일반 대중들이 경제보다 문화를 더 중요하게 생각한다는 것이다. 가장 중요한 것은 가치다는 한 보수주의 학자(벤자민 와텐버그를 말함—옮긴이)가 쓴 책 제목이기도 하다. 이러한 배경을 바탕으로 한때 뉴딜정책의 열렬한 지지자였던 국민들은 전형적인 보수주의자로 변신한다.[2] 보수적 가치들은 보수주의자들이 연단에 올라가 연설할 때에만 중요할 뿐이다. 하지만 그들이 일단 정권을 잡으면 되살리고 싶은 유일한 옛날 상황은 저임금과 느슨한 규제라는 경제영역에 대한 지배다. 그들은 지난 30년 동안 복지국가를 지향하는 정책을 분쇄하고 기업과 부자에게 부과하는 세금을 줄였다. 그리고 전체적으로 부의 분배를 19세기 형태로 되돌리는 데 역량을 발휘했다. 따라서 노동운동이 그동안 노동계급에 헤아릴 수 없을 정도로 역사적 해악을 끼쳤다고 주장하는 것은 보수 반동 세력의 주요 모순이다.

보수 반동의 지도자들이 말로는 그리스도를 이야기할지 모르지만 행동은 기업을 위할 뿐이다. 가치는 유권자들에게 "가장 중요한" 요소일 수 있지만 보수파가 선거에서 이기는 순간 전통적 가치들보다 돈이 더 중요해진다. 이것은 수십 년 동안 지속된 현상의 기본적 특징이다. 낙태는 절대로 금지할 수 없다. 차별 철폐 조처도 결코 폐지할 수 없다. 문화 산업을 강제로 이래라 저래라 할 수도 없다. 심지어 문화전쟁의 가장 위대한 전사조차도 싸울 때가 되자 오히려 철저하게 변절했다. 보수 반동에 대한 체감도를 가장 기민하게 분석한 사람 가운데 한 명인 크리스토퍼 라쉬는 "레이건은 자신을 '전통 가치'의 수호자라고 자처했지만 그가 그러한 가치들의 복원을 가장 중요하게 생각했다는 증거는 전혀 없다"고 썼다. "그가 정말로 주목한 것은 20세기의 규제 받지 않는 자본주의의 부활, 뉴딜정책의 폐기였다."[3]

정치평론가들이 보기에 이것은 난처한 일이 아닐 수 없다. 보수 반동을 진심으로 지지하는 사람들은 훨씬 더 안달할 일이다. 정부를 이끄는 고위 지도자들은 입을 꾹 다문다. 지지자들의 분노는 점점 끓어오른다. 하지만 지지자들은 결국 두 번이고 세 번이고 스무 번이고 2년마다 보수파 영웅들을 선출한다. 보수의 수법은 세월이 흘러도 여전하며 환상은 절대로 사라지지 않는다. 낙태 반대에 **투표**하고 자본이득세를 **철폐**한다. 미국을 다시 강하게 만들기 위해 **투표**하고 산업의 쇠퇴를 받아들인다. 정치적으로 올바른 말을 하는 대학교수들을 옥죄는 데 **투표**하고 전력 규제 법안을 **철폐**한다. 정부 비난을 중지하는 데 **투표**하고 미디어산업에서 정육업까지 모든 분야에 걸쳐 합병과 독점을 인정한다. 테러분자에 맞서 싸우기 위해 **투표**하고 사회보장제도의 민영화를 수용한다. 엘리트주의에 한 방 먹이기 위해 **투표**하고 그 어느 때보다 소수에게 부가 집중되고 노동자들은 권력을 빼앗겼지만 기업의 최고경영자들은 상상할 수 없을 정도로 많은 보상을 받는 그런 사회체제를 받아들인다.

앞으로 보겠지만 보수 반동 이론가들은 부유하고, 권력이 있고, 서로 밀접하게 연결된 자유주의 계열의 미디어와 무신론 과학자, 밉상 맞은 동부의 엘리트들이 꼭두각시를 앞장 세워 무수한 음모들을 꾸며댄다고 주장한다. 그러나 사실 알고보면 보수 반동이라는 술책만큼 지금까지 미국 중산층의 이익을 완전히 거덜낸 정치적 음모는 없었다. 보수 반동 세력이 비난하는 가장 교활한 배후조정자들도 그런 정도의 음모는 생각해내기 어려울 것이다. 결국 그들은 상속세 폐지를 주장하면서 '기존 체제'에 저항한다. 그들이 지금 여기서 기존의 권력구조를 비난하는 것은 부자를 더 부자로 만들자는 운동이다. 그들은 노동조합과 민주당의 작업장 안전 법안 때문에 노동자들의 삶이 이루 말할 수 없이 피폐해졌다고 맹렬하게 비난한다. 또 미국 학생들의 학력을 향상시키기 위해서는 공교육에 대한 지원을 중단해야 한다고 주장한다.

보수 반동은 급진적인 공화주의자들이 귀족들에게 더 많은 권력을 줄 것을 요구하면서 거리로 쏟아져 나온 프랑스혁명처럼 용인할 수 있는 이념의 스펙트럼 범위를 점점 더 오른쪽으로 넓혀 나간다. 보수 반동이 학교에서 다시 예배 볼 수 있는 시절로 되돌리지는 못했지만 우파의 온갖 경제비책이 쓰레기통에 처박히는 것은 구해냈다. 보수파의 지도자들은 1960년대(빈곤과의 전쟁)와 1930년대(노동법, 농산물 가격 지원, 금융 규제)의 획기적인 경제개혁 조치들을 철폐하고 이제 그들의 총구를 아주 오래전 진보주의가 일구어낸 성과들(우드로 윌슨의 부동산세, 데오도르 루스벨트의 독점금지 조치)에 돌리고 있다. 보수 반동은 이제 조금만 더 노력한다면 20세기에 이룬 진보적 성과를 전부 사라지게 만들지도 모른다.[4]

보수 반동은 하나의 지배적 정치연합을 한데 결합시켜놓은 상투적 문구처럼 보여서 사실이 아닌 것처럼 보인다. 또 너무 자기 모순적인 구석이 많아 자유주의 진영 사람들은 대개 보수 반동이 실제로 진행된다고 생각하지 못하는 경우도 많다. 그들은 기업과 노동자, 이 두 집단이 모든 권익을 대상으로 서로 맹렬히 싸우는 게 당연하다고 생각한다. 자신들을 노동계급을 옹호하는 정당이라고 자처하는 공화당이 보기에 민주당은 모든 현상을 진지하게 다루지 않고 간단하게 처리하면서, 어처구니없게도 그러한 정치적 실체를 부인하는 것처럼 보인다. 반면 민주당 진영 사람들은 보수대반동이 본색을 감춘 인종주의의 또 다른 모습이거나 나이든 사람들의 사회적 병폐, 또는 백인 기독교인들의 마구잡이 불평, 역사의 뒤안길에 버려졌다고 느끼는 '분노한 백인'의 반발일 뿐이라고 생각한다.

그러나 보수 반동 현상을 그런 식으로 이해하다가는 그것이 지닌 이

넘적 영향력과 폭넓은 대중적 생명력을 간과하기 쉽다. 잘못하면 아무리 애를 써도 반동의 모진 역병이 노인에서 청년에게, 기독교 근본주의자들에서 가톨릭 신자와 유대교인들에게, 분노한 백인에서 상상할 수 있는 온갖 종류의 사람들에 이르기까지 끊임없이 널리 전파되는 것을 막지 못할지도 모른다.

닉슨 시절에 최초로 "침묵하는 다수"를 만들어냈던 그 힘이 사라진 지 오래되었다는 사실은 전혀 문제가 되지 않는다. 보수 반동은 지난 수십 년 동안 전혀 지친 기색 없이 으르렁대며 분노를 실어 날랐다. 당시 미국을 이끌었던 자신만만한 자유주의자들은 이제 사라지는 종이다. 외설과 국기 모독을 즐기는 신좌파는 모두 멸종되었다. 온정주의적인 기업과 강력한 노동조합이 공존하는 "풍요한 사회"(1958년에 발간된 갤브레이스의 미국 경제 비판서. 불평등한 부의 분배, 대량 생산과 소비, 경제이론과 정책의 오류 등을 지적하면서 공공성과 복지정책에 대한 투자를 제안함—옮긴이)는 한 해 한 해 지나면서 점점 창공 속으로 아득히 멀어지고 있다. 그러나 보수 반동은 세월의 흐름에도 굴하지 않는다. 보수 반동은 실제로 세상이 어떻게 돌아가든 상관없이 국가가 몰락하고 영웅들의 무법과 최고위층의 배반이 난무하는 끔찍한 세상을 끊임없이 꿈꾼다.

그러면서 한때 순수하고 서민적이며 심지어 "대중의 사랑을 받기"까지 했던 보수 반동 현상은 〈오라일리 팩터〉(오라일리가 폭스 TV에서 진행하는 정치 토크쇼—옮긴이)만큼이나 상투적인 구성과 코카콜라 광고만큼이나 뻔한—그리고 돈이 되는—결과를 가진 자극과 반응의 멜로드라마로 바뀌었다. 이를테면 당신은 동성결혼에 대한 신문기사를 읽고 거의 반사적으로 미국 중산층의 끓어오르는 분노를 표출한다. 그러면서 편집자에게 성난 편지를 보내고 선거에서 그것에 대해 응징하고 만족해한다.

나는 여기서 보수 반동 현상을 위에서부터 아래까지—보수주의 이론가, 선출직 정치인에서 베트남전 참전용사들에 이르기까지—샅샅이 살펴보고, 그렇게 많은 보통사람들을 자기 파괴적인 정치적 극단주의자로 만든 일종의 착란 현상을 이해하고자 한다. 따라서 이제부터 정치적 변화가 아주 극적으로 일어난 곳 한 군데를 주목하려고 한다. 내 고향 캔자스 주가 바로 그곳이다. 지금은 보수주의자들이 선거 때마다 지껄이는 허튼소리에 열광하는 전국에서 몇 위 안에 드는 공화당 지지 지역이지만, 백 년 전만 해도 좌파의 개혁운동에 불을 지핀 진보세력의 확실한 온상이었다. 반동의 역사만큼이나 긴 캔자스 주의 사연은 낙관주의자들을 안심시키지도, 냉소주의자들을 잠재우지도 않는다. 하지만 우리를 오른쪽으로 그렇게 세게 잡아당긴 힘이 무엇인지 알려면 캔자스를 주목해야 한다. 보수파의 고위 성직자들은 지난 수십 년 동안 미국과 전 세계에 휘몰아쳤던 모든 경제 조치들이 슬기롭고 자애로운 하느님의 화신인 자유시장의 명에 따른 것이라고 주장함으로써 스스로 위안을 얻고 싶어 한다. 그러나 사실 그러한 움직임에 날개를 달아준 것은 캔자스 같이 착란 현상이 매우 교묘하게 확대된 지역들이었다. 그 범인이 바로 문화전쟁이다.

교외의 사무복합단지에 있는, 에어컨이 달린 안락한 고층 사무실에서 볼 때 지금은 18세기와 다른 새로운 이성의 시대인 것처럼 보일지도 모른다. 컴퓨터에서는 웹사이트들이 저마다 웅성거리고 매주 미묘하게 바뀌는 우리의 취향을 놀랍게도 미리 알아서 만족시켜주는 쇼핑몰이 있다. 또 아름답게 치장된 질서정연한 도시의 거리에는 번들거리는 고급승용차 인피니티들이 부릉부릉 소리를 내며 긴 행렬을 이룬다. 그러나 좀 더 자세히 보면 그곳은 오히려 히에로니무스 보슈(15세기 네덜란드 화가로

플랑드르 미술을 대표하며 종교적 소재를 가지고 초현실적이고 자유분방한 상상력으로 경이로운 환상세계를 그림—옮긴이)의 작품에나 나올 법한 광기와 미몽의 파노라마가 펼쳐진 것처럼 보인다. 애국심에 불타는 건장한 공장 노동자들이 국가에 대한 충성의 맹세를 암송하면서 스스로 자기 목을 조른다. 가난한 소농들은 자신들을 땅에서 내쫓는 사람들에게 자랑스럽게 표를 던진다. 가정에 헌신적인 가장은 자기 아이들이 대학교육이나 적절한 의료혜택을 결코 받을 수 없는 일에 조심스레 동조한다. 중서부 도시의 노동자들은 자신들의 생활방식을 완전히 무너뜨리고 자기가 사는 지역을 '몰락한 공업도시'로 만들며 그들과 같은 사람들에게 돌이킬 수 없는 치명타를 날릴 정책들을 남발하는 후보자에게 압승을 안겨주며 갈채를 보낸다. 그곳이 바로 캔자스다.

1부
대초원의 수수께끼

1장
두 개의 나라, 도대체 이해 못할 그들의 선택

보수 반동 세력이 상상할 때 미국은 언제나 준 내전 상태다. 한편에는 진중한 생각을 지닌 수백만 명의 진정한 미국인들이 있다. 그 반대편에는 국가를 운영하지만 거기 사는 사람들의 가치관과 믿음을 모독하며 잘난 척하는, 만능을 지닌 자유주의자들이 버티고 있다. 1992년 미 공화당 전국위원회 의장이 전국에 방송되는 텔레비전 시청자들에게 "우리는 미국인입니다" 그리고 "저들은 미국인이 아닙니다"라고 말했을 때, 그는 몇십 년 지난 오래된 상투적 문구를 좀 더 참신하고 노골적으로 표현한 것에 불과했다. 뉴트 깅리치가 민주당을 "정상적인 미국인들의 적"이라고 한 유명한 말은 이런 진부한 주제를 사람들이 주목하게 하기 위해 좀 더 멋있게 되풀이한 것일 뿐이다.

여기서 다룰 환상은 '두 개의 미국'에 대한 이야기다. 2000년 대선 이후 보수 반동 세력뿐만 아니라 꽤 많은 지식인층까지 사로잡은 미국의 상징적 분열에 관한 것이다. 이러한 생각은 그해 미국 지도에 나타난 선거 결과에서 나왔다. 내륙에는 '빨갛게' 표시된 영역이 광대하게 펼쳐져 있었다.(방송사들은 공화당이 승리한 지역을 표시하기 위해 빨간색을 썼다.)

그곳은 조지 W. 부시에게 표를 던진 지역이었다. 반면에 해안 지역을 따라서 '파랗게' 표시된 영역이 아주 조금 눈에 띄는데, 앨 고어를 찍은 대도시 사람들이 사는 지역이었다. 얼핏 보면, 특히 두 후보가 일반 투표자들에게서 득표한 표수에 따르면 실제로 무승부였기 때문에 이러한 빨간색과 파란색 권역은 별로 특별할 것이 없었다.

그러나 많은 정치평론가들은 지도에 드러난 2000년 선거 결과를 보고 불길한 문화적 분열현상, 서서히 다가오는 미국인의 정체성과 가치관에 드리워진 위기를 간파했다. "이 나라가 지금처럼 분열된 모습을 보인 것은 여태껏 좀체 없었던 일이다." 선거가 끝나고 며칠 뒤 발행된 《워싱턴포스트》에 나온 한 기사에서 최고의 정치 전문 칼럼니스트 데이비드 브로더는 이렇게 한탄했다. 두 패로 갈라진 지역들은 단순히 투표 성향에 따라 분열한 게 아니었다. 그들은 서로 다른 완벽한 사회문화적 특징을 가지고 있었다. 두 개의 미국은 이제 서로 치고받기 시작했다.

그리고 이 평론가들은 선거날 밤이 지나기 전에 선거 결과가 나타난 지도만 보고도 이 두 개의 미국이 무엇을 의미하는지 알았다. 사실 그들은 투표도 하기 전에 벌써 그 결과를 어느 정도 예측하였다.[1] 1930년대부터 보수파들이 언제나 간절히 바랐던 것은 한번만이라도 노동운동이 자기 편이 되어서 공화당을 찍고, 과거 노동운동이 이룬 성과들을 단번에 무너뜨리는 것이었다. 그들은 2000년 빨간색과 파란색으로 뚜렷하게 갈라진 선거지형을 보고 마침내 그 꿈이 실현되었음을 알았다. 옛날 민주당 지지 지역이었던 남부와 대초원 지역이 이제 공화당 지지 지역으로 바뀌어 빨간색으로 두텁게 이어졌다. 반면에 민주당 지지 지역은 향락적인 왼쪽 해안 지역과 전통적인 명문가 출신이 많은 북동부의 일부 주들에 한정되었다.(중서부에서 민주당 지지 지역으로 바뀐 주도 일부 있었지만 그런 현상은 이러한 구도에 맞지 않았다. 따라서 평론가들은 그러한 사실을 거의 고려하지 않았다.)

이러한 변화는 매우 큰 의미가 있다. 중서부의 일부 지역은 과거에 매우 열렬한 진보진영이었다. 역사가 월터 프레스콧 웨브는 1931년 자신의 대표적인 명저 『대초원』에서 그 지역의 역사를 이야기하면서 그곳의 완강한 진보주의가 "대초원의 수수께끼" 가운데 하나라고 지적했다. 오늘날 그 수수께끼는 한층 더 복잡해졌다. 지금 봐서는 중서부 지역이 과거에 한때 '진보' 진영이었다는 사실을 믿기 어렵다. 하지만 30대의 독자들은 웨브가 무엇을 이야기했는지 금방 이해했을 것이다. 20세기에 일어난 수많은 정치적 격변이 오하이오 강 서쪽지역에서 시작되었기 때문이다. 그 지역은 바로 유진 뎁스(미국 인디애나 주 출신의 사회주의자이며 노동운동 지도자로 세계산업노동자동맹 창설 주도—옮긴이) 같은 사회주의자와 로버트 라폴레트(위스콘신 주지사를 역임하고 1924년 미국 진보당 대선 후보로 선출되어 17퍼센트의 높은 지지를 받음—옮긴이) 같은 열렬한 진보주의자, 월터 로서(웨스트버지니아 출신으로 미국자동차연맹 GM 노조위원장과 미국산별노조회의 의장을 역임함—옮긴이)와 같은 노련한 노동조합주의자를 배출한 곳이다. 또한 무정부주의적인 세계산업노동자동맹(IWW)과 냉철하고 빈틈없는 미국자동차연맹(UAW)의 산실이기도 하며 대규모의 지독한 노동쟁의로 자주 몸살을 앓는 지역이기도 했다. 캔자스 지역에는 사회주의 계열의 신문들이 있었고 오클라호마 지역에는 사회주의를 지지하는 유권자들이 있었다. 심지어 밀워키 지역은 시장이 사회주의자인 곳들도 있었다. 또 중서부 지역은 농민연맹, 농민-노동자당, 초당파농민동맹, 농민휴일연합회와 같은 투쟁적인 농민단체에 가입한 진보적 농민들이 전역에 걸쳐 산재한 곳으로 널리 알려져 있었다. 또 그들 지역은 자유주의 복지국가의 기본 요소인 사회보장제도를 광범위하게 지지하는 곳이었다.

하지만 오늘날 이러한 단체들은 모두 사라져버렸다. 그 지역의 특징이 그렇게 완전히 바뀌었다는 사실, 즉 중서부 지역민들이 이제는 복지국가를 혹세무민의 사기라고 생각하니, 한때 그들 자신이 열렬한 진보주의자였다는 것을 믿을 수 없는 지경이다. 오히려 그들이 진보주의자들을 권위적이고 나약한 속물이라고 생각한다는 사실은 미국 역사에서 가장 큰 반전 가운데 하나임이 틀림없다.

따라서 2000년 선거지형을 '위대한 평민' 윌리엄 제닝스 브라이언과 기업을 대변하는 윌리엄 맥킨리가 한판 대결을 벌인 1896년의 선거와 비교할 때, 결과는 너무도 명백하게 역전되었다. 브라이언은 네브래스카 주 출신의 좌파 정치인이며 기독교 근본주의자였다. 오늘날은 거의 상상할 수 없는 서로 상반된 성향이 혼합된 사람이었던 그는 1896년 대선 당시 산업자본주의의 굳건한 보루였던 북동부와 중서부 북쪽 지역을 제외한 전역에서 표를 휩쓸었다.(그러나 엄청난 돈을 들여 선거홍보에 매진한 맥킨리가 근소한 표차로 대통령에 당선됨—옮긴이) 오늘날 조지 W. 부시의 지지자들은 부시를 맥킨리와 비교하기 좋아한다.[2] 2000년 선거지형으로 무장한 부시 대통령의 지지자들은 최상의 결과를 얻은 1896년의 대결이 다시 재연될 것임을 예측할 수 있었다. 그때 브라이언을 지지했던 미국 중서부 지역이 맥킨리의 정책을 선택했기 때문이다.

이러한 선거 예측 지도라는 명백한 증거는 미국에 모종의 문화적 변화가 일어났다는 선거 전문가들의 주장에 권위를 부여했다. 그들은 선거 예측 지도만 보고 바로 대초원 사람들이 조지 W. 부시를 선택했다는 것을 쉽게 알 수 있었다. 그곳은 바로 대륙의 '중심부', 겸손과 정직, 무엇보다도 자유농민의 결연한 정의로움이 살아 숨 쉬는 미국 민초들이 사는 지역이었다. 반면에 민주당은 엘리트 정당이었다. 지도만 봐도 우리는 자유주의자들이 얼마나 배운 게 많고 부유하며 물질만능주의자인지 알 수 있다는 것이다. 대도시들이 뻔뻔스럽게 풍족한 생활을 영위하는 동안 땅의 사람들은 그러한 상황이 무엇을 의미하는지 이해했고 5명 중 4명꼴로 공화당원이 되었다.[3]

보수파의 이런 선거전략이 지닌 유권자 흡인력은 매우 강력하고 명백했다.[4] 공화당은 대선에서 이러한 빨간색, 파란색 주 분리 선거 제도 덕분에 실제로는 일반 유권자들의 투표에서 졌지만 선거인단 투표에서는 이겨 어느 정도 합법적인 다수결을 얻을 수 있었다. 보수파들은 또 그 덕분에 자신들의 견해를 마치 미국인들—심지어 닳고 닳은 도시민들조차—이 전통적으로 국가적 미덕의 저장소로서 존경하는 지역, 솔직하게 말하고 공정하게 처신하는 그곳의 정신인 것처럼 보이게 했다.

또한 미국의 모든 주를 빨간색과 파란색으로 나눔으로써 보수파가 매우 중요하게 생각하는 교묘한 수사학적 조작(말장난) 가운데 하나를 탄생시켰다. 그것이 바로 라테 리벨latte libel이다. 자유주의자들은 뜨거운 우유를 탄 진한 맛의 에스프레소 커피인 라테를 좋아하는데, 그런 기호와 소비 성향을 그들의 정체성과 동일시하는 것이다. 그 안에는 그러한 기호와 성향을 지닌 자유주의의 오만함과 이질성을 드러내려는 의도가 담겨 있다. 공화당과 민주당이 저마다 추구하는 경제적 이해관계를 논의함으로써 좀 더 솔직한 정치토론을 전개할 수도 있겠지만, 라테 리벨이라는 말은 그런 이해관계를 더 이상 따질 필요가 없게 만든다. 오히려 중요한 것은 사람들이 어디에 살고, 무엇을 먹고 마시고, 어떤 차를 몰고 다니는가이며 그것이 바로 우리에게 진실을 알려줄 실마리라는 것이다. 특히 자유주의자들이 먹고 마시고 몰고 다닌다는 것들, 즉 볼보 자동차, 수입산 치즈, 무엇보다도 라테가 미국의 현실을 상징한다는 의미다.(버몬트 주는 보수파들이 가장 혐오하는 라테를 즐겨 마시는 사람들의 본거지다. 데이비드 브룩스는 자신의 베스트셀러『천국에 사는 보보스Bobos in Paradise』에서 버몬트 주의 벌링턴 시를 "비벌리힐스의 소득 수준"이 스칸디나비아식 사회의식과 만나는 전형적인 "라테 타운"이라고 조롱한다. 2004년 초 보수 진영의 "성장을 지지하는 클럽Club for Growth"이라는 단체가 내보낸 한 텔레비전 광고를 보면 평범한 일반 시민으로 보이는 두 사람이 전 버몬트 주지사이자 한때 민주당 대통령 후보자였던 하워드 딘에게 "세금 인상과 정부 재정 확대, 라테를 마시고, 초밥을 먹고, 볼보를 몰고,《뉴욕타임스》를 읽고, 혀나 배꼽에 구멍 뚫고 고리를 달고, 할리우드 영화를 지독히 좋아하는 것과 같은 좌파들의 기괴한 행사들은 모두 그 본산지인 버몬트로 가져가라"고 욕을 해대는 장면이 나온다.)

 많은 미디어가 빨간색과 파란색으로 공화당과 민주당을 지지하는 주를 분리하자는 생각을 마치 과학적으로 타당성이 있는 것처럼 내보냈다. 이런 생각은 오래전부터 미디어가 다루는 대중적인 사회학의 단골 소재였다. '두 개의 미국'이라는 생각은 모든 지역매체의 해설기사에 등장하는 매력적인 문구가 되었다.(파란색 미네소타는 빨간색 미네소타와 좁은 길 하나를 사이에 두고 나뉠 뿐이다. 하지만 그 두 개의 미네소타는 과연 얼마나 다른가?) 그것은 하찮은 이야기들을 서로 연결해서 설명하거나 (빨간색 미네소타는 어떤 라스베이거스 쇼를 좋아하는데 파란색 미네소타는 그렇지 않다) 중요한 이야기들을 장황하게 늘어놓다가 허튼 결론을 내리기에 (탈레반을 위해 싸운 미국인 존 워커 린드는 캘리포니아 출신이었다. 따라서 그는 파란색 주의 가치관을 가지고 있다) 좋은 수단을 제공했다. 또한 그러한 생각은 미국인의 정체성에 대한 셀 수 없는 《유에스에이 투데이》식의 성찰을 정당화했다. 그런 것은 대개 아주 일상적인 미국인의 생활에 대한 조사다. 우리 미국인은 무슨 라디오 프로그램을 듣고 무슨 텔레비전 프로그램을 보며 슈퍼마켓에서 주로 무엇을 사는가와 같은 것들 말이다.

이러한 이야기 전개가 전형적으로 암시하는[5] 빨간색 미국은 수수께끼 같은 곳이다. 그런 곳에 사는 사람들의 생각과 가치들은 본질적으로 사회의 지배자들과는 상관이 없다. 1960년대의 '또 다른 미국Other America' (1962년 마이클 해링턴의 베스트셀러 제목으로 미국의 고질적인 빈곤문제를 당면과제로 제시함. 당시 케네디 대통령이 이 책을 보고 충격을 받아 이듬해 빈곤퇴치프로그램을 도입함―옮긴이)이나 1930년대의 '잊힌 사람들Forgotten Men' (1932년 루스벨트가 한 연설에서 언급한 문구로 정부가 돌보아야 할 경제적 약자들을 의미함―옮긴이)처럼, 애처롭게도 현재의 지배계급―시트콤이나 시나리오를 쓰고 부자들이 보는 고급 잡지에 기고하는 사람들로 그들은 모두 보수진영의 논객 마이클 배론의 주장에 따르면 "그런 곳에서 사는 것을 전혀 상상해보지 못한" 사람들―은 그러한 현상이 엄청나게 확산되는 것을 모른 체한다. 빨간색 미국은 캐나다의 《내셔널 포스트》의 한 칼럼에서 언급한 것처럼 "미국 건국의 근본 가치"가 살아 있는 진정한 미국이기 때문에 그러한 태도는 특별히 더 불공평하고 몰염치한 것이다.

빨간색 주의 가치들을 열렬히 환호했던 많은 전문가들―이들이 보수주의자들로서 조지 W. 부시를 지지했던 사람들이라는 점을 잊지 말자―이 사실은 고어를 지지했던 파란색 주에 살았기 때문에 그들은 이런 어리석은 경기규칙을 이용해서 라테 리벨을 고상한 고백의 언어로 설명할 수 있었다. 데이비드 브룩스(부르주아와 보헤미안을 합성해서 정보화 시대의 문화와 소비를 주도하는 미국의 새로운 엘리트층을 가리키는 보보스Bobos

라는 신조어를 만들어낸《뉴욕타임스》칼럼니스트―옮긴이)는 지금까지 자유주의자들의 전형적인 모습에 대한 고정관념을 빨간색/파란색 지도에다 그려넣었다. 또《애틀랜틱》이라는 잡지에다 파란색 지대에 사는 모든 사람들을 대표해서 그들이 모두 경제적 속물이고 상류층이며, 나약한 겁쟁이인데다 몰상식해서 일반 국민들의 삶과는 완전히 동떨어진 사람이라고 말했다.

해안가 대도시 파란색 지역에 사는 우리는 내륙 중앙에 사는 사람들보다 책을 더 많이 읽고 연극을 더 많이 본다. 우리는 매우 세련되고 국제적이다. 중국이나 프로방스 지역으로 떠난 졸업여행이나 불교에 대해서 우리에게 물어보라. 그러나 제발 부탁인데 빨간색 미국의 삶이 어떤지에 대해서는 물어보지 말아 달라. 그건 모른다. 우리는 팀 라헤이(종말론을 주장하는 미국의 대표적인 복음주의 침례교 목사이며 보수주의 작가―옮긴이)와 제리 B. 젠킨스(미국 소설가이자 전기 작가로 팀 라헤이와 함께 연작 소설 『남겨진 사람들Left Behind』을 지음―옮긴이)가 누군지도 모른다. (……) 또 제임스 돕슨(미국 복음주의 기독교 작가이자 심리학자로 전국 가정을 대상으로 전도하는 단체 '포커스온더패밀리'를 설립―옮긴이)이 수백만 명이 즐겨 듣는 라디오 프로에 나와서 무슨 말을 하는지도 모른다. 또 레바(미국 컨트리 음악의 여왕이며 배우인 레바 매킨타이어를 말함―옮긴이)와 트래비스(캐니 로저스에 이어 컨트리 가수로 미국 팝시장을 평정한 랜디 트래비스를 말함―옮긴이)도 알지 못한다. (……) 미주리 주의 브랜슨이 해마다 7백만 명이 방문하고(대형 테마파크 실버달러시티가 있음―옮긴이) 개조자동차경주대회인 나스카(NASCAR, 보수적인 미국인들이 즐기는 자동차 경주로 알려짐―옮긴이)에 5명의 경주자를 지명할 수 있는 곳이지만 우리 가운데 거기서 무슨 일이 벌어지는지 아는 사람은 거의 없다. (……)

우리는 총을 쏘거나 손질할 줄 모른다. 또 군 장교의 휘장을 보고 계급이 뭔지 구분할 줄도 모른다. 또 콩밭을 보고도 거기서 자라는 것이 콩인지 팥인지 모른다.[6]

하지만 브룩스는 여러 가지 오해를 일으킬 만한 말들을 하고 그것을 크게 일반화하는 오류를 범하였다. 이를테면 미국에서 콩을 가장 많이 경작하는 세 곳이 일리노이와 아이오와, 미네소타 주인데 사실 그곳들은 민주당을 지지하는 파란색 주들이었다. 미국의 군사기지들은 해안 지역에 많이 주둔해 있다. 또 캔자스 주에 나스카 경주로를 건설하려고 했을 때 그 영예를 차지한 카운티는 그 주에서 고어를 지지한 불과 두 곳 가운데 한 군데였다. 더군다나 그 고립된 파란색 카운티의 1인당 평균소득은 16,000달러로 캔자스 주 전체나 전국 평균소득보다 훨씬 낮고 상류층이나 국제적 교류가 많은 사람들이 사는 지역이라고 하기에는 턱없이 낮은 수준이다.[7]

그러나 이처럼 미디어를 통해 광풍처럼 몰아치는 수많은 모순된 말들[8]과 동의어 반복[9], 그리고 음모의 구린내가 나는 큰 오류들[10]을 열거하느라 애를 쓰는 것은 시간 낭비일 뿐이다. 이런 것은 정밀한 사회학적 측정을 통해서가 아니라 둔탁한 선전도구들로 만들어진 것이다. 그렇지만 성공한 모든 선전들이 그렇듯, 이러한 이야기 구도도 어느 정도는 진실이 담겨 있다. 우리는 미국인의 삶 가운데 문화산업의 레이더에 잡히지 않는 여러 가지 많은 측면들이 있음을 잘 안다. 광대한 농촌지역이 아주 급진적인 몇몇 곳을 빼고는 모두 자유주의 진영에서 완고한 보수주의로 바뀌었다. 스스로 개명되었다고 생각하는 '국제적인' 상위 중산계급은 아주 일부다. 그들은 시골뜨기도 훌륭한 장점이 있다는 것을 전혀 알지 못한다. 그들이 라테 커피를 좋아하고 고어를 지지하는 것은 사실이다.

하지만 '두 개의 미국'을 주장하는 논객들은 미국 정치의 이러한 수수께끼 같은 전환을 체계적으로 살펴보는 것에 대해서는 전혀 주목하지 않았다. 그들의 목적은 무슨 수를 써서든 오직 파란색 미국에 사는 사람들에 대한 고정관념을 강화하는 것이었다. 그들은 민주당을 진정한 미국인들과는 동떨어진, 부유하고 욕망에 사로잡힌 오만한 엘리트들의 정당이라고 비난한다. 공화당의 이념은 내륙 중앙에서 열심히 사는 보통사람들의 신념이며, 컨트리 음악과 나스카 자동차 경주처럼 모든 미국인의 겸손한 생활방식을 표현한 것이라고 설명한다. 그들은 마침내 목적을 달성했다. 2003년 보수파의 중서부 지역 공략은 매우 성공적이어서 폭스뉴스는 〈하트랜드(내륙 중앙)〉라는 제목의 격렬한 문화전쟁을 다루는 토크쇼를 진행할 정도였다.

그렇다면 그들이 말하는 빨간색 미국에 사는 선한 사람들의 특징은 무엇인가? '두 개의 미국'을 말하는 문헌에서 열거되는 그 특징들을 읽다 보면, 마치 보이스카우트 규율의 원칙을 빠르게 낭독하는 프랭크 캐프라(1934년 〈어느 날 밤에 생긴 일〉을 비롯해서 아카데미감독상을 세 차례 수상한 이탈리아계 미국인 오락영화 감독—옮긴이) 감독의 코미디 단편영화 시리즈를 보는 것만 같다.

우선 (공화당을 지지하는) 빨간색 주에 사는 사람들은 겸손하다. 신문, 잡지 같은 곳에서 근거도 없이 떠도는 풍문에 따르면 겸손은 조지 W. 부시의 대선운동의 중심 테마였으며 빨간색 미국의 특성을 나타내는 기호였다고 한다. "빨간색 미국에서 개인은 작은 존재다"라고 데이비드 브룩스는 가르친다. "사람들은 아주 다양한 방식으로 '나는 평범하다'고 선언한다." 브룩스는 이러한 겸손의 증거로 부시에게 표를 찍은 펜실베이니아 주의 한 카운티 주민들이 입던 수수한 옷차림, 특히 그들이 쓴 지방야구단 모자에 새겨진 평범한 상표명들을 언급한다. 그 모자들은 빨간색 미국에 사는 사람들이 월마트와 맥도날드를 신뢰하고 좋은 관계를 유지했음을 잘 보여준다. 따라서 그들은 겸손한 사람들이라는 것이다.

아버지 부시의 연설문 작성자였던 존 포도레츠는 이러한 모자를 쓴 사람들에게서 매우 중요한 단순성을 발견한다. 그는 라스베이거스에서 오락을 즐기는 사람들을 지켜본 뒤에 "부시를 지지하는 빨간색 주는 매우 소박한 지역이다"라고 결론을 내린다. 그곳은 "나스카 우승자 데일 언하트의 죽음을 슬퍼하고, 자기 팀을 열렬히 응원하고, 주말이면 교회에 가고 흘러간 옛이야기에서 위안을 찾는 사람들이 사는" 곳이다.

빨간색 주에 사는 사람들이 스스로 자신들이 중요하다고 생각하는 가치들을 조합해서 개입하는 순간 상황은 빠르게 악화되기 마련이다. 워드프로세서 앞에서 모두가 다 아는 민주주의의 가치들이 자기와 함께 있다고 으스대는 글을 쓰는 사람이 도대체 어떻게 "겸손할" 수 있겠는가? 이 문제는 맨 처음에 《아메리칸 엔터프라이즈》(미국 보수 진영의 싱크탱크인 미국기업연구소(AEI)가 발행하는 대중 정치 잡지—옮긴이)에 게재되었다가 나중에 여러 신문 잡지에 다시 실린 미주리 주의 농민 블레이크 허스트가 목청 높여 내뱉은 말에 이르면 거의 맹목적인 주장이 되고 만다. 하지만 허스트는 한술 더 떠서 부시를 찍은 자신과 동료들이 겸손하기 이를 데 없을 정도로 겸손하고 또 겸손하다고 단언했다.

대다수 빨간색 미국인들은 포스트모던 문학을 해석하거나, 가정부에게 적절한 명령을 내리거나, 감초의 뒷맛으로 카베르네 포도주를 구별해내거나, 아베크롬비앤피치(주로 18세에서 22세 사이 젊은 층의 캐주얼웨어를 주로 취급하는 미국 의류 소매업체—옮긴이) 통신 판매 카탈로그를 보고 시세를 매길 줄 모른다. 그러나 우리는 아이들을 훌륭히 키워내고, 자기 손으로 직접 집에 전선을 연결하고, 아름답고 맛있는 것들도 만들고, 사심 없이 편하게 하느님을 이야기하고, 작은 엔진은 손수 고치고, 어떤 단풍나무에서 양질의 설탕을 뽑아낼 수 있는지 알고, 남들에게 마을의 역사와 이웃들이 바라는 것을 말하고, 총을 쏘거나 전동 톱을 무서워하지 않고 쓰고, 지붕을 받치는 지주가 몇 개 필요한지 계산하고, 아스파라거스도 재배할 줄 안다.

그 밖에도 여러 가지가 있다.

브룩스는 파란색 미국인이 가진 빨간색 미국인과 매우 다른 가치관은 "대개 개인을 훨씬 더 중요하게 생각한다"는 사실이라고 주장한다. 이런 종류의 미국인은 자신을 끊임없이 남들의 눈에 띄게 보이려고 행동하기 때문에 현장에서 쉽게 알아볼 수 있다고 한다. 그들은 자신들이 매우 멋지고 영리하다고 생각한다. 전 공화당 연설문 작성자였던 포도레츠는 "우리" 파란색 주의 미국인들은 "빈정거리지 않고는 살 수 없다"고 인정한다. 그렇게 함으로써 우리가 만나는 모든 것들을 조롱하는데, "우리"는 어리석게도 "이데올로기와 도덕의 혼란이 더 높은 의식을 나타내는 신호"라고 믿기 때문이다. 브룩스는 다른 책에서 민주당의 몰락을 그들의 속물근성 때문이라고 주장한다.[11] 브룩스는 파란색 미국인들이 주로 근사한 레스토랑에서 밥을 먹고, 물건을 살 때는 진정한 미국을 대표하는 소매상점인 월마트가 아니라 괜히 있어 보이는 것 같은 작은 상점을 간다고 비웃는다. 그는 실제로 한 여론조사에서 자유주의자들 가운데 43퍼센트가 "남에게 과시하는 것을 좋아한다"고 인정한 결과를 보여준다.

또 다른 여론조사에서는 자유주의자들 가운데 75퍼센트가 자신을 '지식인'이라고 생각한다는 결과도 제시한다. 그에게 있어 이것은 남들 앞에서 "난 교활한 공산주의자요"라고 말하는 것과 같다.

누구든 선거 예측 지도를 보면 금방 알 수 있는 것처럼, 캐나다계 칼럼니스트 브룩스는 이것이 바로 자유주의자의 본색이라고 주장했다. 빨간색 주에 사는 사람들은 오랜 세월 동안 겸손하게 자기 직분을 다 하며 살아왔지만 "유럽의 대학에서 교육을 받은 (자유주의) 지식인들"은 사회에 해를 끼치는 칼 마르크스의 가르침을 스펀지처럼 흡수한 뒤 귀국해서 "우리의 대학을 점령한 다음, 미국의 가치들을 비난하고 미국의 학생 세대들에게 그들의 집산주의 이념을 주입했다." 따라서 자유주의자들이 앨고어를 지원하기 위해 몰려든 까닭은 '집산주의'를 확산시키기 위해서였다는 것이다.(포도레츠는 고어가 매우 재기가 넘쳤기 때문에 자유주의자들이 그를 좋아했다고 주장한다!)

한편 빨간색 주에 사는 사람들은 경건하다. 선거 때마다 생각나는 것이지만 빨간색 주에 사는 사람들은 남들보다 신앙심이 두텁다. 그들은 교회에 열심히 다닌다. 그들은 마이클 배론의 표현에 따르면 "규칙을 잘 지키고 전통을 따르며 윤리의식이 투철하다." 반면 해안 지역에 사는 자유주의자들은 "무질서하고 자유분방하며 모든 것을 상대적으로 생각한다."

그러나 걱정하지 마라. 빨간색 주에 사는 사람들은 예의바르고 친절하며 유쾌하다. 그들은 신앙심이 깊을지는 모르지만 그렇다고 신앙을 억지로 강요하지는 않는다. 데이비드 브룩스가 펜실베이니아 주의 한 카운티에서 우연히 마주친 사람들은 낙태에 대해서 토론하기를 거부했다. 그는 단지 그것으로 빨간색 지역 전반에 걸쳐 "논란이 될 만한 이야기들은 대개 사람들이 피한다"고 결론짓는다. 심지어 그가 거기서 만난 성직자들도 다른 사람의 견해를 존중하기 위해 세심한 배려를 아끼지 않는다. 이렇게 훌륭한 사람들은 "공개석상에서 상스럽게 말하는 것을 싫어한다." 그들은 흥분하여 마구 떠들며 문화전쟁을 즐기는 것에는 관심이 없는 마음 느긋한 신자들이다. 따라서 겁낼 까닭이 없다고 한다.

빨간색 주에 사는 사람들은 애국자다. 그들에게 있어 군대를 갔다 오고 모든 침입자에게서 국가를 지키는 일은 국민의 한 사람으로서 당연히 해야 할 일이다. 유럽식 사고를 가지고 있고 모든 것을 다 아는 체하는 파란색 주에 사는 사람들은 9·11 이후 아주 잠시 동안만 침묵을 지키다가 곧바로 미국이 그 비극의 원인을 제공했다고 비난하기 시작했다. 하지만 건전한 상식을 가진 빨간색 주에 사는 사람들은 한 번 더 주저 없이 나라를 지키기 위해 앞으로 나섰다. 미주리 주에 사는 블레이크 허스트와 같은 사람이 군대와 맺은 이런 특별한 관계는 한편으로는 긍지("빨간색 미국이 가장 빨갛게 물드는 곳은 바로 피비린내 나는 치열한 전장이다")를 갖게 하지만 다른 한편으로는 불만을 터트리는 요소다. 영화 〈람보〉에서 보는 것처럼, 해변 지역에 사는 겁쟁이들은 비열하게도 베트남 전쟁 동안에 빨간색 주 출신의 참전군인들 등에 배신의 칼을 꽂았다.

그러나 무엇보다도 빨간색 주에 사는 사람들은 언제나 정직하게 일하는 소박한 노동자이지만 파란색 주에 사는 사람들은 사무실에서 서류나 만지작거리며 농땡이 치는 건방진 사무직들이다. 미국이 사회계급에 따라 '두 개의 나라'로 나뉘었다는 생각은 사실 역사적으로 노동운동과 좌파 세력이 처음 만들어냈다. 1890년대 진보적인 농민세력은 '생산자'와 '거기에 빌붙은 기생세력'을 구분하기 위해 '두 개의 미국'이라는 말을 썼다. 캔자스 주 출신의 좌파 하원의원인 '맨발의' 제리 심슨은 그것을 '빼앗는 자와 빼앗기는 자'라고 표현하는 것을 좋아했다. 진보적인 소설가 존 더스패서스(시카고 출신의 미국 소설가이자 정치평론가. 1900년부터 1920년대 말까지 경제공황기를 배경으로 한 급진적 사회소설인 『미합중국USA』을 쓴 '잃어버린 세대'의 대표적 작가. 나중에 반공작가로 변신함—옮긴이)는 20세기 미국 자본주의에 대한 환멸을 묘사하기 위해 그 문구를 썼다. 하지만 최근에 존 에드워드 민주당 대통령 후보는 그 용어의 본래 의미를 되살리는 데 초점을 맞추었다.[12] 그러나 오늘날 '두 개의 미국'이라는 이미지에서는 좌파들이 사용했던 의미가 사라지고 오로지 환멸과 분노만 나타날 뿐이다. "미국의 농촌은 화났다." 펜실베이니아 주의 한 작은 마을에 사는 사람이 2001년 《뉴스위크》 기자에게 한 말이다. 그는 자기와 이웃들이 조지 부시에게 표를 던진 까닭을 말하면서 "여기 사람들은 이 나라가 도덕적으로 타락하는 모습에 이제 진절머리가 난다. 월가는 언제나 번창하고 지방 소도시는 끔찍할 정도로 쇠락하는 것을 이제 더 이상 참고 볼 수 없다"고 했다. 다시 말하지만, 그들은 월가에 보복하기 위해서 공화당을 찍은 것이다.

가난한 소도시에서 열심히 일하며 살아가던 한 시민이 조지 W. 부시를 찍어 대기업에 한방 먹이기로 결심하게 된 복잡한 이유를 이것으로 완벽하게 이해할 수는 없다. 그러나 그런 배경이 뒤에 깔려 있다는 사실을 되새기는 것은 중요하다. 지난 10년 동안 전문가들을 얼간이로 만들고 방송전파들이 예찬해마지 않았던 위대한 사상은 신경제(첨단기술과 정보통신이 주도하는 경제—옮긴이)였다. 즉 육체노동은 이제 해시계처럼 진부해지고 자유시장이 지배하는 새천년이 도래하여 '지식노동자'의 시대가 열렸다. 그들은 '무'에서 '유'를 창조하는 위대한 기업가들이었다. 반면에 육체노동자들은 "그것을 이해하지 못하는" 존재이며 빠르게 사라지는, 시대에 뒤떨어진 과거의 유물이었다. 심지어 어떤 저명한 자본주의 사상가들은 갑자기 경제가 절정에 이르렀을 때, 육체노동자와 사무직노동자가 서로 도덕적 위치를 바꾸었다고 선언했다. 이제 육체노동자들은 올림포스 신전처럼 높은 곳에 있는 사무직노동자들에게 무임승차하는 '기생적 존재'가 되었다.[13]

반면 미국을 빨간색 주와 파란색 주 두 개의 나라로 묘사한 글들은 일반 노동자의 고결함을 재발견하고 기생적 존재와 생산자라는 단어가 지닌 본래 의미를 되찾으면서 지난 10년 동안 진행된 이처럼 지나치게 편향된 현상을 교정했다.[14] 흥청망청 환각에 빠진 1990년대를 지배했던 바로 그 자유시장 정책이 지금도 여전히 영향력을 발휘하고 있는데 이런 전환이 일어났다는 것은 신기한 일이 아닐 수 없다. 무대 위의 연기자들은 노트북을 내던져버리고 작업복으로 갈아입었지만 연극 대본은 전과 다름없이 그대로인 것과 마찬가지인 셈이다.

이것과 연관해서 권총 관련 잡지인 《아메리칸 핸드거너》에 소개된 '두 개의 나라' 이야기를 살펴보자. 그 이야기는 "뉴욕 시에 사는 자칭 '파란색' 미국인"이라는 사람에게 9·11 테러 공격이 어떻게 통렬하게 다가왔는지를 말해준다. 그녀는 "뉴욕의 '지식인'들 옆에" 서서 건설 인부와 소방대원들이 묵묵히 임무를 수행하는 모습을 지켜보면서 이런 생각을 했다.

트럭을 타고 힘겹게 일하는 저 남녀들이 사회를 일구고 있다. 그들은 실제로 이 나라가 돌아갈 수 있게 하는 사람들이다. 그들은 전기가 흐르게 하고, 학교를 짓고, 범죄자들을 잡아들이고, 끊임없이 사회가 움직이게 한다. 그러다 그녀는 문득 백열전구가 갑자기 번쩍 켜지는 것처럼 자신이 자동차 바퀴도 갈 줄 모르고, 토마토도 기를 줄 모르며, 전기가 어디서 오는지도 모른다는 것을 깨달았다.

상실감에 휩싸인 이 사무직노동자는 지난날 "투자자들과 함께했던 오찬 모임들"과 잘난 체했던 여러 가지 일들이 머릿속에 떠올랐다. 그러다 문득 자신이 "가지고 있는 진짜 기술은 아무것도 없다"는 사실을 알았다. 하지만 사실 그 구조대원과 건설인부들도 파란색 주 출신이며 아마 고어에게 표를 던졌을 것이라는 생각은 꿈에도 하지 못했을 것이다. 그러나 그녀는 전보다 더 겸손해졌고, 거주지까지 옮기지는 않았지만 태도 면에서는 빨간색 주에 사는 사람들처럼 되었다고 한다. 그러고나서 이 이야기는 이제 밖으로 나가 투표하라는 충고로 끝을 맺는다.

겸손을 매우 자랑스럽게 생각하는 미주리 주의 농민, 블레이크 허스트 또한 《아메리칸 엔터프라이즈》에서 "우리(빨간색 주에 사는 사람들)가 하는 일은 사무직의 인사고과처럼 복잡한 평가방식이 아니라 얼마나 많은 곡식을 생산하고, 얼마나 많은 못질을 하고, 얼마나 많은 벽돌을 쌓았는지를 보고 평가해야 한다고" 지적하면서 이 논쟁에 끼어들었다. 그러나 노동자의 정의로움을 표방하는 허스트의 주장에는 뭔지 모를 수상한 구석이 있다. 과거에 노동조합을 맹렬하게 몰아세우고 주식시장에는 경의를 표하던 잡지가 이제 와서 갑자기 육체노동자의 삶을 열렬히 찬양하는 글을 실은 이유는 무엇일까? 조지 W. 부시를 찍은 주에 산다고 해서 거기에 사는 모든 사람이 힘겨운 생활을 하는 생산자 계급이 아닌 것처럼 단순히 육체노동자들의 세계와 친숙하다고 해서 저절로 생산자 계급이 되는 것도 아니다. 실제로 허스트는 다른 곳에서 자신을 단순한 농민이 아니라 많은 고용인을 거느린 가족사업의 공동소유자라고 말한다. 그는 자기 가족들이 고용인들에게 "임금을 많이 주지는 못해요"라고 털어놓는다. 허스트는 심지어 오늘날 사장이 겪는 끝없는 비애와 노동자들의 지독한 게으름을 한탄하는 수필을 쓴 적도 있다.[15] 허스트가 실제로 외진 촌구석에서 사는지는 모른다. 하지만 그가 육체노동자라고 주장한다면 앨 고어도 육체노동자에 속한다고 봐야 맞다.

그러나 사람들이 하는 일과 관련해서 미국이 두 개로 나누어지기는 했지만—허스트처럼 겸손한 생산자들의 미국과 자유주의자처럼 우쭐대고 기생하는 사람들의 미국—그것이 더스패서스가 주장하는 것처럼, 《아메리칸 엔터프라이즈》의 독자들이 우려할 만한 노동자와 자본가의 대립은 아니라고 허스트는 확신한다. 그 이유는 어쩌면 그러한 계급의식의 결여 때문인지도 모른다. 허스트는 독자들에게 "빨간색 미국에서 계급의식은 아무 문제가 되지 않아요"라고 안심시킨다. 거기 사는 사람들은 "일이 좀 많고 임금도 좀 적지만 자기 생활에 아주 만족해요"라고 주장한다.

데이비드 브룩스는 더 나아가 빨간색 미국에 대한 현지 조사를 토대로 계급의 기본 개념 자체가 결함이 있다고 결론짓는다. 어떤 사람이 다른 사람보다 더 높은 지위에 있다는 계층구조에 따라 계급을 생각하는 것은 '마르크스주의적' 사고이며 어쩌면 논리적으로 안 맞을지도 모른다는 것이다. 브룩스는 오히려 고등학교의 구내식당이 계급을 바라보는 올바른 모델이라고 생각한다. 그곳은 "세상 물정 모르는 얼간이 집단, 운동선수 집단, 펑크족, 폭주족, 컴퓨터광 집단, 마약중독자 집단, 광신자 집단" 등등처럼 자기 마음대로 선택할 수 있는 여러 개의 집단으로 나뉘어 있다. 브룩스는 "운동선수 애들은 얼간이들이 언제나 어디에 모이는지 알고 있으며 얼간이들도 운동선수 애들이 언제나 어디에 모이는지 알고 있었다"고 말한다. "인생도 그와 다를 바 없다." 우리는 어디에 앉을

지, 누구를 흉내 낼지, 어느 계급에 속할지를 스스로 결정한다. 그것은 우리가 머리 모양을 어떻게 할지, 어떤 텔레비전 쇼를 볼지, 어떤 여가 활동을 할지를 자기 스스로 정하는 것과 마찬가지다. 우리는 모두 강제로 특정 계급에 소속되지 않는 자주적 행위자다. 따라서 브룩스는 노동자가 직면하는 문제들에 대한 우려는 파란색 주에 사는 부자들의 과장된 허식일 뿐이라고 결론을 내린다.[16]

그러나 이것으로 사회가 작동하는 방식을 설명하는 것은 너무나 터무니없다. 우리 대다수는 고등학교 구내식당에서 무슨 소다수를 마실지, 또는 심지어 어떤 친구를 사귈지 고르는 식으로 우리 삶에서 자신의 계급을 마음대로 선택할 수 없다는 것을 잘 안다. 브룩스의 논리구조는 이미 격렬한 반동의 정신에 대한 깊은 애정을 전제한 상태에서 이야기를 전개하는 하나의 계시나 다름없다.[17]

그런 논리대로라면 미국인을 분열시키는 것은 경제처럼 이해하기 어렵고 추악한 어떤 것이 아니다. 그것은 믿음과 관련이 있다. 자유주의자들이 여전히 라테를 쭉쭉 빨고, 화려한 유럽 자동차들을 몰고, 세상을 바꾼답시고 끊임없이 거들먹거리는 사이에 빨간색 주에 사는 겸손한 사람들은 소탈한 음식을 먹고, 오자크 고원지대(미주리 주 남부에서 아칸소 주 북서부에 걸친 고원지대로 용천과 계곡을 따라 오락시설이 많은 지역—옮긴이)에서 휴가를 보내고, 일하면서 여유롭게 휘파람을 불고, 현재의 삶을 편안하게 느끼고, 조지 W. 부시가 자기들과 같은 사람이며 그의 보호 아래에서라면 안전하다고 생각하면서 묵묵히 자기 일을 한다.

2장
캔자스는 어쩌다 보수의 중심이 되었나?

미국이 믿음을 중요하게 생각한다면, 내 고향 캔자스 주는 그런 곳 가운데서도 가장 두드러진 지역일 것이다. 오늘날 세상의 소금이 되는 착하고 고결한 사람들을 평가하는 기준이 무엇이든지 간에―1930년대에는 공공사업촉진국의 사회사실주의, 오늘날은 보수파의 빨간색 주 논리―캔자스 사람들은 높은 순위에 오를 것이다. 다른 평가기준으로는 어떨지 모르지만 소박함, 현상유지에 대한 집착, 솔직함, 꾸밈없음, 천성적인 선량함을 기준으로 하면 캔자스 사람들은 그 누구보다도 우월하다. 우리가 찾는 미국인의 기질을 100퍼센트라고 할 때 캔자스 사람들의 기질은 110퍼센트다. 닉슨에게 표를 던진 중서부 지역의 철저한 극기와 자제심이 칭송받을 행위라고 한다면, 캔자스는 미국 전역을 통틀어 가장 중심이 되는 곳이다. 실제로 지리적으로도 미국 대륙의 한가운데에 있다. 앨런 긴즈버그(1950년대 중반 2차 세계대전 이후 미국의 경제적 풍요 속에서 획일화, 동질화되는 세태에 저항해서 샌프란시스코와 뉴욕을 중심으로 활동한 보헤미안적인 문학가와 예술인 집단을 지칭하는 비트족의 대표적인 시인으로 현대 미국사회를 격렬하게 비판한 시 「울부짖음」을 발표함—옮긴이)는 여기를 혼돈의 소용돌이에 빠진 나라라고 표현한다. 캔자스는 레이건을 가장 흠모하는 곳이며 내륙 중심부 중의 중심이다. 그리고 가장 전형적인 풀뿌리 민중이 사는 곳이며 공화당을 지지하는 빨간색 주 가운데서도 가장 빨간 곳이다.

캔자스는 뉴욕 시와 전혀 다르다. 솔직하고 진정성이 있으며 사람들이 꾸밈없고 성실하며 자연의 섭리를 따르는 곳이다. "나는 캔자스시티를 사랑했어요!" 앤 쿨터(미국의 여성 보수정치 논객으로 변호사이자 작가, 칼럼니스트로 활발하게 활동—옮긴이)는 뉴욕에서 진행된 한 인터뷰에서 이렇게 외쳤다.

> 그곳은 세상에서 내가 가장 좋아하는 곳이에요. 오, 그곳은 정말 멋진 곳이죠. 음, 그곳이 바로 미국입니다. 이 뉴욕과 같은 도시와는 정반대예요. 캔자스 사람들이 바로 미국인이며 정말 훌륭한 사람들입니다. 그들은 미국의 뿌리죠. 그러니까 제 말은 많은 사람들이 그렇게 생각할 거란 말이죠![1]

쿨터는 이런 식으로 오랫동안 이어져온 문학적 신화를 적극 수용한다. 캔자스는 피오리아나 먼시(인디애나 주 동부에 있는 도시—옮긴이)처럼 문학작품이나 영화에서 미국 전체를 대표하는 곳, 미국인의 정수를 보여주는 곳으로 그려진다. 1947년 존 건서(미국의 저널리스트이자 작가로 2차 세계대전 때 지중해 전투 지역을 종군 보도했으며 주로 세계정치의 배후에 가려진 기사와 작품을 씀—옮긴이)는 "캔자스 사람들은 모든 미국인을 대표하는 가장 보통사람들이며 미 대륙 전역의 공통분모"[2]라고 썼다. 캔자스는 "미드웨이, 미합중국 그 자체다." 그곳은 대공황 시기에 찍힌 수많은 다큐멘터리 사진들의 배경이며, 월스트리트에서 이름을 날리고 싶어하며 우편물실에서 사환으로 일하는 똑똑한 소년의 고향이다. 그곳은 도로시(『오즈의 마법사』에 나오는 여자 주인공—옮긴이)가 되돌아가고 싶어 하는 곳이며 슈퍼맨이 자란 곳이기도 하다. 또 그곳은 보니와 클라이드(1930년대 텍사스, 뉴멕시코, 오클라호마, 미주리 주에서 악명을 떨친 남녀 혼성 2인조 무장강도로 나중에 경찰의 추적 끝에 비참한 최후를 마침. 〈우리에게 내일은 없다〉라는 영화로도 만들어짐—옮긴이)가 자동차를 훔치고, 엘머 겐트리가 성경을 공부하고, 러시아의 대륙간탄도미사일이 모든 것을 파괴하고, 『미국의 비극』(미국판 『죄와 벌』이라고 부르는 미국 작가 T. 드라이저의 장편소설로 우리나라에서는 〈젊은이의 양지〉라는 영화로 상영됨—옮긴이)에 나오는 광적인 전도사가 죄악으로 물든 세상에 빠지는 곳이다.

캔자스 주는 현실에서도 미국의 평균적인 보통사람이 부인할 수 없는 본능이 있다. 그곳에 한 번도 가본 적이 없는 사람일지라도 그곳을 낯설지 않고 친근하게 느낀다. 캔자스는 선호하는 여행지로는 전국에서 하위를 면치 못하지만[3] 온갖 제품의 마케팅 담당자들이 시제품을 내놓고 소비자 반응을 확인하는 곳으로도 유명하다. 예컨대 피자헛이나 화이트 캐슬, 애플비와 같은 레스토랑 체인점이 그곳에서 처음 탄생했다.[4] 또 사람들에게 불쾌감을 주지 않는 건강한 용모와 억양을 가진 방송 앵커들과 코미디언, 배우들도 많이 배출했다. 캔자스시티(엄밀히 말해서 미주리 주에 있지만 그곳의 대도시권이 주 경계선을 가로질러 불규칙하게 뻗어 있어 캔자스 주의 작은 캔자스시티와 존슨 카운티의 외곽 지역과 서로 섞여 있다. 오늘날 그 대도시권 인구의 3분의 1 정도가 캔자스 주에 산다)는 홀마크 카드(연하장이나 크리스마스카드를 만드는 세계 최대의 종이 카드 제조사—옮긴이)의 본사가 있는 곳이며 전국에서 최초로 시 외곽에 쇼핑센터를 세운 곳이기도 하다. 또한 캔자스 주는 정확하게 균형을 유지할 줄 아는 감각 덕분에 일

류 정치가와 소탈한 정치지도자들을 배출하는 믿을 만한 산실이다.[5]

캔자스는 그 평균적인 특성 때문에 이 상업화된 불화가 가득찬 광활한 세상에서 고리타분함의 상징이 되었다. 이를테면 배우들이 민트 껌을 씹거나 유난스런 머리 모양을 한 사람들이 가득 모인 방에 들어오면서 "이젠 더 이상 아니야"라고 큰 소리로 말하는 그런 영화의 한 장면이 떠오르는 곳이 되었다. 1980년대 말 "뉴욕, 그곳은 캔자스가 아니다"라고 조롱하는 문구가 박힌 티셔츠를 떠올려보라. 또 완고한 표정을 한 캔자스의 웃어른들이 젊은이들이 어울려 춤추며 노는 것을 막고, 시골 농장에 싫증난 청년들이 로스앤젤레스로 탈출해서 스스로 자기의 삶을 찾을 수 있기를 간절히 바라는 십대들의 반항을 그린 영화들을 돌이켜보라.

그러나 미국인들은 정치에서 언제나 흔들림 없는 보통사람들의 성소인 캔자스를 깊이 존경한다. 따라서 평균적인 특성을 지닌 캔자스 사람들은 자신들이 미국을 대표하는 최고의 주민들이라고 생각한다. 그들이 실제로 누리는 사회적 지위가 무엇이든 간에 그들은 모두 농장에서 태어났다. 은행가이든 석유업자든 그들이 캔자스 출신이라면 그들에게는 진정한 미국인이라는 확인서가 따라다닌다. 그들이 하는 말은 저절로 여론이 된다. 그들은 한때 투박한 손을 가진 농민의 자식이었다는 고결한 자부심을 가지고 전국을 활보한다. 따라서 캔자스 주에서 가장 부자 중의 한 사람이며 기업가들의 충직한 친구인 상원의원 샘 브라운백(1996년부터 2011년까지 공화당 상원의원을 역임하고 현재 캔자스 주 주지사임—옮긴이)은 의회에서 자신을 "캔자스 파커 출신의 농촌 촌놈"이라고 소개한다. 워싱턴 정가의 거물인 밥 돌은 1996년 대통령 선거에서 "우리의 지도자들은 토피카(캔자스 주의 주도—옮긴이)처럼 이곳의 가치관과 충돌하는 너무도 외진 곳에서 자랐났다"고 불평을 토해냈다.

그러나 캔자스가 언제나 그렇게 훌륭하고 온화하고 미국을 대표하는 평균적인 특성을 지닌 지역이었던 것은 아니다. 100년 전 캔자스의 전형적인 모습은 모든 것이 정상으로 돌아가는 땅이 아니라 온갖 일탈과 이상현상이 일어나는 주였다.[6] 그곳은 종교적 광신자들과 미쳐 날뛰는 정치선동가들, 그리고 그 둘이 불안하게 뒤섞인 사람들, 이를테면 오늘날 캔자스의 수호성인으로 받들어지는 매우 급진적인 노예폐지론자 존 브라운이나 술을 혐오해서 손도끼를 들고 다니면서 술집을 부수었던 과격한 주류 양조 판매 반대론자 캐리 A. 네이션과 같은 인물들로 들끓었다. 캔자스 주는 처음에 생겨날 때 자연조건이나 사회적 환경이 매우 거칠고 급진적인 어찌 보면 광란의 지역이었다. 초기에는 동부의 노예폐지론자들과 자유토지 운동(서부 지역으로 노예제가 확대되는 것을 반대한 운동—옮긴이)을 하는 사람들이 캔자스로 이주했는데 그들이 그곳으로 간 이유는 미주리 주 사람들이 서쪽으로 이동하는 것을 막기 위해—달리 말하면 무력으로 "노예제를 인정하는 주가 늘어나는 것"을 저지하기 위해서였다. 오래전에 캔자스와 미주리 사이에서 발생한 유례없이 야만적인 전쟁은 캔자스를 전 세계 신문의 1면에 올려놓았다. 전설적인 카우보이들 사이의 결투와 살인사건들로 유명한 닷지시티와 애벌린도 모두 캔자스에 있다. 또 그곳은 토네이도가 많이 발생하는 지역이기도 한데, 20세기에 그 모래폭풍은 농장들을 휩쓸고 캔자스 전 지역의 표토를 창공으로 날려버렸다. 옛날에는 끊임없이 휘몰아치는 바람 때문에 미쳐버린 사람들도 있었다고 한다.

한편 캔자스는 정치적으로도 마케팅 담당자들이 흔히 말하는 "얼리 어답터"(신제품이 출시되면 가장 먼저 사서 쓰는 사람—옮긴이) 지역이다. 자유연애에서 주류 양조 금지론, 공상적 공산주의, 극우 반공단체인 존 버치 협회에 이르기까지 당대의 다양한 사상들을 신속하고 열렬하게 받아들인 주다. 1930년대에는 하마터면 염소의 고환을 인간에게 이식해서 남성의 생식력을 복원할 수 있다고 주장한 인기 많은 라디오 출연 의사를 주지사로 선출할 뻔도 했다.

그러나 사람들은 캔자스에 주기적으로 등장하는 좌익주의를 일탈현상이라고 낙인찍었다. 19세기에 미국 전역은 노동운동의 대격변과 초기 사회주의 개혁운동에 휩싸였다. 캔자스는 그 가운데서도 매우 급진적이었다. 캔자스의 텅 빈 풍경은 사람들에게 마치 아주 완전히 새로운 사회, 즉 모든 제도가 이상적으로 재조정된 새 세상을 만들 수 있다는 희망을 주는 것 같았다. 1880년대에 발간된 캔자스 주의 지도를 보면 (지금은 사라졌지만) 래디컬시티라고 하는 작은 마을이 나온다. 그 옆의 크로퍼드 카운티에 있는 지라드는 구독자가 수십만 명에 이르렀던 사회주의 계열의 신문 《이성의 호소 Appeal to Reason》의 본거지였다. 또 1908년 유진 뎁스는 지라드에서 사회당 대통령 후보로 지명된 것을 수락하는 연설을 하며 열변을 토했다. 1912년에 뎁스는 실제로 크로퍼드 카운티에서 승리했으며 전국적으로 4명 중 1명이 그를 찍었다.(그를 지지한 곳은 모두 중서부 지역이었다.) 1910년에는 시어도어 루스벨트가 캔자스를 여행하면서 한때 존 브라운이 살았던 오사와토미에서 격정적인 연설을 함으로써 좌파진영에 연대의 신호를 보내기도 했다.[7]

사람들이 캔자스에서 가장 일탈된 현상이라고 보았던 것이 민중주의였다.(일반적으로 민중주의는 계급 대립과 보통 사람의 고결함을 강조하는 정치 이념 형태를 의미하지만 여기서는 19세기 미국의 인민당과 농민연맹과 관련된 특정한 민중 운동을 말한다.) 그것은 미국에서 벌어진 최초이자 가장 큰 좌파운동이었다. 1890년대에는 텍사스 전역을 가로지르며 남부와 서부의 여러 주에서도 민중주의의 열기가 대단했다. 그러나 캔자스의 민중주의 열기는 그 어느 곳도 따라올 수 없을 정도로 강렬했다. 캔자스의 농민들은 농산물 가격의 하락, 농가부채, 디플레이션으로 여러 해 동안 고통 받으면서 파산 지경에 몰리자 수시로 대규모 집회를 열었다. 거기서 메리 엘리자베스 리스와 같은 캔자스 출신의 선동가들은 농민들에게 "이제는 옥수수가 아니라 분노를 키우자"고 부추겼다. 급진주의자로 변모한 농민들은 이른바 '자본권력'에 격노하면서 작은 읍내들을 따라 종일토록 시위행진을 계속했다. 온갖 소동이 있었지만 그들은 1890년 불시에 전통적으로 캔자스 주를 지배해왔던 공화당을 완전히 몰아내는 데 성공했다. 소도시의 공직자들을 모두 물러나게 하고 많은 직업 정치인들도 뒷전으로 물러서야 했다. 그 뒤 10년 동안 캔자스 사람들은 주지사와 상원의원, 하원의원, 지방법원장, 시의원, 심지어 들개를 포획하는 사람까지 모두 민중주의 지지자들을 뽑았다. 그들은 신념이 굳고 기묘한 애칭들을 가지고 있었으며 다양한 사투리들을 썼다.

당시 민중주의자들이 요구한 것들은 오늘날 보면 전혀 무리해 보이지 않는다. 그들은 다양한 농업개혁 프로그램과 철도의 국유화, 전 주민 대상 소득누진세 부과, 은화 또는 지폐 통화 유통을 원했다. 그러나 당시 많은 사람들이 캔자스 주의 급진주의를 탓하며 그들을 매도했다. 예를 들면 《뉴욕타임스》의 칼럼니스트들은 캔자스 사람들에게서 '빨간색 주의 겸손한 미국인' 상을 발견하지 못했다. 오히려 신문들은 그와 반대로 그들의 주장을 정통 자유시장 체제에 대한 시골뜨기들의 공격이라고 매도하고 나섰다. 그러나 가장 악의적인 비난은 캔자스 사람들 가운데 한 사람의 입에서 나왔다. 나중에 미국의 소도시를 대변하는 언론이라는 명성을 얻은 《엠포리아》 잡지의 편집장 윌리엄 앨런 화이트는 1896년 「도대체 캔자스에 무슨 일이 있었나?」라는 시론에서 민중주의자들을 맹렬하게 비난했다. 이 기사는 정치적 혹평의 고전이다. 사업가의 야망을 지녔으며 타고난 서정시인인 화이트는 공화당원의 고결한 태도와 비교해서 캔자스의 급진주의자들을 빈정거렸다. 그는 급진주의자들이 이단적인 경제정책으로 캔자스의 경제를 망치려 한다고 비난했다.

> 오, 이곳은 우리가 자랑스럽게 생각하는 주다! 우리는 당당하게 가슴을 펴고 긍지 있게 행동할 줄 아는 사람들이다. 지금 우리에게는 더 많은 돈이나 자본, 사무실에서 흰 셔츠를 입고 일하는 사람이나 지식인들, 사업가들이 아니라 "나는 그저 평범한 시골뜨기요. 하지만 존 셔먼(1890년 오하이오 주 상원의원으로서 스탠더드 오일과 같은 대자본가들의 시장 독점을 막기 위해 독점금지법을 발의하여 통과시킴—옮긴이)보다 국가재정에 대해서 더 잘 안다"고 큰 소리치는 그런 사람들이 더 절실하다. 우리는 이제 더 많은 사람들이 필요하다. (……) 번영을 싫어하는 사람들도 있지만 국가의 명예를 위해서 자신이 월스트리트의 도구가 되겠다고 생각하는 사람들도 있어야 한다.[8]

공화당의 맥킨리는 이 시론을 대통령 선거에서 적극 활용했다. 그는 민주당 대선 후보 윌리엄 제닝스 브라이언에 맞서 이 내용을 엄청난 양으로 복사해서 배포했다. 이 사건으로 화이트는 순식간에 공화당의 슈퍼스타로 떠올랐다.

한편 또 다른 논객들은 대규모 민중집회와 그들의 꾸밈없는 주장에서 '십자군의 성전'과 같은 광신적 느낌을 받았다. 한 캔자스 사람이 비유한 것처럼, 민중주의는 "불타오르듯 격정에 찬 혀가 모든 사람들을 선동하고 모두가 성령의 인도에 따라 방언을 하는 것 같은 오순절의 정치"

였다.⁹ 이것은 민중주의자들이 생각하는 운동과는 거리가 먼 이해다. 그들에게 이 운동은 '캔자스의 바보들' 전체 세대가 자신들의 삶 앞에 무엇이 놓여 있었는지 알게 하는 일종의 폭로였다. 그들은 공화당이 집권하든 민주당이 집권하든, 주류 정치란 국민의 시선을 진짜 문제―기업 자본주의―로부터 다른 곳으로 돌리게 하는 '가짜 전투'를 하는 것이라고 생각했다.

민중주의의 첫 번째 선거 희생자는 당시 이름난 공화당 상원의원 존 J. 잉겔스였다. 캔자스 주 의회는 1890년(미국 민중당이 창립된 해―옮긴이)의 격랑 속에서 턱수염이 허리까지 내려오는 한 사람에게 자리를 내주기 위해 그를 버렸다. 잉겔스는 자신의 불운에 크게 충격을 받고 미친 캔자스라는 고전적 비난을 후세에 물려주었다.

> 캔자스는 한 세대 동안 모든 윤리와 정치, 사회적 삶을 미리 실험하는 시험 장소였다. 현존하는 어떤 제도들에 대해서 의문을 제기해도 그것을 비난하지 않았다. 단순히 그것이 현재 존재하거나 여태껏 살아남았기 때문에 존경받을 만하다거나 숭배되어야 하는 것은 아니다. 주류 양조 판매 금지, 여성 참정권, 법정 불환 지폐, 은화의 자유 주조, 모든 사회 개선과 개혁의 일관되고 멋진 이상, 막연하게 미쳐 날뛰며 지식인들을 당황하게 하는 모든 경제적 망상, 불행과 가난, 실패를 먹고 자라서 그 어디서도 받아주지 않았던 모든 정치적 기만이 여기 캔자스에서는 인정받고 지지를 얻었다.¹⁰

오늘날 두 개의 신화는 하나가 되었다. 캔자스는 모든 것이 평균인 땅이지만 그 평균의 특성은 일탈과 호전성, 분노다. 오늘날 캔자스는 일상생활의 구석구석까지 반동의 선전으로 점철된 보수주의의 성소다. 캔자스시티 외곽에 사는 사람들은 뉴욕이나 워싱턴 D.C.에 사는 국제적 감각의 엘리트들을 죄인이라고 비난한다. 캔자스 농촌지역에 사는 농민들은 토피카나 캔자스시티 외곽에 사는 국제적 감각의 엘리트들을 죄인이라고 비난한다. 유사시를 대비해서 생존용품을 파는 가게들이 동네 작은 쇼핑몰에서 갑자기 급성장한다. 사람들은 친구들에게 이슬람 테러주의의 긍정적인 면을 보라고 격려하는 크리스마스카드를 보낸다. 그리스도가 재림할 날이 이제 가까이 왔기 때문이다.

오늘날 캔자스 주의 파랑 단색 배경의 깃발 아래에는 공화당이 지금까지 보았던 것 가운데 가장 기이한 인물과 음모주의자, 비관론자들이 몰려든다. 캔자스 학교 이사회는 진화론과 관련된 내용을 가르치지 않음으로써 세상의 웃음거리가 된다. 주 전역에 있는 크고 작은 도시들은 아직도 수돗물 불소화에 반대한다. 또 집집마다 소화기를 구비하라는 조치를 이제야 시행하는 작은 시골 마을도 있다. 한 유명한 여성 정치인은 여성들이 제대로 투표를 할 수 있을지 공개적으로 의구심을 나타내기도 하는 한편, 어떤 여론조사에서는 주 정부가 재정 위기를 극복하기 위해 캔자스 턴파이크(남쪽 오클라호마시티에서 북동쪽 캔자스시티까지 380킬로미터 정도 이어진 캔자스 주의 유료 고속도로—옮긴이)를 팔아야 한다고 주장하는 사람들이 많기도 하다. 캔자스 주에서 가장 경치가 아름다운 지역에 사는 가난한 주민들은 국립공원이 자기 이웃 지역에서 개장되는 것을 막기 위해 지나칠 정도로 단호하게 싸운다. 또 다른 데서는 가족이 함께 누릴 수 있는 유익한 계획으로 인정받는 철길산책로 사업(철도 부지를 산책로로 바꾸는 사업—옮긴이)이 캔자스에서는 개인의 재산권을 침해하는 극악무도한 계획으로 매도된다. 임신중절에 반대하는 수술구조대Operation Rescue는 낙태 반대의 주 활동무대로 위치토(캔자스 주에서 가장 큰 도시로 상업과 산업의 중심지―옮긴이)를 선정하였다. 근본주의자를 자임하는 3만 명에게 명령을 내려 증인으로 내세우고, 차로를 막고, 자기 몸을 담장에 쇠사슬로 묶는 행동도 서슴지 않는다. 토피카 출신의 한 설교자는 전국을 순회하면서 하느님의 거룩한 증오를 사랑하라고 설교한다. 그는 뉴스에 출연한 적이 있는 게이가 사는 곳을 찾아가서 "하느님은 남성 동성애자를 증오한다"고 말하고 다닌다. 생존주의자(전쟁이나 재해에 대비해서 대피시설을 구축하거나 비상식량 비축을 주장하는 사람들―옮긴이)와 분리주의자(남북전쟁 때 남북의 분리를 주장한 사람들―옮긴이)들은 고독한 대초원에서 남몰래 동맹을 꿈꾼다. 분파주의 가톨릭 신자들은 지금의 교황이 자격을 갖추지 못했다고 주장한다. 민병대는 가상의 소송절차를 진행하고 실제 소송절차에 참여할 수 있게 해달라고 주 정부에 강하게 요구한다. 캔자스 주 출신의 폭력주의자들은 디킨슨 카운티에 있는 한 집에서 음모를 꾸미면서 오클라호마시티의 간섭 많은 큰 정부를 한방 먹이자고 분통을 터트린다.

캔자스는 매우 비통하게도 나머지 미국인의 모습을 그대로 보여준다. 캔자스가 바로 미국이 추구하는 민족적 정기가 서린 곳이라면, 우리는 여기서 그러한 정기가 반동이라는 가장 원초적인 분노로 서서히 달아오른 뒤 완전히 못쓰게 되고 길을 잃었음을 알 수 있다. 캔자스가 가장 정상적인 미국의 모습이 무엇인지 그 본질을 보여주는 곳이라면, 우리는 여기서 아직 정상으로 돌아오지 못한 광인의 모습을 볼 수 있다. 그곳의 모든 사람―과대표, 쿼터백, 로즈 장학생, 노예 상인, 산업 역군―이 멋지고 당당하고 자신만만해 보이지만 그들의 얼굴을 물끄러미 바라보노라면 거기서 광인의 눈빛을 느낄 수 있다.

격렬한 반동의 물결에 휩쓸린 미국의 모습을 볼 때, 캔자스 같은 곳에 사는 사람들은 당연히 애국심으로 쉽게 뭉치고 열심히 일하며 밭에서 자라는 작물이 콩인지 팥인지 쉽게 구분할 줄 아는 대가족을 이루고 사는 농촌 사람들일 거라고 누구나 생각할 것이다. 그러나 사실은 그렇지 않다. 미국 어디를 가든, 그것이 빨간색 주이든 파란색 주이든, 그 지역사회를 먹여 살리는 산업은 저마다 다 다르고 그들이 가는 길도 매우 다르다. 미국의 축소판으로 유명한 캔자스는 미국 경제의 모든 요소들을 발견할 수 있는 곳이다. 캔자스시티 외곽의 부자 동네 존슨 카운티에서는 '창의적'인 사무직노동자들이 라테를 마시면서 사업계획을 짠다. 위치토에서는 노동조합에 가입한 육체노동자들이 항공기를 제작하는 공장에 다닌다. 가든시티에서 서쪽으로 벗어나면 저임금을 받는 이주민 노동자들이 소를 도축하는 일을 한다. 그 중간지대에서는 농민들이 세상에서 가장 비옥하고 곡물을 가장 많이 생산하는 농지를 일구며 하루하루 살아간다.

이제부터 아직까지 착란 상태에 빠지지 않은 캔자스 사람, 즉 자신들의 이해관계가 어떻게 얽혀 있는지 정확하게 알고, 가야 할 바를 바로 찾아가는 사람들과 함께 캔자스 주의 본모습을 찬찬히 살펴보자. 이런 종류의 캔자스의 취향과 습성, 행동은 2003년 지역기업들이 연루된 세 차례의 수치스런 횡령사건 덕분에 방송과 언론의 집중적인 조명을 받았다. 기업의 최고경영자들이 저지른 못된 짓이 미국 국민들을 각성시킨 엔론과 월드컴 사태처럼, 그보다 규모는 작지만 그와 유사한 세 번의 기업 파산은 캔자스 주민들에게 자기 지역의 엘리트들에 대한 문제의식을 일깨워주었다. 덧붙여 말하자면 보수주의가 만들어낸 경제환경의 본색이 무엇인지 다시 생각하게 했다. 이 세 차례의 추문은 하나같이 엔론이나 월드컴 사태처럼 기업의 최고경영자들이 신경제이론이라는 환각에 취해 저지른 준(準)공익사업과 연관되어 있었다. 언제나 비범하다는 소리를 들었던 최고경영자들은 공공사업의 단조로움에서 자신들을 해방시키고 세상 사람들을 속이기 위한 정교한 음모를 꾸몄다. 하지만 이러한 음모들은 아주 평범하고 누구나 예상할 수 있는 이유 때문에 번번이 좌절되었다. 따라서 노동자들과 고객들은 비명을 질렀고 소액주주들은 마침내 자신들이 은퇴한 후 하와이 같은 곳에서 편안한 여생을 보낼 수 없게 되었다는 것을 깨달았다.

바람 맞은 도시 토피카에서 이 이야기는 캔자스에서 가장 큰 전력회사, 한때 웨스턴 자원Western Resources이라는 겸손한 이름을 가졌던 회사와 관련이 있다. 겸손은 이 회사의 운명과 맞지 않았다. 웨스턴 자원은 회사에 대한 분석작업을 하다 어떤 중요한 인물을 알게 되었다. 이 회사는 거의 100년 동안 지루하고 틀에 박힌 공공사업만 하다가 1990년대 중반에 월스트리트 금융 중개회사인 살로만 브라더스 출신의 화려한 경력을 가진 기업 인수합병 전문가 데이비드 위티그를 토피카로 초빙했다. 그리고는 주 정부의 규제를 받지 않는 분야를 중심으로 기업 인수합병을 하기 시작했다.[11] 심지어 이 회사는 이 모든 투기적 사업으로 쌓인 부채 때문에 그동안 토피카에서 꾸준하게 운영되던 공공사업이 정체된 시점에서도 거래를 계속했다. 캔자스의 납세자들이 부채를 끌어안은 동안에도 위티그는 그 매력적인 기업인수 사업을 지속했다. 그 결과가 어떠할지는 다 알 것이다. 위험은 사회가 떠안고 이익은 개인이 가져간다.[12] 사람들이 이러한 사실을 깨닫기 전에 회사는 '최고전략경영자'를 선발하고 회사전용기를 구입하고 회사 이름을 웨스타로 개명했다.

웨스타는 기대했던 것만큼 성과를 내지 못했다. 웨스타의 기업인수 사업은 경솔한 짓으로 밝혀졌다. 캔자스 사람들이 많이 보유했던 이 회사의 주식은 1998년 한창인 때에 비해서 73퍼센트나 하락했다. 그러나 위티그는 토피카에서 유력가가 되었다. 심지어 그는 회사의 주가가 폭락하고 회사 경비를 줄이기 위해 많은 종업원을 해고할 때에도 계속해서 수백만 달러의 봉급을 받았다. 또 위티그는 일상적으로 회사전용기를 타고 유럽이나 햄프턴스(뉴욕 롱아일랜드에 있는 해안 휴양지―옮긴이)로 여행을 떠났다. 그는 뉴욕의 유명 인테리어 디자이너인 마크 샤보넷의 설계로 회사 중역실을 꾸미는 데 650만 달러를 썼다.(이 돈은 토피카 같은 도시에서 작은 금액이 아니다. 예컨대 토피카에서 가장 유명한 건축물 가운데 하나인 제이호크 타워도 재산 가치가 160만 달러에 불과하다. 그렇게 따지면 그는 자기 사무실을 꾸미는 데 제이호크 타워보다 4배가 넘는 돈을 쓴 셈이다.) 동시에 그것에 반대한 중역들은 미움을 받아서 새로 꾸민 사치스런 중역실에 들어갈 수 없었다.[13] 2002년 마침내 위티그가 업무와 무관한 수치스런 자금세탁 혐의로 회사를 떠났을 때 (토피카의 은행장 한 명이 위티그에게 150만 달러를 대출해주고 다시 그 돈을 은행장에게 빌려주는 방식을 썼다) 지역언론은 그가 지금까지 봉급으로 4,250만 달러 이상을 착복했다고 대서특필했다.

미주리 주 경계선을 가로질러서 이와 비슷한 사례가 또 하나 밝혀졌다. 이 이야기는 미주리 퍼블릭 서비스라는 소박한 이름을 가졌던 전력회사와 관련된 것이다. 그 회사는 나중에 유틸리코프로 이름을 바꾸었다가 기존의 회사명의 의미를 완전히 무시하고 아퀼라라는 이름으로 또 한 번 바꾸었다. 아퀼라는 국내외의 공공사업체들을 인수하고, 광섬유 사업에 지나치게 많이 투자하고, (그렇게 많은 광섬유 수요가 있을 수 없음에도!) 당시 경영의 귀재라고 떠받들어지던 엔론이 거둔 눈부신 성공을 재현하고자 대규모 자금이 투입되는 에너지 거래 사업을 시작하면서 공공사업이라는 개념도 폐기했다. 당시 아퀼라를 이끈 로버트 그린과 리처드 그린은 형제였는데, 둘은 돌아가며 최고경영자를 맡았다. 그러던 가운데 아퀼라는 앞의 사례와 비슷한 쇠락의 전철을 밟았다. 회사채는 신용도가 낮은 정크 본드로 전락하고 종업원 대량 해고 사태가 발생했다. 주가도 96퍼센트나 폭락했다. 하지만 회사가 파산 위기에 있던 시기에도 리처드 그린은 2,160만 달러를 봉급으로 챙겼으며 로버트 그린은 1,900만 달러의 봉급과 함께 회사 파산의 책임을 지고 퇴임할 때 퇴직수당으로 760만 달러를 추가로 챙겨 나갔다. 정부당국은 이 문제를 깨끗이 처리해야 한다.[14]

그다음으로 스프린트 사례가 있다. 스프린트는 소도시 캔자스에서 유나이티드 텔레코뮤니케이션스라는 전화회사로 사업을 시작한 휴대전화와 장거리전화 사업체다. 1990년대의 자유시장 혁명은 아직 활기를 찾지 못한 이 회사를 신경제를 대표하는 가장 전설적이고 거대한 통신기업으로 부상시켰다. 1999년 스프린트는 캔자스시티 지역에서 가장 많은 종업원을 거느린 회사가 되었다. 그리고 존슨 카운티 외곽에 있는 오버랜드 파크에 어마어마한 규모의 회사 건물을 짓기 시작했다. 약 11만 평의 대지에 사무실과 주차장 16곳을 짓고 자체 우편번호도 생겼다. 이것은 하나의 산업이었다. 통신기업의 세계에서는 모든 일이 대규모로 이루어졌다. 이렇게 통신사업에서 성공한 거대 자본가들이 착복한 금액은 상상을 초월했다. 그러나 사람들은 그들을 별세계의 경이로운 이상주의자라고 부르며 띄워주었다. 기억하는가? 거리 차이의 소멸, '미래를 꿈꾸는' 최고경영자, '텔레코즘'(미국의 IT 저술가 조지 길더가 2003년에 쓴 책 이름이자 신조어로 인터넷과 무선망과 같은 새로운 통신기술이 이루어낸 세계를 뜻함—옮긴이). 하지만 불행하게도 그 모든 돈과 맹신은 오늘날 엄청난

사기와 과잉 시설 투자라는 위기를 일으켰다.[15]

그런데 스프린트는 앞의 두 사례와 차원이 달랐다. 여기서 회오리바람의 주인공은 경제기자들이 좋아했던 캔자스시티 원주민 윌리엄 T. 어스리였다. 어스리의 전성기는 통신사업의 거품이 최고조에 달했을 때였다. 1999년 총 1,290억 달러 규모의 월드컴과의 합병 계획은 역대 최대 규모의 기업합병이었으며, 스프린트가 자연스럽게 월드컴의 본사가 있는 곳으로 옮겨가는 것이었다. 전국의 신문방송들은 솜씨 있게 거래를 성사시킨 어스리에게 경의를 표하며 난리법석을 떨었다. 하지만 어스리가 정말로 솜씨 있게 처리한 것은 자신의 경제적 탐욕 때문에 경찰의 범죄자 사진 대장의 중요 인물로 자기 얼굴을 올린 것이다. 어스리와 그의 최측근들은 월드컴과의 합병 조건으로 엄청난 스톡옵션—어스리와 그의 오른팔 로널드 르메이가 받는 금액이 3억 1,100만 달러—을 받기로 했다. 금융당국이 그 합병을 승인하든 안 하든 그들은 스톡옵션을 받을 수 있었다.[16]

캔자스시티 사람들은 깜짝 놀랐다. 엄청난 규모의 스톡옵션 때문이 아니라—당시에는 기업의 최고경영자들이 사회의 숭배 대상이었던 시절이므로 그 정도의 대우를 정상이라고 생각했다—자기 도시에서 가장 많은 종업원을 고용하는 회사가 짐을 싸서 떠난다는 사실에 충격을 받은 것이다. 특히 그 회사의 방침이 종교나 다름없었고 거대한 스프린트의 본사 '부지'가 거의 완성되어가던 청명한 외곽 도시 오버랜드 파크에는 하늘의 날벼락 같은 소식이었다. 이러한 것들이 고작 '리더십', '탁월함', 규제 철폐의 대가였단 말인가? 거대한 통신회사를 맞이하기 위해 새로 설계되었던 남쪽 변두리 유역은 이제 신경제의 유령도시로 바뀔 것인가? 누가 그 넓은 주차장을 채울 것이며 누가 부유층 주거단지에서 살고 누가 그 고급 골프장에서 공을 치겠는가?《캔자스시티 스타》의 노련한 경제 칼럼니스트 제리 히스터가 말한 대로 긍정적인 면도 있다. 결국 "캔자스시티는 기업 합병의 역사에서 인수가를 최대로 높일 수 있는 시점까지 기업을 키워낼 수 있는 환경을 제공했다는 사실에 자부심을 가질 수 있다."[17] 그로부터 몇 년이 지나 신경제의 여파가 서서히 사라지면서 히스터가 얼마나 현명했는지 알 수 있다. 공익사업체는 도시의 요구를 충족시키기 위해 존재하지 않는다. 오히려 공익사업체의 존립을 돕는 것이 도시다. 일반 대중은 자본주의라는 도박판이 언젠가 자신들을 도박판 운영을 위해 더 많은 돈을 지불할, 잘 속는 얼간이로 키우기를 바란다.)

다 아는 것처럼 연방 정부는 오버랜드 파크에서 공화당의 체면을 살려주면서 그 거래를 인정하지 않았다. 어스리 집단은 그의 계획대로 여전히 수백만 달러의 주식을 갖고 있었다. 그러나 1999년 말과 2002년 여름 사이에 스프린트 주주들은 통신사업의 거품이 걷히자 마침내 그들이 보유한 주식의 가치가 90퍼센트나 폭락했다는 것을 알았다. 2003년 초 스프린트는 17,000명이 넘는 종업원을 대량 해고했다. 그 사이에 월드컴은 과거에서 찾아보기 어려울 정도의 대규모 회계 부정을 저지른 사실을 인정하고 파산했다. 이 연극은 2003년 2월을 끝으로 막을 내렸다. 미 국세청은 어스리와 르메이가 세금을 피하기 위해 부정하게 취득한 돈을 감추었을지 모른다는 의문을 제기했다. 결국 두 사람은 1999년에 받은 주식을 팔 수 없었다. 이제 그들은 매우 쪼들리는 가운데 거품 시대에 발행된 세금고지서를 처리해야 했다. 스프린트는 결국 그 주식들을 소각하고 궁지에서 벗어났다.

스프린트의 빌 어스리와 아퀼라의 밥 그린은 둘 다 그들의 전성기 때 캔자스시티의 교외에 있는 작은 도시 미션힐스에 살았다. 데이비드 위티그는 남쪽에 인접한 교외에서 성장했다. 반면에 로널드 르메이는 동쪽으로 몇 블록 떨어지지 않은 곳에 살았다. 신고전주의 형태로 설계한 그린의 농장이 딸린 돌기와 주택은 어스리의 작은 탑이 있는 노르만 양식의 대저택에서 몇 분 떨어지지 않은 곳에 있다. 또 그 옆문으로 나가면 두 사람의 회사에 이사로 있는 홀마크의 전 사장인 어빈 하커데이가 사는 꾸밈없는 프랑스풍의 장원 저택이 있다. 그 근처에는 H&R 블록, 홀마크, 마리온 메렐 다우 같은 회사의 소유주들이 사는 집들이 있고 그 저택들보다는 약간 덜 화려하지만 여러 지방은행의 은행장들과 유력 신문사 사주, 부동산 개발업자들의 집이 여기저기 산재해 있다. 캔자스 주의 주지사도 1990년대에 잠시 동안 미주리 주 경계선에서 한 블록도 떨어지지 않은 교외에서 살았다.

지방신문들은 대개 캔자스시티를 서로 긴밀하게 엮인 '비지니스 사회'라고 말한다. 데이비드 브룩스는 캔자스시티에 사는 기업 소유주들이 아주 작지만 잘 차려진 탁자가 있는 인생의 카페테리아에서 자리를 함께하고 싶은 사람들일 뿐이라고 말할 수 있을지도 모른다. 하지만 그들을 정확하게 표현한다면 엘리트라고 불러야 한다. 실제로 이것은 바로 이 지역의 경제잡지가 쓰는 말이다. 그 잡지는 해마다 "파워엘리트"라는 특집기사를 내는데 거기서는 다른 잡지들이 레스토랑이나 영화, 자동차에 순위를 매기는 것과 같은 방식으로 그해에 영향력 있는 사람들의 순위를 매긴 목록과 함께 권력에 아부하는 기사를 싣는다.

미션힐스는 엘리트가 어떤 사람들인지를 잘 보여주는 곳이다. 약 150만 평의 완만하고 경치가 아름다운 곳에는 한 해 평균 가구 소득이 188,821달러인 사람들이 3,600명쯤 모여 산다. 캔자스 주에서 가장 부자 동네이며 전국에서도 손에 꼽는 부자들이 사는 곳 가운데 하나다.[18] 미션힐스는 주변의 다른 도시들과 비교할 때 공화당과 민주당에 기부하는 개인의 정치후원금의 합계가 캔자스 주의 다른 지역들의 개인들이 기부하는 금액 전부를 합친 것보다 더 많다.[19] 따라서 그곳을 소도시라고 부르는 것은 기술적으로 올바른지는 몰라도 오해를 불러일으키기 쉽다. 미션힐스는 컨트리클럽(테니스장, 골프장, 수영장을 갖춘 교외 고급 사교 클럽─옮긴이) 세 군데와 교회가 하나 있지만 기업체는 하나도 없다. 그곳 주민들은 시카고에 있는 내 아파트 주변 두 블록 사이에 사는 사람들과 똑같다. 버스나 통근열차, 심지어 대부분 지역에 사람들이 걸어 다니는 보도도 없다. 있는 것이라고는 식민지 시대풍이면서도 현대적 분위기이고 기발하면서도 소박하고 거대하지만 안정된, 그리고 지평선까지 고르게 잘 다듬어진 잔디가 깔린 큰 저택들뿐이다.

미션힐스가 캔자스 주를 대표하는 곳이 아닌 것은 틀림없지만 그곳은 우리 가족의 고향이며 초원 위의 작은 우리 마을이다. 그곳을 설명할 때 공화당을 지지하는 사람들은 고결한데 민주당을 지지하는 사람들은 오만하다느니 하면서 열을 올리고 감상적으로 비교하기보다는 신비스러운 중서부 지역에서 사는 삶이 어떤 것인지 소개하는 편이 훨씬 낫다. 1차 세계대전이 끝나고 미션힐스가 세워졌을 때 그곳은 그저 컨트리클럽 구역으로 알려진 캔자스시티의 상류층 거주지역이 확장된 곳에 불과했다. 유명한 플라자 컨트리클럽과 세계 최초의 교외 쇼핑센터를 포함해서 그밖의 모든 매력적인 장소가 미주리 주에 있었다. 미션힐스는 미주리 주에서 진행된 개발의 물결이 주 경계선을 넘어 캔자스 주의 존슨 카운티로 일부 흘러넘친 결과였다. 당시에 미션힐스의 남쪽이나 서쪽에는 아무것도 없었다. 그 지역은 식수공급과 우편수송을 위해 미주리 주에 속한 캔자스시티의 일부로 취급되었다.[20]

우리 식구가 1960년대 호황기가 끝나갈 무렵 미션힐스로 이사를 왔을 때, 그곳은 의사와 변호사들이 기업의 최고경영자들과 서로 어울려 살던 교외 주택가였다. 사람들은 거기서 폰티악 자가용, 전동식 잔디 깎는 기계, 농구대가 있는 앞마당, 때로는 칸막이가 없이 길게 이어진 아스팔트 지붕의 단층집인 랜치 하우스도 볼 수 있었다. 거기에는 물론 덩굴나무가 우거지고 오랜 세월 동안 방치되었던 관목과 잡초 덕분에 안이 보이지 않는 고택에 사는 원주민들도 있었다. 그림 속에서 보는 것처럼 쇠락해가는 이 시골의 고택들은 뒤숭숭한 1970년대에 우리 형제들에게 매력적인 호기심의 대상이었다. 우리는 아직 어렸지만 이 집들이 스러져간 과거, 하인과 정원사들을 거느리고 수제 자동차를 타고 다니던 시절의 유물임을 알았다. 상실과 퇴락의 우리 시대에서 그 저택들의 드넓은 잔디밭을 관리하는 것은 물론이고 단순히 실내 난방을 하는 데도 비용이 너무 많이 들었다. 우리는 근처에 있는 하구가 바뀌는 모습을 지켜보았다. 시냇물이 큰 돌로 지은 정자 아랫부분을 서서히 침식하면서 백만장자가 되겠다는 어리석은 꿈도 우리 기억에서 사라져갔다. 마침내 폭풍우가 한 번 휘몰아치자 남은 것은 정자의 잔해뿐이었다. 1987년 말 미션힐스에서 가장 큰 집은 에스키모 파이(1919년에 나온 미국 최초의 초콜릿을 바른 아이스크림 바―옮긴이)를 개발한 사람이 살았던 300평쯤 되는 영국 귀족풍의 저택으로, 여러 달 동안 부동산 시장에 나와 있었지만 살 사람을 찾지 못해 쓸쓸하게 방치되어 있었다.[21]

내가 여기서 이 모든 것을 자세히 말하는 것은 교외의 풍요로움을 깎아내리기 위해서가 아니라 그것이 오늘날 우리가 보는 것과 매우 다른 모습의 풍요로움이라는 것을 알리기 위해서다. 미션힐스에서는 이제 어느 누구도 스스로 자기 집 앞의 잔디밭을 깎지 않는다. 집 앞마당에 폰티악을 주차하는 사람은 바로 출장 나온 정원사일 것이다. 1970년대에 우리 집 옆에 살던 의사들은 집을 고가에 팔고 떠났고 그 뒤를 이어서 신분과 소득이 상승한 은행가와 금융 중개업자, 기업의 최고경영자들이 그 자리를 차지했다. 1990년대 들어 미션힐스를 방문할 때마다 이웃에 있던 매우 수수한 집들이 다 헐리고 전보다 큰 건물, 3층짜리 석조 주택, 이를테면 작은 탑과 베란다, 지붕창, 정자, 자동차 3대가 들어가는 차고가 딸린 대저택으로 바뀌는 것을 볼 수 있었다. 1920년대의 시골 고택들은 지붕을 슬레이트로 새롭게 단장하고 정원을 깨끗하게 다듬고 원격 조정하는 대문을 달고 때로는 새로 부속 건물을 짓기도 했다. 우리 집 옆 길 아래에 있던 어떤 웅장한 고택은 번쩍이는 동판으로 만든 홈통을 새로 갖다 붙였다. 어스리의 대농장에서 몇 집 떨어진 곳에 지은 새 집은 매우 커서 집 양쪽 끝에 여러 대의 차가 들어가는 차고가 하나씩 있었다.

이러한 변화가 물론 미션힐스에만 나타난 고유한 현상은 아니다. 거기서 진행된 것은 좀 유별나기는 하지만 정상적인 변화의 모습이다. 세이커하이츠나 라호야, 위넷카, 또는 앤 쿨터의 고향인 코네티컷 주의 뉴캐난에서도 똑같은 변화를 볼 수 있다. 이것들은 오늘날 미국의 경제 현실이 얼마나 단순하고 어려운지 잘 보여준다. 미션힐스의 부는 보통 노동자들의 부와 반대로 성쇠를 거듭한다. 노동자들의 힘이 강하고 세금이 많고 임금이 올라가면 (2차 세계대전 때부터 1970년대 말까지가 그랬다) 집을 작게 짓고 국산차를 타고 하인을 부리는 집이 적어지고 무성하게 자란 수목도 정원을 멋지게 꾸민 것처럼 보인다. 미션힐스의 사람들은 그들의 잃어버린 세계를 한탄하면서 민주주의 시대에 갇힌 별난 영국 귀족들을 그린 소설들을 읽는다.

하지만 노동자들의 세력이 약해지고 세금 부담이 적어지고 임금이 낮아지면 (1990년대와 지금처럼) 미션힐스는 황금색과 녹색으로 빛나는 복장을 걸쳐 입는다. 이제 주식수익률은 좋아지고 상여금은 두둑해지며 하인들을 여럿 부릴 수 있고 교외생활은 마침내 화려한 인생이 아직 끝나지 않았음을 보여준다. 건물들을 새로 증축하고 분수대를 새로 만들고 신축한 이탈리아식 베란다에서 정원사들이 날마다 돌아가며 관리하는 거대한 화원을 굽어본다. 사람들은 이제 제국의 영광과 관련된 책을 읽는다. 젊은 애들은 열여섯 살만 되면 독일제 스포츠카 포르셰나 SUV를 가진다. 아스팔트 지붕의 집들은 서서히 사라진다. 닫혀 있던 부속건물들이 의기양양하게 다시 문을 연다. 과거의 웅장함이 모두 다시 복원된다. 다른 곳은 힘들게 살 지 모르지만 이곳은 맥스필드 패리쉬(미국의 화가이자 일러스트 작가로 동화와 전설 같은 이야기를 사실적이면서 환상적으로 그림—옮긴이)의 그림에 나오는 지상낙원이자 풍요와 만족의 마을이다.

우리 가족에게 이것은 전혀 만족스러운 개발이 아니었다. 주변에 페라리 슈퍼아메리카를 타는 이웃이 있다는 것이 위로가 되는지는 모르겠지만, 미션힐스가 점점 부자 동네가 되면서 우리 집은 반대로 내몰렸다. 소박한 우리 집은 이제 땅값만 비싸졌을 뿐이다. 아버지 친구들은 우리 집을 '철거' 해야 하는 것 아니냐고 한다. 아버지는 그것을 알고 집을 잘 관리하고 싶은 마음이 싹 달아났다. 시청에서는 실제로 아버지에게 잔디를 계속해서 잘 관리하라고 경고장을 보냈다.

당신이 미션힐스에서 자란 사람이라면 지역의 명망가들에게 어떤 한계와 습관이 있는지 금방 알 것이다. 지역 사립 고등학교에는 기업 최고경영자의 자식들이 다니고 그들은 모두 몇 년 안에 그 잘난 명문대학에 들어갈 것이다. 그들은 앞으로 기업을 물려받을 것이며, 그들은 하나같이 청원경찰을 두고 있고, 초호화 컨트리클럽 회원권도 소유하고 있다. 그런데 컨트리클럽은 미션힐스의 투표소로 지정되었다. 그곳은 많은 이웃들을 회원으로 받지 않지만 그들이 투표를 하기 위해서는 그곳에 가야만 한다.

당신은 또한 동네의 부자 친구 아버지들이 감옥에 있다는 것을 안다. 널리 횡행하는 화이트칼라 범죄는 그 교외 지역의 풍요로움을 만족시켜주는 익명의 동업자이고 평화로운 가정생활의 이면에 숨어 있는 추악한 동료이며 열렬한 아첨꾼 신하다. 어스리와 그린 같은 망신스런 기업인들 말고도 미션힐스는 공금 횡령, 세금 포탈, 부동산 사기, 수표 위조와 같은 범죄를 저지른 좀도둑들이 수없이 많다. 심지어 청소년 폭력배들도 있다. 열 살 때 나는 버튼을 누르면 날이 튀어나오는 칼을 휘두르는 한 소년에게 협박을 당했다. 그 소년은 현재 영향력 있는 지방은행의 행장이 되었다. 열아홉 살 때는 캔자스시티에서 가장 특권층에 해당하는 아이들로 구성된 갱단을 보았다. 그들은 고급 무명 반바지와 폴로 셔츠를 맞춰 입고 어느 고관의 널따란 튜더 왕조풍의 대저택에서 열린 파티에서 코카인을 흡입했다. 여기서 성장하다 보면 부가 범죄와 어떤 은밀한 유대관계를 맺고 있다는 사실을 확실하게 알 수 있다. 범죄뿐만 아니라 마약 복용, 약자 괴롭히기, 거짓말, 불륜, 지독한 과대망상증과도 뗄 수 없는 관계를 맺고 있음이 틀림없다.

캔자스에서 범죄가 성행하는 것은 자산압류 면제 조치가 무제한 적용되기 때문이다. 그 덕분에 파산 선언을 한 사람들은 살던 집에서 그대로 살 수 있다. 당연히 파산할 준비를 하는 사람들은 가장 비싼 집을 사고 싶어 했다. 따라서 미션힐스는 법적 제재를 받는 사람들에게 아주 매력적인 곳이 되었다. 이것은 자본주의 자체의 범죄성을 보여주는 증거일 뿐 아니라 지난 수년 동안 세계 여러 곳에 야만적인 인상을 심어준 조건이기도 하다.

　2차 세계대전이 일어나기 전까지 미션힐스는 물론이고 캔자스 주의 존슨 카운티 어디서도 개발은 없었다. 당시 그 교외 지역은 도시의 가장 외곽에 있어서 캔자스시티의 부자들이 은거하는 반半농촌지역이었다. 그러나 그 자그맣고 부유한 도토리가 커서 마침내 거대한 교외의 숲이 되었다. 변화는 전쟁이 끝나고 몇 년이 안 되어서 갑자기 일어났다. 많은 지역에서 그런 변화의 물결이 일면서 유명 부동산 개발업자들은 정부의 값싼 대출을 이용해 몇 년도 안 걸려서 커다란 단층과 복층 고급 주택과 상점가가 어우러진 대단위 단지들이 있는 교외도시를 건설할 수 있었다.
　미국의 다른 교외 지역과 마찬가지로 존슨 카운티가 다시 한 단계 발전하게 된 계기는 1954년 학교에서 인종차별 금지법이 발효되고 캔자스시티에서도 백인 중산층이 교외로 이주하기 시작하면서였다. 그러다 1980년대와 1990년대에 캔자스시티의 기업들이 짐을 싸서 이미 그들 회사의 최고 경영진들이 살던 존슨 카운티 교외 지역으로 본사를 옮기는 변화의 바람이 불었다. 오늘날 그 교외 지역은 미션힐스를 중심으로 존슨 카운티를 가로질러 남쪽과 서쪽으로 15마일에 이르는 지역까지 뻗어나가면서 캔자스시티는 물론 캔자스 주 전체의 지형을 바꾸었다. 현재 존슨 카운티는 모두 450,000명이 넘는 사람들이 살고 있으며 캔자스 주에서 가장 큰 대도시 지역을 형성하고 있다.[22]
　그 결과 미션힐스는 미 전역에서 인구 밀집도가 낮으면서 불규칙하게 뻗어나가는 도시의 가장 대표적인 사례 중 하나가 되었다.[23] 내가 고등학교에 다닐 때 우리 이웃은 미주리 주에 속한 캔자스시티에서 일하고 장사도 했으며 나쁜 짓도 거기서 했다. 하지만 오늘날 그들은 이제 다른

캔자스는 어쩌다 보수의 중심이 되었나? 67

방향으로 차를 몰아 거기서 멀리 떨어진 곳으로 간다. 1990년대 말 대도시 지역의 중심은 캔자스 교외 지역 중에서 가장 변방지역으로 이동했다. 앞서 말한 교외 지역 가운데 가장 큰 곳인 오버랜드 파크는 캔자스시티 자체와 맞먹는 큰 도시를 꿈꾸기 시작했다. 사람들은 숨 막히는 대도시를 떠나 보다 큰 삶의 활력을 흡수하기를 바라면서 그곳에 여러 채의 호텔과 컨벤션 센터를 지었다. 그리고 엄청나게 빠른 속도로 상점가도 조성했다. 주거지역에서 가장 멀리 떨어진 남단 지점에 작은 창유리가 달린 소형 고층 건물들로 들어찬 사무실 구역도 새로 건설했다. 수없이 그린 필지 분할 도면에 따라 구획된 분양지의 모습이 눈으로 볼 수 있는 언덕 너머까지 멀리 펼쳐졌다. 앞서 말한 것처럼 스프린트는 그곳이 주차장 16곳이 딸린 회사 건물을 짓기에 적합한 '부지'라고 확신했다.

오늘날 존슨 카운티는 거대한 교외제국이다. 고속도로와 상점가와 망치 소리가 끊이지 않는 행복과 활기가 가득한 곳이다. 똑같이 생긴 막다른 골목, 과시하는 듯한 유럽식 이름의 거리, 예상외로 성적이 좋은 학교구역, 엄청나게 큰 집들이 넷 중에 하나는 같은 설계로 지어져 거기가 거기인 것처럼 혼동되는 곳이기도 하다. 오늘날 미국 기업문명의 모든 기준에 따르면 이것은 위대한 성공 사례다. 존슨 카운티는 각종 추문에도 불구하고 지금까지 벌어들인 엄청난 경제적 이익[24]과 1990년대에 잘 받아들여졌던 신경제라는 자유시장의 영광을 따져볼 때, 캔자스에서 가장 부유한 카운티다. 통신산업은 시의적절한 사업이었다. 존슨 카운티의 인구는 지난 10년 동안 거의 100,000명이 늘었다. 중산층 인구가 끊이지 않고 밀려들어와 복합 상업지구를 채우고 푸드러커(수제 햄버거 체인점―옮긴이)와 TGI 프라이데이의 인위적인 쾌활함을 소비한다. 또한 존슨 카운티는 전국에서 가장 열렬한 공화당 지지 지역 중 하나다. 이곳에서 정식으로 정당에 가입한 사람은 민주당원보다 공화당원이 많은데, 십중팔구가 공화당원이다. 존슨 카운티의 캔자스 주 하원의원 스물두 명 가운데 민주당 의원은 오직 한 명뿐이다.

1980년대로 거슬러 올라가 리처드 로드라는 저널리스트는 존슨 카운티를 **컵케이크**(컵 모양의 틀에 넣어 구운 과자―옮긴이) 랜드라는 두 단어로 못을 박았다.[25] 그 별명은 지역 지도자들을 짜증스럽게 했다. 컵케이크 랜드는 캔자스시티 주변의 다른 지역과 마찬가지로 성난 프롤레타리아와 소수 민족계 정치인들의 의견은 물어보지도 않고 순전히 개발업자의 계획에 따라 지은 대도시다. 컵케이크 랜드는 문화 증진에 대해서는 아무 생각도 없고 단지 재산 가치를 높이는 데에만 관심이 있다. 교육 지원은 없고 브랜드 가치를 높이는 데만 주목한다. 여론은 듣지도 않고 컵케이크의 엘리트들을 더 살찌울 생각만 한다. 어떠한 저항의 형태도 용납하지 않지만 반항적 머리 모양이나 피어싱, 얼터너티브록 정도의 표현은 수용한다. 비록 그곳에 가본 적이 없는 사람이라도 이것이 무엇을 의미하는지 알 것이다. 스무스 재즈(누구나 쉽게 이해하고 들을 수 있는 퓨전 재즈―옮긴이). 홀마크 카드. 애플비. 코퍼레이트 우즈(캔자스 오버랜드파크에 있는 복합 상업지구―옮긴이). 존슨 카운티에서 가장 큰 축제일은 근처의 한 쇼핑센터에 크리스마스 전등이 켜지는 날이다. 컵케이크 사람들의 마음을 사로잡는 쇼핑센터의 점등식 행사는 토마스 킨케이드(현존하는 현대 화가 가운데 가장 대중적으로 성공한 미국 화가로 '빛의 화가'라고도 부르는데 국내에서는 주로 크리스마스 풍경을 그린 그림으로 널리 알려져 있다―옮긴이)가 아니면 그 누구도 그릴 수 없는 그림으로 표현되었다.

나 자신도 컵케이크 랜드의 역동적인 최근 성장을 띄엄띄엄 목격한 바 있다. 사람들이 아파트에서 살면서 두 바퀴짜리 철망 카트에 자기가 구입한 식료품을 담아서 끌고 오는 19세기의 도시에 살면서도, 대략 6개월에 한 번 꼴로 돌아와 그곳을 방문했기 때문이다. 이런 식으로 바라보았더니 존슨 카운티의 기묘함이 더욱 두드러졌다. 내가 돌아올 때마다 개발업자들은 교외로 더 멀리 뛰어나갔으며, 예전에만 해도 상상이 불가능했던 거리(무려 119번가, 무려 143번가!)까지 기록을 갱신하는 이들의 모습은 다우 지수가 이런저런 랜드마크 가치를 지나서 상승하는 방식과도 흡사했다. 사람들이 구경할 만한 새롭고도 특이한 교외의 무언가가, 등록할 만한 최고급의 무언가가, 넋을 잃고 바라볼 만한 교회 겸 쇼핑센터의 조합이 거기에는 항상 있었다. 나는 1996년에 퍼트리션 우즈라는 외곽 지대의 개발을 탐사하고 나서 차를 몰고 돌아다니다가, 딘 앤드 딜루카라는 식품점을 우연히 발견하고 느꼈던 놀라움을 똑똑히 기억한다. 이곳은 이전까지만 해도 주로 뉴욕 시에서만 찾아볼 수 있었는데, 이제는 경작한 밭 바로 맞은편의 한 모퉁이를 차지하고 있었던 것이다. 이보다 더 황당한 것도 있었다. 갓 피어난 이 "생활 방식의 중심지"가 들어 있는 건물의 이름은 '타운 센터(도시 중심가) 플라자'였는데, 따지고 보면 캔자스시티의 중심가에서는 무려 20마일이나 떨어져 있었던 것이다.

이 모두를 지켜보며 깜짝 놀라는 나는 외부인일 수밖에 없다. 최근에는 40사딘스라는 식당에서 식사를 했는데, 이곳은 비록 몇 년 전까지만 해도 옥수수를 길렀던 부지에 건립된 쇼핑몰 안에 자리잡고 있었음에도 불구하고, 아마 KC 지역에서 가장 훌륭한 식당일 것이다. 이때 나는 그곳의 직원들이며 다른 단골 손님들에게 이런저런 질문을 던진 끝에, 이들이 모두 원래는 다른 대도시들의 기업 교외 지역에서 살다가 최근에야 이곳으로 옮겨 왔음을 알아냈다. 이처럼 희미하게 불이 밝혀진 포스트모던적인 궁전—특이하게도 자갈을 박아 장식한 바에다가, 엄선된

푸아그라에 오리 프로슈토 애피타이저가 있는 곳—이 아주 최근까지만 해도 농지였던 곳에 들어섰다는 사실을 알고 나서도, 이들은 그 일에서 기묘하다는 느낌을 전혀 받지 않는 듯했다. 컵케이크 랜드에 사는 사람들이 오래된 것을 용인할 때가 있다면, 그건 어디까지나 와인과 치즈라는 분야에 관해 이야기할 때뿐이었다. 반면 자기네 도시만큼은 항상 새 것이기를 바랐다.

신경제 시대 동안 성공의 탄탄대로를 달린 캔자스 주의 또 다른 지역은 존슨 카운티의 반대편 끝에 있는 가든시티 주변지역으로 나무 한 그루 없는 서부 평원의 외딴 도시였다. 사람들은 가든시티가 캔자스 주의 다른 지역들이 앞으로 어떻게 발전할 수 있는지를 보여주는 진정한 미래의 청사진이라고 생각한다. 그들이 보기에 존슨 카운티가 발전한 모습은 정말 뜻밖이다. 캔자스 주에 사는 사람이라면 누구든 그렇게 말한다. 나도 한 상원의원에게서 직접 그런 말을 들었다.

하지만 가든시티에는 딘앤델루카 체인점이 하나도 없다. 그곳은 그런 식료품 체인점의 세상과는 전혀 딴판인 목축과 전원의 농촌지역이다.

사람들은 가든시티 같은 곳을 '농촌 신흥도시'라고 부른다. 그곳에 가면 '평범한 성공'이라는 표어를 어디서든 볼 수 있다. 그 지역이 이룩한 경제적 성과는 통계적으로도 매우 놀랍다. 캔자스 주는 가든시티와 인근의 리버럴시티, 닷지시티 덕분에 지난 10년 동안 미국에서 소고기를 가장 많이 출하하는 주였다. 오늘날 캔자스 주의 서쪽 끝에 있는 이 세 도시에서 '하루에 도축하는 소의 수'는 24,000마리에 이른다. 미국 전역에서 소비되는 소고기의 20퍼센트를 생산하는 셈이다.[26] 나는 소고기를 무척 좋아하기 때문에 그곳들을 매우 자랑스럽게 생각한다.

그러나 마치 가든시티가 '세계의 소 도축장'인 것처럼, 능력 많은 캔자스 사람들이 불모의 대초원을 시카고의 축소판으로 일구어낸 것처럼, 그런 구닥다리 방식으로 이 모든 것들을 설명하는 것은 심각한 오해를 불러일으킬 우려가 있다. 하지만 사람들은 여태껏 캔자스 주와 가든시티, 그리고 대초원을 가로질러 외딴 소도시들에 이르기까지 모두 그런 식으로 평가했다. 그러한 평가를 받을 만한 주역은 도축시설들을 세우고 도축을 지휘하는 정육회사들뿐이다. 타이슨(과거 이름은 IBP, 아이오와 정육), 귀에 거슬리는 이름인 콘아그라(라틴어로 '땅과 함께'라는 뜻—옮긴이)(과거 이름 몬퍼트), 그리고 약간 덜 귀에 거슬리는 카길 미트 솔루션즈(과거 이름 엑셀)가 바로 그런 회사들이다. 이 회사들은 자신들의 모든 움직임이 냉혹한 시장 수요에 따라서 달라진다고 주장한다. 가든시티에는 농장주들이 많은데 그들은 더 이상 가난하지 않은 개인주의자들이다. 오늘날 가든시티와 닷지시티는 그들이 그렇게 열심히 난도질하는 소들처럼 아주 확실하고 철저하게 경제논리의 쇠갈고리에 사로잡혀 있다.

그러한 경제논리가 언제나 가장 중요하게 여기는 단 하나의 요구조건은 값싼 노동력이다. 지난 25년 동안 여기서 발생한 모든 일이 바로 그 단순한 요구에서 나온 것이다. 1960년대 초 정육업계의 기업인들은 그들의 작업공정을 시작부터 마무리까지 규격화하고 단순화하는 기술을 개발해냈다. 따라서 정육업자들은 당시 정육점마다 고용되어 있던 노조에 소속된 도축숙련공들의 지위를 약화시켰다. 게다가 그들은 도축공장을 대초원의 외딴 지역으로 옮겨서 대도시의 조직화된 노동자들과 격리시키는 동시에 공장 임대료를 줄일 수 있었다. 1990년대 초 이러한 전략은 시카고와 캔자스시티에 있는 100년 된 가축사육장들을 망하게 했다. 영리를 최대로 추구하는 다른 모든 기업들과 마찬가지로 정육산업이 궁극적으로 선택하는 것은 이제 도축공장을 이 나라가 아닌 제3세계로 옮기는 일일 것이다. 그곳에서는 도축과 관련된 모든 규제와 소송에서 자유로울 수 있고 뭐든지 캐내기를 좋아하는 기자들의 괴롭힘에서 벗어날 수 있기 때문이다. 하지만 정육회사들에 불행하게도 다양한 식품규제법 때문에 그 꿈을 이루기가 어려운 상황이다. 그래서 하는 수 없이 그들은 노동자들을 이곳으로 이주시키고 동남아시아와 멕시코, 그리고 남부 여러 곳에서 밀려드는 이민자들을 고용한다.

외지고 고립된 소도시로 공장을 이주하는 것이 정육업자들에게 유리한 점은 한두 가지가 아니다. 대도시에서 그들은 언제나 사회개혁가나 기자들의 의심스런 눈초리에 시달렸다. 시카고를 지나가면서 가축사육장에서 풍기는 냄새를 맡고 『정글』(1906년 미국 작가이자 저널리스트인 업턴 싱클레어가 써서 발간한 장편소설로 미국 정육산업의 부패와 노동자의 고통을 섬세하게 묘사함―옮긴이)이라는 책을 떠올리지 않을 사람은 한 명도 없을 것이다. 하이플레이스에서 정육업자들은 기자들의 거의 유일한 먹잇감이다. 기자와 사회개혁가들은 그들의 힘을 적절하게 사용한다. 그들은 어떤 문제에 대해서 자기들이 바라던 것을 얻지 못하면 공장 문을 닫게 하겠다고 위협한다. 그들은 프로스포츠 방송권자들이 하는 것처럼 도시들끼리 서로 싸움을 붙여 장난을 친다. 어디가 정육업자들에게 가장 큰 세금 혜택을 부여할 것인가? 정육업자들이 막대한 사채 발행을 하는 것에 찬성하는 도시는 어디인가? 정육업자들이 도시를 오염시키게 내버려두는 곳은 어디인가?

전국의 신문방송에 나타나는 가든시티에 관한 이야기들은 대개 그 지역의 영어를 못하는 주민들을 주목하며 그 외딴 초원 지대에서 다문화주의가 매우 '활기차게' 작동했음을 발견하고 놀라는 내용으로 가득하다. 그러나 보수주의를 대변하는 거대 매체들은 대개 그 모든 것이 만들어내는 혹독한 경제 문제들을 꼼꼼히 살펴보지 않는다. 가든시티를 둘러싼 지역은 산업농으로 유명하다. 그 지역의 대농장에서는 비가 적은 건조한 기후에도 불구하고 옥수수 말고는 다른 작물을 재배하지 않는다. 거대한 관개장치들이 지하 대수층에서 물을 길어올린다. 이렇게 하지 않으면 여기에서는 어떤 작물도 기를 수 없다. 도시 크기만 한 가축사육장들이 옥수수를 소의 살로 바꾼다. 창문 하나 없는 콘크리트 도축장은 시 외곽에 조용히 도사리고 앉아 최종 산물을 거두어들인다. 시골길을 따라 차를 몰고 가다 보면 나무 한 그루 없고 옛날 풍차나 다리, 농가들도 보이지 않으며 지나다니는 사람조차 찾아볼 수 없다. 언젠가 그렇게 되겠지만 대수층마저 고갈되면—수백만 년 동안 저장된 빗물도 수십 년 안에 고갈된다—여기서 볼 수 있는 것은 거의 없을 것이다.

오늘날 가든시티에서 볼 수 있는 풍경은 수많은 노동자들이 거주하는 이동주택 주차구역의 매우 황폐하고 포장되지 않은 도로와 쓰레기가 여기저기 어수선하게 널려 있는 모습이다. 이곳의 노동자들은 기업가들의 철저한 반노조 전략 때문에 통계적으로 미국 산업계에서 가장 위험한 일을 하면서도 임금은 평균 수준밖에 받지 못한다. 도축장에서 일하는 노동자들은 이직률이 높아서 건강보험이나 퇴직금을 받는 사람이 드물다. 따라서 그들의 삶을 유지시키기 위한 '사회적 비용'은—교육, 보건, 법 집행—학술적으로 표현하면 대개 '외부로 전가'되는데, 도시 자체가 그 비용을 떠안거나 교회단체, 복지기관, 또는 해당 노동자의 출신국으로 비용을 전가한다. 끊임없이 빨리 돌아가는 도축장의 작업 라인과 냉동실 같은 작업장 환경에 성난 한 노동자는 "여기서 10년만 일하면 사람들은 60살이나 70살 된 노인처럼 걸어요"라고 내게 말했다.

이곳의 경제가 성장한 것은 틀림없지만 주민 수가 늘어나면서 도시는 생각보다 그다지 풍요롭지도 건강하지도 않다.[27] 게다가 몇십 년이 지나도 상황이 더 나아질 기미는 보이지 않는다. 정육회사들이 가든시티로 이주한 지 벌써 20년이 지났다. 이 지역을 연구한 두 명의 인류학자는 중산층의 '완전한 몰락'과 아무리 애를 써도 "값싼 노동력을 탐욕스럽게 추구하는 정육산업에 영원히 내둘리는 도시발전 전략, 그리고 그에 따른 사회적 혼란"에 대해서 경고한다.[28]

주간(州間) 고속도로와 멀리 떨어져 있고 휴대폰도 잘 터지지 않는 가든시티로 차를 몰고 가면서 1990년대 어떤 컴퓨터 회사가 텔레비전 광고에 냈던 신경제와 관련된 우화들 가운데 하나가 문득 떠올랐다. 총명하고 열성적으로 보이는 하급임원이 굳은 표정의 나이든 상급임원을 차에 태우고 멀리 시골길을 달리는 장면이 나온다. 가는 도중에 나이든 임원이 맨해튼에서 사업을 하는 데 들어가는 비용이 너무 크다고 불평한다. 어디선지는 모르지만 젊은 임원이 자기의 꿈을 설명하는 대목이 한 번 나온다. 새로운 통신 기술은 맨해튼을 시대에 뒤떨어진 구닥다리 도시로 만든다! 이곳은 이제 오지가 아니다. 이곳은 미개척의 변경지대다. 기회의 땅인 것이다. 나이든 임원은 이제 알았다는 듯 눈빛이 반짝인다. 그는 갑자기 카우보이로 변한다. 여기서 기업인을 오랫동안 괴롭혀왔던 임금이나 세금과 관련된 악몽이 끝난다. 거만한 시의원들이나 불만 쌓인 노조 대표, 변덕스런 지식인들의 방해를 받지 않는 와이어트 어프(서부개척시대에 살았던 실제 인물로 닷지시티에서 보안관도 했음. 소도둑 클랜튼 일가와 〈OK 목장의 결투〉를 벌인 장본인—옮긴이)처럼 그는 다시 자기 자신의 주인이 된다.

마치 세상이 멸망한 뒤 죽음을 맞이한 교외 지역과 같은 풍경 너머로 불규칙하게 뻗어나가는 음침한 도축장들. 기분 나쁜 악취, 가축사육장들. 그 지역을 돌아보고 가든시티에서 나와 차를 몰고 돌아가면서 나는 캔자스 민중주의자들이 즐겨 이야기하는 또 다른 우화를 다시 떠올렸다. 그들은 변경을 엄청난 약탈이 자행되는 곳으로 생각한다. 그곳은 버팔로의 시체가 땅바닥에 여기저기 흩어져 있고, 목장주들이 인디언들을 총으로 쏘아 쓰러뜨리고, 기업들이 전 세계 사람들을 불러들이고, 농민들은 땅을 고갈시키고, 철도는 농민들을 아무런 규제도 받지 않는 자유시장 경제체제로 최대한 빨리 이동시키는 곳이다.

미션힐스의 처지에서 볼 때 자유시장 경제체제는 예스러운 슬레이트 지붕과 동판으로 만든 홈통, 우아한 교통안전지대에 있는 분수대를 낳은 사회체제다. 그러나 가든시티의 처지에서 볼 때 그것은 아이들 놀이터에는 녹슨 놀이기구들만 삐거덕거리고 학교는 다 낡아 썩어가고, 생산할 수 있는 것들은 수십 년 안에 다 사라지고 지하수도 다 고갈되는 등의 온갖 퇴보가 낳은 상처와 전염병, 죽음의 체제일 뿐이다. 앞서 말한 인류학자들은 우리가 냉정하게 영구 빈곤 계층을 순순히 받아들이는 '성장' 문제를 어떻게든 대처해야 한다고 지적한다.[29] 그러나 미션힐스에 사는 사람들은 아무런 생각이 없다. 그들이 너무 공손한 나머지 그것을 크게 말하지 않는 건지도 모른다. 하지만 그들도 가난이 요동친다는 것을 안다. 하지만 가난은 그들에게 유익할 수 있다. 가난은 주가를 올리고 임금을 내리게 한다.

가든시티에서 동쪽으로 200마일 떨어진 곳에 인구 340,000명이 사는 캔자스 주의 대도시 위치토가 있다. 디트로이트가 자동차의 도시라면 위치토는 민간 항공기의 도시다. 항공기의 수도라고도 부르는 이곳의 지도를 보면 다양한 항공기 제작사들의 활주로가 종횡으로 가로지른다. 보잉, 세스나, 리어제트, 비치크라프트(현재 세스나는 텍스트론으로, 리어제트는 봄바디어로 넘어갔으며, 비치크라프트는 레이시언으로 바뀌었다.) 같은 항공사들이 거기서 항공기를 제작한다. 맥코넬 공군기지에서는 때를 가리지 않고 KC-135 공중급유기가 하늘로 날아오르고 가끔씩 B-52 전략폭격기도 출격한다. 항공산업의 성쇠에 따라 위치토의 경제도 출렁인다. 위치토의 인구는 2차 세계대전 동안 폭발적으로 늘었다. 방위계약이 넘쳐났고 보잉사의 B-29 전략폭격기들이 포효하며 태평양 상공으로 발진하던 시기였다. 1950, 60년대에 위치토에서는 B-47과 B-52 전략폭격기가 생산되었다. 몇 년 뒤 보잉사는 보잉 737 제트여객기를 생산하고 다른 제트여객기들도 만들어내기 시작했다.

위치토의 역사는 주로 기업인들이 얼마나 눈 깜짝할 사이에 불모의 초원지대에서 발전된 도시를 건설했는지 그들의 독창적인 노력에 초점을 맞춘다.[30] 그러나 자세히 따져보면 그곳은 전혀 다르게 보인다. 위치토는 뿌리 깊은 블루칼라의 도시다. 아직도 지역 경제의 가장 큰 부분을 차지하는 산업이 제조업이며 캔자스 주에서 강력한 노조가 건재하는 유일한 곳이다.

아주 최근까지 위치토는 클리블랜드나 피츠버그 같은 곳에서는 희미한 기억밖에 남은 것이 없는 블루칼라의 번영기를 누렸다. 위치토는 오늘날 항공산업이 크게 급강하하면서 곤경에 처해 있다. 그러나 경제 기반은 아직 건재하며 공장들도 문을 닫지 않았다. 시내 여러 블록에 흩어져 있는 거대한 보잉사 공장은 캔자스 주에서 가장 큰 민간사업체다. 인근 주민들 모두가 보잉사 노동자다. 그들은 노조가 있어서 훌륭한 복리후생과 임금 혜택을 받는다. 따라서 큰 목장을 살 수 있을 정도로 풍요로우며 다른 곳 같으면 화이트칼라만이 누릴 수 있는 특권층 수준의 생활을 누리고 있다. 위치토는 노동절에 신문에서 헤이마켓 순교(1886년 5월 1일 8시간 노동시간을 요구하며 시카고에서 일어난 총파업 시위에 이어 5월 4일 헤이마켓 광장에서 열린 대규모 집회에서 원인 모를 폭탄이 터져 많은 사람이 다치고 노조지도자들이 투옥되어 그 가운데 4명은 결국 사형을 당함—옮긴이)를 사설로 게재하는 그런 도시다. 또한 주 의회 선거에서 정비공과 배관공이 서로 겨루는 곳이기도 하다.

당신도 나처럼 미국인의 중도성을 좋아한다면 위치토는 당신 마음에 들 것이다. 엘도라도 햄버거 노점, 위치토를 상징하는 두운체의 표어(위대한 대초원의 도시라는 뜻의 'A Great Place on the Great Plains!'—옮긴이), 돼지 안심 샌드위치, 개조한 트럭, 옛날식 식당차, 볼링장, 스판덱스 제복을 입은 여종업원이 있는 스테이크하우스. 그리고 무엇보다도 교회. 여러 교파의 교회들. 하느님의 교회, 하느님의 성회, 복음교회, 그리고 온갖 종류의 유명 교파들. 이 많은 교회들 입구 게시판에 붙은 이번 설교 제목은 무서운 저질 작품을 수집하는 사람이 있다면 그를 몇 시간이고 계속해서 오랫동안 그 앞에 붙어 있게 하기에 충분한 것들이다. "당신의 영적 신발을 신어라", "영적 고통을 위한 처방." 심지어 노동조합들도 특별히 자기 노조 로고가 새겨진 성경책이 있을 정도다. 그런데 낙태된 태아의 커다란 그림과 사진들을 더덕더덕 붙이고 시내를 활보하는 트럭들과 같은 어두운 그림자도 보인다. 또 위치토 하얏트 호텔 욕실에서 뜨거운 물을 몇 분 동안 틀어놓자 증기 때문에 욕실 거울에 나타난 "하느님의 갑옷을 입은 기사"라는 문구는 뭔가 비밀스럽기까지 하다. 나는 그것이 낙태 합법화 반대 집회에 참석한 한 시 의회 의원이 어떤 신비한 무아경에 빠져 면도를 하다가 머릿속에 갑자기 떠오른 그 문구를 손가락으로 거울에 갈겨쓴 게 아닐까 상상했다.

위치토의 한 주간지 편집자인 마이클 카모디는 위치토를 다른 데서는 이미 흘러가버린 대중문화를 받아내는 미국 한가운데의 우묵한 땅, 사라진 유행들이 모이고 쌓여 절대로 사라지지 않는 곳이라고 비유한다. 그는 내게 "여기 사람들은 아직도 카마로(1967년에 처음 지엠이 출시한 쉐보레 스포츠카—옮긴이)를 근사하다고 생각해요"라고 말한다. 기이할 정도로 평균적인 이곳을 가장 예리하게 관찰한 사람은 아마도 1980년대 초 가장 위대한 록밴드 가운데 하나였을 인디밴드 임배러스먼트였다. (그들은 정말로 지금까지 캔자스가 배출한 가장 멋진 밴드였다.) 공화당을 지지하는 빨간색 주의 신화에 따르면 여기 사람들은 위트와 냉소가 잘난 체하는 해안 지역의 자유주의 증상이기 때문에 그런 것을 멀리할 것이라고 생각해야 맞다. 하지만 임배러스먼트 밴드는 동시대의 뉴욕 이스트빌리지 출신들만큼이나 우아하고 아름다운 선율을 자랑했다. 그들이 부르는 노래의 대상은 중고품 가게 쇼핑, 텔레비전 설교자, 폴리에스테르 합섬의류, 시트콤 재방송은 물론 자동차까지 다양했다.

> 스콧의 트랜스암(지엠의 폰티악 자동차—옮긴이)은 창문이 내려져 있었지.
> 그러나 애인이 가까이 오자 그는 곤경에 빠졌네.
> 그는 소리쳤어, "야! 저리 가!"
> "난 오늘 한 번도 섹스를 한 적이 없다구."

1990년대는 위치토에 불운한 10년이었다. 위치토도 여전히 제조업과 숙련노동자들에 의지해서 번영을 구가했던 전국의 많은 도시들과 마찬가지로 궁지에 몰렸다. 냉전의 시대가 끝난 것이 문제가 아니었다. 물론 그것이 큰 피해를 준 것은 틀림없지만 그렇다고 문제의 전부는 아니라는 말이다. 보잉사와 같은 기업들은 거대한 공장설비와 종업원 군단이라는 구닥다리 행낭을 던져버리고 '버추얼 코퍼레이션'(프로젝트별로 회사마다 강점들을 모아 임시로 운영되는 가상 기업—옮긴이)을 자신들의 미래로 눈여겨보았다. 그들은 유연성이나 경쟁력 같은 화두가 던져지자 하청계약을 맺거나 "필요한 자원을 외부에서 조달"하기 시작했다. 그들은 새로운 프로젝트를 계획할 때마다 여러 도시들을 대상으로 경쟁을 붙였다. 그리고 생산설비를 해외로 이전하기도 하고 노동조합 지부들에게 싸움을 걸기도 했다. 1999년에서 2002년 사이에 보잉사 노동자들을 대표하는 본사의 노동조합은 전체 조합원의 3분의 1가량을 해고로 잃었다. 위치토에서도 조합원의 수는 거의 반으로 줄었다.

2001년 9월 테러분자들의 공격은 상황을 더욱 악화시켰다. 항공사들은 동요하기 시작했고 보잉 제트여객기의 제작 주문도 하룻밤 사이에 자취를 감추었다. 뉴욕뿐만 아니라 항공기의 수도, 위치토도 그 대참사의 영향을 온몸으로 받았다. 보잉사는 지금까지보다 훨씬 더 많은 노조 소속 노동자들을 해고하면서 이번에는 상황이 호전되더라도 다시 취업을 보장하지 못할 것이라고 통보했다. 2003년 여름 이런 재앙들이 지역경제에 영향을 미치면서 위치토의 실업률은 7퍼센트를 넘었고 담보주택 압류 건수도 급격하게 상승했다.

2003년에 위치토를 방문했을 때 문을 닫은 상점들이 매우 많았다. 시내 거리를 달리다 보면 폐점한 스포츠용품 가게, 장난감 가게, 농기구 가게를 지나치기 일쑤였고 여러 블록을 지나는 동안에도 주차장은 텅 비어 있어서 자동차가 떠나는 모습을 볼 수 없을 정도였다. 한번은 위치토에서 통행량이 많은 지역이라고 표시된 도로 한복판에서 몇 분 동안 차를 멈춘 적이 있었다. 하지만 주변에는 아무도 없었다. 한때 시내의 중심가인 더글러스 가를 따라서 군중들 머리 위로 "위치토의 성공을 지켜보라"라고 의기양양하게 아치를 그리고 매달려 있는 유명한 표지판이 있었다. 그러나 지금 그 거리는 보통사람들의 동상들이 줄지어 서 있다. 그 덕분에 그나마 아주 끔찍하게 텅 빈 거리처럼 보이지는 않는다.

캔자스 주의 나머지 지역에 대해서 어느 누구도 거기서 무슨 일이 일어났는지 일부러 감추려고 애쓰지 않는다. 그곳은 거의 자유 낙하 중이다. 심지어 가든시티에서 지내는 것이 캔자스 주의 다른 농촌지역에서 지내는 것보다 낫다는 말로 가든시티의 생활을 정당화하는 말을 들은 적도 있다. 경제가 완전히 죽은 곳보다는 나으니까 말이다.

캔자스 주의 어떤 농촌도시든 중심가를 걷다 보면 그들이 무슨 이야기를 하는지 금방 알 수 있다. 이곳은 더 이상 돌이킬 수 없는 문명 쇠퇴의 초기 단계로 접어들었다.

나는 처음에 그렇게 산책을 하다가 깜짝 놀랐다. 나는 1980년대 초 이래로 캔자스의 소도시에서 많은 시간을 보내지 못했다. 그곳을 떠올릴 때면 언제나 내가 그때부터 살았던 사우스사이드 시카고와 비교하곤 했다. 나는 언제나 캔자스의 소도시를 보통사람들이 생각하는 것처럼 낡은 벽돌이 깔린 보도를 따라 천천히 걷는 친절한 사람들, 학교에서 노래를 부르는 꼬마애들, 고등학생 미식축구 경기를 중계하는 라디오를 경청하며 빅토리아 양식의 주택가를 어슬렁거리는 보통사람들을 떠올렸다. 어쩌면 내 추억이 너무 이상화되었는지도 모른다. 아마도 시카고의 급속한 고급주택화(그리고 철저한 빈민층의 배제)가 내 기억을 혼란에 빠뜨렸을지도 모른다. 어쨌든 시카고는 이제 더 이상 캔자스와 아무 상관이 없다.

캔자스 주의 중심가들은 대개 다 비어 있다. 거리의 웅장한 석조 외관이 점차 사라지고 베니어판이 그 자리를 가린다. 썩고 있는 베니어판은 대개 15년 전에 설치되었다가 버려진 것들이고 월마트가 도시에 들어온 시점이 바로 그때다.

지금 오사와토미에 있든 엘도라도에 있든 여태껏 그곳에 살아남은 한 가지 장사는 잡동사니를 파는 고물가게다. 오늘날 지방의 중심가에서 사람들이 사고파는 것이 바로 그런 것들이다. 그들은 더 잘 살았을 때면 구세군에 보내거나 쓰레기로 버렸을 옛 물건들을 판다. 쓰다 남은 방적실. 무전기처럼 생긴 버번 위스키병.《내셔널 지오그래픽스》한 상자. 그들이 그것을 누구에게 파는지는 모른다. 나는 그런 중심가 잡화점을 십여 곳 들렀는데 가는 곳마다 그날 그곳의 유일한 고객은 나였다.

당신이 방문한 캔자스 주의 어떤 도시가 한때 대형 상점가가 붐빌 정도로 큰 곳이었다면 당신은 거기서 1870년대 건물들뿐만 아니라 1970년대 건물들도 비어 있는 모습을 볼 수 있다. 예전에 제이씨페니 백화점이 있던 건물 주변의 넓은 아스팔트 부지가 여기저기 무너져 내린 모습을 발견할 것이다. 그 건물은 대개 중고품 할인판매점 아니면 완전히 문을 닫은 상태로 바뀌어 있을 것이다.

그리고 도대체 사람들이 어디에 있는지 의아하게 생각하기 시작할 것이다. 거리는 사람들이 붐비는 정도로 볼 때 날마다 일요일이거나 공휴일, 또는 새벽 5시쯤인 것처럼 보인다. 자동차는 어디든 주차할 수 있다. 아마도 당신 차가 그 블록에 있는 유일한 차일 것이다.

실제로 캔자스 주의 카운티들 가운데 3분의 2 이상이 1980년과 2000년 사이에 인구가 줄었는데 많게는 25퍼센트나 준 곳도 있다. 캔자스 주의 서부 지역에 있는 모든 도시들이 사회보장제도로 겨우 살아간다고 한다. 노인들 말고는 그곳에 남은 사람은 아무도 없다. 의사도 없고 신발가게도 없다. 심지어 어느 도시는 공립학교를 이베이에서 경매로 팔기도 했다. 캔자스 주는 주를 대표하는 연방 의회 의원들로 구성되는 선거인단 수가 점점 줄어들면서 영향력도 약해졌다.(미국의 대통령 선거에 참여하는 각 주의 선거인단 수는 인구 비례에 따라 정해짐—옮긴이)

나를 가장 강력하게 이러한 상실감에 휩싸이게 한 도시는 엠포리아였다. 그곳은 한때 신문사 경영자이자 저술가인 윌리엄 앨런 화이트의 고향으로 유명한 곳이었다. 윌리엄은 우리 할아버지 세대 때 전국적으로 유명했던 인물로 여러 대통령들과 친분이 있었고 퓰리처상을 수상했으며 미국의 소도시를 사랑하는 비공식 대변인이었다. 적어도 초창기 그의 대표적인 작품들은 시골 생활을 익살맞게 그렸다. 그것은 태평스럽고 자족하며, 근면하고 깔끔하며, 순박하고 겸손하면서도 지혜로운, 미국 중서부 사람들의 초상화였다. 캔자스는 매우 풍성하고 윤택해서 화이트는 그곳을 '세상의 정원'이라고 불렀다. 거기서 요구하는 삶의 모습은 열심히 일하고, 정정당당하게 겨루고, 사람들에게 자신들이 이 중심부에서 이루어놓은 것을 보여주는 것이었다.

오늘날 화이트를 기억하는 사람은 많지 않다. 심지어 캔자스 주에서도 그렇다.(엠포리아의 한 공화당 당직자는 자신이 거기로 이사하기 전에 화이트에 대해서 들어본 적이 없었다고 말했다.) 그러나 당신은 엠포리아의 허물어져가는 도심의 건축물들에서 여전히 그의 전성기 때 흔적을 찾아볼 수 있다. 1880년에 지은 12피트 높이의 2층짜리 창문이 있는 건물, 신자들을 늘리기 위해 지어진 우아한 장로교회. 허물어져가는 벽돌 건물들처럼 이곳에는 그렇게 늘 깨끗한 셔츠를 입고 긍정적인 태도로 묵묵히 일했던 캔자스 소도시의 기업인들, 사라진 그 모든 세대의 죽은 꿈들이 있다. 그들은 대도시의 당당한 금융가들이 주목하던 그 도시를 차지해서 인구를 늘리고, 자금을 마련하고, 도시를 개선하고, 가족들을 부양하고, 그들의 도시를 세상에 우뚝 서게 만들고 싶었다.[31] 그들은 장담했다. 위치토가 성공하는 모습을 그냥 지켜보기나 하시라, 라고.

윌리엄 앨런 화이트가『우리 동네에서In Our Town』라는 소설을 발표하고 98년이 지난 10월 어느 날 엠포리아를 방문해 두 시간 동안 이리저리 어슬렁거리며 본 것이 바로 다음과 같은 장면들이다. 페인트칠한 건축용 합판으로 지어진 주택들, 방부 처리가 안 된 높이 2인치, 폭 4인치의 목재들을 서로 못으로 박아 연결해놓은 상가 건물, 창틀이 모두 없고 뜰에 풀이 3피트나 높이 자란 인상적인 벽돌집, 벽에 회칠을 하고 널빤지가 다 뜯겨나간 금방 쓰러질 듯한 아파트 건물, 반쯤 무너진 현관 지붕과 창문 유리 대신에 얇은 비닐을 쳐놓은 목조 단층집, 주택들 사이에 흩어져 있는 조립식 철제 공익설비 건축물, 너무 울퉁불퉁하고 부서져서 다니기 힘든 석제 보도, 팔이 부러져 뼈가 튀어나온 것처럼 빗물 홈통이 꺾여 튀어나온 집, 풀이 무성한 잔디밭 한가운데 버려진 에어컨. 그리고 무엇보다도 마치 근처 어느 공설수영장의 확성기에서 희미하게 들려오는 듯한 1970년대 불후의 록 밴드, 레드 제플린, 반 헤일런, 러시의 연주. 왠지는 모르지만 샘 월튼(월마트 창업자—옮긴이)과 같은 악덕자본가가 엠포리아를 세운 신앙심 깊고 낙천적인 사람들에게 "그래 당신들 말이야, 자본가가 되고 싶었던 거지, 그렇지?"라고 조롱하는 모습을 한동안 생각했다.

내가 이런 망상에 흠뻑 빠져 있을 때 행렬 하나가 옆을 지나갔다. 엠포리아 주립대학 동창회 행사 축하 행진이었다. 캔자스 주 공화당 지도자들이 그 뒤를 따랐다. 커다란 검정색 카우보이 모자를 쓴 남학생 사교클럽 회원 한 명이 자기 여자 친구에게 큰 소리로 외쳤다.

남학생: 내 윗도리 어디 있니?

여자 친구: (윗도리를 들어 그에게 보여주면서) 여기 있어, 짜샤.

어쩌면 당신은 엠포리아의 이런 모습에 대해서 많이 들어보지 못했을지도 모른다. 이유가 있다. 이런 종류의 어두운 그림자는 정부나 반문화, 거만한 도시정책 같은 일반적인 이유 탓으로 쉽게 돌릴 수 없다. 우리 고향인 캔자스 주를 이렇게 만든 악인은 대법원이나 빈민 구제와 거리에서 범죄를 몰아내기 위해 엄청난 돈을 쏟아부은 린든 존슨(36대 미국 대통령—옮긴이)이 아니었다. 범인은 바로 보수주의자들이 그렇게 애지중지하는 자유시장 자본주의 체제다. 그것은 거의 아무런 규제도 받지 않으며 소도시 상인이나 초기에 소도시를 유지시켰던 농업제도에는 전혀 도움이 안 된다. 규제 받지 않는 자본주의는 월마트가 캔자스 주 전역의 지역상권을 망가뜨리게 만든 주범이다. 하지만 그보다 훨씬 더 중요한 것은 그러한 자본주의가 캔자스 주의 존재이유라고 할 수 있는 농업을 거의 붕괴 상태로 몰아갔다는 사실이다.

전미가족농연합은 "오늘날 미국 농업은 1980년대 중반 이후로 최대의 위기를 겪었다"고 주장한다.[32] 캔자스 주의 아무 농민이라도 붙들고 이야기해보라. 그러면 그가 자신의 생계에 대해서 얼마나 극도로 비관하는지 금방 알 수 있다. 아주 큰 대농장주가 아니면 어떤 농민도 이익을 전혀 낼 수 없다. 캔자스 주에서 지금도 계속해서 작물을 재배하거나 목축을 하는 농장 수는 1950년과 비교할 때 절반 정도밖에 되지 않는다. 일부 농장은 점점 더 규모가 커진 반면 나머지 대부분 농장은 문을 닫았다.

일반적으로 가장 최근에 발생한 농장의 위기는 여러 가지 원인이 있는데 그중에는 (적어도 캔자스 주에서는) 2001년과 2002년의 심각한 가뭄도 한몫한다. 그러나 가장 중요한 원인은 농민들에게서 원재료를 사서 그것을 가공하고 포장한 뒤 해외에 수출하거나 국내 식료품 가게에 파는 대여섯 개의 거대 농업 복합기업들이다. 농촌에 살아본 적이 없는 사람들은 대개 농업에서 발생하는 모든 종류의 이익을 당연히 같은 것으로 생각한다. 개별 농민들과 농업기업이 모두 같은 것을 바란다고 믿는다. 그러나 현실에서 이 두 부류의 이해관계는 반동의 역사인 KFC 창업자 커넬 샌더스와 병아리의 관계와 아주 유사하다. 커넬 샌더스는 지금까지 20여 년 동안 농민들은 약화시키는 반면에 농업 복합기업들은 강화시키기 위해 정교하게 다듬어진 농업 관련법과 무역정책, 제도들 덕분에 끊임없이 성공의 길을 걸었다. 아처 다니엘스 미들랜드(ADM)와 타이슨 같은 기업의 주주들과 경영진에게 그 결과는 경이로운 지상천국이었다. 하지만 엠포리아 같은 농촌 도시들에 있어 그 결과는 파멸이었다.

역설적이게도 농장은 미국인들이 100년 전에 자유방임주의 경제라는 함정에 빠져 허우적대다 첫 번째 교훈을 배운 곳이다. 농업은 제멋대로 돌아가는 일반 시장에는 적합하지 않은 독특한 분야다. 농민들의 수가 수백만 명에 이른다. 그들은 당연히 조직화되어 있지 않다. 그들은 서로 협력해서 농사계획을 짤 수 없다. 그들은 거대 중개상들의 희생자가 되기 쉬울 뿐 아니라 (민중주의자들의 시대에는 철도가 그런 구실을 했다) 어려운 시기―이를테면 밀 가격이 떨어질 때―가 와도 농민들은 다른 산업들이 다 그러는 것처럼 생산량을 줄일 수 없다. 그 대신에 오히려 농민들은 더 열심히 일하고, 더 많이 경쟁하고, 더 효율성을 높이고, 문제가 되는 상품을 더 많이 생산해낸다. 따라서 공급과잉 현상은 훨씬 더 악화되고 가격은 더 떨어진다. 우리는 이것을 '과잉생산의 덫'이라고 부른다. 이것은 오직 정부가 개입해 경쟁 중지 조치를 내려야만 극복할 수 있다.

민중주의자들과 농민조합은 이러한 정부의 개입정책을 확보하기 위해 수십 년 동안 투쟁하였다. 그것은 마침내 뉴딜정책으로 완성되었고 농산물 가격 지원과 휴경제도, 농민 신용보증 정책이 시행되었다.

그러나 농업기업의 처지에서 보면 농작물의 과잉생산은 아주 이상적인 상황이다. 그들의 관점에서 낮은 농산물 가격은 더 많은 이익을 의미하며 시장에서 더 큰 영향력을 끼칠 수 있는 기회다. 따라서 그들은 모든 정치적 수단을 동원해서 과잉생산과 농민들 사이의 전면적인 경쟁을 권장한다.

농민들이 조직화하지 못하는 동안 농업기업들은 반대로 움직인다. 농업기업들은 다른 모든 산업처럼 서로 합종연횡하면서 기업간 경쟁을 회피한다. 그러고는 마침내 레이건-클린턴 시대의 탈규제 분위기에 편승하여 이러한 기업 간 인수합병을 활성화하는 데 성공했다. 1980년대에 미주리 대학 사회학과 교수인 윌리엄 헤퍼넌에 따르면 농업 전문가들은 대개 어떤 분야에서 4개 기업의 시장점유율이 40퍼센트를 넘으면 그 분야는 더 이상 경쟁적이지 않다는 데 동의했다. 그러나 오늘날 미국에서 생산되는 소고기의 81퍼센트, 돼지고기의 59퍼센트, 닭고기의 50퍼센트를 4대 농업기업이 처리한다고 헤퍼넌은 추정한다. 똑같은 현상이 곡물에서도 일어나고 있다. 4대 농업기업이 미국에서 생산되는 밀의 61퍼센트, 콩의 80퍼센트, 옥수수는 경작방식에 따라 57퍼센트나 74퍼센트를 처리한다.[33] 정치적 영향력과 가격 담합으로 악명이 높은 대형 곡물 유통기업인 아처 다니엘스 미들랜드의 은밀한 사내 표어가 "경쟁자는 우리의 친구이고 고객은 우리의 적이다"라고 알려진 것은 우연이 아니다.[34]

농업기업은 이러한 불평등한 상황을 1990년대 중반에 완성했다. 하지만 농민들은 1930년대에 시행된 다양한 농업정책들 덕분에 아직까지 농업기업의 손아귀에 완전히 들어가지는 않았다. 그나마 농민들을 보호했던 이러한 비상구는 역설적이게도 1996년에 제정된 농업자유법Freedom to Farm Act으로 길이 막혔다. 농산물 가격 지원 조치가 중단되고, 휴경지 제한이 풀리고, 농업 규제와 관련된 모든 뉴딜정책이 종료되었다. 아직까지 남은 농민들은 반복되는 과잉생산에 필사적으로 매달리며 뒤로 처지면 경쟁에서 밀려나는 광란의 경주를 시작했다. 캔자스 주 상원의원 팻 로버츠가 작성하고 캔자스 주 출신의 다른 공화당 의원들이 지지한 농업자유법은 신경제 시대를 여는 과감한 규제 철폐 법안들 가운데 하나다. 농민들은 이 법안이 통과됨으로써 자신들이 자유시장에서 효과적으로 경쟁할 수 있는 수단을 마련했다고 생각했다. 이제 모든 것이 달라졌다. 농민들은 자신들에게 어떻게 하라고 지시하는 정부를 이제 더 이상 필요로 하지 않았다.(농민들 스스로 전에 뉴딜정책들을 요구했다는 사실은 이미 잊은 지 오래되었다.) 그들은 이제 원하는 작물을 원하는 만큼 재배할 수 있었고 자신들에게 적정가격을 제시하는 시장에 믿고 맡길 수 있었다.[35] 시장은 위대했다. 시장은 모든 것을 만족시켰다.

그러나 옛날에 사라져버린 줄 알았던 그 성가신 경제법칙들이 결국은 건재하다는 사실이 밝혀졌다. 농민들은 식량을 가능하다면 최대로 생산하기 시작했다. 그러자 농산물 가격은 급락했고 '상환청구 불가 융자'(구상권 범위를 담보물로 한정하기 때문에 담보물 이외에는 채무가 면제되는 융자―옮긴이)라고 부르는 것과 같은 농업 지원책도 더 이상 없었다. (캔자스 주에서 가장 많이 재배하는) 밀 1부셸(건조한 곡식의 양을 재는 단위로 1부셸은 약 35리터임―옮긴이)의 평균가격은 1996년에 6달러 50센트가 넘었는데 1999년에는 2달러 25센트로 떨어졌다. 1980년대 중반 시장 상황이 안 좋았을 때 부르던 가격과 같았다. 그런 가격 조건에서는 가격 효율성이 뛰어난 대형 농장을 빼고는 대부분의 농가가 망할 수밖에 없었다. 실제로 위기는 매우 심각하고 빠르게 진행되었다. 결국 연방 정부는 더 이상의 출혈을 막기 위해 농민들에게 지원금 배당을 재개했다. 그러나 이번에는 농산물 가격 지원이 아니라 생산량 기준으로 지원금을 배당하는 바람에 가장 손해가 적은 대형 농장이 가장 많은 지원금을 받는 결과를 낳았다. 2000년과 2001년 캔자스 주에서는 그러한 연방 정부의 지원금이 농민들이 농사를 지어 벌어들이는 소득보다 훨씬 더 많았다.[36]

ADM과 카길, 콘아그라와 같은 농업기업들 입장에서 볼 때 농업자유법은 자신들이 법을 만드는 것보다 더 좋은 결과를 가져왔다. 농산물 가공업자나 가축 사육업자는 이제 자신들이 밀이나 옥수수를 직접 재배하는 것보다 시장에서 더 싸게 살 수 있었다. 그러면서 동시에 자신들이 가공한 완제품을 식료품 가게의 손님에게 전과 같은 가격으로 계속해서 팔 수 있었다.[37] 한편 농촌이 완전히 붕괴되는 것을 막는 문제는 정부가 책임져야 했다.[38] 캔자스 주 북동부 출신의 주 의회 의원이자 농민인 브루스 라킨은 그 결과에 불만스럽다. 그는 농업자유법이 "소수의 다국적 곡물기업들이 농민들이 생산한 농산물들을 합법적으로 갈취해가는 면허증"이라고 말한다. 1996년 그 법이 통과된 이후로 배당된 엄청난 규모의 농업보조금은 결국 "대형 농업기업과 축산업자들을 지원하기 위해 납세자들이 간접적으로 낸 세금"인 것이다.

농업 관련 전문 저널리스트인 A. V. 크레브스는 좀 더 넓은 역사적 관점에서 농업자유법을 1890년대 캔자스 주를 휩쓸었던 민중주의의 반란에 대한 안티테제라고 진단한다. 이것은 100년 동안 지속된 오랜 전투의 끝이었다. 보통사람들이 완전히 패배하고 "마침내 농업기업들에는 100년 전 농업 민중주의자들이 처음으로 상상하고 마음에 품었던 경제

권력의 마지막 흔적조차 가족농에게서 송두리째 빼앗고자 했던 그들의 꿈을 실현하는" 순간이었다.[39]

농업 규제 철폐를 신봉하는 사람들—이런 사람들이 부시 행정부의 농무부 말고도 여러 경제 부처에 많이 있다—은 거기서 은밀하게 진행되는 권력 장악의 문제가 아니라 식량산업이 웅장하게 '재건' 되는 모습을 본다. 이것은 '수직적 통합' 으로, 과거의 단편적이고 무질서하고 과중한 보조금 제도보다 더 유연하고 훨씬 더 효율적인 식량조달체계다. 카길, ADM, 기타 거대 농업기업들은 혼돈에서 질서를 이끌어냈다. 우리가 마침내 가족농에 대한 제퍼슨의 환상과 이별을 고해야 한다고 해도, 즉 우리가 부유한 농민을 소작농으로 전락시키고[40] 농촌의 전원을 산업화의 불모지로 바꾸고 지방의 소도시들을 파괴할 수밖에 없다 해도 결국 이런 질서 하에서는 그게 최선의 상태일 것이다.

3장
하느님과 돈을 동시에 섬기다

캔자스 주에 사는 백만장자 부자들과 이동주택 주차구역에서 사는 사람들, 농민들과 중고품 할인판매점 관리인들, 도축 노동자들과 공공기관 행정관들을 포함해서 서로 다른 모든 집단의 사람들을 하나로 묶는 것이 한 가지 있다. 이들은 거의 대부분 공화당원이다. 정육업의 도시 가든시티는 풍요로운 존슨 카운티보다 훨씬 많은 주민들이 조지 W. 부시를 찍었다.[1] 블루칼라 노동자들이 아주 잘 조직화된 도시 위치토는 캔자스 주에서 몇 안 되는 민주당 강세 지역 가운데 한 곳이었다. 하지만 1990년대에 그곳은 그 어느 곳보다도 가장 일관되게 보수적인 지역 가운데 한 곳으로 바뀌었다. 낙태와 진화론, 헌법에 대한 도전, 수돗물 불소화에 대해서 강력하게 반대하는 철옹성이 되었다.

캔자스 주가 나름의 대가를 치르고 현재의 상황으로 바뀐 것은 오래전 일이 아니다. 휘발유가 고인 웅덩이에 성냥불을 붙이면 무슨 일이 일어날지 뻔히 알 수 있듯 캔자스 주의 지금 상황은 틀림없이 정치적으로 어떤 이유가 있었을 것이다. 기업이 농민과 노동자들을 쥐어짜면, 즉 기업이 민중주의자들이 상상할 수 없는 온갖 독점전략들을 재빠르게 수행하고 나면, 기업이 주주들을 등쳐 먹고 수시로 수천 명의 노동자를 일터에서 내쫓으면 옛날에 당신은 그다음에 무슨 일이 일어날지 금방 알 수 있었다.

그러나 지금은 그렇지 않다. 여기서는 불만의 중력이 오직 한 방향으로만 작용한다. 오른쪽으로, 오른쪽으로, 점점 더 오른쪽으로. 오늘날 캔자스 사람들은 고용 불안을 느끼면 밖으로 달려 나가 공화당원으로 등록한다. 그들을 자기 땅에서 몰아내면 우리는 그들이 낙태 병원 앞에서 시위하는 모습을 보게 될 것이다. 그들의 노후 대비 저축을 최고경영자의 손톱 치장으로 탕진하면 그것은 그들이 극우 반공단체 존 버치 협회에 가입할 좋은 기회다. 그들에게 자기 조상들이 주장했던 구제책들(노동조합, 독점금지, 국유화)에 대해서 어떻게 생각하는지 묻고 싶다면 차라리 옛날 기사도가 만발했던 시절에 대해서 이야기하는 편이 더 나을지도 모른다.

여기서 설명한 불행한 일들—인구 감소, 식량 독점 기업의 성장, 전반적으로 부자에게 유리한 삶의 재편—은 10년이나 20년 전부터 진행되어 온 것들이다. 그런 일이 일어났고 지금도 계속해서 일어나고 있음을 부인하는 사람은 아무도 없다. 그러나 그 유명한 정의의 전사인 캔자스 사람들은 그런 상황에 어떻게 반응할까? 캔자스 사람들은 그 문제들을 직시하고 곧 싸우기라도 할 듯 이를 악물고 팔을 걷어붙이고는 왜 엉뚱하게도 전혀 다른 곳으로 원인을 돌릴까?

캔자스 사람들이 화를 내지 않는다는 것이 아니다. 이곳에서 분노는 차고도 넘친다. 캔자스는 이 나라의 모든 남녀, 어린이들마저 뇌졸중을 일으키고도 남을 정도로 많은 분노를 쏟아낸다. 캔자스는 반란 중에 있다. 캔자스는 언제라도 싸울 채비를 하고 있다. 그런데 문제는 그 분노가 엉뚱한 표적을 향해 있다는 것이다.

캔자스 사람들은 경제 문제에 관심이 없다. 가난의 원인이 '체제의 문제'라기보다는 영적 문제라고 믿는 공화당 상원의원 샘 브라운백 같은 사람은 이런 상황을 자못 흡족한 듯이 바라본다.[2] 캔자스 사람들은 국가의 순결성과 같은 더 웅대한 것에 주목한다. 후한 임금, 농촌지역에 대한 정당한 대우, 소도시 심지어 우리가 살고 있는 곳의 불행한 운명—이 모든 것들은 책에서 찾아볼 수 없는 진화론과 온갖 독창적인 방법으로 훼손되는 공교육 다음으로 관심이 먼 것들이다.

우리의 지도자들이 현재의 문제들에 대해 어떻게 공세를 취하는지 잘 들어보라. 위치토의 하원의원인 토드 티아트는 오늘날 우리를 괴롭히는 것이 '영혼의 위기'라고 한탄한다. 캔자스 주에서 가장 큰 낙태 반대 운동 단체의 한 지도자는 우리를 자극하는 것은 '사회의 부도덕한 타락'에 대한 혐오감이라고 말한다. 캔자스 주의 갤러해드('고결한 남자'라는 뜻이며 『아서왕 이야기』에 나오는 원탁의 기사 중 한 명으로 마침내 성배를 발견한 인물—옮긴이)인 보수주의자 데이비드 밀러는 그의 추종자들에게 "미국, 그리고 이곳 캔자스에 사는 우리는 도덕적 위기에 빠져 있다"고 엄중하게 말했다. 이제 우리에게 필요한 것은 미국을 세운 건국의 아버지들이 분명히 지시한 대로 '고결' 해지는 것이다. 그렇게 하지 못한다면 "우리 문화는 모조리 사라질 수도 있기" 때문이다. 위대한 브라운백은 국회의사당 언덕 위에서 갱스터랩을 비난하고, 줄기세포 연구에 대해서 독설을 퍼붓고, 상원이 미국의 '문화적 퇴보'를 조사하기 위해 청문회를 열 것을 제안한다.[3]

미국의 영혼을 살리기 위한 캔자스 주의 전쟁전략은 솔직하고 직설적이었다. 캔자스는 교회를 이용해서 가장 활동적이고 독실한 기독교 신자들을 모았다. 그러고는 그들을 가장 중요한 공적 책임이 있는 자리로 끌어올리는 작업을 시작했다. 이 성전의 밀사들은 그때부터 죄악으로 물든 세상을 꾸짖고 반대하고 비난하는 일을 한다. "나는 기독교인입니다." 캔자스 북동부에 있는 와이언도트 카운티 공화당 지도자 한 사람은 자신의 정치 일정을 기자에게 설명하면서 이렇게 말했다. "제 첫 번째 목표는 이 땅에 하느님의 왕국을 건설하는 일입니다."[4]

또한 캔자스 주 중부지역 출신의 공화당 하원의원이며 전설적인 육상 선수였던 짐 룬은 자신이 공직에 입후보한 것은 하느님이 자신을 원했기 때문이라고 말한다. 그는 기자들에게 자신이 '기독교인이 된' 때가 1972년 어느 날이라고 정확한 날짜를 이야기하며 기뻐한다. 룬은 한 유세장 연설에서 지지자들을 감동시켰다. 1995년 그는 자기 딸들에게 부과한 지나치게 과보호적인 사회질서를 설명하는 글을 발표했다.

어떤 청년이 어떤 젊은 처자에게 관심이 있다면 그는 두 사람의 관계에 대해서 먼저 기도해야 한다. 청년은 하느님과 자기 부모 앞에 사실을 먼저 말하고 그다음에 그 젊은 처자의 부모님에게 말해야 한다. 처자 쪽 부모는 기도를 한 다음, 자기 딸도 똑같이 그 청년에게 관심을 보인다면 그녀의 아버지는 청년과 앞으로 연애나 결혼은 어떻게 할지에 대해서 두루 이야기를 나눈다.[5]

청년은 이제 하느님에게서 2개의 영적 허가증을 받았다. 하지만 그것만으로 연애가 허락되는 것은 아니다. 청년은 한 가지 더 짐이 말하는 조건을 만족시켜야 한다. 그는 자신이 "영적으로도 경제적으로도 결혼할 준비가 되어 있음"을 증명해야 한다. 룬은 자기 눈으로 직접 그 돈을 봐야 한다!

앞머리를 길게 해서 한쪽으로 넘긴 머리 모양으로 유명한 토드 티아트는 위치토 출신이다. 그는 위치토의 복음주의 교회에서 선거 유세를 하면서 성경 구절을 맹렬하게 쏟아낸다. 오랫동안 민주당의 아성이었던 지역에서 역전승을 거둬 의기양양해진 티아트는 일간지 《위치토 이글》에다 "결국은 미국을 하느님께로 인도하는 것입니다"라고 말했다.[6] 그러나 그것은 좀 더 정확히 말하자면 미국인이 하느님에 대한 공경심이 부족하다는 것을 꾸짖는 말이었다. 또 티아트는 1998년 세 차례에 걸쳐 의회에서 미국이 하느님과 가족의 가치를 도외시한 탓에 "미국의 영혼이 길을 잃었다"고 훈계했다.

캔자스 주의 보수주의자 가운데 티아트는 성질이 드센 반면에 샘 브라운백은 신중하고 상냥하며 지적이다. 티아트가 연설을 통해 자기 주장을 전달한다면 브라운백은 예수 그리스도가 제자들의 발을 씻겨주는 것처럼 일을 끝내고 떠나는 보좌관의 발을 닦아주는 식의 행동을 통해 자기 의중을 보여준다.(나와 얘기를 나눈 한 노련한 캔자스의 정치가는 이 사건을 "종교적 희롱"이라고 불렀다. "당신의 상사가 당신에게 '신발을 벗게!' 라고 말하면 당신은 어떻게 하겠소?") 캔자스 주에서 보수주의자의 행동방식은 대개 매우 시끌벅적해서 열광적이고 격식에 얽매이지 않는 개신교 교회—신도들을 한 손에 휘어잡는 오순절 교회나 하느님의 교회처럼—의 분위기에서 열띤 유세를 펼치는 것이다. 반면에 브라운백은 청중들의 내면으로 신중하게 접근해가는 심지어 가톨릭교와 같은 접근방식을 좋아한다. 2002년 그는 스페인 프랑코 정권 시절 명성을 날린 극우 성향의 성직자, 오푸스데이(일반인으로서 복음을 전파하고 선교 활동을 하는 교황청이 인정한 가톨릭 신자들의 모임—옮긴이)의 지도자 존 맥크로스키의 지도 아래 가톨릭으로 개종했다. 브라운백이 의도적으로 가입한 조직화된 준 종교집단은 오푸스데이만이 아니다. 그는 워싱턴에 있을 때 패밀리 또는 펠로우십이라고 부르는 기독교 단체가 운영하는 타운하우스에서 살았다. 그들은 전 세계의 자본가와 정치지배자들을 미국의 의원들과 연결시켜주는 일을 소임으로 생각하는 것 같다. 그들은 또한 은밀하게 히틀러의 통치술을 공부하기도 한다.[7]

그들의 이러한 광적인 행동의 분출이 아무리 기이하다고 해도 캔자스 사람들은 그것 때문에 브라운백과 같은 사람들을 불신하지는 않는다. 그러나 캔자스 주의 이러한 방식이 특이하게 보이고 심지어 역효과를 내는 까닭은 캔자스의 주 의회 의원들이 일반 대중의 이채로운 신앙심을 주의 경제 사정을 악화시키기만 하는 정치적 의제와 연결하기 때문이다. 생각해보라. 개신교의 근본주의가 대기업과 반드시 우호적이어야 할 무슨 특별한 이유라도 있는가? 한때 캔자스 주는 무정부주의자로 의심받던 윌리엄 제닝스 브라이언에게 세상을 주었다. 그러나 오늘날 캔자스 주가 자유시장이라는 화장터의 장작더미 위에서 활활 불타고 있는데도 이 책에 나오는 캔자스의 지도자라는 사람들은 하나같이 자유시장주의를 마치 예수 그리스도의 가르침인 것처럼 여기고 그것을 세상에 전파하는 사도로 자처한다.

예컨대 그들은 재계에 유리한 법들을 제정하는 대가로 미상공회의소로부터 고위직을 받는다. 그들은 기업활동을 제약하는 규제를 철폐하고, 정부의 간섭을 축소하고, 복지국가 정책을 원점으로 되돌리는 것과 같은 보수주의의 신성한 대의를 수행하는 일에 충성을 맹세한다. 예컨대 짐 룬은 자기 딸들을 오늘날의 음탕한 문화에서 보호하기 위해 그들 둘레에 벽을 쳤다. 그러나 그는 그것을 기업의 정통성과 연결시켜 내면화하고 지지했다. 짐 룬은 레이건 이전의 미국 경제정책을 소련의 정책과 비교하고 부자들의 감세를 지지했다. 부자들은 이미 사회발전에 초인적인 기여를 계속했기 때문에 그에 따른 격려가 필요하다는 논리였다. 그는 부동산세가 가난한 사람들을 더 어렵게 한다는 거짓 이유를 내세우며 부동산세를 폐지하자고 주장했다.(공화당의 부동산세 폐지 추진은 대개 불경기에 소농을 돕기 위한 정책으로 제시되었다. 그러나 지금까지 그러한 세금 폐지의 최대 수혜자는 바로 부자들이었다. 해마다 부동산세 납부 대상이 되는 자산을 가진 농민은 극히 일부였다. 2001년 아이오와 주의 한 농업경제학자는 35년 동안 부동산세에 관해 연구한 결과, 부동산세 때문에 농장을 잃은 농가는 단 한 집도 없었다고 발표했다. 미주리 주에 사는 한 농민은 부동산세와 관련된 감명 깊은 한 에세이에서 "문제는 농가 소득과 기업 집중이다"라고 말했다. "부동산세는 농민들이 싸워서 쟁취해야 할 농가 정책이라고 볼 수 없다."[8]) 그는 또 지구온난화에 대한 의문을 제기했다. 캘리포니아의 전력난 사태는 규제 철폐 때문이 아니라 "캘리포니아 주 정부가 자유시장에 정치적으로 간섭하는 제도" 문제 때문이라고 주장했다.[9] 당신은 그의 주장들을 하나씩 대조하며 열거할 수 있다. 룬의 열렬한 기독교 신앙은 내가 아는 한, 대기업과 관련된 어떠한 의제에서도 벗어난 적이 없다.

토드 티아트는 의회에 진출하기 전에 보잉사의 관리자였다. 따라서 그는 어쩌면 룬보다도 재계 거물에게 훨씬 더 충성을 다 하는 인물일 수 있다. 워싱턴에서 그는 에너지부에 외골수로 적대적인 의원으로 유명하다. 위치토에 아직도 남아 있는 민주당 지지자들에 따르면 티아트는 노동조합에 가입한 노동자들에 대한 적대감이 누구보다도 강하다고 한다. 1992년 《위치토 이글》은 비종교적인 문제들에 대한 티아트의 견해를 무미건조한 말투로 다음과 같이 요약했다. 티아트는 보잉사가 정부의 국방

비 지출에 크게 의존함에도 "정부를 대체로 싫어한다." 그는 "교도소의 민영화"도 요구한다. 또 "어떤 사람들은 가난하기로 결심했기 때문에 가난하다고 주장한다. 그리고 사회복지 정책들이 매우 비효율적이라고 주장한다."[10] 그로부터 4년 뒤 그 신문은 이 도덕적 십자군 전사가 기업도시 위치토의 인기인이 되었음에 주목했다. 보수 정치인은 물론 우파 잡지와 싱크탱크에 기금을 출연하는 위치토의 석유 가스 기업인 코크 인더스트리스가 티아트에게 정치헌금을 냈다. 그러자 그 신문은 이 젊은 정치가가 얼마나 큰 대중의 인기를 얻었는지 깜짝 놀라는 눈치였다. 신문은 "그는 공화당 보수파의 새로운 인물 가운데 한 명이다"라고 지적했다. "그의 사회적 견해는 대다수 사람들이 관심 있어 하는 것들이다. 그러나 그가 생각하는 경제적 문제는 기업가들이 주로 주목한다. 티아트는 지독하게 친기업적 성향이다. 빅브라더가 수많은 정부 규제 뒤에 숨어 있다고 확신하기 때문에 정부를 깊이 불신한다."[11]

그러나 무엇보다도 하느님과 맘몬(돈)을 동시에 가장 잘 섬긴 사람은 캔자스 주에서 가장 부유한 집안 출신 가운데 하나인 샘 브라운백이다. 성자 샘의 추종자들은 당신에게 샘이 워싱턴에서 얼마나 검소하게 생활하는지 알려줄 것이다. 또 그가 인간 복제에 대해서 얼마나 단호하게 반대하는지, 그리고 제3세계 국가에서 박해받는 기독교인들을 얼마나 열심히 지원하는지도 말할 것이다. 이제 브라운백이 1993년에 공직생활에 뛰어들게 된 계기를 마련해준 일련의 특별한 사건들을 한번 살펴보자. 브라운백은 1986년부터 별로 주목받지는 못했지만 꽤 영향력 있는 캔자스 주 정부의 농업담당관으로 조용히 일하고 있었다. 그가 농업담당관으로 선출되었는지 선출직의 어떤 사람이 그를 농업담당관으로 임명했는지는 잘 모른다. 여하튼 당시에 캔자스 주의 농업담당 부서는 주민들을 전혀 응대하지 않는, 시대에 뒤떨어진 기이한 19세기적 부서였다. 캔자스 주의 가장 큰 농업기업들의 우두머리들은 주 정부에서 바로 자신들을 감독할 자리에 브라운백을 선택해서 앉혔다. 예컨대 브라운백은 위험한 제초제의 사용을 제한하는 법을 만들면서 정부당국자로서 역할을 했다. 하지만 그는 보수주의자들이 승인한, 일반 대중보다는 사기업을 위해 일하는 그런 종류의 정부당국자였다. 불행하게도 포근했던 캔자스 주의 농업세계는 모든 농업제도의 위헌을 지적하는 소송에 휘말리며 혼란에 빠졌다. 브라운백은 이제 다른 방법으로 출셋길을 찾아야만 했다.[12]

1994년 브라운백은 미 하원의 공화당 '초선 의원 모임'의 대표로서 원칙을 고수하는 이단자의 역할을 수행했다. 그는 작은 사무실에서 화이트보드에 국가 채무액을 마구 갈겨쓰며 질책하는 동시에 후보자와 정당에 기부되는 정치활동위원회(PAC)의 엄청난 정치자금의 역할에 대해서 줄기차게 비난을 퍼부었다. 심지어 그는 의원들을 유혹하는 사악한 세속적 야망과 영적 변화를 갈구하는 야망을 구분하기 위해서 종교적 명상을 해야 한다고 주장하는 글도 썼다.[13]

그러나 오래전 브라운백은 그 두 가지 다른 야망이 서로 훌륭하게 보완될 수 있다는 사실을 발견했다. 그는 1996년 상원의원 선거 유세에서 트라이아드 매니지먼트 서비스라고 부르는 실체가 없는 위장 기업단체의 물질적 지원을 받았다. 그 단체는 상대 후보자의 유세 내용이 유권자들에게 들리지 않을 정도로 마지막 순간까지 엄청난 선거자금을 쏟아 부었다. 그 결과 브라운백은 강력한 로비 단체인 미국통신협회가 후원하는 환영회에서 상원의원으로 당선되었음을 공표했다. 브라운백은 앞으로 수년 동안 통신업계의 규제 철폐를 위해 부지런히 뛰어다닐 것이다. 동시에 그는 정치활동위원회의 거대한 정치자금의 장점을 새롭게 평가하기 시작했다. 심지어 매케인-페인골드의 선거자금 개혁법(2002년에 공화당의 매케인과 민주당의 페인골드가 공동으로 제안, 입법한 법으로, 기업과 노조가 공직 선거 후보자에 대해서 지지나 거부 의사를 표현하는 정치광고를 제한하는 법률. 그러나 2009년 미 연방대법원은 이 법률에 대해서 위헌 판정을 내림—옮긴이)에 반대할 이유를 찾아내기까지 했다.14

샘 브라운백은 확실히 공적인 중요인물로 철저하게 원칙을 따르는 그런 사람이다. 하지만 그는 어떤 문제이든 거의 기업 편을 든다. 심지어 브라운백 자신이 모든 악의 근원이라고 생각하는 산업에 속한 기업 문제에 대해서도 그 기업의 이익을 먼저 따진다. 2003년에는 브라운백이 속한 상원의 한 위원회가 7년 전에 규제가 없어진 라디오 방송국을 독점 소유하는 문제에 대해 따진 적이 있었는데, 거기서도 브라운백은 한결같은 입장을 취했다. 물론 브라운백은 문화산업의 천박성과 저급한 가치관을 지적하면서 그것이 미국의 영혼에 끼친 폐해를 맹렬히 비난했다. 이 기회를 이용해서 독점 소유를 규제하는 것은 아주 쉬운 일임에 틀림없었다. 방송산업 비평가인 로버트 맥체스니가 지적한 것처럼 이윤을 극대화하려는 미디어 소유권 문제와 미디어의 천박한 내용 사이에 밀접한 관련성이 있다는 것은 누구나 다 아는 명백한 사실이었다. 맥체스니는 "천박성은 기업의 미디어 지배와 고도로 집중된 준 경쟁 시장과 연관되어 있다"고 말한다. 따라서 많은 보수주의자에게 "라디오 방송국의 소유권 논쟁은 결정적인 순간이었다. 만일 사람들이 천박성에 대해서 심각하게 우려한다면 이것은 자신들이 그 천박성을 입증할 수 있는 기회였다." 맥체스니는 이런 이유 때문에 일부 우파의 문화전사들이 라디오 방송국 소유권과 관련된 법을 더 완화하는 것에 반대하는 싸움에 뛰어드는 것을 만족해했다. 그러나 브라운백의 생각은 달랐다. 기업의 이익을 보호할 것인가 아니면 그동안 자신이 비난했던 문화적 배설구에 대한 실질적 조치를 취할 것인가를 저울질하던 브라운백은 전자를 선택했다. 그는 규제 철폐는 언제나 더 좋은 것이라고 주장했다. 심지어 방송산업이 사리사욕을 추구한다고 비판하는 사람들을 꾸짖기까지 했다.[15] 자유시장 체제는 신성불가침한 존재다. 달리 말하면 사람들이 우리의 삶을 천박하게 만들고 우리를 하느님으로부터 멀리 떨어지게 하는 것에 반대하는 운동에 모든 시간을 보낸다고 하더라도 그것은 그 체제의 일부일 뿐이다.[16] 캔자스에서는 맘몬이 언제나 먼저다.

문화전쟁과 자본주의의 혼합은 브라운백과 룬, 티아트 이들 세 사람이 공통으로 가진 개인적 기벽이 아니다. 그것은 1998년 캔자스 주 공화당의 정강이 된 보수주의 운동의 선언서에 나온 내용이다. 그 문서는 낙태와 동성애, 총기 규제와 진화론을 맹렬히 비난하고 "사회 타락의 신호들이 우리를 둘러싸고 있다"고 한탄하면서 다른 한편으로는 몬산토나 마이크로소프트가 바라는 친재벌 정책들을 나열했다.

- (부자가 가난한 사람보다 더 많은 세금을 내는) 누진세를 비례세나 소매판매세로 전환.
- (주식 매매로 버는) 자본 이익에 대한 세금 폐지.
- 부동산세 폐지.
- '정부의 보건 의료 부문 개입' 반대.
- 궁극적으로 사회보장을 민영화.
- 총체적인 민영화.
- 전반적인 규제 철폐와 '정부 개입 없는 자유시장 체제의 작동.'

- 모든 연방 소유 토지를 주 정부로 이관.
- '세금으로 선거자금 지원' 금지.

그러면서 선언서는 특별히 농민들의 피해가 막심한 농업자유법을 지지했고 농산물가격 지원제도를 비난했다. 또한 토양 보호 조치를 '소유주 마음대로' 무시해도 되는 것에 찬성했다. 아무튼 그것은 어쩌면 모래 폭풍이 건조한 초원지대를 휩쓸던 때, 캔자스 사람들이 비로소 하느님에 대한 경외심을 알게 된 그 시절을 그리워하는 마음에서 그랬는지도 모를 일이다.[17]

여기서 잠시 멈추고 미국이 어떻게 해서 이러한 기능 장애 현상에 빠졌는지 곰곰이 생각해보자. 캔자스 주는 레이건-부시 정권이 힘차게 밀어붙인 규제 철폐와 민영화, 자유방임 정책으로 심하게 병들었다. 캔자스 주의 농촌인구는 감소하고, 소도시들은 해체되고, 대도시들은 침체기에 접어들었다. 하지만 그곳의 부자들은 보안장치가 설치된 원격 제어 대문 안에서 화려한 삶을 영위한다. 캔자스는 지금 기존 관습에 과감히 도전하며 전 세계에 대서특필되는 반란이 용솟음치고 있다. 하지만 그 반란자들은 도대체 무엇을 요구하는 것일까? 그것은 역설적이지만 애당초 그들과 이웃들을 몰락시킨 바로 그 정책들을 더 확대하라는 것이다.

이것은 단순히 캔자스 주만의 수수께끼가 아니다. 이것은 그 모든 것이 가능하도록 역사적으로 변화해온 미국이라는 나라 자체의 수수께끼다.

캔자스에서의 변화는 지금까지 매우 단호하고 극단적이었기 때문에 미국의 다른 어느 곳보다 충격이 더 크다. 예전에 급진주의자였던 사람들이 이제는 극우 보수주의자가 되었다. 그들은 지금도 자신들의 희생에 대해서 옛날처럼 분노의 언어를 내뱉고 과거 백전불굴의 조상들이 맞섰던 것과 같이 많은 경제적 힘들과 대면하지만, 오늘날 대중을 선동하는 사람들은 전과 정반대되는 것을 요구한다. 그들은 연방 정부의 농업정책을 폐기하라고 외친다. 공공시설을 민영화하라! 누진세를 철폐하라! 오늘날 캔자스 주민들이 요구하는 것은 황금십자가에 자신을 못 박을 수 있게 좀 도와달라는 것이 전부다.

4장
두 명의 버넌, 자꾸만 오른쪽으로 가다

"물론 그것은 그들의 잘못이었다." 1890년대 미국 중서부 지역의 농민들이 처한 곤경에 대해서 역사가 버넌 L. 패링턴은 이렇게 썼다.

농민들은 자기 자신의 정치적 태만 때문에 스스로 사회에서 언제까지나 단조롭고 고된 일만 하는 사람이 되고 말았다. (……) 자본주의가 착취 기제를 완성하는 동안에 농민들은 자신들이 자본주의에 잡아먹힐 살찐 거위였다는 사실을 여전히 몰랐다. 그들은 실제로 자기 목을 매달지도 모를 밧줄을 만드는 일을 했다. 그들은 이제 자신들의 재산을 강탈해갈 철로를 놓기 위해 공유지를 포기하는 데 찬성했다. 그들은 자신들이 내는 세금으로 기생하는 카운티 중심 도시들을 자랑했다. 그들은 자신들의 대표자로 도시 출신의 법률가들을 사법부와 입법부에 보냈다.

그들은 중산층 신문들을 읽었고 은행가와 정치인들이 하는 말에 귀 기울였다. 그리고 그들 자신을 망치는 결과밖에 초래할 수 없는 보수당의 정책에 표를 던졌다.

패링턴은 캔자스 주 엠포리아 교외의 한 농장에서 보낸 가난했던 어린 시절의 기억에서 자기기만의 정치를 쉽게 떠올렸다. 그가 어렸을 때 캔자스 주의 농민들은 거의 주술에 걸린 사람들처럼 자유시장 경제에 흠뻑 빠진 나머지 자신이 착취당하는지도 모르고 오히려 거기에 동조했다. 그러나 민중주의의 출현은 패링턴에게 정치적으로 일종의 예수 탄생과 같은 의미였다. 사람들은 현실에 눈을 떴다. 자유방임에 대한 연기 같은 믿음은 이제 사라져버렸다. 그러한 허상들의 자리를 대신 차지한 것은 메리 엘리자베스 리스의 "이제는 옥수수가 아니라 분노를 키우자"는 유명한 말로 상징되는 '비판적 리얼리즘'이었다. 마침내 농민들은 '계급의식'을 갖게 되었다. 패링턴은 계속 말을 이었다.

그들은 계급투쟁에 적극 참여했다. 그들은 리얼리즘이라는 어휘를 사용했다. 카운티의 주요 정치인들의 입에 발린 정치적 상투성과 궤변은 아무 감동도 주지 못하고 그들의 마음을 떠났다. 그들은 자신들이 월가와 동부의 금권을 상대로 대전투를 벌인다고 믿었다. 그들은 미국을 재벌들에게서 구하기 위해 노력하고, 카운티의 주요 도시들에서 낡은 정치인들을 투표로 매장시키고, 주 의회를 장악하고, 자신들을 대변할 상원의원과 하원의원들을 선출해서 더 강력한 힘을 갖기를 바랐다.[1]

패링턴도 개인적으로 농민들의 봉기에 함께 참여했다. 그리고 몇 년 뒤 유명한 미국 문학사상사인 『미국 사상의 주류』에서 농민 봉기에 대해 썼을 때, 그는 민중주의에서 자연주의와 부정부패 폭로, 지독한 사회풍자를 보았다. 그것은 19세기의 짐짓 엄숙한 전통을 무너뜨릴 20세기의 거대한 지적 변화의 희미한 불빛이었다. 패링턴은 특히 캔자스를 문학에서 모더니즘의 탄생지 가운데 한 곳이라고 생각하는 것 같았다.

오늘날 버넌 패링턴의 책은 더 이상 널리 읽히지 않는다. 하지만 그 책이 발간되고 나서 70년 동안 미국 중서부와 농촌지역이 얼마나 많이 바뀌었는지 알리고 싶다면 패링턴의 자신만만한 진보주의는 기억할 만한 가치가 있다. 그가 살던 시대와 우리 시대를 비교하는 일은 여러 날 동안 두통으로 고생하기에 충분할 정도로 아주 무거운 작업이다. 오늘날의 캔자스는 격노한 농민들과 계급의식을 가진 노동자들이 있는 곳이다. 그렇지만 그들이 주 의회를 점령한 뒤 구세대 인물들을 몰아내고 나서 요구하는 것은 월가에 더 많은 권력을 주고, 민영화를 더 가속화하고, 부동산세와 같은 진보시대의 개혁을 끝내라는 것이다. 그들은 그렇게 싸우면서 패링턴이 소중하게 여기는 비판적 리얼리즘을 무신론이나 자유주의적 편견과 같은 것으로 보고 맹렬히 비난한다.[2] 오늘날 캔자스는 모더니즘을 더 깊이 묻어버리고 싶어 한다.

패링턴은 사상의 역사가 특정한 방향으로 웅장하게 이동하면서 자유시장에 대한 공허한 신심과 주술에서 멀어질 것이라고 믿었다. 하지만 오늘날 상황은 그와 정반대다. 19세기 경제학에서 말하는 자유방임의 종교가 다시 도래한 것이다. 심지어 전보다 더 확고하게 받아들여졌다. 그러한 변화를 확인하기 위해 캔자스가 아닌 다른 지역을 볼 필요도 없다. 그리고 또 한 사람, 캔자스 출신의 경제학자로 2002년 노벨경제학상을 수상한 버넌 L. 스미스의 변모를 통해서도 그 사실을 알 수 있다.

스미스는 위치토에서 사회주의자로 성장했다. 그는 한 인터뷰에서 자신의 어머니가 처음으로 투표한 사람이 유진 뎁스였으며 자신도 한때 사회주의자의 기수였던 노만 토마스에게 표를 던졌다고 한다. 그러나 오늘날 그는 시장의 앞잡이이며 자본주의라는 신의 선함과 자비로움을 믿어 의심치 않는 대제사장이다. 스미스도 대다수 캔자스 주민들처럼 당적을 바꿨다. 그의 변절은 사람들에게 아주 강력한 인상을 남긴다. 오늘날 스미스는 국립공원을 가장 높은 경매가로 팔아야 하고, 전력에서 수돗물에 이르기까지 모든 공공사업을 민영화해야 한다고 주장한다. 또 정부는 무엇을 하든 엉망으로 만들기 때문에 연방 정부의 빈곤정책은 폐기해야 하며, 사람들은 선천적으로 '교환본능'이 있어서 (스미스는 사람들이 자신의 머리를 MRI로 찍는 동안 여러 가지 경제 문제를 생각하는 실험을 했다) 시장이 어느 정도 인간 두뇌에 내장되어 있다[3]고도 주장한다. 우리는 일반적으로 그런 주장을 하는 사람을 만나면 당연히 그 사람이 어떤 파렴치한 석유와 가스 기업 연합에 고용되었을 거라고 생각할 수 있다. 그리고 그런 이상한 생각을 유포시켜서 그들을 매수한 사람들이 세금을 적게 내거나 환경 규제 완화 혜택을 받을 수 있도록 행동하는 앞잡이가 아닐까 의심할 수도 있다.

그러나 스미스가 한때 좌파였음을 고려할 때—게다가 그는 머리를 뒤로 묶고 다닌다고 한다—우리는 그에게서 기업에 매수된 앞잡이가 아니라 진정한 반항아의 면모를 발견할 수도 있다. 그는 보통사람들에게 마음을 쓴다. 그는 관습을 거부한다. 민영화 때문에 발생한 캘리포니아의 전력난 사태를 정부당국자의 탓으로 돌리는 스미스의 논평을 《월스트리트저널》이 "민중에게 권력을"이라는 1면 머리기사 제목으로 게재하면 우리는 진정 민중을 생각하는 한 경제학자의 글을 읽는다고 믿게 된다.[4]

하지만 우리가 처음에 의심했던 생각이 맞았던 것 같다. 캔자스에서 버넌 스미스의 감수성과 가장 잘 맞아떨어지는 것은 민중주의가 아니라 전국에서 두 번째로 큰 사기업인 코크 인더스트리스였다. 위치토에 본사를 둔 코크의 주 사업은 석유다. 그러나 그 회사는 석유사업보다 기업소유주가 광범위하게 정치활동을 하는 것으로 훨씬 더 유명하다. 창업주 프레드 코크는 존 버치 협회의 창립위원이었다. 억만장자 아들 찰스는 1977년 자유주의 성향의 카토 연구소를 설립했다. 또 다른 억만장자 아들 데이비드는 1980년 자유당 부통령 후보로 입후보했다. 코크 집안의 돈은 트리아드 매니지먼트 서비스를 통해서 정계로 흘러갔고, 1996년 샘 브라운백이 상원의원에 당선하는 데 결정적인 역할을 했다. 코크의 정치자금은 다른 여러 석유회사들이 제공하는 정치자금과 섞여 조지 W. 부시의 대통령 선거운동을 지원했다. 그러나 무엇보다 중요한 것은 코크의 자금이 정부 기능을 고사시키거나 망가뜨리면서 기업이 더 많은 이익을 낼 수 있도록 그릇된 사상을 양산하고 기이한 자유시장 정책을 권고하는 지원금으로 쓰인다는 사실이다. 예컨대 캔자스의 우파 주 의회 의원들이 주 소유의 고속도로를 민간기업에 팔자고 주장한다는 기사를 읽자마자, 나는 코크의 검은 돈이 이 미치광이 같은 생각을 살찌우는 데 연루되었다고 생각했다.[5] 코크의 자금은 잡지 《리즌(이성)》, 맨해튼 연구소, 하트랜드 연구소, 건강한 경제를 위한 시민 모임, 민주지도자협의회와 같은 우파의 온상을 지원한다. 코크의 영향력은 워싱턴에서도 매우 유명해서 사람들은 그들 지식인 집단을 '코크토퍼스Kochtopus' (토퍼스는 아리스토텔레스가 말하는 물질을 의미함—옮긴이)라고 경멸하기도 한다. 그것은 대중을 선동하는 사람들이 흔히 말하는 살아 있는 '자본권력(금권)'인 것이다.

또한 코크의 자금은 버넌 L. 스미스의 학문적 경력을 향상시키는 데도 유용하게 쓰였다. 그는 코크 재단이 내는 보조금으로 조지 메이슨 대학 교수가 되었다. 그는 코크 재단이 지원하는 메르카투스(라틴어로 시장이라는 뜻—옮긴이) 센터의 연구원이다. 그의 저서는 코크 재단이 지원하는 카토 연구소에서 발간한다. 그의 시장숭배 사상은 코크 재단이 지원하는 리즌 연구소의 극찬을 받는다. 이 연구소의 웹사이트는 버넌 스미스가 옳다는 것을 입증하는 증거로 그가 노벨상을 받았다는 사실을 인용하며 "그를 믿으라"고 강요한다.[6] 스미스가 그릇된 생각을 가지고 있어도 그가 노벨상 수상자라는 사실은 그의 견해에 신뢰성을 부여한다. 이에 보다 솔직한 반응은 찰스 코크가 한 말에 잘 드러난다. "코크 재단은 투자를 아주 잘했다."[7]

두 명의 버넌은 내 고향 캔자스 주의 지식인들이 어떤 모습으로 바뀌었는지를 잘 보여준다. 하지만 옛날의 캔자스와 오늘날의 우익 급진주의가 훨씬 더 뚜렷하게 대조되는 부분은 민속 예술 분야다. 우선 캔자스 서부에 있는 아주 작은 도시 루카스를 살펴보자. 그곳에는 인류의 기원과 같은 아주 웅장한 주제들을 보여주는 훌륭한 조각공원이 있다. 20세기 초 J. P. 딘스무어라는 사람이 콘크리트로 세운 '에덴 동산'은 성경의 이야기를 민중주의의 명백한 정치적 상징기법으로 표현했다. 아벨을 죽인 카인의 이야기처럼 '십자가에 못 박힌 노동자'가 그를 괴롭힌 자들—의사, 변호사, 목사, 자본가—에 둘러싸여 있다. 억압과 착취의 먹이사슬 속에서 약육강식의 동물세계는 끊임없이 돌아간다.

그 이미지들은 매우 노골적이다. 하지만 미국인들은 과거의 일을 잘 까먹는다. 지금도 그 현상은 여전하다. 몇 년 전 그곳에 갔을 때 아메리카 대륙을 단단히 움켜쥔 문어를 형상화한 조각작품을 보았다. 한쪽 다리는 위협하듯이 파나마를 향해 뻗쳐 있었다. 20세기 초의 관찰자의 눈으로 볼 때 그러한 장면은 《캔자스 농민》이라는 좌파 계열의 신문에 나온 시사만화처럼 기업들의 제국주의적 야심에 대한 좌파의 비난으로 쉽게 읽을 수 있다. 그러나 딘스무어가 그 조각을 통해 실제로 의도한 것이 무엇인지 공원 관리인이 내게 설명해주었을 때 나는 깜짝 놀랐다. 그것을 파나마운하를 포기한 지미 카터에 대한 증오와 배신에 대한 예견이라고 한 것이다. 반동의 그릇된 믿음이 어떻게 표현되는지 보여주는 하나의 실례다.

나는 이런 잘못 때문에 관광안내원을 탓할 생각이 없다. J. P. 딘스무어 같은 균형 잡힌 사람이 미 제국주의에 반대했을 것이라는 사실은 여기서는 상상할 수 없는 일일 테니까. 이곳에 사는 모든 사람들은 그런 생각은 명문대학을 나오고 라테를 즐겨 마시는 부잣집 애들의 허식이라고 생각한다. 반면에 평범한 노동자는 언제고 무기와 깃발을 들고 일어설 준비가 되어 있다고 믿는다. 서부 캔자스의 교외에 있는 소도시 멀린빌에서 지난 10년 동안 M. T. 리제트가 혼자서 제작한 뛰어난 조각작품들을 보자. 리제트는 딘스무어처럼 반골 성향의 작가다. 그의 작품은 400번 간선도로를 달리다 보면 거의 1마일에 걸쳐서 운전자에게 날카로운 소리를 낸다. 수백 개의 팔 같이 생긴 것들이 캔자스에서 쉴 새 없이 부는 소용돌이 바람에 격렬하게 흔들리며 분노하듯 반짝거린다. 그 조각물들은 못 쓰는 농기구들을 서로 교묘하게 연결하고 조립해서 정치인들을 아주 우스꽝스럽게 표현한 것들이다. 그것이 무엇을 의미하는지는 누구든 쉽게 이해할 수 있다. 러시 림보의 말에 따르면 이것은 나무와 철로 표현된 복음서다. 리제트는 조각물 형상만으로는 증오감을 다 표현할 수 없어서 그 분노를 조각물에 글자로 써서 보완했다. 예컨대 낡은 자동차 부품을 써서 만든 조각물에 '페미-나치'(전투적인 남녀평등주의자를 지칭해서 러시 림보가 만든 말—옮긴이)라고 쓴 팔랑개비를 달았다. 부츠와 금발머리를 한 나치 독일을 표시하는 만자 모양의 거대한 조각물에는 '힐

러리 클린턴/지크 하일(나치가 오른팔을 들고 외쳤던 승리 만세라는 구호—옮긴이)/부츠를 신은 우리의 에바 브라운(히틀러의 정부—옮긴이)'이라는 글씨를 썼다. 또 공화당의 뉴트 깅리치가 요괴로 묘사하기 좋아하는 연방 환경보호국(EPA)을 풍자한 만화를 망치와 낫으로 장식한 조각물도 있다. 림보를 형상화한 조각물도 있는데 전설적인 인물을 동경하는 듯 성 밸런타인 모양의 얼굴을 한 조각물에 "러시/대통령 1996년/'자유로운' 사람들만이 말한다"라는 글귀가 씌어 있다. 또한 거대한 나사가 산들바람에 돌아가면서 클린턴의 보건의료 정책을 조롱하는 ('총 4,012쪽/자유주의적 구역질') 반면에 브랜치 다윗파(1993년 텍사스 와코에서 대규모 인질극을 벌인 재림예수교의 신흥 분파로 결국 정부군에 의해 교주와 82명의 신도들이 사살되거나 자살함—옮긴이) 신도들의 죽음을 애도하고 제임스 카빌(아칸소 주지사였던 클린턴을 대통령으로 당선시키는 데 큰 공헌을 한 정치전략가—옮긴이)을 맹렬히 비난하는 ('넌 어리석은 포주야') 조각물도 있다.

리제트의 조각농장이 있는 카이오와 카운티는 캔자스 주에서도 가장 가난한 곳 가운데 하나다. 평균 가구 소득이 주 평균소득보다 22퍼센트 낮다. 다른 캔자스 농촌지역처럼 최근 들어 경제 사정은 더욱 악화되었다. 1980년과 2002년 사이에 인구의 4분의 1가량이 줄었다. 차를 몰고 그 주변을 돌다가 손으로 판, 세계에서 가장 큰 우물과 지금은 중고품 가게로 바뀐 교회를 우연히 만났다. 하지만 간선도로를 따라 가는 동안 사람들은 전혀 보지 못했다.

리제트의 작품에 카이오와 카운티를 이렇게 만든 경제세력들을 향한 풍자만화는 전혀 없다. 적어도 내가 본 것 가운데는 그런 것이 없었다. 뿔이나 거대한 이빨을 드러낸 몬산토나 아처 대니얼스 미들랜드 같은 회사들을 상징하는 작품들은 어디에도 없다. 느슨해진 미국의 정신 상태를 단단히 강화하는 구실을 하는 코크토퍼스를 풍자하는 작품들도 없다. 카이오와 카운티를 격노하게 만드는 것은 그들에게 끊임없이 고통을 안겨주는 정부뿐인 것처럼 보인다. 그러나 카이오와 카운티 전체 개인의 29퍼센트 정도가 정부 보조금이나 이전 지출 형태로 소득을 얻는다. 카이오와 카운티 농민들이 지급받은 농작물 보조금은 1995년 이래로 총 4,000만 달러에 이른다.[8] 그럼에도 카이오와 카운티 주민들이 간절히 그리고 긴급하게 바라는 것은 M. T. 리제트의 작품이 보여주는 것처럼 자유주의자들이 공산주의 같은 환경보호국과 파시스트 같은 남녀평등주의자, 그리고 '반기독교적 진화론'과 함께 짐을 싸서 당장 그곳을 떠나고 자신들에게 간섭하지 말아달라는 것이다. 앨 고어는 여기서 겨우 18퍼센트밖에 표를 얻지 못했다. 1992년 카이오와 카운티는 실제로 토피카에 있는 도시내기들이나 하는 고압적인 방식으로 캔자스 주에서 탈퇴하기로 하는 주민투표를 실시했다.

이제 마지막으로 옛 캔자스와 지금의 캔자스를 비교하는 한 사례를 설명하겠다.

1888년에 캔자스의 서쪽 끝에 있는 소도시 율리시즈는 근처의 작은 농촌 마을과 그랜트 카운티의 청사 유치를 놓고 격렬하게 경쟁했다. 율리시즈는 당시에 지속적인 지역발전을 보장할 것으로 예상되던 이 횡재를 거머쥐기 위해서 36,000달러의 지방채를 발행했다. 그 돈은 본디 도시개선 사업을 위해 쓸 계획이었지만 실제로는 카운티 청사 유치 전쟁을 수행하는 데 쓰였다. 최종 결판에서 도움을 줄 '전문직에 종사하는 유권자들'과 총잡이 집안(율리시즈 카운티를 세운 사람은 전설적인 총잡이 와이어트 어프의 사촌이었다)을 포섭하는 데 많은 돈이 들어갔다. 율리시즈는 마침내 청사 유치에 성공했고 이어서 카운티 청사와 오페라하우스, 호텔 네 곳, 레스토랑 열두 곳, 많은 술집, 그리고 '건스모크'라는 서부극 세트장을 건설했다. 그러나 경제 상황이 갑자기 악화되면서 모든 것이 궁핍해졌다. 가뭄과 디플레이션, 그리고 새로운 지역을 찾아 떠나는 사람들 때문에 인구가 1,500명에서 40명으로 급락했다.

1908년 마침내 거금 84,000달러를 갚아야 하는 지방채 만기가 도래했다. 오늘날 보면 그리 큰돈이 아닐지 모르지만 당시로서는 카운티 전체 자산의 3분의 1에 해당하는 금액이었다. 율리시즈에 남은 몇 안 되는 주민들이 뉴욕의 채권자들에게 빌린 돈을 상환하는 것은 거의 불가능한 일이었다.

따라서 그들은 재소자들에게 세금을 징수하고 도시를 옮기는 계획을 생각해냈다. 가난하지만 자원이 많은 율리시즈의 주민들은 '채권자들을 피하기 위해' 도시의 건물들을 분해해서 초원지대를 가로질러 새로운 장소로 견인했다. 1939년 공공사업촉진국이 캔자스 주를 소개한 내용에는 '저당권이 유실 처분된 땅 가운데 약 49,000평이 불모지'라고 기록되어 있다.⁹

오늘날 그렇게 완강하게 저항할 수 있는 사회적 행위자는 오직 기업밖에 없다. 기업들은 이동할 수 있지만 도시들은 그렇게 할 수 없다. 기업들은 더 좋은 환경을 제공하는 곳을 골라 그곳으로 자기네 기계와 건물, 일자리를 옮기겠다고 협박하면서 회사채와 세금 경감, 수리권(하천의 물을 특정인이 배타적으로 독점해서 쓸 수 있는 권리―옮긴이), 노골적인 정부보조금의 형태로 수십억 달러를 빼먹는다. 그 무더운 여름에 주요 산업들이 큰 타격을 받는 것을 목격하는 캔자스 같은 주는 그 어느 곳보다 이러한 술책에 매우 취약하다. 정육회사들은 가든시티를 다루는 데 이

방법이 매우 효과적이라는 것을 알았다. 스프린트도 오버랜드 파크에서 이 방법을 써서 큰 효과를 보았다. 캔자스 주의 경계선과 몇 블록 떨어지지 않은 곳에 있는 미주리 주에 속한 캔자스시티의 사업가들은 모두 이러한 협박의 위력이 얼마나 센지 잘 안다.

그런데도 캔자스 주가 이런 특별한 종류의 강탈을 용인하고 계속해서 관계를 유지하고자 하는 기업이 바로 보잉사다. 위치토에서 가장 많은 일자리를 제공하는 보잉사가 매우 값비싼 '대가'를 치르고도 자신을 간절히 원하는 도시를 얻은 지는 꽤 오래되었다. 2003년 보잉사는 이제까지보다 훨씬 더 깊은 물에 미끼를 던지기로 했다. 보잉사는 새로운 보잉 7E7 여객기 제작으로 얻을 수 있는 이득을 알아보기 위해 여러 주에서 제출한 신청서들을 검토하기 시작했다. 일반적으로 기업들은 정부 계약을 위해 입찰을 한다. 그러나 이 경우 지방정부들로부터 입찰 신청서를 받아 최종계약자를 선정하는 주체는 보잉사였다. 이것은 19세기에 카운티 청사를 유치하기 위해 도시들이 경쟁하던 형태를 민간에도 풀어준 혁신적 조치였다. 보잉 7E7 여객기 제작 건을 따기 위해 보잉사의 가장 큰 제작시설이 있는 캔자스와 워싱턴 주가 곧바로 경쟁에 돌입했다. 이어서 미시간과 텍사스, 캘리포니아 주도 경쟁에 뛰어들었다. 보잉사가 생각하는 것이 얼마나 정확하게 주의 법으로 전환되는지 알고 싶은 사람은 다음에 나오는 입찰전쟁을 살펴보면 된다.

보잉사가 요구하는 선정 기준은 교육환경이 우수하고 노동자의 결근율이 낮은 지역, 공공시설이 잘 되어 있고 세율이 낮고 땅값이 싸며 '제조업에 대한 지역사회와 지방정부의 지원'이었다.[10] 이제 이해했을 것이다. 경쟁하는 주들은 다 그렇게 했다. 그들은 보잉사에 대한 그지없는 애정과 영원한 굴종을 선언했다.[11] 퓨젓사운드(워싱턴 주 북서부에 있는

만―옮긴이) 지역주민들은 보잉사가 한때 워싱턴 주를 세율이 높고 임금이 많은 곳[12]으로 얼마나 비난했는지 잘 알고 있었다. 이제 그들은 그 모든 것을 바꿀 준비가 되어 있다고 천명했다. 세금도 낮춰주고 기업에 장애가 되는 주 정부의 환경 당국도 '보다 친기업적인' 조직으로 바꾸겠다는 약속을 했다.

이에 반해 캔자스 주는 노골적으로 보잉사의 발밑에 돈을 쌓아주는 보수적인 방식으로 경쟁에 대응했다. 2003년 4월 보잉사는 캔자스 주에 7E7 프로젝트를 진행하기 위해 적어도 5억 달러가 필요하다고 알렸다. 한편 캔자스 주 의회는 지독하게 어려운 예산 부족에 시달리면서 여느 때처럼 교사의 임금과 영세상인 문제로 골머리를 썩었지만 모든 것을 접어두고 보잉사가 원하는 것을 즉각 승인했다. 의회는 필요한 자금만큼 지방채를 발행하기로 하고 캔자스 주가 친기업적인 혁신 조치를 취한 곳으로 알려지기 바라는 의미에서 추가적인 특별 장려금도 마다하지 않았다. 결국 보잉사가 나중에 캔자스 주에 원금을 모두 변상해야 하지만 이들 지방채에 대한 모든 이자는 7E7 프로젝트에서 일하는 노동자에게서 징수하는 주 세금으로 충당할 계획이었다. 그러나 이 새로운 프로젝트에서 일할 노동자는 반드시 새로 뽑을 필요가 없었다. 기존에 일하던 보잉사 직원에게 새로운 일을 맡기면 되기 때문이었다. 다만 지금까지 보잉사 노동자들이 내던 세금이 더 이상 지방정부의 재정수입으로 들어가지 않고 그들의 고용주, 보잉사의 빚을 갚기 위한 특별기금으로 적립된다는 것이 다른 점이었다.

보잉사 주주들에게는 큰 이익이지만 역사상 최악의 예산 부족에 직면한 캔자스 주 정부에는 기이한 조처가 아닐 수 없다.[13] 그러나 캔자스가, 또는 다른 어떤 주가 그렇게 했다고 해서 그들을 비난할 수 있을까?

우리가 최근에 서명한 모든 자유무역협정은 바로 이런 식으로 도시들을 곤경에 처하게 만들도록 고안되었다. 오늘날 위치토 같은 중소도시가 어떤 거대한 다국적 공장을 유치하는 것은 그다지 큰 성과가 아니다. 오히려 자기 머리에 총을 겨누는 위험한 행위다. 어떤 기업인은 당신이 사는 도시를 금방 플린트 같은 도시로 바꿀 힘이 있지만 그가 어떤 세미나 자리에서 자극을 받아 마음이 갑자기 바뀐다면 그 도시에 사는 시민들의 삶과 재산, 중소 상인을 파멸로 이끌 수 있다는 사실을 절대로 잊어서는 안 된다.

보잉사는 마침내 다른 제트여객기를 생산하던 것과 크게 다르지 않은 방식으로 7E7 여객기를 생산하기로 결정했다. 생산공정의 일부가 위치토에서 이루어질 것이고 최종 완성품은 퓨젓사운드 지역에서 조립될 것이다. 캔자스와 워싱턴 주민들이 동의한 지방채 발행과 세금 감면이 바꾼 것은 보잉사의 손익 개선 말고는 아무것도 없었다. 그럼에도 캔자스의 지도자들은 자신들이 보잉사에 보낸 '신호'를 자랑스럽게 생각했다. 기업을 재배치한 지역의 모든 사람들이 "보잉사의 사규를 잘 안다"고 캔자스 주의 부지사는 자랑했다. "그들은 (캔자스가) 친기업적이고 일자리 마련에도 적극적이라는 것을 안다." 그러나 그로부터 한 달이 좀 지난 뒤 캔자스는 기업 세계가 어떤 것인지 참맛을 알게 된다. 그것은 주정부의 간담을 서늘케 만들었다. 시애틀의 한 일간지가 몰래 빼낸 정보에 따르면 보잉사는 위치토의 경제에 큰 영향을 미치는 대규모 설비를 팔려고 준비 중이었다.[14] 10년 동안의 제도적 특혜와 화려한 친기업적 선언은 이제 깡패를 만난 수많은 연인들과 같은 꼴이 되고 말았다. 보잉사는 오직 이익만을 생각했다. 그들은 외주 용역을 선호했다. 캔자스가 이제 할 수 있는 일은 고작 자기 연민에 빠지는 것 말고는 없었다.

5장
공화당이 왜 민주당을 도왔을까?

캔자스의 가장 큰 결정적 변화는 공화당 내부에서 일어났다. 지금까지 10년이 넘는 동안 기독교 우파에 대항하는 보수 중도파들을 솎아내는 내전이 사납게 휘몰아쳤다. 공화주의는 언제나 캔자스 주의 정체성을 확인시키는 중심 이념이었다. 캔자스 주를 세운 사람들은 노예를 소유한 미주리 사람들(즉 민주당 지지자들)과 주 경계선을 사이에 두고 끊임없이 맞서 싸운 자유토지(노예의 사용을 허용하지 않는 토지―옮긴이)를 지지하는 이주자들이었다. 캔자스는 1932년까지 미 연방 의회 상원에 단 한 명의 민주당원도 보내지 않았다. 하지만 그렇다고 해서 이곳의 공화주의가 언제나 엄격한 보수주의였던 것은 아니다. 윌리엄 앨런 화이트나 알프 랜던, 드와이트 아이젠하워, 심지어 밥 돌에 이르기까지 전국적 차원에서 캔자스 주를 대표했던 인물들은 모두 공화당 안에서 '진보계열'이거나 '중도계열'에 속한 사람들이었다. 캔자스 주는 재정이 매우 열악했으며 1986년까지 '알코올음료'라는 기이한 이름이 붙은 술을 금지했지만 공교육이나 공공서비스의 질은 꽤 훌륭했다. 다만 세금이 다른 곳에 비해 조금 많은 게 흠이었다. 앨라배마보다는 미네소타에 훨씬 더 가까운 편이었다.

무엇보다도 캔자스는 전통적으로 여권에 대한 의식이 다른 주보다 앞섰다. 1867년 여성의 참정권을 인정하는 법안을 최초로 발의하고 1912년에 그 법안을 통과시킨 곳이 바로 캔자스 주다. 캔자스는 심지어 1973년 로우 대 웨이드 사건(당시 낙태를 금지한 법에 대해서 소송을 낸 제인 로우와 텍사스 주 검사 헨리 웨이드 사이에 벌어진 법정 논쟁으로 결국 연방대법원까지 가서 일부 낙태를 인정하는 판결을 받아냄. 소송기간이 길어지면서 결국 제인 로우는 낙태를 못하고 아기를 낳았는데 그 뒤 마음이 바뀌어 낙태 반대 운동에 앞장섬—옮긴이)에 대한 연방대법원의 판결이 나오기도 전에 낙태법을 개정한 몇 안 되는 주들 가운데 한 곳이었다. 몇 년 뒤, 캔자스 주에서 가장 큰 도시인 위치토는 한 여성이 조지 틸러라는 의사가 운영하는 병원에서 후기 낙태(임신 중기나 후기에 유도 분만을 거쳐 태아를 유산시키는 경우로 매우 위험하여 법으로 금지하느냐 마느냐를 두고 치열한 논쟁이 진행되고 있음. 클린턴 대통령 때는 1996년과 1997년 두 차례에 걸쳐 의회가 후기 낙태 금지법을 통과시켰지만 대통령 거부권 행사로 실행되지 못하다 2003년 부시 대통령이 법안에 서명함—옮긴이) 시술을 받은 유일한 곳이라는 모호한 명성을 얻기까지 했다. 급진주의자들은 아직도 캔자스가 '미국의 낙태 수도'[1]였다고 말하기를 좋아한다.

캔자스는 언제나 종교적 신앙심이 깊은 곳이었다. 하지만 내가 1970년대와 1980년대에 거기서 자랄 때 그곳에서 이렇다 할 종교적 정의는 찾아보기 힘들었다. 물론 가끔씩 미치광이들이 나타나는 경우도 있었다. 내가 어렸을 때 자칭 자본주의 혁명군이라는 쓸모없는 우파 폭력단이 존슨 카운티 은행을 강탈하고 경찰관 여러 명을 총으로 쏜 적이 있다. 그러나 대개 캔자스는 다른 모든 부분과 마찬가지로 정치에서도 중도적이고 평범했다. 초원도시인 살리나에서 독실한 침례교 신자로 자란 캔자스 주 상원의원 데이비드 애드킨스(현재 그는 공화당 내에서 중도파 의원이다)는 "나는 그동안 종교적 훈련을 받거나 신앙을 형성하는 과정에서 낙태나 동성애처럼 오늘날 공화당원들의 입에 자주 오르내리는 정치적 문제들에 대해서 이야기한 기억이 없습니다"라고 말한다. 위치토의 전 하원의원 댄 글릭먼(그는 캔자스에서 보기 드문 민주당원 가운데 한 명이다)은 1970년대에 시교육위원회 위원으로 일할 때 "이데올로기와 관련된 문제들이 상정된 적이 전혀 없었어요"라고 말한다. 1980년대 초에 나도 한번은 어떤 화난 학부모가 요청한 청문회에 출석한 적이 있었다. 그녀는 내가 다니던 고등학교 도서관에서 많은 책을 없애고 싶어 했다. 그녀가 아마 존 버치 협회에서 입수한 듯한 불온서적 목록을 꺼냈을 때 청문회를 주관하는 학교 행정관들은 웃음을 참느라 어쩔 줄 몰라 했다.

1980년대 말 캔자스는 무심하게 전통적인 실용적 중도주의에 안주하고 있었다. 캔자스 주의 하원의원 두 명은 민주당 소속이고 다른 두 명(그중 한 명은 여성)은 중도파 공화당 소속이었다. 캔자스 주 출신의 유명한 상원의원 밥 돌은 1976년 부통령 후보로 입후보하면서 보수주의자로 꼬리표가 붙었다. 그는 1996년 공화당 대통령 후보로 지명될 때까지 중도적 입장을 꾸준히 견지했다. 캔자스 주의 또 한 명의 상원의원 낸시 카세바움은 알프 랜던의 딸로 공화당 내의 자유주의자로 인정받았다.

1980년대 내내 캔자스 주 의회는 전통적으로 공화당 중도파가 지배했는데 마치 기름칠을 잘 한 기계처럼 법안을 쑥쑥 잘 통과시켰다. 캔자스 주는 아직까지 정치적으로 크게 양극화되지 않았기 때문에 1990년 선거에서 2차 세계대전 이후 두 번째로 캔자스 주 의회에서 민주당을 다수당으로 밀어줄 수 있었다. 그러나 문제는 툭하면 세제 입법 과정에서 의사 진행을 방해하거나 결정을 보류하고 아니면 기회가 있을 때마다 정부 기능을 마비시키면서 지나친 시민권을 누리는 일부 소수 우파의 심술쟁이 무리였다. 1980년대 말 주 의회에 이런 인물들이 10명쯤 있었다. 그들 가운데 아주 끈덕지게 그런 가증스런 짓을 하는 골칫덩이가 한 명 있었는데 1986년에 동료들은 그를 '캔자스의 파충류'(그만큼 악랄하고 비열하다는 의미—옮긴이)로 지명했다.[2]

그러나 1991년이 되자 그런 비열한 공화당 의원들이 아주 소규모 분파 조직에서 주 의회를 지배하는 다수 파벌로 순식간에 바뀌고 캔자스의 민주당은 제3당으로 밀려나는 반란이 시작되었다. 이제 남은 진보적 유산은 파산의 기로에 놓였다. 우리는 보통 이러한 정치적 반동이 1970년대(강제 버스 통학 반대 소요, 세제 반발)나 1980년대(레이건 혁명)의 현상이라고 생각하기 쉽지만 캔자스가 우파로 대이동을 한 것은 1990년대의 이야기였으며 현재도 진행되는 현상이다.

캔자스를 위험한 빙하 골짜기 틈새로 맹렬하게 밀어넣은 것은 낙태 시술을 하는 병원들에 대해서 공세를 퍼붓는 전술로 유명한 전국적인 조직, 낙태를 반대하는 수술구조대였다. 그들은 그 전술을 '자비의 여름 Summer of Mercy'이라고 불렀다. 그 계획은 이 단체의 지지자들이 1988년에 애틀랜타에서, 1990년에 로스앤젤레스에서 이미 시도한 것처럼 1991년 7월에 위치토 시 전역에서 시민불복종 운동을 전개하는 것이었다. 그러나 위치토는 이전의 도시들과 달랐다. 세상에서 신앙심이 깊은 것으로 유명한 주민들이 사는 한복판에 후기 낙태를 시술한 틸러의 병원이 있었다. 시위자들은 이러한 모순을 분명하게 드러냈다. 캔자스의 정체성을 나타내는 한 측면인 여권 신장이 또 다른 측면인 낙태 반대와 충돌할 수밖에 없었다. 갈등이 해결 불가능할 정도로 증폭되자 마침내 캔자스 주의 모든 주민은 어느 한편에 가담해서 싸워야 했다.

1991년 여름의 이 운동이 이전의 낙태 반대 시위와 다르게 마침내 성공할 수 있었던 까닭은 위치토의 병원들이 대응한 방식 때문이었다. 시내 병원들은 시위가 시작되자 한 주 동안 자발적으로 문을 닫았다. 비록 이러한 어리석은 대응전략은 위치토 경찰의 조언에 따른 것이었지만 시위에 참가한 사람들에게 그 결과는 명실상부한 기적으로 보였다.[3] 그들은 단 한 번에 바로 이른바 '낙태산업'이라고 부르는 것을 완전히 중단시킨 셈이었다. 그들은 7월과 8월에 걸쳐 수천 명씩 위치토로 몰려가서 시내 여기저기로 흩어져 담장에 쇠사슬로 몸을 묶거나, 자동차 아래에 눕거나, 구치소를 가득 메우거나, 낙태 시술을 한 의사들을 포함해서 죽음의 문화에 공모했다고 생각되는 사람들 집 앞에서 피켓 시위를 이어나갔다.

그해 여름 최고 절정을 이룬 사건은 위치토 주립대학의 미식축구 경기장에서 열린 대중집회였다. 집회 주최자들은 처음에 7,000명 정도가 집회에 참가할 것이라고 예상했다. 그래서 경기장 반쪽만 쓰겠다고 허가를 받았다. 하지만 집회장에 온 사람은 모두 25,000명이 넘었다. 그들은 경기장 전체를 꽉 채웠다. 앤드 존(공격수가 득점을 올리기 위해 공을 갖고 터치다운하는 구역—옮긴이)까지 인파가 흘러넘쳤다. 팻 로버트슨(미국 기독교방송 CBN 설립자이자 극우 보수 기독교 정치단체인 기독교연합을 창설한 목사이며 미디어계 거물—옮긴이)은 연단에 올라 다음과 같이 선포했다. "우리는 모든 아기가 (……) 엄마의 자궁 안에서 안전하게 머물 때까지 쉬지 않을 것입니다." 미디어 비평가이자 기독교 근본주의자인 도널드 와일드먼(미국가족협회와 미국가족라디오의 설립자이자 명예 회장으로 목사이고 저술가이며 한동안 라디오 진행도 함—옮긴이)은 뉴스들이 자유주의적 편견에 빠져 있다고 맹렬히 비난했다. 낙태 반대 운동가인 조 샤이들러는 위치토에서 벌어진 시위 형태를 전국으로 확산할 것을 요청했다. 또 낙태를 반대하는 수술구조대의 지도자들은 유치장에서 전화로 집회장에 연설을 전했다. 한 집회 주최자가 영화 〈스파르타쿠스〉에 나오는 한 장면 같은 순간을 연출했다. 그녀는 위치토 밖에서 온 사람은 일어서라고 했다. 당시 상황을 취재한 언론의 설명에 따르면 청중의 3분의 2가 일어섰다. 그러고 나서 위치토 주민들도 일어서라고 했다. 이제 모든 군중이 일어선 것이다.[4]

19세기 민중주의 역사가 로렌스 굿윈은 '운동문화'가 대규모 시위에서 결정적 역할을 한다고 주장한다. 그는 "민중들은 민주적 형태로 실험되는 '자신들의 모습을 직접 볼' 필요가 있다"고 썼다.[5] 굿윈이 여기서 의미한 것은 민중주의자들의 거대한 '계몽적' 집회였으며, 캔자스의 소도시들을 하루 종일 행진하는 그들의 모습이었음이 틀림없다. 그러나 100년 뒤 위치토에서 벌어진 것은 그가 꿈꿨던 것과는 정반대인 반민중주의자들의 대규모 친목 모임이었다.[6] 이것은 캔자스의 보수주의 운동이 자신들의 힘을 확인하고, 중요한 대중집단을 확보한 자리였다. 그해 여름에 있던 다른 일들은 어쩌면 지금 분명하게 기억나지 않을 수도 있다. 그러나 내가 이야기해본 낙태 반대 활동가들은 하나같이 이 대규모 집회를 아주 또렷하게 기억한다. 낙태 반대 운동을 하는 '생명을 소중히 생각하는 캔자스인들(KFL)'이라는 단체의 존슨 카운티 지역대표인 메리 케이 컬프는 자신을 포함해서 캔자스시티 교외에서 온 집회참가자들이 그날 어떻게 버스를 타고 집회장에 참석했는지 생생하게 기억했다. 당시에 세지윅 카운티의 지방행정관으로 복무했던 위치토의 토건업자 버드 헨첸은 그때 경기장에서 문득 뭔가 떠올랐던 순간을 설명했다. 그는 "갑자기 투표가 생각"났다고 말했다.

그리고 그들은 그렇게 했다. KFL의 전 회장인 팀 골바는 KFL의 회원 명단이 그 집회 이후 6주 만에 10,000명으로 늘어났다고 했다. 낙태 반대 집회에서 위치토의 보수주의 지도자들은 공화당 지역구 후보로 등록했다. 곧바로 세지윅 카운티의 공화당 의장이 된 기독교 정치운동가 마크 기첸은 "이 사람들은 간선도로에 드러누웠어요"라고 그때 상황을 떠올렸다. "우리는 '여러분의 용기, 여러분의 신념을 높이 평가합니다. 그러나 우리는 도로에 드러눕는 것보다 더 현명하게 행동해야 합니다'라고 말했죠." 1992년 8월 기첸은 "수술구조대처럼 확고한 신념을 가진 낙태 반대자들 가운데 87퍼센트가 지방선거구의 정치지도자들이었습니다"라고 주장했다.[7]

중도적인 캔자스 사람들은 경악을 금치 못했다. 그해 여름의 신문 논조들은 외지인들이 위치토로 쇄도하는 것에 대한 지역민들의 적개심을 강조했다. 주 의회는 병원 영업을 방해하는 사람들에게 엄청난 벌금을 부과하고 임신 중절을 지지하는 입장을 캔자스 주자치법에 성문화하여 시위자들을 제자리로 돌려보낼 채비를 갖추었다.(로우 대 웨이드 판결이 뒤집어지는 경우에도 주 의회는 캔자스에서 낙태를 할 수 있게 할 작정이었다.) 1992년 3월 낙태법이 압도적인 표차로 캔자스 주 하원을 통과했다. 그러나 몇 주 뒤 캔자스 주 상원은 그 법안을 거부했다. 캔자스 주의 신문 사설들은 일제히 분노했다.

낙태를 법적으로 인정하려던 시도는 얄궂게도 그해 언론을 떠들썩하게 했던 또 다른 주제인 이른바 "평소와 다름없는 틀에 박힌 정치"에 대한 대중의 혐오와 우연히 일치했다. '시민 저널리즘' 운동의 선두주자

신문인 《위치토 이글》은 아버지 부시 대통령의 인기 추락에 놀라거나, 다양한 정치인들이 주 예비선거에서 패배한 것에 중요한 의미를 부여하거나, 선거일이 다가옴에 따라 여론조사를 실시하고 특정 집단을 선정해 민심이탈을 조사하면서 끊임없이 기사들을 쏟아냈다. 신문은 1면에 "싫증난 민중"이라는 제목의 머리기사를 싣고 민중의 격노를 최대한 불러일으키며 '민중'들이 "그들은 이제 산적한 문제들과 정치인들, 그리고 그 둘 다를 생산해내는 체제에 신물이 난다고 말했다. 그리고 그들은 현재 유권자의 반란이 진행 중이며 그들이 다시 체제를 직접 통제할 수 있기를 바란다고 말했다"[8]고 단언했다. 물론 여기서 그 신문이 유권자의 반란을 환기시킨 것은 우리 모두가 선거에 참여한다면 좋을 것이라는 단순한 의도였다. 가급적이면 공화당의 중도파들이 더 이상 꾸물거리지 말고 낙태법을 통과시킨다면 더 좋을 것이다.

'유권자 반란'을 예측한 기자들의 말은 옳았다. 그러나 그들이 틀린 것은 그 반란의 주체가 누구냐였다. 반란의 주체는 중도주의자들이 아니었다. 실제로 체제에 대한 통제권을 되찾은 사람들은 낙태 반대 시위자들이었다. 그들의 반란은 시위를 하면서 자신들이 정의로운 일을 한다고 확신한, 아주 순수한 의미에서는 풀뿌리 운동이었다. 그들은 자신들이 기업과 판사, 주 정부, 부자들의 손안에서 박해받은 이야기들을 끊임없이 토로했다. 그들은 진정 자신들을 대변해줄 신문이 없었다. 《위치토 이글》은 열광적인 복음전도자들의 숨겨진 야심을 경고하는 전문가들의 말을 거듭해서 기사로 내보냈다. 그러나 그들 가운데 한 사람이 지정된 전화번호로 전화를 걸면 행동을 촉구하는 녹음 음성을 들을 수 있는 '고다시 핫라인'(하느님 나라로 연결되는 직통전화라는 뜻—옮긴이)을 개설했다.

또한 캔자스 주의 이 신생 보수주의자들은 그들의 정치적 전망을 이루기 위해서 일반 대중들보다 훨씬 더 열심히 뛸 준비가 되어 있었다. 이 것은 그들의 목표를 이루는 데 아주 결정적인 구실을 했으며 (지금도 상황은 마찬가지다) 보수주의자들도 그 사실을 알았다. 1992년에 고다시에 속한 한 사람은 "상대편은 의제가 없어요"라고 말했다. "(그러나) 우리에게는 하느님 왕국이라는 의제가 있지요." 그들은 한때 낙태 반대를 위해 자동차 밑에 누웠는데 이제는 공화당 우파에 모든 것을 다 걸었다.[9] 그러나 무엇보다 중요한 것은 보수 우파의 핵심집단이 주 예비선거에서 영향력을 발휘할 수 있을 정도로 매우 헌신적이라는 사실이었다. 캔자스 주의 예비선거는 특별히 불쾌한 달이었던 8월에 있었다. 1992년에 이 대중 선동적인 보수주의 운동은 밑바닥에서부터 철저하게 캔자스 주의 공화당을 공략했다. 노슨 카운티와 세지윅 카운티(위치토), 그 밖에 캔자스 주에서 인구밀도가 높은 다른 모든 지역에서도 그들은 밀려드는 열성적인 새로운 활동가들로 공화당 조직을 채우고 전통적인 캔자스의 중도주의자들을 사정없이 옆으로 밀어냈다. 세지윅 카운티에서는 옛 인물을 떨어뜨릴 책임을 진 지방선거구 위원회 신임위원 가운데 19퍼센트 정도가 지난 자비의 여름 시위에서 체포된 전력이 있는 사람들이었다.[10] "내가 정치를 좋아해서 여기에 있는 것이 아닙니다." 그 중요한 시점에서 한 시위자가 이렇게 단언했다. "나는 정치를 혐오합니다. 하지만 태어나지 못한 아기들을 사랑하기 때문에 이 자리에 있습니다. 나는 태어나지 못한 아기들을 위해서 감옥에 갔습니다."[11]

그해 가을 빌 클린턴은 대통령에 당선되었다. 하지만 캔자스에서는 다시 활기를 찾은 공화당이 주 의회를 재장악하는 데 성공했다. 심지어 민간에서 카펫 까는 일을 했던 한 정치 신인 공화당 후보가 당시에 캔자스 주 하원의 대변인이었던 14년차 현직 민주당 의원을 낙마시키는 일까지 일어났다.

낙태 반대 운동이 캔자스에서 보수주의 운동을 활성화하는 계기가 되었다는 사실은 정말 놀라운 역사적 반전이다. 역사가들은 대개 19세기에 민중주의 운동이 위축되고 사라진 것은 현실세계의 물질적 목표를 이루지 못했기 때문이라고 주장한다. 민중주의 운동은 철도를 국유화하지도 못했고, 농산물 가격 지원 정책을 마련하지도 못했으며, 은을 다시 법정통화로 유통시키지도 못했다. 결과는 없고 논쟁만 계속되다 보니 마침내 유권자들은 끝없이 '자본권력'과 대결하는 모습에 신물이 났다. 그러나 낙태 반대 운동의 경우는 낙태 금지라는 구체적 목표가 거의 확실하게 성공을 거두고도 남았다. 가장 열성적인 핵심 활동가들에게 물어보더라도 연방대법원이 근본적으로 변하지 않는 이상, 어떤 일을 중지시킬 수 있는 경우는 거의 없다는 것을 누구든 인정할 것이다. 하지만 그들의 운동은 끊임없이 성장하였다. 이제 그들이 처음에 내세웠던 구체적 목표는 더 이상 중요해 보이지 않는다.

하지만 이 모든 활기찬 성장에서 소외된 사람들이 있었으니 그들은 캔자스의 전통적인 지배자였던 낙태를 지지하는 공화당 중도파들이었다. 공화당의 중도파들은 비록 친기업적이라는 의미에서 충분히 보수적이지만 이제 같은 당 우파에게 지독히 무자비한 공격을 받는 처지가 되었다. 이제 반동의 쓴맛을 맛보는 것도 그들이고 이러쿵저러쿵 '유약'하다고 비난을 받는 것도 그들이었다. 그들은 이제 세속적 인본주의자라는 질병을 퍼뜨리고 문화를 타락시킨 주범이 되었다. 이제 캔자스 주의 전통적인 지도자들—자신들이 미국의 대다수 공화당원과 같다고 생각했던 사람들—은 이름만 공화당원인 사람들이라는 뜻의 '리노(RINOs)'라고 조롱받기까지 했다. 그들은 분노했다. 오랜 세월 동안 꾸준히 노력해서

당의 서열체계를 차근차근 밟아 올라온 중도파 후보자들은 자신들이 그토록 갈망했던 자리를 정부에 대해 비난이나 일삼고 낙태와 세제 개혁에 반대하는 것밖에 모르는 광신도들에게 모조리 빼앗기는 광경을 그저 바라보고만 있어야 했다. 새로 부상한 보수 우파들은 시 외곽에 있는 근본주의 기독교 교회들에 자기들을 지지하는 조직을 만들기 시작했다. 그들은 일반 공화당원들로는 경쟁할 꿈도 꿀 수 없는 정도의 많은 사람들을 주 예비선거를 위해 훈련시켰다. 그들은 지방선거구 위원들에서 카운티 보안관에 이르기까지 모든 경주에서 중도파들을 이기고 있었다. 캔자스의 공화당원들은 평지풍파를 일으키고 있었다. 1968년부터 공화당이 그렇게 애써 복원하려 했고 그들을 여러 차례 집권할 수 있게 해주었던 반동의 정신이 이제 그들의 문 밖에서 울부짖었다.

중도주의자들은 자신의 처지를 한탄하고 비난했다. 그들은 더 이상 자신들이 지도자가 아닌 공화당은 예전의 공화당이 아니라고 말했다. 그들은 그 새로운 불평분자들에게 여기서 당을 망치지 말고 나가서 제3당을 만드는 게 어떠냐고 제안했다. 또 그들은 그 기독교 우파들이 온갖 종류의 추악한 생각을 깊이 감추고 있다고 주장했다. 존슨 카운티의 한 중도주의자는 그 신생 보수주의자들이 '다른 종류의 차별'을 시도한다고 단언했다. 한 칼럼니스트가 《위치토 이글》에 이렇게 썼다. "그들은 혐오한다. 그들은 여성들이 오후에 차를 마실 때 흰 장갑을 껴야 하고 언제나 남성들이 여성보다 잘났다고 깨달음으로써 여성들이 자기 분수를 아는 (……) 시대로 돌아가기를 바란다."[12]

1993년 로버트 메널리 목사는 미션힐스 경계지역에 자리 잡은, 최신식으로 잘 지어진 빌리지 장로교회의 설교단에 서서 신생 보수주의자들을 비난했다. 정부에 세례를 주려는 그들의 노력이 언젠가 역풍을 맞게 될 것이며 기독교 정신을 훼손하고 더 큰 영적 사명을 후퇴시킬 것이라고 경고했다. 메널리는 이런 이유로 지방의 공화당 지구당을 접수한 광적인 핵심집단이 "과거 공산주의의 위협보다 훨씬 큰 위협"이라고 단언했다. 메널리는 당시에 캔자스시티에서 가장 존경받는 교계 지도자였다. 신생 보수주의자들을 겨냥한 그의 설교는 교외 지역 전반에 걸쳐 퍼져 있는 중도파의 우려를 증폭시켰다. 그것은 결국 기독교 우파와 맞서 싸우기 위해 설립된 단체인 공화당 주류 연합이 탄생하는 계기가 되었다. 메널리의 설교는 나중에 《뉴욕타임스》에 다시 실렸다. 하지만 이 존슨 카운티의 원로 목사가 기독교 우파에게 퍼부은 비난은 오히려 그들을 더욱 강화시키는 결과를 초래해서 현 사회의 진정한 희생자는 복음주의 기독교인이라는 그들의 특별한 믿음을 확인시켜주었다. 실제로 메널리의 설교 내용은 오늘날 앞뒤 맥락은 모두 뺀 채 진정한 신앙인이 받는 박해의 증거로서 수많은 보수적 간행물에 여전히 등장하고 있다.

 대초원은 불타올랐다. 1994년은 미국 전역에서 공화당의 해였다. 캔자스에서 기독교 우파는 민주당 소속의 연방 의회 의원을 모두 몰아냈다. 토드 티아트는 위치토에서 예상을 뒤엎고 낙태를 지지하는 민주당원을 이겼고, 샘 브라운백은 주지사에 입후보하기 위해 연방 하원의원직을 버리고 또 다른 민주당 하원의원을 물리쳤다. 토피카에서는 이제 기독교 우파가 주 의회에서 공화당의 다수파가 되었다. 그들은 캔자스 주 지방 의회에서 세 군데 요직을 모두 차지했다. 그리고 "캔자스와의 약속"이라는 것을 발표하고 더 많은 사람이 사형에 처해지는 한이 있어도 태아를 지키겠다고 맹세했다.

 기독교 우파가 완전히 승리하는 순간은 1996년에 왔다. 밥 돌이 대선에 출마하기 위해 상원의원직에서 물러나자 공화당의 중도파 주지사인 빌 그레이브스는 그 자리에 자신을 보필하던 부주지사 쉴라 프람을 지명했다. 하지만 기독교 우파의 생각은 달랐다. 쉴라는 공화당 예비선거에서 기독교 우파의 독실한 브라운백에게 크게 패했다. 브라운백은 당시에 이미 그의 겸손하지만 타협하지 않는 태도 때문에 전국에서 보수 반동의 대표인사로 널리 알려진 상태였다. 브라운백의 하원의원직은 기도하는 유명 육상선수인 짐 룬이 물려받았다. 그해 말 캔자스 주 하원의원으로 남아 있던 공화당 소속 여성의원 두 명—둘 다 중도파이며 낙태 지지자—도 모두 의원직에서 물러나기로 결심했다. 이어서 낙태 반대자가 그 두 자리를 냉큼 잡아챘다. 이제 캔자스 주의 상원과 하원의원직은 모두 공화당 소속이면서 동시에 100퍼센트 낙태 반대자가 차지했다. 1996년 말 기독교 우파에게 경축할 일이 생겼다. 1991년부터 형성된 그렇게 오만하고 독단적이었던 캔자스 주의 낙태 지지 여론이 이제 완전히 뒤집어진 것이다.

캔자스의 기독교 우파는 그해 샌디에이고에서 열린 공화당 전당대회에서 밥 돌이 대선후보로 확정되자 환호했다. 그들은 이제 캔자스의 당 조직을 완전히 장악하고 그레이브스 주지사와 당 소속 연방 의회 의원들을 격려했다. 전국의 신문방송은 공화당 대선후보의 고향 주에서 일어난 이 혁명적 변화를 주목하지 않을 수 없었다. 《위클리 스탠더드》와 《아메리칸 스펙테이터》는 캔자스의 기독교 우파를 대상으로 눈쌀이 찌푸려지는 호의성 기사를 내보냈다. 조지 윌(퓰리처상을 수상한 미국의 대표적인 보수 논객으로 1980년대 중반 《월스트리트 저널》이 미국에서 가장 영향력 있는 저널리스트라고 평함—옮긴이)과 로버트 노박(보수 성향의 정치평론가로 AP통신, CNN, 월스트리트 저널, 《시카고 선타임스》에서 기자로 일하거나 칼럼을 기고함—옮긴이)은 브라운백을 훌륭한 지도자로 소개했다. 기독교 우파는 미래의 물결이었다.

그런 1990년대 말 공화당의 중도파는 이들에게 반격할 방법을 찾아냈다. 두 당파는 선거전이 진행되는 몇 년 동안 말로만 점점 공격 수위를 높였을 뿐 안정 상태를 유지했다. 1999년 중도파가 캔자스 주 당 조직에 다시 복귀하자 기독교 우파는 그에 대응하는 조직을 구성하고 활동에 박차를 가했다.[13] 해마다 벌이는 캔자스의 날 축제 행사 같이 공화당원들이 모이는 곳에서 기독교 우파는 자체 정치행사들을 열었다.(주 축제일에 당원 모임을 여는 곳이 이곳 말고 어떤 주가 있을까?)

풀뿌리까지 이러한 몹쓸 정치행위로 물들이는 씁쓸한 짓은 오늘날도 지속되고 있다. 공화당 지방선거구 위원 자리는 정치적 계층으로 따지면 가장 하위직인데 캔자스에서는 그 자리를 차지하기 위한 경쟁이 매우 치열하다.[14] 중도파와 기독교 우파를 불문하고 주 의회 의원과 심지어 교육위원회의 위원을 뽑는 예비선거에서 떨어진 공화당원이 그 결과에 승복하지 않고 본선거에서 기명투표로 뽑는 후보자로 나와서 다투는 경우가 많이 있다. 마당 둘레로 세워놓은 선거 피켓이나 집에서 만든 흑색 선전 문구들을 두고 다투는 일도 자주 볼 수 있는데 그들의 조잡함과 야만성에 놀랄 때가 많다. 나는 지난 2002년 공화당 예비선거 전 몇 주 동안 캔자스시티에서 멀리 떨어진 교외 지역 올레이스의 중심가를 따라 걸려 있던 "동성애자를 도우려면/아무개 후보자를 찍어라"라고 손으로 흘려 쓴 현수막들을 보았다. 그 밖의 다른 곳이었더라면 신념이 굳은 보수주의자로 인정받았을 것이다. 그러나 그곳에서는 비난의 대상이 된 그 후보자가 자신이 **10년** 전에 공공도서관에서 에이즈를 다룬 문학의 유용성을 지지했다는 이유로 그 지역의 기독교 우파 유력 인사와 멀어졌다고 설명했다. 얼마 후 그는 그 현수막을 설치한 한 신사를 잡아서 그 문제로

논쟁을 하다 결국 주먹다툼을 벌였다.[15]

그 모든 동족상잔의 비극은 마침내 누구나 예견할 수 있는 결과를 초래했다. 중도파는 기독교 우파가 예비선거를 거의 독점하다시피 하자 기상천외한 방법을 생각해냈다. 공화당이 휩쓴 지역 가운데 한 곳인 존슨 카운티의 중도파 공화당 지도자들은 1996년에 자신들의 자리를 은근슬쩍 가로채버린 낙태를 반대하는 극우 의원에게 점점 환멸을 느꼈다. 마침내 2년 뒤 그들은 민주당(!)이 당선되는 한이 있어도 그를 떨어뜨리려고 했다.(그러나 그 계획은 실패했다―옮긴이) 또 한편 기독교 우파 사람이 캔자스 공화당 주지사 후보로 지명되자 중도파 지도자들은 그를 적극 지지할 수 없었다. 따라서 실제로는 민주당 후보인 캐슬린 시벨리우스를 지지한 셈이 되었다. 공화당의 전성기에 주민들이 공화당을 적극 지지하는 이곳 캔자스가 민주당에 주지사 자리를 내주었다는 사실은 매우 당혹스러운 일이 아닐 수 없었다. 공화당 별동대원인 그로버 노퀴스트(보수주의 활동가이며 로비스트로 '납세자 보호서약'을 주도해서 공화당 하원의원의 95퍼센트의 서명을 받아낸 것으로 유명함―옮긴이)는 중도파들을 향해 '매국노이며 이적 행위자들'이라고 비난을 퍼부으며 기회가 오면 '손을 봐줄 것'이라고 분노했다.[16]

캔자스 주의 기독교 우파가 지금까지 완벽한 승리를 거두지 못한 것은 사실이지만 그렇다고 노퀴스트가 그렇게 화를 낼 까닭은 없다. 중도파를 밀어낸 기독교 우파의 반란은 캔자스 주지사로 시벨리우스를 뽑기는 했지만 전반적으로 민주당 세력을 점점 약화시켰다. 1990~1992년에 주 의회의 압도적 다수를 차지했던 민주당은 이제 주 하원의 36퍼센트, 주 상원의 25퍼센트만을 겨우 유지하는 초라한 신세가 되었다. '자비의 여름' 시위가 발생한 지 9년이 지난 2000년에 마침내 조지 W. 부시가 대통령으로 당선되었다. 그는 캔자스 주에서 1988년에 아버지 부시, 심지어 1996년에 밥 돌이 승리했을 때보다 훨씬 더 많은 표를 얻었다. 1992년 주 하원에서 통과시킨 낙태 지지 법안은 오늘날이라면 생각할 수 없을 것이다. 낙태 문제에 대한 여론이 완전히 바뀌었다. 1992년에 고다시 핫라인을 운영했던 사람이 이제 주 정부의 소비자보호국의 수장이 된 것은 당시의 분위기를 보여주는 대표적 사건이었다.

기독교 우파는 캔자스 주의 정치 환경을 크게 바꾸었다. 하지만 그들이 주 의회에서 한 일을 보면 매우 뒤죽박죽이다. 그들은 다른 지역의 기독교 우파와 마찬가지로 실제로 문화전쟁에서 어느 것 하나 제대로 진척시킨 것이 없었다. 그들은 캔자스에서 낙태를 중단시키거나 바우처 제도(학비가 비싼 사립학교에 갈 경우에 정부가 보조금을 지급하는 제도로 가난한 집 자녀들도 공립과 사립학교를 선택할 수 있게 하겠다는 2000년 대선에서 부시가 내걸었던 교육공약—옮긴이)를 확정하거나 심지어 진화론을 학교에서 가르치지 못하게 하는 데도 성공하지 못했다. 실제로 기독교 우파가 중요하게 생각하는 문제들은 모두 주 의회 결의만으로는 적절하게 해결할 수 없는 것들만 추려낸 것처럼 보인다. 예컨대 브라운백 상원의원은 극히 상징적인 주장만 하는 사람으로 유명하다. 유전자 복제나 먼 나라의 기독교 박해, 제3세계의 섹스 노예에 반대하는 주장이 그런 것들이다. 또한 한때 캔자스 주 검찰총장을 역임했던 필 클라인은 본인이 스스로 결혼과 섹스를 결정할 수 있는 승낙 연령과 동성애자들 사이의 강간과 관련된 소송들에 개입한 덕분에 전국의 공화당 조직들 사이에서 유명해졌다. 하지만 이 문제들은 사실 캔자스 주민의 대다수 삶과는 전혀 무관한 일이었다. 그저 기독교 우파 지지자들의 집회에서 써먹는 구호들에 불과했다. 그러한 문제들은 분노에 불을 붙이고 냄비를 계속해서 부글부글 끓게 했다. 그러나 또 그것들은 정부의 일상적인 권력 남용과는 전혀 상관 없는 문제들이었다. 따라서 그 문제들은 해당 정치인이 증오에 불타서 그런다는 이미지를 불식시키고 오히려 숭고한 일을 한다며 화려한 박수갈채를 받게 했다.

 기독교 우파가 현실세계에서 실제로 명백한 승리를 거둔 영역은 오직 한 군데였다. 모든 종류의 세금에 대한 그들의 끈질긴 적개심은 마침내 주 정부를 재앙으로 몰아넣는 데 성공했다. 기독교 우파는 1990년대 내내 무리하게 세금 삭감을 추진하거나 성난 중도파를 달래서 세금 삭감에 동의하도록 유도함으로써 약간의 경기 침체에도 주 정부의 재정이 파탄에 이르는 상황을 만들고 말았다. 예상대로 주 정부의 재정이 파산하는 사건이 일어났다. 오늘날 캔자스는 다른 여러 주처럼 지금까지 중에서 최악의 재정 위기를 맞고 있다. 하지만 기독교 우파는 주 정부를 위기에서 구하기 위해 세금을 올리려고 하지 않는다. 그들이 생각하는 유일한 해결방법은 자신들이 주 정부뿐 아니라 연방 정부도 모두 차지하는 것이다. 증오의 대상인 정부는 그냥 위축되게 내버려둬야 한다.[17] 대다수 사람들에게 이것은 매우 나쁜 방법으로 보일 수 있지만 불경기가 주 정부를 구렁텅이로 몰아넣을 때 기독교 우파의 얼굴에는 미소가 번지기 시작한다.

 전국의 신문방송 특파원들은 캔자스의 혁명적 변화를 취재하기 위해 왔다가 현실을 보고는 머리를 긁적이며 곤혹스러워했다. 그들은 캔자스의 공화당 소속 집단이 또 다른 공화당 소속 집단을 공격하는 모습을 보았다. 그들은 그 기괴하고 서글픈 광경에 놀랐다. 그것을 사회학적으로 설명한다면 주 정부를 곤경에 빠뜨리는 그 갈등은 근본주의 기독교와 정통 개신교 사이의 다툼, 무지한 자들과 교육받은 사람들 사이의 싸움, 심지어 현대의 대도시 방식에 대항하는 기독교 우파의 새로운 대응방식 때문에 일어난 것이다.[18] 그러나 무엇보다도 핵심은 계급투쟁이라는 사실이다.

계급적 적개심은 조지 월리스(앨라배마 주지사를 네 차례 역임한 인종차별주의 정치가로 1968년 대선에서 제3당 독립당 후보로 출마하여 보수파 백인들의 지지를 받음—옮긴이)가 "방직공, 제철소 직공, 이발사, 미용사, 순찰 중인 경찰관과 같은 이 거리의 보통사람들"을 대변해서 자유주의를 맹렬히 비난했던 보수대반동 초기부터의 변함없는 주제였다.[19] 그러나 지속적으로 성장하는 보수주의 운동을 지켜보았던 주류 논객들은 계급적 적개심을 별로 주목하지 않았다. 사회계급이라는 주제는 미국인에게는 언제나 당황스러운 문제다. 대다수 저널리스트들은 이 난처한 문제를 제기하는 것보다 인종주의나 성차별, 심오한 종교적 확신에 대한 반동을 비난하는 것이 더 쉽다는 것을 안다.

중도파는 이 점에서 최악의 위반자다. 그들은 대개 자신들을 기독교 우파와 구별 짓는 것이 사회계급일 수 있다는 것을 인정하지 않는다. 하지만 그들은 중도파들이 주로 모여 사는 존슨 카운티의 오래된 근교 지역과 낙태 반대, 총기 소지 찬성, 진화론 반대자들이 모여 사는 멀리 떨어진 신생 교외 지역 사이의 지리적 분리에 대해서는 인정한다. 이 두 교외 지역 사이의 경계는 매우 확실하면서도 넓어서 《존슨 카운티 선》의 편집장이자 중도파의 실질적 지도자인 스티브 로즈는 오늘날 '두 개의 존슨 카운티'가 존재한다고 안타까워할 정도다.[20] 그 가운데 한 곳이 옛날 내 어린 시절을 떠오르게 하는 친근한 교외 지역으로 그늘진 나무들이 있는 잔디밭과 그르렁거리는 엔진 소리를 내는 포르쉐 자동차들, 학생 성적이 우수한 학교들이 있는 곳이다. 그곳은 분별 있고 중도적인 공화주의가 살아 있는 땅이다.

아, 그러나 또 다른 존슨 카운티인 멀리 떨어진 신생 교외 지역 올레이스는 로즈를 당혹스럽게 했다. 이 존슨 카운티는 심술궂고 까다롭다. 그곳은 로즈가 '우파 보수주의의 보루'라고 부르는 것을 좋아한다. 오늘날 제기되는 현안들에 대해서 가장 격렬하게 반응하는 곳이다. 로즈는 두 존슨 카운티의 차이를 흔히 말하는 파란색 주/빨간색 주로 구분해서 설명할 수 없다. 두 곳 다 부시를 찍었기 때문이다. 따라서 두 곳이 갈라선 근본 원인은 신비에 가려진 것처럼 보인다.[21]

그러나 당신이 존슨 카운티에 와서 두 곳을 직접 살펴본다면 그 신비의 장막은 금방 걷힌다. 한 존슨 카운티는 교통안전지대 둘레를 조각상들로 조경을 한 풍치 좋은 공동체에서 산다. 집집마다 뒤뜰에 수영장이 있고 차를 세 대나 주차할 수 있는 차고들 사이로 이웃집 골프 코스가 언뜻언뜻 보이는 곳이다. 이 존슨 카운티에서는 선거철마다 앞뜰에 중도파를 지지하는 선거 피켓들이 꽂혀 있는 모습을 볼 수 있다. 반면에 또 다른 존슨 카운티는 페인트칠이 벗겨져 나가고 싸구려 베니어판으로 지어진 건축물, 무릎까지 자란 바랭이풀과 뜨거운 열기에 시들어가는 관목들, 그리고 연도 옆에서 부식되는 폐차들이 널려 있는 곳이다. 이곳을 차를 몰고 달려보면 기독교 우파의 전투성 구호 말고는 다른 것을 볼 수 없다. 두 존슨 카운티의 차이는 계급 차이다.

나는 이것을 전문가들이 말하듯이 계급의 취향이나 가치관 문제가 아니라 물질적이고 경제적인 관점에서 본다. 존슨 카운티의 인구통계학적 지형을 살펴보면 올레이스와 쇼니 같은 극우 지역은 부동산 가치도 낮고 1인당 소득도 좀 낮은 곳이다. 일반적으로 말하자면 그곳에 사는 사람들은 블루칼라일 가능성이 높다. 대학을 나온 사람도 드물고 미션힐스에 사는 변호사나 기업가들보다 경기 기복에 더 민감하게 불안해하거나 두려워한다. 올레이스나 쇼니에 사는 사람들이 보다 풍족한 근교에 사는 공화당 중도파 사람들보다 컨트리 음악을 더 즐겨 듣고 스노모빌을 더 즐겨 타고 나스카 자동차 경주대회에 더 열광하는지는 확실치 않다.

그러나 지난 10년 동안 선거를 통해 볼 때 존슨 카운티에서 1인당 소득과 평균 집값이 가장 낮은 지역에 사는 사람들이 보수 우파를 가장 강력하게 지지했다는 사실은 틀림없다. 반면에 미션힐스나 리우드처럼 1인당 소득과 부동산값이 가장 높은 지역은 중도파 세력을 지지했다.[22] 노동자계급이 많은 지역일수록 더 보수적일 가능성이 높다는 말이다.

이러한 상황은 30년 전과는 정반대되는 상황이다. 그리고 그것은 100년 전 캔자스의 모습을 완벽하고 철저하게 부정한다. 당시에는 가장 경제적으로 어려운 지역이 가장 열성적이고 급진적인 지역이었다. 캔자스에서 사회계급의 정치지형이 완전히 뒤바뀌었다.

내가 어렸을 적 정치가 여전히 부분적으로 물질적 문제들과 관련이 있었을 때 미션힐스는 보수주의의 굳건한 보루였다. 하지만 쇼니와 올레이스는 주민 대다수가 민주당에 투표했다.(일반적으로는 어떤 상황에서도 드문 사건이다.)[23] 1970년대에 우리의 이웃들은 레이건이 인기를 얻기 오래전부터 벌써 레이건을 좋아했다. 그들은 뒤도 돌아보지 않고 단번에 종업원을 절반으로 줄일 수 있는 그런 사람들이었다. 오늘날도 마찬가지다. 그들은 이제 오히려 노동자들의 힘을 점점 더 약화시켜 그것을 바탕으로 훨씬 더 뻔뻔스럽게 기업범죄를 자행하는 체제를 지배한다.

그러나 정치 환경이 바뀌었다. 정치 스펙트럼이 너무 오른쪽으로 멀리 간 나머지 우리 집 주변에 흩어져 있던 대저택에 사는 사람들은 어느 새 중도적 입장에 더 가까워졌다. 오늘날 그들은 캔자스 주의 공화당 중도파를 재정적으로 지원하는 주요 정치 세력이다. 그들은 전혀 자유주의자가 아니다. 그들은 지금도 여전히 세금이나 경제 문제와 관련해서 우파를 적극 지지한다. 그리고 누가 대표자가 되든 상관없이 공화당 후보를 지원하는 집회에 나간다.(미션힐스 주민들은 71대 25의 압도적인 표차로 고어 대신에 부시를 선택했다. 그들 가운데 많은 사람들이 볼보를 몰고 이따금 라테를 마시는 데도 말이다.) 그들은 또한 기독교 우파가 주 정부의 지방세를 크게 삭감하고 연방 정부의 규제 기구들을 해체하는 운동을 할 때 가장 큰 수혜를 입는 사람들이다. 그러나 미션힐스의 많은 사람들이 동성애자의 권리를 지지한다. 그리고 낙태도 지지하는 입장이며 정치와 종교의 분리도 인정한다.

중도파 공화주의는 상류계급의 독특한 취향이 있다. 중도파 후보자들은 하나같이 자신들의 보수파 경쟁자들보다는 훨씬 더 많은 정치 기부금을 모은다. 지역 최대의 중도파 조직인 주류 연합 자문위원회는 지역사회의 기업가들을 비롯한 중심 세력으로 탄탄하게 구성되어 있다. 그들이 근무하는 사무실 옆에는 골프장이 있다. 한번은 그들을 만나러 갔다가 골프 카트를 타고 돌아다니는 사람들을 한참 동안 쳐다보았던 적도 있다. 주류 연합의 주장은 너무 상류계급 중심이어서 한번은 중도파에게 "못 배우고 소득이 낮은 유권자들에 다가가도록" 권유하는 메일을 보내기도 했다.[24] 게다가 지역 최대의 자선단체인 존슨 카운티 지역 재단의 이사회도 유력한 중도파 인사들로 꽉 차 있다. 중도파와 백만장자, 이 두 집단은 매우 많은 차원에서 서로 겹치기 때문에 캔자스 사람들은 그들을 똑같은 사람들로 생각한다. 아버지의 이웃은 페라리를 타고 주말에 한 바퀴 돌고 오면 언제나 다양성의 미덕에 대해서 한 마디 하는 것을 좋아한다.

계급 분열은 수백 가지 방식으로 나타난다. 1998년 저널리스트 토머스 에드솔이 《워싱턴포스트》에 기고한 짧은 글 한 토막을 보자. 중도파 공화당원 캔자스 주지사이며 운송업을 가업으로 물려받고 미션힐스에 사는 빌 그레이브스는 당의 기독교 우파 지도자 한 명과 예비선거에서 경쟁 관계에 있었다. 그레이브스는 유력한 캔자스시티 법률회사인 라스롭앤게이지의 안락한 존슨 카운티 사무소에서 그것을 선거운동이라고 해야 할지 모르겠지만, 어쨌든 예비선거에 대비하고 있었다. 선거운동원들이 교외 지역인 오버랜드 파크에 있는 많은 유리벽 건물 가운데 한 곳의 10층 회의실로 모여들었을 때 실내 분위기는 풍족한 공화당의 온후함으로 가득했다. 그때 그 분위기를 깨는 사건이 발생했다. 한 여성이 그레이브스 앞으로 다가오더니 그의 면전에서 자기가 이번 선거에서 그를 찍지 않겠다고 단언한 것이다. 온화한 주지사 앞에서 감히 그런 거친 행동을 한 당돌한 여성은 저임 노동자들이 몰려 있는 존슨 카운티의 빈민촌에 거주하는 한 비서였다. 그녀가 그런 결심을 한 까닭은 낙태 문제였다. 그레이브스는 낙태를 지지하는 입장이었고 그녀는 그것을 너무 자유주의적이라고 생각했다.[25] 캔자스는 그런 곳이다. 캔자스는 노동자계급이 사장들보다 훨씬 더 열렬한 공화당원인 주다.

미션힐스의 철저한 보수파 변호사이며 한때 공화당 전국위원회 위원이었던 드와이트 서덜랜드 2세는 이 모든 것에 대해서 아주 깨끗하게 정리한다. "이건 계급투쟁이에요. 그런데 계급 간 역할이 약간 역전되었죠." 서덜랜드는 공화당 중도파를 신랄하게 비판한다. 그가 주장하는 바에 따르면 중도파는 노동자계급이 공화당의 깃발 아래 모여들고, 가난한 사람들이 교회에서 몰려나와 낙태 시술을 한 병원 앞에서 자동차 밑에

드러누울 때 자기들은 멀찌감치 떨어져서 마치 큰 충격을 받은 것마냥 고상한 척하며 그저 바라만 본다. 그가 볼 때 중도파 사람들은 "우리는 저들보다 더 훌륭한 사람이야. 우리는 이 지역 사회를 이끄는 지도자들인데 대중들을 대신해서 일하는 사람들이 법안을 만드는 일을 방해하거나 간섭하는 따위의 주제넘은 짓은 하고 싶지 않아"라고 생각하는 것 같다. 서덜랜드는 특권층의 요새로 악명 높은 캔자스시티 컨트리클럽에서 우연히 겪은 지독한 반보수주의 편견과 관련해서 몇 가지 일화를 전한다.[26] 그가 지적한 점은 이해하기 어렵지 않다. 오늘날 금권정치의 최고 엘리트들이 모이는 연회장들에서는 차별적 언사나 행동을 피하는 정치적 중립성을 가장한 채 허튼소리나 지껄인다는 것이다. 이렇게 편협한 태도를 보이는 상류계급이 주로 비난하는 대상은 우스꽝스러운 신앙심과 보수주의 정치에 물든 블루칼라 사람들이다.

서덜랜드는 이러한 현상이 미국 전역에서 일어난다고 말한다. 그는 전 세계 부자들의 생활과 소유물을 보여주는 고급 잡지에 나온 복사물 몇 장을 내게 건네준다. 브랜디와인이라는 곳에 대한 내용이다. 그 글의 목적은 필라델피아와 델라웨어 윌밍턴 사이에 있는 '듀폰-와이어스 컨트리'에서 여우 사냥을 하는 사람들에게 알랑거리는 것이다. 본문은 누구도 흉내 낼 수 없는 상류층의 잘난 체하는 오만함이 짙게 묻어나온다. 그 글은 어릴 적부터 "함께 채찍을 휘두르며 토끼 사냥 놀이를 하면서" 서로 알고 지냈던 한 쌍의 부부를 소개한다. 최근에 그 집의 아내는 어떤 지역 기독교 연합 집회에서 위기감을 느껴 정치에 관심을 갖기로 결심했다. 그녀는 총기 규제를 찬성하고 '여성의 권리'와 '정교분리'를 지지하는 '중도파 공화당원'이다. 그녀의 온건한 정치 성향과 완곡어법은 말을 타고 사냥개를 앞세워 여우 사냥을 하는 그들의 취향만큼이나 그들 가족이 지닌 사회적 지위의 산물이라고 서덜랜드는 주장한다.

캔자스의 보수 우파는 공화당 중도파를 '자유주의자'라고 말하기를 좋아한다. 기독교 우파는 공화당 주도권을 두고 중도파와 당파 싸움을 하면서 중도파가 '동부의 주류파'인 자유주의자들의 지역 전투 부대라고 상상한다. 그들은 이 전쟁을 앤 쿨터의 작품이나 러시 림보의 독백에서 나오는 틀에 박힌 대결 구도, 보통사람 대 오만하고 잘난 체하는 자유주의 권력 체제의 싸움이라고 믿는다.

중도파는 앞서 말했듯이 경제 문제에 대해서 매우 보수적이다. 그러나 데이비드 브룩스 같은 논객이 사람들로 하여금 내색은 안 하지만 질색하게 만들어 유명해진 자유주의 왕국의 문화적 특성들을 그대로 인정한다면 중도파 또한 전형적인 자유주의 성향의 엘리트라고 볼 수도 있다. 캔자스의 중도파 공화당원들은 부르고뉴 백포도로 만든 프랑스 고급 와인 샤르도네를 마시기도 한다. 그들은 사브 외제차에 마서즈 빈야드(매사추세츠 케이프코드 연안에 있는 고급 휴양지 섬—옮긴이) 스티커를 붙이고 다니기도 한다. 유럽식 커피와 통밀빵, 고급 초콜릿만을 고집하는 중도파 사람들도 있다. 또 레스토레이션 하드웨어라는 고급 인테리어 매장과 홀푸드마켓이라는 유기농 가게만 찾고 월마트를 찾는 사람들은 깔보는 중도파 사람들도 있다. 공영 라디오 방송인 NPR을 즐겨 듣고 프랑스 레스토랑에 가면 종업원에게 프랑스말로 주문하는 중도파 사람들도 있다. 그들은 동성애자를 인정하고 인종차별이 없는 성공회 교회에 다니고 애국자법을 거부하고 이주자 권리를 지지하는 집회에 나가기도 한다. 그리고 그들은 모든 백인 노동자계급이 인종차별주의자라고 생각하기도 한다.

그러나 그렇다고 그들을 자유주의자라고 부를 수는 없다. 그들의 본성은 기업가다. 그들의 습성과 의견은 프랭클린 루스벨트나 전국광산노조의 영향보다는 오히려 화이트칼라 세계의 기준이 되는 관례나 취향이 훨씬 더 큰 영향을 미쳐 형성된 것이다. 오늘날 우리는 콧대 높은 사장들이 청중을 압도하며 '변화'가 무엇인지에 대해서 강연하고, 펑크 로커들이 리더십의 비밀을 알려주고, 얄팍한 심오함으로 치장한 진실성 때문에 사치스런 자동차를 파는 시대에 살고 있다. 또 IT 부자들이 로큰롤 기념관을 세우고, 기업 경영 이론가들이 공평성의 본질에 대해서 숙고하고, 록그룹 그레이트풀 데드에게 노랫말을 써주었던 한 음유시인(사이버 공간에서 표현의 자유를 주창하는 미국 전자개척자재단의 공동설립자 존 페리 발로우를 말함—옮긴이)이 다보스 포럼이 열리는 시내로 들어가는 언덕 위에서 신자유주의 자본주의의 몰락을 환영하는 시대에 살고 있다. 보수주의자들은 왜 세상이 이렇게 되었는지 이해하지 못할지도 모른다. 그러나 기업문화는 기업이 가장 중요하게 생각하는 이윤과 밀접한 관련이 있는 이유들 때문에 반문화와 융합했다.

그리고 대부분 기업가들로 구성된 이들 중도파들은 자신들을 향해 격노하는 문화전쟁의 가장 큰 수혜자다. 기독교 우파들은 오만한 중도파들에게 독설을 퍼붓지만 사실 그들이 지지하는 정책들—규제 철폐, 민영화—은 오히려 중도파들을 더욱 지위가 높고 권세 있는 사람들로 만든다. 대개 중도파에 속한 기업가들은 비서들이 자신들을 리노라고 부르는 것을 어쩌다 들으면 마음 아파할지 모른다. 그러나 기독교 우파들이 이루어낸 세금 경감의 혜택은 그들의 아픔을 진정시킨다. 중도파들은 지는 것 같지만 사실은 이긴다.

이런 역설적 상황은 오늘날 매우 보편화되어 있다. 미국인들은 지난 수십 년 동안 대중을 선동해서 공격의 대상이 되는 사람들에게 오히려 이익만 주는 반란을 경험했다. 우리가 캔자스에서 본 것은 이런 수수께끼 같은 현상의 극단적인 모습이다. 오늘날도 엄청나게 많은 성난 노동자들이 오만한 자들을 심판하기 위해 거리에서 행진하고 있다. 그들은 특권층의 후손들을 향해 주먹을 휘두르고 있다. 그들은 리우드에 사는 상류층들이 보내는 작은 호의를 비웃고 있다. 그들은 미션힐스의 대저택들 앞을 지나면서 조기를 게양한다. 그들은 백만장자들이 떠는 동안 자신들의 끔찍한 요구 사항을 부르짖는다. 하지만 그들이 외치는 구호는 결국 "우리는 당신들의 세금을 깎아주기 위해 여기에 있다"라는 말이다.

2부
아무도 이해할 수 없는 분노

6장
박해받고, 힘없고, 눈먼

　　　　　　　　어떻게 이런 불가사의한 일들이 일어날 수 있을까? 캔자스의 보수주의 반란자들은 엘리트들을 혐오한다고 고백하면서 어떻게 자신들을 옥죄는 기업 세계에 대해서는 그다지 분노하지 않는 걸까? 그들은 어떻게 상층계급을 훨씬 더 강화시킬 뿐인 보통사람들의 봉기에 민중들을 동원할 수 있는 걸까? 그들은 어떻게 어떤 사람을 부자가 되고 싶어 하는 속물이라고 하다가 다른 부자들에 비하면 그는 괜찮은 사람이라고 말할 수 있을까?

　이 모든 것은 계급을 바라보는 사고방식 때문에 일어나는 일이다. 캔자스 사람들은 앞에서 본 것처럼 계급적 적개심은 불타오르지만 그 불만의 원인을 제공하는 경제적 기반은 부인한다. 보수주의자들은 계급이란 돈이나 타고난 출신성분, 심지어 직업과 전혀 관련이 없다고 주장한다. 그것은 가장 귀중한 문화상품인 진실성의 문제다. 계급은 무슨 차를 몰고 어디서 물건을 사며 어떻게 기도하느냐의 문제이지 무슨 일을 하는지, 얼마를 버는지는 부차적 문제일 뿐이다. 숭고한 프롤레타리아를 만드는 것은 노동 그 자체가 아니라, 우리의 전문가들이 조지 W. 부시를 찍은 빨간색 주에서 갖추어야 할 자질이라고 생각하는, 잘난 체하지 않는 겸손함이다. 미국 전역의 생산자들은 실업이나 막다른 삶, 그들이 버는 것보다 500배나 많은 봉급을 받는 사장과 같은 문제에 관심을 두지 않는다. 그런 문제들을 정말 전혀 개의치 않는다. 공화당을 지지하는 빨간색 지역에서는 노동자나 자본가나 모두 프랑스산 치즈와 이탈리아 토스카나에 있는 별장들, 그리고 현재 돌아가는 일들에 대한 책에 나온 어리석은 생각들을 갖고 시시껄렁한 수다나 떨면서 옆자리에 있는 대학생들에게 악영향이나 끼치는 사람들을 보면 고개를 절레절레 흔들 것이다.

이 현상은 혹시 배후에 무슨 복잡한 조작이 있는 게 아닌가 하는 생각을 하게 만든다. 그러나 오늘날 이것은 꽤 익숙한 현상이 되었다. 우리는 어떤 보수주의 전문가나 정치인이 가장 평범한 보통사람들 사이에서—대개는 자유시장 자본주의의 실패를 의미하는— '계급투쟁' 을 개탄하고 잠시 후 '언론 엘리트' 나 볼보를 몰고 다니는 오만한 '동부의 주류파' 들을 비난하는 소리를 들을 때마다 이런 현상을 본다.

우리는 이미 빨간색 주와 파란색 주를 나누는 글들에서 이 특이한 사고방식의 낌새를 눈치 챘다. 우리가 지금까지 본 것처럼 2000년 대선에서 공화당을 찍은 지역들과 민주당을 찍은 지역으로 나뉜 대분할은 마치 생산자 대 거기에 기생하는 사람들, 열심히 일하는 사람들 대 놀고먹는 사람들, 보통사람 대 속물들과 같이 사회계급들 사이의 대립과 관련이 있는 것처럼 보인다. 심지어 보수주의 논객 앤드류 설리번은 **계급투쟁** 이라는 용어를 부유한 자유주의자들과 소박한 공화주의자들의 대결을 설명하는 데 쓴다. 그러나 그것은 데이비드 브룩스가 잘 지적한 것처럼 "어떤 계급적 분노도 계급의식도 없는" 그런 계급투쟁이다. 계급이 중요하지 않은 계급 분할이란 역설은 실제로 '두 개의 미국' 이라는 글들을 통해서 어김없이 되풀이된다. 대개 정치평론가라는 사람들이 파란색 주의 주민들을 값비싼 자동차나 라테 커피, 상류층 가정부, 와인을 즐기는 취향과 같은 것들로 조롱하고 나서 몇 마디 꼭 하는 말이 바로 이 '두 개의 미국'이라는 말이다.[1]

이렇게 계급이라는 용어를 재포장하는 데 중요한 구실을 하는 것이 '자유주의 엘리트'라는 개념이다. 그 개념은 세월이 흐르면서 여러 가지 형태를 취했다. 스피로 애그뉴(1968년과 1972년에 공화당 닉슨 대통령과 러닝메이트 부통령에 당선되었으나 매스컴을 비판했다가 물의를 빚어 도중에 사퇴함—옮긴이)는 그들을 "매사에 부정적인 말 많은 부자들"이라고 불렀다. 신보수주의를 표방하는 네오콘들은 그들을 '새로운 계급'이라고 칭했다. 반면에 일반 사람들은 그들을 그냥 '지식인 계층'이라고 말한다. 그러나 기본적으로 그 밑에 깔린 불만은 다 똑같다. 보수 반동 세력은 미국의 문화와 학교, 정부가 보통사람의 믿음과 현실을 경멸하는 가방끈이 긴 지배계급들에게 통제된다고 주장한다. 오늘날 미국을 움직이는 사람들이 비열하고 거드름이나 피우며 잘난 체만 하는 사람들이라고 말한다. 보수 반동 세력이 가장 좋아하는 용어를 쓴다면 그들은 나약하다. 그들은 오만하다.[2] 그들은 속물이다. 그들이 바로 자유주의자들이다.

자유주의 엘리트라는 개념은 학문적 토대가 약하다. 그것은 학문적 엄격성을 가지고 발표된 적이 한 번도 없었다. 많은 사람이 수없이 그 개념을 반박했다. 학문적으로 철저히 따지고 들면 금방 허물어질 개념에 불과하다.[3]

그러나 그 개념은 아직도 건재하다. 리처드 닉슨과 함께 사라지거나 강제 통학 버스 논란과 함께 소멸되지도 않았고 약삭빠른 빌 클린턴과 함께 전국 무대를 떠나지도 않았다. 실제로 자유주의 엘리트라는 개념은 오늘날 일반 대중들 사이에서 어떠한 오랜 연구와 권위 있는 사회학 이론보다도 더 널리 통용되고 있다.

2002년에 그 유명한 워터게이트 사건의 주범 G. 고든 리디가 써서 베스트셀러가 된 보수 반동과 관련된 책 『내가 어렸을 적 이곳은 자유국가였다』를 보면 그 개념이 어떻게 작용하는지 잘 알 수 있다.

우리가 할 수 있는 일과 할 수 없는 일을 정할 수 있는 권한이 있다고 스스로 믿는 엘리트들이 이 나라에 있다. 물론 그들은 우리를 위해서 그런다고 주장한다. 이들 중도 좌파, 아이비리그 출신의 여론 조작 전문가들은 대중 뉴스 매체와 연예계, 학계, 전문가 집단, 입법, 사법, 행정 관료 조직에 집중되어 있다. 그 권한을 차라리 어리석은 정책 입안자들의 신성한 권한이라고 불러라. 이들은 실제로 이 나라의 중책을 맡고 맡은 바 임무를 실현시키는 위대한 미국의 중산층을 볼모로 먹고 산다. 그들은 우리가 2차 세계대전에서 목숨을 걸고 싸운 때부터 지금까지 보이지 않는 소득세율로 우리를 착취한다. 그들은 우리가 아이들에게 심어주려고 애쓰는 가치관들을 공격하고 훼손하는 영화관에 지불할 수 있는 최고액을 지불하게 한다.[4]

이런 입장에서 보면 그들과 같은 패거리인 교활한 지식인들도 할리우드 영화의 내용과 우리를 착취하는 소득세에 대하여 책임이 있다. 그들은 다른 사람들의 노동에 무임승차하면서 영화와 뉴스 칼럼을 쓰는 것 말고는 쓸모 있는 일을 하나도 안 한다. 말하자면 자유주의자들은 기생충이라는 것이다.

온화한 태도의 데이비드 브룩스에서 늘 노기등등한 앤 쿨터에 이르기까지 이러한 사회계급의 개인 취향과 오만함에 대한 공격은 보수주의 작가들의 직무다. 이 보수 우파들은 지위가 높고 권세 있는 사람들의 가소로운 태도를 혐오스러운 눈초리로 응시하면서 우리에게 자신들이 진정한 아웃사이더라고 말한다. 또 그들은 우리보다 사회적으로 "더 우위에 있는 사람들"이 우리를 개혁하고 개선하려는 노력을 비웃으면서 자신들이 급조된 프롤레타리아라고 말한다. 하지만 이런 말을 하는 그들이 대개 전통적으로 특권층의 손발 구실을 하는 정당의 성공을 위해 최선을 다하는 특권층 사람들이다. 그런데도 그러한 모순에 대해서는 전혀 개의치 않는다.

보수 우파들은 뉴잉글랜드의 대학도시들을 혐오스런 눈초리로 주시했다. 그곳은 독선적인 젊은 학생들이 다양한 생활양식을 실험하면서 불장난을 벌이고 밤새도록 파티를 즐기고 그들만의 매우 특별한 라테를 마신다. 보수 우파들은 워싱턴 D.C.의 환경보호국 사무실에 앉아서 광대한 내륙에서 열심히 사는 사람들을 지배하는 열성적인 완전 채식주의자들을 조롱하고 경멸한다. 보수 우파들은 히피 집단의 자녀양육 방식을 비웃었다. 그들은 패션 디자이너들의 공허한 말들을 의심스레 받아들인다. 그들은 해마다 현대언어학회의 비밀회의를 주도하는 아이비리그 출신들의 반역행위들에 대해서 당연히 격노한다. 그들이 볼 때 현대언어학회는 언제나 아이비리그 출신들이 꾸며낸 급진적 주장과 패션 디자이너와 히피들의 진보적인 것처럼 보이는 견해들을 액면 그대로 수용하기 때문이다.

보수 우파의 사회비판은 그 대상이 무엇이든 간에 하나의 단순한 메시지로 요약된다. 선정적인 텔레비전 프로그램에서 예일 대학 불문과의 해체주의자에 이르기까지 모든 것을 의미하는 자유주의는 웨일스산 코기 종 애완견과 갓 짠 올리브 오일을 좋아하는 취향만큼이나 기이하고 혐오스러운 부자들의 허식이다. "돈이 없는 사람들보다 우월하다고 느끼는 것, 그것이 바로 자유주의자의 본모습이다." 쿨터는 자기만의 독특한 표현방식으로 분노를 표출한다.

자유주의자들의 세계관을 강력하게 밀고 나가는 힘이 바로 속물근성이라는 것을 알 때 비로소 그들이 주장하는 반직관적인 말들을 온전히 이해할 수 있다. 그들은 속물이기 때문에 윤리에 어긋나는 파괴적 행동을 선동한다. 그들은 속물이기 때문에 세금 삭감에 반대한다. 그들은 속물이기 때문에 환경을 숭배한다. 자유주의자들은 자신들이 얼마나 강력한지 보여주기 위해 떠오르는 모든 유해한 생각들을 곧바로 채택한다.

자유주의자들은 사회를 증오한다. 누구든 이길 수 있다고 호기를 부리며 사회를 파괴하고 싶어 한다. 안개가 걷히면 해변에 이웃한 그들의 대농장들이 여전히 우뚝 서 있을 것이라는 사실에 안심한 채 그들은 힘없는 사람들을 다스릴 규칙과 도덕을 경솔하게 만지작거린다.[5]

쿨터는 《포춘》이나 《시거 아피시오나도》 같은 잡지를 펴는 대신에 텔레비전 프로그램으로 눈을 돌려 부자의 이런 특징들에 대해 예를 들어 설명한다. 보라, 거기에는 온갖 도덕적 타락이 있다. 자유주의자들의 소행이다. 우리는 자유주의 엘리트들이 우리가 텔레비전에서 보는 것과 고상한 현대 소설에서 읽는 것―그 모든 것은 자유주의의 문 앞에 놓일 수 있는데―때문에 보통사람들을 혐오한다는 것을 안다. 반면에 우리는 공화당이 진정한 노동자의 정당이라는 것을 안다. 완고한 공화당 하원의원 톰 더레이(2003년에서 2005년까지 공화당 하원 원내총무를 역임했지만 선거자금 돈세탁 혐의로 의원직을 사퇴했음―옮긴이)는 캘리포니아의 부유한 상원의원 바브라 복서를 만나느니 "트럭 기사와 만나 맥주 한 잔 하는 것이 더 좋다"고 말한다. 오늘날 미국인의 사회생활이 자유주의 성향의 할리우드 "미남미녀들"을 모방하는 삶을 살거나 아니면 "노동자계급의 시골 사람들처럼 나스카 경주를 보러 가는" 삶을 사는 두 가지 경우로 나뉜다고 볼 때 공화당은 노동자 정당이다.

그러나 보수 우파와 그의 친구 노동자계급이 서로 맥주를 마시면서 문화적 유대를 공고히 하는 동안 노동자계급이 보수 우파에게서 받은 것은 경제 침체뿐이다. 앤 쿨터의 경우는 잘 살펴볼 필요가 있다. 그녀는 코네티컷 주 뉴캐넌의 윤택한 교외 출신으로 기업변호사를 아버지로 둔 행복한 우익 가정에서 자랐다. 그녀의 설명에 따르면 그녀의 아버지는 1985년에 펠프스 닷지 광산회사의 더 큰 성공을 위해서 노조 승인을 취소하는 (단체교섭 단위의 완전한 파괴) 획기적인 일을 교묘하게 성사시키는 역할을 했다. 이 사건은 여러 해에 걸쳐 조직화된 노동자 세력을 크게 위축시키고 뉴캐넌 주민들과 전국의 상류층에게 풍성한 축복을 내린 레이건 행정부의 반노조 정책의 초기 성공 사례 가운데 하나였다.

쿨터는 당시에 노조를 파괴하는 쪽에 있었다. 그녀는 "그 시점에서 노조가 파업하려는 것은 어리석은 짓이었다"고 말한다.[6] 그럼에도 그녀는 사회계급의 그러한 특징에 대한 논의가 자유주의자들이 꾸며낸 선전에 불과하다고 주장한다. "민주당은 민중을 위한 정당이고 공화당은 힘 있는 자들을 위한 정당"이라고 말하는 것은 쿨터에게 있어 터무니없는 비유이며 그녀가 전혀 이해할 수 없는 역사적 허구를 수용하는 것이다. 쿨터는 이렇게 말해놓고 빌 클린턴이 이끄는 민주당의 새로운 노선이 노동운동을 냉대한 것에 대해서는 아무 말도 하지 않는다. 그녀는 대다수 보수 우파들처럼 클린턴이 사실은 급진 좌파 중 한 명이었다고 생각한다. 오히려 그녀는 할리우드의 오만한 쾌락주의자들이 대부분 민주당원이라는 관점에서 계급 관계 전반을 재구성하려고 한다. 다른 한편으로 공화당원들은 맥주를 마시고 교회에 가고 총기를 소지하기 때문에 결과적으로 그들은 보통사람들의 진정한 대변인이라고 생각한다. 경제는 그녀의 세계에서 전혀 중요하지 않다.

우파는 자유주의가 미국문화를 질식시키는 기술을 가지고 있어서 선거에서 이기든 지든 권력을 유지한다고 생각한다. 비록 1968년 이래로 미국 대선에서 공화당이 9번 중에 6번을 이겼고, 또 현 정부의 3개 요직을 모두 공화당이 차지하고, 1970년대에 보수파 가운데 자유주의 성향의 유명 인사들(험프리, 맥거번, 처치, 베이, 컬버 등)이 죽거나 선거에 져서 영향력이 줄어들었고, 월터 먼데일 이후로 민주당 대통령 후보 가운데 아무도 자신을 '자유주의자'라고 말하는 사람이 없다고 해도 자유주의는 여전히 우리를 지배한다는 것이다. 그들의 눈에 자유주의는 정치보다 위에 있으며, 우리의 삶을 크고 작은 방식으로 끊임없이 지배하는 압제자다. 아무도 거기서 벗어날 수 없다.

반면에 보수주의는 그들의 주장에 따르면 억압받는 다수의 이념이다. 보수주의는 일부 기존 질서를 지지하지 않는다. 오히려 비난하고 호통친다. 보수주의는 위선적 행위들을 지적하고 모순된 일들을 맹렬히 비난한다. 자유주의자들은 보통의 미국인들을 박해하기 위해—독실한 신앙인들을 조롱하고, 놀고먹는 자들에게 아첨하고, 아이들에게 은밀하게 온갖 허튼 생각을 주입하기 위해—방송과 신문, 학교들을 배후에서 조종한다. 보수주의자들은 멸시받고 짓밟히고 부당하게 무시당한 사람들이다. 그들은 언제나 희생자이지만 오만한 기성 권력에 맞서 저항하고 밑에서부터 봉기하는 사람들이다.

달리 말하면 우파의 모든 주장은 희생양을 바탕으로 발전한다. 이것은 보수 반동 세력이 좌파에게서 배운 또 하나의 교묘한 술책이다. 공화당이 힘 있는 자들을 위해 법을 만들고 보수주의 사회비평가들이 대개 미국기업연구소나 《월스트리트저널》같이 화려한 곳에서 한직을 즐긴다 해도 그들은 부자들이나 사회진화론자들이 말하는 생존 투쟁에서 승리한 사람들을 위해 나서지 않는다. 그들은 20세기 초 좌파들처럼 허세를 부리는 전통에 반기를 들고 반대를 불허하는 파산한 주류에 맞서 들고 일어날 뿐이다.

또 한편 보수주의는 결코 강력하거나 성공적일 수 없다. 보수 반동 세력은 자신들이 비주류이며 박해받는다는 환상에 빠져 있다. 보수주의자들끼리 주고받는 서신에서 '중부 촌놈들'이라는 문구가 들어간 인사말이나 자신들을 엄청난 박해를 받는 피해자로 생각하는 문구를 발견하는 것은 흔한 일이다. "상류사회에서는 우리를 찾지 않아." 블레이크 허스트는 빨간색 미국에서 《아메리칸 엔터프라이즈》 독자들에게 보내는 서신에 "나는 바보입니다"라고 썼다. "헌데 당신이 이 글을 읽고 있다면 당신도 아마 바보일 겁니다." 최근에 우파 인사가 쓴 한 베스트셀러 책은 "당신은 바보인가? 엘리트들은 그렇게 생각한다"라는 글귀가 들어간 광고로 판촉행사를 한다. 또한 앤 쿨터가 쓴 『명예훼손』은 오만한 자유주의자들이 자기들보다 정신적으로 열등하다고 생각하는 사람들을 모욕했다는 것을 오랫동안 다양한 방식으로 편집한 것에 불과하다.

이것을 뒤집어보면 보수주의자들이 자신들의 체제 전복적 본질을 은근히 과시했다는 것을 알 수 있다. 『정치적으로 불공정한』은 기독교 연합의 지도자 랠프 리드가 쓴 책 제목이다. 「민주당원과 파괴분자들의 이념을 퇴치하는 방법」은 데이비드 호로비츠가 기고한 기사 제목이다.

보수주의 칼럼니스트 존 레오는 1994년에 『2보 앞의 비밀경찰』이라는 책을 냈다. 때때로 이런 선동적 언어가 지닌 팽팽한 긴장감은 보수 반동 세력을 매우 기이한 사람들 사이에 끼워넣는다. 『틀린 생각』은 2001년에 레오가 쓴 책 제목이면서 1998년에 좌파 성향의 하드록 밴드 서브휴먼스가 낸 앨범 제목이기도 하다.

보수주의자들이 이렇게 무고하게 박해를 받는 사람들에 대한 지지를 표명하며 사람들을 선동하는 목적은 그들이 그토록 소리 높여 옹호하는 보통 미국인들을 그런 박해에서 구하기 위해서가 아니다. 우리는 대개 정치를 마키아벨리가 말하듯 사람들이 물질적 목적을 위해 서로 연합하고 현실적 조치를 취하는 것이라고 생각하지만 보수 반동 세력의 생각은 전혀 다르다. 보수 반동이라는 성전에서는 무엇보다 중요하지만 결코 채워질 수 없는 모호한 문화적 불만을 해결하기 위해서 개개인의 물질적 이익을 잠시 뒤로 미룬다.

보수 반동이 미국의 가치와 애국심, 국가의 명예, 하느님을 숭배하는 올바른 방법을 되찾기 위한 투쟁이라고 자기 편의대로 해석한다 하더라도 그것은 지금까지 거의 완벽하게 패배했다.[7] 그것은 지난 30년 동안 문화적으로 거의 아무것도 이루지 못했다. 오늘날 미국의 텔레비전과 영화는 1968년보다도 몇 배 더 천박해졌다. 전통적인 성의 역할은 끊임없이 무너져 내리고 있다. 미국사회는 그 어느 때보다도 동성애를 더 적극적으로 받아들이는 분위기다. 반문화는 이미 매디슨 애비뉴를 점령했으며 오늘날 광고산업의 중요한 대상이 되었다. 지금도 그곳에서는 화물차 한 대 분량의 시리얼과 담배가 팔리며 새로운 것을 찾는 사람들이 밤낮을 가리지 않고 일하고 있다.(매디슨 애비뉴는 뉴욕 맨해튼 광장의 동쪽으로 10킬로미터에 이르는 거리로 유명 광고회사들이 많아 '광고 거리'로 알려져 있음. 그곳

에서 일하는 광고인들의 과로나 신경과민들을 풍자해서 '위궤양의 계곡'이라고도 부름—옮긴이)

그럼에도 보수 반동의 지도자들—2000년 대선에서 플로리다의 선거 결과(투표용지를 교묘하게 조작해서 앨 고어를 찍을 사람이 공화당 부통령 후보를 찍게 만든 사건으로 결국 앨 고어가 고배를 마시게 된 결정적 사건이 됨. 당시 플로리다 주지사는 부시의 동생이었음—옮긴이)와 사회보장제도 민영화 운동과 같은 천재적인 정치전략을 만들어낸 매우 교활한 사람들을 기억하라—은 처음부터 승리할 수 없는, 그래서 그들을 추종하는 사람들의 무력감을 극적으로 나타나게 하고 그들의 소외감을 심화시키는 문화전쟁을 벌이기로 했다. 예를 들면 내가 이 글을 쓰는 이 순간에 벌어지는 앨라배마의 십계명 비석 사건(앨라배마 주대법원장인 로이 무어가 불법으로 주대법원 건물 앞에 십계명을 새긴 비석을 세웠다가 연방법원의 철거 판결에 불복한 사건으로 기독교계의 지지를 받은 사건. 결국 로이 무어는 앨라배마 주대법원장에서 해임됨—옮긴이)이 그런 것이다. 이 십계명 비석은 미국시민자유연맹(ACLU)의 법정 소송을 야기하기 위해 의도적으로 세운 것이며, 결국 철거될 운명이었다. 또 한 가지 사례는 수많은 사람들이 동원된 낙태를 둘러싼 대논쟁이다. 하지만 이 논쟁도 결국 연방대법원이 로이 대 웨이드 판결을 뒤집지 않고서는 가라앉지 않을 사건이었다.

문화전쟁으로서 보수 반동은 실패할 운명을 타고났다. 그것의 목적은 이기는 것이 아니라 눈에 띄게, 시끄럽게, 심지어 현란하게 화를 내는 것이다. 분노는 보수 반동 문화의 가장 위대한 미학적 원칙이다. 보수 반동 세력에게 있어 박해받는 것에 대한 분노 표출은 헤비메탈 밴드에 기타 솔로가 있어야 하는 것만큼 중요하고 필수적인 요소다. 분노는 면책특권의 감정이며 정의감과 저항의 결단력을 불러일으키는 신비스러운 순간이다. 보수주의자들은 대개 자신들이 최초로 분노하는 순간을 마치 신의 계시를 받아 개종을 결심한 때인 것처럼 말한다. 라디오와 텔레비전으로 널리 알려진 숀 해니티는 자신의 베스트셀러『자유의 종이 울리게 하라: 자유주의를 딛고 자유를 위한 전쟁에서 승리하기』에서 보수 반동의 역사에 길이 남을 기념비적인 사건이라 할 수 있는 1986년 이란-콘트라 사건(레이건 정부가 적성국가로 규정한 이란에 무기를 팔고 그 이익으로 니카라과의 합법적 민주 정권인 산디니스타 정부에 대항하는 우파 게릴라 콘트라 반군에 무기를 제공한 사건—옮긴이) 청문회 동안에 자기가 그것을 어떻게 처음으로 깨달았는지 말한다.

이 청문회는 내 인생에 큰 영향을 끼쳤다. 나는 올리(노스)같은 헌신적인 애국자를 심하게 몰아붙이는 하원과 상원의원들의 모습에 분노했다. 나는 이란-콘트라 청문회에 몰두한 나머지 일하러 나갈 수가 없었다. 집에 남아서 종일토록 청문회만 보았다. (……) 보면 볼수록 화가 더 났다. 내 의견을 어떻게 말할 수 있을까 찾다가—텔레비전에서 나오는 견해와 다른 견해를 듣고 싶어서—올리를 변호하고 독실한 신자인 체하는 하원과 상원의원들을 공격하기 위해 라디오 토크쇼에 전화를 걸기 시작했다. (……) 그러는 과정에서 나는 내 삶에 부여된 소명을 발견했다.

보수주의자들은 독실한 척하고 오만하고 위선적이며 부패한 사람들에게 고결한 사람들이 박해받는다고 생각한다. 해니티가 보기에 그것은 예수를 만나는 것이며 우파의 기독교적 본성이 겉으로 드러나는 것이다. 이런 시각에서 봤을 때, 자유주의자들은 어떤 것도 두려워하지 않는 상대론자이지만 동시에 순결한 미국인들을 언제라도 심판할 수 있는 전능

한 재판관이다.[8]

　텔레비전으로 중계된 상원 청문회는 겨우 시작에 불과하다. 모든 것이 보수주의자들을 화나게 하는 것처럼 보인다. 그들은 이러한 혐오감을 기록하고 목록을 작성한다. 그 결과로 생긴 것이 아주 하찮고 서로 연관이 없는, 세상에 대한 불평거리들을 기묘하게 모아놓은 이른바 플렌-티-플레인트(plen-T-plaint는 '많은 불평'을 뜻하는 plenty plaint를 상징적으로 표현한 신조어임—옮긴이)라고 부르는 것이다. 이것의 목적은 우리 주변의 혐오스러운 자유주의 문화를 평가하는 게 아니다. 플렌-티-플레인트는 수직적이 아닌 수평적 비판방식으로 우리를 둘러싼 세계가 가족의 가치를 공격하고 점점 음란해지고 부모를 경시하고 혁명을 조장하는 여러 가지 소소한 방식의 수십, 수백, 수천 가지 이야기들로 우리를 분노케 하는 것이 목적이다. 플렌-티-플레인트는 우리를 칭칭 감싼다. 그것은 어떤 해결책도 제공하지 않는다. 다만 우리가 결코 승리할 수 없다는 것을 되새기게 할 뿐이다. 플렌-티-플레인트는 텔레비전의 빌 오라일리 쇼를 흥행케 하는 수사학적 도구다. 그는 하루는 인세인 크라운 파시(디트로이트 출신의 2인조 랩 메탈 밴드로 저속한 가사와 퍼포먼스 위주의 공연으로 골수팬들이 있음—옮긴이)에 대해서 분노하다가 다음날에는 맨-보이 러브 어소시에이션(미성년자를 성추행하는 집단이라는 비난을 받고 있음—옮긴이)에 대해서 분노한다. 플렌-티-플레인트는 정치적 중립성을 풍자하는 인터넷의 인기 있는 점수판 사이트를 운영하는 방식이기도 하다. 그곳에는 수많은 사람들이 올린 자유주의자들의 사소하지만 그들이 생각하기에 터무니없는 행위 사례(지나치게 민감한 소수자 문제나 기독교인에 대한 차별, 마스코트와 관련된 사소한 문제)들이 수북이 쌓여 있다.[9]

　우리는 자유주의적 편향을 가진 뉴스 보조원으로 언론에 뛰어든 이후 자신이 받았던 모든 개인적 경멸을 신중하고도 자세하게 설명하는 버나드 골드버그(오랫동안 CBS에서 기자 생활을 한 저널리스트로 언론의 정치적 편향성을 비판하는 글을 많이 씀—옮긴이)의 글에서 플렌-티-플레인트를 본다. 우리는 심야 뉴스에서 보도된 내용 중 자신의 의견과 반대되는 내용들을 긴 목록으로 작성한다든지, 기억에도 없는 시트콤에서 나온 하찮은 무례들에도 지나치게 민감한 태도를 취하면서 텔레비전이 보통의 미국인들을 얼마나 경멸하는지 정확히 기록하려고 하는 많은 논객들의 글에서도 플렌-티-플레인트를 본다. 우리는 또 『바틀릿의 친숙한 인용구 모음집』에 밀턴 프리드먼의 글은 세 개밖에 없고 존 케네스 갤브레이스의 글은 11개나 실렸다고 트집 잡아 그 책의 자유주의적 성향에 대해서 심각하게 비난하는 보수주의 편집자 R. 에밋 티렐(보수주의 잡지인《아메리칸 스펙테이터》편집장—옮긴이)의 글에서도 플렌-티-플레인트를 발견한다.[10]

플렌-티-플레인트는 1996년에 전직 FBI 요원인 개리 알드리치가 쓴 클린턴을 비난하는 베스트셀러『무한 접속』이라는 책에서 한계를 넘는 분노의 상태를 이루었다. 이 책은 클린턴 대통령이 워싱턴 매리어트 호텔에서 심야에 밀회를 즐기기 위해 백악관을 몰래 빠져나왔다고 놀라운 주장을 했지만 발간 직후 신빙성이 떨어진다는 평가를 받았다. 하지만 알드리치는 그 뒤로도 보수로 돌아선 일반 대중들 사이에서 인기를 잃지 않았다.[11]

알드리치가 거리의 분노한 사람들에게 끊임없이 호소력을 가질 수 있는 것은 일상세계에서 아주 사소한 것도 포착해낼 수 있는 지나친 민감성 덕분이다. 『무한 접속』은 사실 따지고 보면 어떤 극단적으로 고지식한 사람이 클린턴 정부의 백악관에서 일하면서 관찰한 사소한 규칙 위반들을 모아놓은 것이다. 알드리치는 그가 목격한 백악관 구내식당에서 민주당 사람들이 보여준 나쁜 행실들을 거침없이 폭로했다. 그는 한 남자가 구내식당 카운터에서 계산도 하기 전에 요구르트를 먹는 것을 보고 매우 불쾌하게 생각했다. 그는 조지 스테파노포로스의 지저분한 사무실을 보고 혀를 차고 자기 전화에 응답 전화를 하지 않았던 클린턴의 직원들을 떠올리며 분노한다. 그는 사람들이 자기를 만나고 반가워하든 안 하든 자기에게 뭔가 숨긴다고 생각했다. 심지어 어떤 동료 직원이 힐러리 클린턴이 자기를 나쁘게 본다고 하는 불평까지 전했다.

플렌-티-플레인트가 비록 가장 피상적인 미국인의 생활만을 보여준다고 하더라도 그것이 분명하게 암시하는 것은 자유주의가 우리를 둘러싼 세계에 책임이 있을 수 있다는 것이다. 사람들이 무례하게 운전하거나 새치기하거나 입에 먹을 것을 하나 가득 넣고 말하는 것과 같이 플렌-티-플레인트에 포함되는 모든 혐오스러운 행동들이 어쨌든 좌파에 대한 비난인 것은 틀림없다. 자유주의자들이 권력을 빼앗긴 지 오래되었다는 사실은 중요하지 않다. 보수 반동 세력에게 자유주의는 지금도 여전히 우리의 도덕관을 바꾸고 텔레비전 프로그램과 잡지 내용을 결정하며 법을 만드는 (오히려 해석하는) 실체다. 그들의 입장에서 볼 때, 미국을 자유주의에서 보호하거나 자유주의를 무너뜨릴 수 있는 것은 아무것도 없다. 헌법도, 총도, 선거 승리로도 그렇게 하지 못한다. 자유주의는 쉽게 설명할 수 없는 매우 강력한 음모적 힘이며 어떤 일이 잘못되더라도 아랑곳하지 않는다는 것이다.

보수 반동 세력의 눈으로 볼 때, 자유주의의 힘은 위압적이며, 지나치게 과도하고 기괴하다. 자유주의가 사람들로 하여금 통제당한다는 사실을 인식하지 못하게 해서 무엇이든 거칠 것 없이 다 하고 있다고 그들은 믿는다. 연방대법원이 다음에 어떤 골칫거리 '판례'를 만들어낼지 누가 알겠는가? 또 구소련의 인민위원들 같은 자유주의자들은 정치적 중립성을 주장하며 일상에서 쓰는 어떤 비유 용어들—이를테면, 애완동물(pet)이나 아내(wife), 또는 크리스마스와 관련된 용어(여성을 비하하거나 종교적이라는 이유 때문에—옮긴이)—도 사용하지 못하게 할지도 모른다. 보수 반동 문화는 정도를 벗어난 자유주의자들의 터무니없는 거짓말과 히피들이 역전의 용사들에게 내뱉는 모욕적인 말, 베트콩을 찬양하는 연설을 하여 미군 포로들을 분노하게 만든 제인 폰다의 매국행위, 농장주들에게 현장노동자를 쓸 때 농장 주변에 이동식 화장실을 설치하도록 강요하는 미연방직업안전보건국, 대초원 지대의 주민들을 이주시키고 그곳을 거대한 국립공원으로 바꾸려는 계획 같은 것들로 가득하다. 보수주의자들이 주고받는 메일들에는 자유주의자들이 내일 우리에게 어떤 잔악한 짓을 저지를지에 대한 괴상한 억측들로 넘쳐난다. 그들은 정말 그런 얼토당토않은 생각들을 아주 심각하게 고민하며 주고받는다. 그들은 자유주의 엘리트들이 메이저리그 구단들을 독점금지법 대상에 넣고, 육식을 금지하고, 성전환군인들에게 특별 휴가를 주고, 우리 이웃 땅을 인디언 부족에게 넘겨주고, 남성동성부부가 양자를 입양할 수 있게 법을 만들고, 성경을 금지하려 한다고 생각한다.

물론 보수파 의원들은 자유주의가 막강하다고 믿음으로써 자신들이 문화전쟁에서 확실히 패배한 것에 대한 변명거리를 만들지만, 그것은 기묘하게도 매우 부정적이고 침울한 운동문화를 조장한다. 대중을 선동하는 보수주의자가 되는 것은 운명론자가 되는 것을 의미한다. 그것은 당신 편이 절대로 이길 수 없는 세계를 믿는 것이다. 그 세계에서 당신 편은 실제로 이길 수 없다. 아주 극적인 선거 승리조차도 공허하게 느껴진다. 보수주의가 선거에서 이기더라도 민중의 삶에 대한 자유주의의 지배는 결코 무너져 내리지 않는다고 믿기 때문이다.[12]

이것은 말 그대로 미국 정치를 지배하는 정치집단이 가진 기묘한 믿음 체계다. 그런데 그것은 점점 악화되고 있다. 보수주의자들은 그저 자기 편이 결코 이길 수 없다고 안타까워할 수밖에 없다. 보수 반동 세력의 잘못된 생각에 따르면, 자신들이 어떤 문제를 널리 부각시키는 데 성공한다고 하더라도 그들의 승리는 자유주의자들의 어두운 음모로 금방 수포로 돌아갈 것이다.[13] 보수주의자들은 자신들이 오직 자유주의자들만 활개치고 다닐 수 있는 우주를 힘없이 떠다니는 불운한 희생자들이라고 상상한다. 그곳에서는 자유주의자들이 하는 모든 행동이 중서부 지역의 착한 사람들에게 강요된다.[14]

이를테면 보수 반동 세력은 자유주의자들이 본디 대항할 수 없는 사람들에게 인종차별이니 성차별이니 하는 무고한 혐의를 뒤집어씌워 수소폭탄을 투하하면서 거의 모든 도덕적 심판을 독차지한다고 생각한다. 따라서 《뉴욕옵서버》의 칼럼니스트 (《캔자스시티 스타》 전 칼럼니스트) 조지 걸리는 한 파티에서 자신이 보수주의자라고 밝혔을 때 받은 모욕을 이야기한다. 그는 자신이 마거릿 대처를 존경한다고 말하자 자신에게 "호통을 쳤던" 한 "히피족 젊은 여성"을 떠올린다. "그녀는 내게 '대처는 돼지 같은 더러운 자본주의자죠!' 라고 소리를 질렀어요. 나는 말문이 막혔지요. 그때 내 친구 중 한 명이 나를 변호하면서 말했어요. '조지, 유감이네만, 자넨 저들을 설득시킬 수 없네.' 나는 수치스럽게도 힘없이 그곳을 빠져나왔어요."

여기서는 힘이 없다는 말을 참 이상하게 쓴다. 실제로 힘이 없는 사람은 자유주의자들이며 힘은 공화당의 상징이기 때문이다. 그러나 사람들은 그러한 감정을 부인할 수 없다. 보수주의자들은 자유주의자들이 하고 싶은 것이 있을 때마다 독선적으로 분출할 수 있지만 자신들이 정말로 생각하는 것은 결코 말하지 못하는 상황이라고 믿는다. "묶인 혀"는 앞에서 말한 인터넷 점수판의 이름으로 재갈 물린 얼굴이 그려진 화면이 나오는데 자유주의자의 과도한 언행들을 잔뜩 모아놓았다. 『아무도 감히 그것을 반역이라고 부르지 않는다』(개신교 반공주의 저술가인 존 A. 스토머가 쓴 책—옮긴이)는 초기 보수 반동 세력의 교과서였다. 아니 제기랄, 그것을 감히 무엇이라고 부르는 사람은 아무도 없다. 자유주의 왕국의 무시무시한 보복이 두려워 아무도 감히 진실을 말하지 않는다는 것이다. 시카고 대학 교수 마크 릴라는 1998년 보수주의자들의 생각을 요약한 글에서 그 느낌을 아주 잘 표현했다.

무례, 난잡한 짓, 마약 복용, 무책임이 좋은 것이라고 생각하는 사람은 아무도 없다. 그러나 우리가 법적으로는 정당하게, 정신 건강상으로는 충실하게, 경제학적으로는 효율적으로 우리의 반대 의견을 말로 표현할 수 없다면 그것들을 도대체 어떻게 비난할 수 있을지 당혹스럽기만 하다. 대중음악이나 광고에서 낭만으로 그려진 도시 빈민의 도덕적 환경은 우리를 부끄럽게 하지만 우리는 감히 그것에 대해 한 마디도 하지 못한다.

텔레비전이나 영화에 새롭게 등장하는 노골적 성애와 완곡어법으로 "성적 취향"이라고 부르는 것에 대한 무관심의 증가는 책임 있는 부모의 정신을 위협한다. 부모는 자기 자식들의 눈에서 성적 혼란과 두려움을 본다. 그러나 1960년대 이후로 그들은 모든 사람들이 전에는 당당하게 반대했을 것을 지금은 비웃음을 무릅쓰고 반대할 수밖에 없다.(인용자 강조)[15]

내가 여기서 설명한 것 가운데 어느 것도 중요한 수사학적 배려가 없이는 제대로 이해하지 못할 것이다. 즉 보수주의자들의 이야기에는 경제와 관련된 내용이 철저하게 배제되어 있다는 사실을 사전에 인지해야 한다는 말이다. 물론 어떤 보수주의자들은 경제에 대해서 토론하는 것을 좋아한다. 당신은 어느 때고 전국의 경영대학원이나 기업 잡지들에서 자유시장의 신비한 무오류나 세계 자본주의의 자애로움에 대하여 시끄럽게 조잘대는 그들을 발견할 수 있다. 그러나 나와 이야기했던 대다수 보수주의자들은 기업 세계에 대해서 그다지 많은 말을 하지 않는다. 극히 예외적인 경우를 빼고는 해니티나 오라일리, 쿨터, 림보, 알드리치는 그런 이야기를 전혀 하지 않는다. 리디는 잠시 숨을 가다듬고 2001년에 일어난 캘리포니아 전력 사태가 멍청한 정치인들에게 발등의 불이 될 수 있다고 주장한다. 그러고 나서 곧바로 정신 나간 환경운동가들과 지구온난화에 대한 '병적 광란'에 대해서 불평하기 시작한다.

보수 반동 작가들에게 기업 운영은 사회비판의 정당한 대상이 전혀 아니다. 보수 반동의 정신세계에서 기업은 본디부터 당연히 존재하는 것이다. 그 자체가 정상이다. 그것은 정치를 뛰어넘는 존재다. 엔론 사태를 예로 들어보자. 그것은 기업이 저지른 대표적인 불법 행위 사례로 수많은 부자들의 이야기이기도 하다. 앤 쿨터는 2002년에 언론의 왜곡에 대해서 격분하며 쓴 책에서 그해의 가장 큰 뉴스 가운데 하나였던 엔론 사태를 잠시 언급하는데, 그 문제에 대한 언론 보도가 자유주의적 편견과 허위, 의미 조작의 명백한 증거라고 간단히 취급하고 넘어간다.[16] 기억하겠지만 당시 엔론 사태는 역사적으로 가장 큰 기업 파산 사건으로 경제의 모든 영역에 심각한 악영향을 끼쳤다. 그러나 쿨터는 그것을 자유주의자들이 일부러 꾸민 음모일지도 모른다고 넌지시 암시한다.

이것은 보수 반동의 큰 목적이 문화적 계급투쟁을 조장하는 것이라는 사실을 되새길 때에만 비로소 이해할 수 있다. 이미 앞서 본 것처럼 그 첫 번째 단계는 사회계급에 대한 경제적 편견을 부인하는 것이다. 마침내 기업 세계의 실체가 무엇인지 안다면, 즉 미국의 진짜 엘리트를 생산해내고 그들이 속한 진정한 계급체제를 지배하며 공화당을 하나의 정치적 도구로 이용하는 힘이 무엇인지 안다면, 자유주의자들을 '엘리트' 집단이라고 조롱하거나 공화당을 보통사람들의 정당이라고 말할 수 없기 때문이다.

경제적 요소의 배제는 보수 반동의 이념을 구성하는 기본 논리의 필수 전제조건이다. 말하자면 뉴스를 생산하는 조직을 누가 소유하고 있는지 고려하지 않거나, 언론의 기업 뉴스 섹션을 향해 비판의 눈길을 돌리지 않는 한, 뉴스를 좌편향적이라고 생각하는 것은 당연할 수도 있다. 또 대학의 경제학부나 경영대학원들이 맡은 사회적 역할이 무엇인지 곰곰이 생각하지 않는 한, 좌파들이 대학사회를 지배한다고 상상할 수도 있다. 역사적으로 보수주의를 지지하는 유권자 세력이 바로 기업사회라는 것을 깨닫지 못하는 한, 보수주의자들이 힘없는 희생자들이라고 믿을 수도 있다. 마찬가지로 조지 W. 부시 가문이 누리는 막강한 경제적 지위를 헤아리지 않는다면 그가 국민을 위하는 사람이라고 믿을 수도 있다. 그러나 무엇보다 중요한 것은 우리 삶의 가장 기본이 되는 경제적 현실, 즉 방송국, 영화사, 광고회사, 출판사, 음반사들이 실제로는 모두 상업적 목적을 추구하는 기업들이라는 것을 눈감고 직시하지 않는다면 대중문화를 그저 자유주의의 산물이라고 이해할 수도 있다는 사실이다.

실제로 보수 반동 세력이 의도적으로 경제적 연관성의 문제에 눈감는 것은 큰 틀에서 보면 그런 상업적 문화기업들이 만들어낸 산물이다.

보수주의자들은 오직 그들이 원하는 방식대로 경제를 무시할 줄만 안다. 지난 수십 년 동안 그들은 그들이 고집한 가장 고차원의 문화적 표현—영화, 광고, 시트콤—이 노동의 세계를 줄곧 경시하기만 했던 문명에서 살아왔기 때문이다. 보수주의자들은 오직 기업을 정치와 완전히 분리된 영역으로 나눌 줄만 안다. 그들이 '자유주의적 편견'에 빠졌다고 늘 조롱하던 바로 그 뉴스 미디어가 그러한 구획 분리를 언론이 해야 할 기본 요소로 오랫동안 인정해왔기 때문이다.[17]

어쨌든 보수 반동의 세계관은 경제를 뺀 옛날 좌파의 세계관과 다름 없다. 옛날에는 추문을 폭로하는 좌파들이 자본주의의 잘못된 제도들에 대해서 이러쿵저러쿵 비난했지만 오늘날 보수 반동 사상가들은 대본을 싹 바꿔서 자유주의를 비판한다. 예컨대 1960년대 말까지 미국사회에 대한 비판을 주도한 언론은 우파에 경도된 신문들이었다. 그 신문들은 자기들을 소유하고 자기들에게 광고를 주는 자본가들의 이익을 위해서 일했다. 모든 사람들이 아는 것처럼, 오늘날 뉴스를 언론 엘리트들의 개인적 취향에 맞게 왜곡한다고 알려진 사람들은 자유주의적 성향을 가진 기자들과 편집자들이다. 대학 교육에 대한 비판은 옛날이나 지금이나 똑같다. 과거에 소스타인 베블런(상류계급의 과시적 소비를 지적한 『유한계급론』을 쓴 미국의 사회학자—옮긴이)과 업튼 싱클레어(미국 축산업계의 추문을 폭로한 유명한 소설 『정글』의 저자이자 급진 좌파 성향의 정치가—옮긴이)가 대학을 상류계급이 가는 최종 학교에 불과하다고 혹평했다면, 오늘날 로저 킴볼(보수주의 성향의 예술 비평가이며 사회평론가—옮긴이)과 디네시 드소우자(현재 뉴욕시 킹스 칼리지의 총장으로 기독교 사상을 옹호하는 보수주의 작가—옮긴이)는 대학을 "종신 급진주의자"이며 반미주의의 강박관념에 사로잡혀 있다고 비난한다. 기존 법률체계나 대외정책, 세계구조, 정부 자체에 대한 옛 좌파의 해석도 이제 완전히 뒤바뀌었다. 대학의 모든 기관은 이제 자본가의 이익이 아니라 자유주의를 위해 일하는 비열한 충복이 된 것이다.

모든 보통사람의 번영이라는 보수 반동 세력의 미사여구조차도 1930년대 프롤레타리아 시대에서 표절한 것처럼 보인다. 엘리트가 조작하는 지배기제에 보통사람들이 무력하게 볼모로 잡혀 있다는 생각은 정부가 자본가들, 좀 더 정확히 말하면 자본 그 자체를 위해서 존재한다고 여러 세대에 걸쳐서 당원들을 가르쳤던 마르크스주의의 진부한 논리를 베낀 것에 불과하다. 자유주의 엘리트들을 향해 나약하고 메마르고 프랑스 것이라면 무조건 좋아한다고 비난을 퍼붓는 것을 생각해보라. 그 이야기들은 최근 이라크 전쟁이 한창 고조되었을 때 수없이 들은 내용이다.[18] 보수 반동의 이러한 상투적인 모습이 옛날 좌파의 모습과 연관성이 있음은 이제 부인할 수 없다. 《데일리워커》(영국과 미국의 공산당 기관지—옮긴이)의 문예평론가 마이크 골드(유대계 미국인으로 평생토록 공산주의자로 삶—옮긴이)는 소설가 손턴 와일더(희곡 『우리 동네』, 소설 『샌루이스레이의 다리』를 쓴 퓰리처상 수상 소설가이자 극작가—옮긴이)의 종교적 구실에 대항해, 보수주의의 문화 전쟁을 벌인다.

그것은 최초의 영국 신사, 예수 그리스도를 중심에 둔 문학을 빙자한 신흥종교다. 그것은 진정 살아 꿈틀대는 피와 불(구세군이 전쟁터에서 외치는 구호—옮긴이)이 없는 몽상적인 여러 가지가 혼합된 애호가들의 종교, 우아한 가운을 입고 백합꽃들 사이를 너울너울 움직이는 동성애자들의 백일몽이다. 그것은 미국 문학의 속물들이 마지막으로 몸을 숨기는 영국 국교회의 가톨릭주의다.[19]

그 소설가가 보이는 "무력한 태도", "뿌리 없는 세계시민주의", "우아한 프랑스식 응접실"에 대한 친숙함 따위들은 당장 던져버려라. 당신은 라테를 즐기는 사람들을 혐오한다. 보보스족과 기존 권력체제, 파란색 주의 엘리트들을 비난한다. 물론 골드는 이런 특성들을 게으르고 본성이 뒤바뀐 부자들의 탓으로 돌렸다는 것이 다르다. 알드리치, 브룩스, 쿨터, 림보 같은 이들은 그러한 상투적 비난을 자유주의자들에게 돌린다.

옛날 좌파들은 적어도 세계가 어떻게 작동하는지 설명했다. 그들은 계급투쟁이 모든 것을 아주 잘 설명한다고 생각했다. 하지만 오늘날 보수주의자들은 세계와 경제를 분리하다 보니 세상에서 일어나는 어떤 것도 제대로 설명하지 못한다. 우리 문화는 왜 늘 그런 식인가? 텔레비전 프로그램은 왜 세월이 흐를수록 점점 더 천박해지는가? 어떤 생활양식이나 단어, 생각은 어느 날 문득 나타나는데 또 어떤 것은 왜 갑자기 사라지는 걸까? 이러한 문제들은 보수 반동 세력에게 감추고 싶고 고통스러운 강박관념으로 다가온다. 이것들은 최근 몇 년 동안 매우 복잡한 학문적 탐구의 주제였다. 그러나 보수 반동 세력이 얻은 유일한 답은 자유주의에 그 모든 책임을 덮어씌우는 것이다. 우리 문화가 늘 그런 식인 것은 교활한 자유주의자들이 그렇게 되도록 결정했기 때문이다.

보수 반동 세력의 책들은 이렇게 근본적으로 문화를 음모적으로 이해할 수밖에 없게 만드는 여러 가지 기발한 방법들로 가득 채워져 있다. 우파의 가장 뛰어난 지식인 가운데 한 명인 R. 에밋 티렐은 문제를 완전히 혼란스럽게 만드는 방법을 택한다. 그는 문화를 형태도 없이 소용돌이치며 꿰뚫고 들어갈 수 없는 안개처럼 "미국을 떠도는 진보적 이념이나 고귀한 가치, 중요한 사건, 근거 없는 두려움"이라는 일종의 대기오염으로 이해할 수 있다고 말한다. 한 가지 분명한 것은 그것이 "문화 스모

그"(원문에 나오는 Kultursmog의 Kultur는 나치 시절 독일인의 국민문화를 고양시키기 위해 강조한 정신문화를 말하는데 따라서 문화 스모그는 정치문화를 오염시키는 현상을 일컫는 신조어임—옮긴이)라는 사실이다. 자유주의가 바로 "그 주범이다." 자유주의는 문화를 만들고 문화는 삶의 모든 측면을 정치화한다.[20] 아인 랜드(러시아계 미국 여류 소설가로 미국 우파에게 『자본론』이라고 부를 수 있는 『아틀라스』라는 소설을 써서 신자유주의의 이념적 토대를 마련함—옮긴이)의 추종자 레너드 페이코프(캐나다계 미국인 철학자로 아인 랜드 연구소를 세운 객관주의의 대표자—옮긴이)는 (레이건 이전의 미국을 나치 독일에 비유하여 바로 앨런 그린스펀에게서 지나칠 정도로 큰 칭송을 받은 책에서) 이것보다 더 음흉한 구도를 만든다. 페이코프는 20세기 초 문학과 미술, 교육, 철학, 언론을 포함한 모든 분야에 걸쳐 이룩한 거대한 문화 발전은 미국인의 삶을 '진보적 노선'에 따라—그것은 나치 독일의 이념과 다름없다—다시 구성하는 정치사업의 일부였다고 주장한다.[21]

앤 쿨터는 그렇게 맹렬하게 공격하는 사람들 가운데 가장 대표적인 인물이다. 그녀는 언론이 무미건조한 기계적 결정론에 따라 움직인다고 주장한다. 그것은 《데일리워커》 같은 신문의 배경에 뭔가 음모가 깔려 있는 것처럼 보이게 만든다. 어떤 보수주의자들은 뉴스에 "편견"이 개입되었다고 말하기를 좋아한다. 쿨터는 "여론 카르텔"이나 "독점 언론"과 같은 보다 가혹한 문구를 더 즐겨 쓴다. 언론은 전혀 좌파에 편향되어 있지 않다. 그것은 완벽한 선전도구일 뿐이다. 쿨터는 "자유주의자들은 노골적으로 미국에서 뉴스의 보급을 좌익사상의 주입을 위한 도구라고 생각한다"고 말한다. 그것은 또한 좌파의 정치활동을 위한 도구이기도 하다. 쿨터의 주장에 따르면, 문화산업은 외부의 정치 세계를 아주 정확하게 판단한다. 문화산업은 외부의 정치 세계를 통제하기 위한 자유주의자들의 도구이며 기회가 있을 때마다 공화당 정치인들을 조준하여 쏘아 맞히려고 한다. 쿨터는 이렇게 말한다. "언론은 이기기 위해서라면 어떠한 저질스런 행태도 묵인한다. 자유주의자들에게 원칙은 없다. 이기면 끝이다."

그런데 무엇을 이긴단 말인가? 자유주의자들이 그렇게 간절하게 이기고 싶어 하는 것은 과연 무엇인가? 옛날부터 언론을 비판할 때 언제나 하는 말은 돈이었다. 뉴스를 왜곡하는 것은 항상 광고주들의 영향력과 이익을 좇는 신문사주, 그리고 월가의 음탕한 요구였다.

쿨터는 그러한 설명을 이해하지 못한다. 전혀. 자유주의자들은 뉴스를 말하고 법을 해석하고 책을 발간하고 영화를 만든다. 그들이 그렇게 하는 것은 광고를 팔고 사장을 만족시키고 비용을 더 줄이기 위해서가 아니다. 자유주의자들이 그렇게 하는 것은 그냥 그들이 자유주의자이기 때문이자 그것이 또 다른 자유주의자들을 돕기 때문이며 그것이 세상을 자유주의로 전환시키리라 믿기 때문이다.

진실은 우리를 둘러싸고 있는—그리고 보수 반동의 격렬한 분노를 끊임없이 불러일으키는—문화가 대개는 기업 합리성의 산물이라는 사실이다. 그러한 문화는 작가와 배우들이 만든다. 그들은 신문이나 잡지 편집자와 영화감독, 연출자의 요구에 응한다. 그들은 수석부사장과 최고 경영자의 요구에 응한다. 그들은 월가 금융업자들의 요구에 응한다. 이들은 무엇보다 이윤을 따지는 사람들이다. 미디어 기업들의 대규모 합병에서 미식축구 경기의 휴식시간 광고, 할리우드 영화의 음모, 그리고 《와이어드》, 《패스트컴퍼니》(미국의 월간 경영 잡지—옮긴이), 《포춘》이 보여주는 인터넷 환상에 이르기까지 우리는 지금 자유시장 세계에 살고 있다.

미국문화를 만드는 것은 연방대법원이 아니다. 미국가족계획연맹이나 미국시민자유연맹도 아니다. 텔레비전 수상기를 통해서 고지식한 대중들을 충격에 빠뜨리고 경건하지만 괴팍한 전통을 모욕하고 부권사회를 붕괴시킨다고 우리에게 언제나 흥분된 말투로 문화 반란에 대해서 이야기하는 것은 기업이다. 우리의 텔레비전이 "가족의 가치"에 대해서 그렇게 독설을 퍼붓고 온갖 사회적 일탈을 열렬히 부추기는 것이 시장이기 때문이다. 금융가들이 스스로 "혁명가"라고 자처하고, 주식 소유가 사회 관습에 순응하는 태도를 깨뜨리고 로큰롤이 꿈꾸는 황금시대를 열 것이라고 어음할인중개인들이 우리에게 속삭이는 것은 신경제 자본주의와 그것이 지닌 진기함과 창조성에 대한 숭배 때문이다. 텔레비전 광고를 보면 닥터페퍼라는 탄산음료를 마시면 개성이 더 톡톡 튀어 보일 것 같고 스타벅스는 다른 커피들보다 뭔가 더 믿음이 간다. 또 배꼽에 피어싱을 하고 고성능 제트 스키를 타고 젤로(과일 맛과 향이 나는 디저트용 젤리―옮긴이)를 먹으면 "아주 특별한" 경험을 할 것처럼 광고는 말한다. 오늘날 심지어 도시를 연구하는 학자들 가운데에는 예술가, 재즈 연주자, 게이, 록밴드들이 가는 곳에 기업들도 따라 간다는 구실로 지자체 당국자들에게 그런 사람들을 자기 도시로 끌어들여야 한다고 역설하는 사람들이 많을 정도로 반문화도 매우 상업화하고 기업과 가까워졌다.

일반 노동계급 사람들은 실제로 현재 살고 있는 문화를 혐오한다. 그들은 그런 문화에 자신이 아무 영향력도 끼칠 수 없다고 느끼며 따라서 자신들이 무력하고 어리석다고 생각한다. 결국 "중서부 지역의 미국인들"은 텔레비전 속의 광고와 시트콤, 영화들이 경계하는 바로 그 사람들이다. 그들은 춤추는 것을 금지하는 위선적인 설교자이고, 멍청하게도 곁다리로 끼워넣은 상품을 돈 주고 사는 덜 떨어진 남편이며, 자기 아이들을 때리는 인종차별주의자 아버지이며, 결투를 벌여 총에 맞고 쓰러지는 구닥다리 카우보이이며, 사람들이 벗어나고 싶어 하는 숨막힐 듯한 가정생활을 전혀 이해하지 못한 극단적인 보수주의자다.

보수 우파들은 이러한 작지만 명백한 문화적 불만거리들을 아주 잘 집어내어 과장할 줄 안다. 하지만 그 문제를 야기하는 힘이 무엇인가에 대해서는 왜곡된 주장을 한다. 예를 들어 보수 반동의 대표적 인물인 개리 알드리치가 『무한 접속』이라는 책에서 자유주의자들이 "넥타이를 매는 것을 매우 가혹하다"고 생각하는 것에 대해서 비난하는 경우를 보자. 알드리치의 말대로 1990년대에 화이트칼라들이 정장을 입고 출근하는 것에 반대하는 움직임이 있었다는 것은 사실이다. 하지만 이러한 변화가 좌파들의 내부 음모 때문에 일어난 것이라고 말하는 것은 틀린 말이다. 당시 기업에서 일했던 사람들이 기억하는 것처럼 이러한 변화를 주도했던 사람은 공산주의자들이 아니라 신경제를 열렬히 신봉하는 자본가들이었다. 그들은 바로 알드리치를 따르는 분노한 보수주의 집단의 투표로 가장 많은 혜택을 입은 "혁신을 주장하는 기업가들"이었다. 알드리치 같은 사람들이 매우 격앙되고 불안해하는 것처럼 급진주의자들이 세계를 은밀하게 지배했기 때문에 그러한 변화가 일어난 것이 아니라는 말이다. 새로운 성장동력을 갖춘 자본주의에는 알드리치처럼 지나치게 규범적이고 완고한 사람들을 위한 자리가 없다. 새로운 자본주의는 모든 사람들에게 이 모든 가능성을 숨김없이 공개한다. 또한 경영학 서적이나 텔레비전 광고, 톰 피터스(미국의 경영학자, 컨설턴트로 파워포인트를 이용한 현란한 강연으로 유명하며 20세기 3대 경영서 가운데 한 권인 『초우량 기업의 비밀』의 저자—옮긴이)의 강연과 같은 온갖 공인된 문화 통로를 통해서 개리 알드리치의 미국을 비튼다. 이런 규범적이고 완고한 사람들은 인터넷 포털이나 콘칩, 어떤 음료수가 관련 법규를 위반하거나 소비자들을 너무

개인화한다거나 사람들의 입맛을 너무 해쳐서 사회를 어지럽힌다고 강하게 비난한다. 그러나 그러한 혼란을 야기하는 것은 바로 소비자 자본주의다.

하지만 보수 반동 세력은 그것을 결코 그런 식으로 볼 줄 모른다. 우리 문화는 그저 자유주의자들이 그렇게 만들었기 때문에 이 모양 이 꼴이라고만 한다. 이것은 보수 반동 세력이 사회현상을 유추하는 논리적 시발점이다. 그들은 사회현상이 작동하는 방식을 이해하기 위해 용인된 모든 사회과학 방법들을 부인한다. 그들은 사회계급에 대해서 솔직하게 말하지 않는다. 그들은 자유시장이 언제나 최선의 영향력을 발휘하지 않는다는 것을 깨닫지 못한다. 그들은 가장 기본적인 역사적 진실의 정당성조차도 인정할 줄 모른다. 그들은 기껏해야 다음과 같은 엉뚱한 주장만 반복한다. 언론인과 사회학자, 역사학자, 음악인, 사진가들이 지금처럼 행동하는 것은 그들이 자유주의자이기 때문이다. 그리고 자유주의자들은 교활하다. 실제로 그들은 당 사업을 더 크게 확대하고 더 많은 자유주의자들을 만들어내고 그래서 "승리"하기 위해서는 무엇이라도 한다. 보수 반동 세력은 자유주의가 사회적 힘의 산물이 아니라고 생각한다. 그것은 지난날 스탈린주의자들이 꿈꿨던 것처럼 엄격하고 기계적인 자체 논리에 따라 움직이는 불가항력의 사회적 힘 그 자체다.

1960년대 말 아직 미숙하고 치기어린 모습의 대중선동주의 우파는 이러한 문화 역학을 정치 투쟁의 여러 전선들 가운데 하나로서만 이해했다. 그러나 이러한 편향된 불평은 언제나 근거가 희박한 사실들이었다. 책임 있는 공화당 보수파는 그런 대중선동을 크게 중요하게 생각하지 않았다. "자유주의적 편향에 빠진 언론"에 대한 언급은 어쩌다 선거 유세를 하는 도중에 아주 정교하게 준비된 상태에서만 안전하게 했다. 그것을 너무 심각하게 다룰 경우 자칫 잘못하다가는 근거 없는 의심이나 음모론에 빠지기 십상이기 때문이다.

오늘날 보수주의는 그런 어두운 지점에 도달했다. 미국의 언론이 명백히 우파 쪽으로 기울어져 있는데도 대개 대중에게 널리 알려진 우파의 언론 비평가들은 언론을 점점 더 신랄하게 비판한다. 그들은 언론이 좌파 쪽으로 "편향"되었다고 비난하는 것도 모자라 쿨터처럼 언론이 노골적으로 "좌익사상을 주입"한다고 비난한다. 보수 반동의 세계관은 점점 더 진실에서 멀어지고 있다. 하지만 보수주의자들은 그럴수록 더욱더 그러한 세계관에 기댄다. 보수주의는 보수 반동의 세계관의 주변부에서 바로 정중앙으로 이동했다. 보수주의의 모든 주장은 바로 이러한 세계관을 바탕으로 한다.

보수주의자들이 이러한 자리에 이르게 된 것은 부분적으로 보수 반동이 성공했기 때문이다. 클린턴은 노동조합이나 그 밖의 성가신 민중운동과 마찬가지로 사람들의 주목을 받지 못하고 있다. 우파 세력은 이제 더 이상 공산주의자 탓을 할 수 없다. 기업은 다시 일하고, 세금은 떨어지고, 규제는 무너지고 부자들은 1920년대 이후로 최상의 태평세월을 누리고 있다. 그러나 우파는 지금 승리를 선언하고 뒤로 빠질 수 없다. 겸손하고 희생당하는 사람들을 위한 우파의 싸움이 계속되려면 오만하고 비열한 적이 있어야만 한다. 문화는 비유하자면 누구든지 금방 그 사악한 계획을 알아챌 수 있는 순진한 악한이다. 또한 지금까지 남아 있는 유일하고 그럴듯한 압제자다.

문화가 그럴듯하기만 한 것은 아니다. 자유주의적 문화가 지닌 뿌리 깊은 퇴폐적인 영향력은 보수주의 입장에서 볼 때 자유주의가 존재하는 한 반드시 있을 수밖에 없다.

보수주의의 대반동은 서로 다른 두 정치적 파벌의 만남으로 시작되었다. 두 파벌 가운데 하나는 캔자스의 보수 중도파처럼 자유시장을 신뢰하는 전통적인 친기업 공화당원들이고 다른 하나는 캔자스의 기독교 우파처럼 가족의 가치를 지키기로 맹세한 노동자계급 출신의 "중서부 지역의 미국인들"이다. 보수 중도파에게 보수주의의 부활은 그들이 가끔 겪어야만 했던 (진화론 반대 운동과 같은) 어리석은 행동을 빼고는 엄청난 부를 안겨주었다. 결론적으로 오늘날 그들은 그 어느 때보다 더 부유한 계급이 되었다.

반면에 또 다른 정파인 분노한 "중서부 지역의 미국인들"에게 보수주의 대반동은 완전한 실망이었다. 그들이 공화당에 충성한 대가로 받은 것은 더 낮아진 임금과 더 위험한 일, 더 더러워진 공기와 마치 파로우크 왕(이집트의 마지막 왕으로 1952년 나세르가 이끄는 쿠테타로 물러나 이탈리아로 망명함—옮긴이)처럼 처신하는 새로운 지배계급이다. 그리고 그들이 2년마다 워싱턴으로 의기양양하게 파송하는 특별한 기독교인들이 개입하지 않으면 끝없이 자유 낙하하는 도덕이 난무하는 쓰레기 문화도 물론이다. 이러한 보수주의의 정파 간 제휴 때문에 공화제의 매력은 오래전에 소멸되었다. 기업의 책임을 묻지 않고서 어떻게 오늘날 미국인의 비루한 삶의 모습을 애도할 수 있는가? 오늘날 문화를 만들어내는 핵심 요소는 언급하지 않으면서 어떻게 문화를 그토록 격렬하게 비난할 수 있는가? 보수주의 내부의 서로 충돌하는 두 가지 모순된 생각들을 어떻게 잘 조화시킬 수 있는가?

방법은 편견을 무조건 믿는 것이다. 보수 반동 사상가들은 세상의 많고 많은 산업들 가운데 유독 문화산업만 시장의 영향력을 받지 않는다고 주장한다. 문화산업은 정신을 좀먹는 자유주의를 사람들에게 주입시키려고 애쓰는 자유주의자들로 가득하기 때문에 그것이 하는 일은 모두 위험하고 추악하다고 말한다. 자유주의에 대한 편견은 오늘날 보수주의가 진실이기 위해서 반드시 존재해야만 한다. 성 안셀모(초기 스콜라학파의 신학자로 '믿기 위해서 이해하는 것이 아니라 이해하기 위해서 믿는다. 즉 모르기 때문에 믿는다'는 주장을 함―옮긴이)가 우리의 선조들을 어리둥절하게 하며 하느님의 존재를 증명하는 것에서 보여준 것처럼 그것 말고는 다른 방법이 있을 수 없다. 편견은 있어야 한다. 고로 그것은 존재한다.

내가 이 장에서 설명한 저술가들 가운데 세심하거나 체계적인 논리를 가진 사상가들은 거의 없다. 그들의 논리체계는 물이 줄줄 샌다. 그들이 쓴 책들은 오류와 생략, 터무니없는 해석으로 가득 차 있다. 그러나 보수 반동의 독자들은 그런 것에 신경 쓰지 않는다. 그들은 학문적 엄격성이나 객관적인 경제적 이해관계보다는 일상생활 속에서의 좌절과 분노에 훨씬 더 주목하며 극도로 개인화된 정치에 관심을 갖는다. 보수 반동의 사상가들은 이것을 잘 안다. 그래서 그들은 오늘날 매우 두드러진 정치적 분노를 유발하고 이러한 분노를 자연스럽게 다른 대상에게 전가하기 위한 정교한 논리체계를 개발했다. 그들은 경제를 계급 문제에서 분리시킴으로써 성난 블루칼라 미국인들이 공화당을 좋아하게 만드는 대안을 제시했다. 그 논리체계는 생각과 달리 전혀 어처구니없는 것은 아니다. 보수 반동사상의 지지자들은 그 논리를 구성하는 객관적 사실이 틀렸다고 할지라도 주관적 경험으로 옳다고 믿는다. 이제부터 우리가 자세히 살펴볼 내용이 바로 이 주관적 경험에 대한 것이다. 그것은 한 개인이 경험한 보수 반동 시대의 이야기, 바로 내 자신의 이야기다.

7장
망할 놈의 러시아 이란 디스코

나는 워터게이트 사건에 연루된 범인이며 베스트셀러 작가이기도 한 G. 고든 리디를 만나본 적이 없다. 만나고 싶은 생각도 없다. 그가 진행하는 라디오 방송을 우연히 채널을 돌리다 또는 택시 운전사가 틀어놓은 바람에 어쩔 수 없이 서너 차례 듣고 판단하건대 협박하며 고함지르고 분노로 끓어오르는 매우 극단적이고 다양한 편집증에 사로잡힌 프로그램이다. 리디는 오클라호마시티에서 발생한 폭탄 테러 사건(1995년 오클라호마시티에 있는 연방 정부 건물에서 폭탄이 터져 168명이 죽고 600명이 부상을 입은 사건으로 2년 전 텍사스에서 정부군에 사살되거나 집단 자살한 사교집단 브랜치 다윗파에 대한 보복으로 범행을 일으킴—옮긴이) 뒤에 미국 내의 극우파에 대한 관심이 갑자기 고조되었던 1990년대 중반에 방송을 통해서 자신이 한때 몸담았던 조직의 연방 수사요원들을 죽이는 방법(방탄조끼를 입은 주류총기 단속반과 대치할 때 머리를 쏘라고 조언함—옮긴이)을 알려준 것으로 악명이 높아졌다. 그다음에 그는 역겨운 자기 과시를 늘어놓는다. 2002년에 나온 그의 책을 보면 자기가 소유한 엔진을 개조한 고성능 자동차들과 그때까지 받은 다양한 시민상, 어렸을 때 읽은 많은 책들, 그가 다닌 좋은 학교들, 학생 때 받은 높은 성적, 언제라도 쏠 수 있는 강력한 총기들, 그 밖에 그가 감옥 안이나 밖에서 남보다 뛰어나다고 생각하는 많은 것들이 나온다. 그 책의 표지에는 공수부대 기장으로 장식한 민간 스포츠 코트를 입은 그가 나온다. 길을 가다 우연히 그를 마주친 사람이라면 누구라도 그가 무슨 무공을 거둔 사람인 줄 알기 십상이다. 그 모습은 리디가 본디 칭송하는 매우 겸손하고 잘난 체하지 않는 전쟁영웅의 이미지와는 상반된다.

    나는 그의 팬이 아니다. 하지만 G. 고든 리디와 같은 사람을 잘 알 것 같다. 1970, 80년대에 중서부 지역에 있는 도시들에서 자란 사람들이라면 누구라도 그런 생각을 할 것이다. 리디가 2002년에 발간한 책 제목이자 본문에서 계속 반복되는 문구인 『내가 어렸을 적 이곳은 자유국가였다』라는 괴팍한 후렴구를 보는 순간 그가 어떤 사람인지 알아챘다. 그것이 의미하는 것은 단순하다. 리디는 이 나라가 더 이상 자유롭지 않다고 단정하고 주변을 둘러본다. 이러한 자유 상실의 비극은 당신에게는 보이지 않을지도 모른다. 그러나 리디는 "이 나라가 자유로웠을 때 어떠했는지를 아는 마지막 세대의 한 사람"이기 때문에 자유를 잃었다는 것을 안다고 말한다.

    리디가 그렇게 판단하는 기준은 무엇인가? 자유로운 국가와 자유롭지 못한 국가는 무엇이 다른가? 리디에게 있어 자유로운 국가란 그가 어렸을 때, 모든 것이 세상과 조화로웠던 1940년대의 미국의 모습이었다. 그때는 낙엽을 태우고 싶으면 누구든 그렇게 할 수 있었다. 또 원하면 언제라도 나무를 벨 수 있었다. 어떤 총이라도 소지할 수 있었고 자기 총으로 새를 쏠 수도 있었다. 불꽃놀이 화약이나 위험한 화학물질을 사서 재미로 터트릴 수도 있었다. 그러나 아아, 슬프도다. "이러한 자유들이 이제는 사라졌다." 리디가 학생이던 어린 시절에 누렸던 천국의 자유를 질식시킨 탐욕스런 연방 정부의 희생자들이여.[1]

그러나 내가 어렸을 때 이 나라는 보수 반동의 나라였다. 나는 리디가 기억하는 황금시대를 기억하지 못한다. 또한 진정한 자유주의자들이 미국을 지배했던 짧은 시기도 기억나지 않는다. 내가 리디처럼 자기 이야기를 각색한다면 나는 자유주의가 진정 무엇인지 기억하지 못하는 첫 번째 세대에 속한다고 단언할 수 있다. 1968년에 리처드 닉슨이 대통령에 당선되면서 자유주의 연합은 처음으로 큰 타격을 입었다. 그때 나는 세 살이었다. 이후 30년 동안 어떤 일이 벌어질지 예견한 『떠오르는 공화당 다수파』라는 책은 내가 네 살 때 발간되었다.

학창 시절에 나는 새를 총으로 쏘지 못했다. 그러나 리디처럼 세상을 생각하는 어른들은 있었다. 그들은 어디서고 타락과 몰락을 보았다. 그들은 모든 것이 결국에는 엉망이 될 것이라고 예상했다. 그리고 그들은 가장 사소한 것들에서도 오싹한 전체주의를 보았다. 그들은 무엇이든 법으로 제한하는 것에 반대했다. 그들은 수돗물 불소화에 반대했다. 그들은 1971년에 미국이 금본위제를 영원히 폐지하자 세상이 끝나는 줄 알았다. 그렇게 그들의 분노는 하늘을 치솟을 정도로 끝도 없고 달랠 길도 없었다.

당시에 이렇게 분노한 사람들이 많지는 않았지만 사람들의 주목은 많이 받았다. 미션힐스에서 서쪽으로 몇 마일 떨어진 한 교외 지역은 실제로 그들의 완고하고 신랄한 특성을 입증하는 다양한 사건들로 유명했다. 이 작은 도시가 공용도로를 넓히려고 하는 곳에 유감스럽게도 한 주민의 차고가 들어서 있었다. 그런데 그 주민은 도로를 넓히는 일에 협조하지 않았다. 결국 그 땅은 강제로 수용되었고 그의 차고는 반쪽이 잘려

나갔다. 하지만 그 뒤로도 그 사내는 아직 남아 있는 차고를 계속해서 썼다. 잘려나간 벽에 도구들을 걸어두어 새로 난 도로로 운전하고 지나가는 사람들이 그것들을 볼 수 있게 했다. 또 다른 주민은 자기 땅을 자신이 원하는 방식으로 구획해달라고 당국에 요청했다가 거부당하자 그가 생각해낼 수 있는 가장 흉한 모습의 건물을 그 땅에 짓는 것으로 앙갚음했다. 그 건물은 합판으로 지은 완벽한 사각형의 상자 모양으로 루핑을 입힌 2단 경사 지붕에 주위에는 잡초가 무성하게 자라 금방 사람들 눈에 띄었다.

내가 알기로는 그렇게 분노한 사람들은 블루칼라 민중들이 아니었다. 그들은 모두 성공한 사람들로 대개 회계나 건설, 영업 분야에서 자수성가한 사람들이었다. 그런 종류의 사람들은 자신의 생활을 만족스럽게 여겼을망정 비통하게 생각하지는 않았을 것이다. 그러나 1960년대 들어 뭔가 상황이 그들에게 매우 좋지 않게 돌아갔고 그 이후로도 사정은 여전히 안 좋아지면서 그들의 삶은 영원히 빛을 잃고 말았다. 그러나 그들이 세상에 대해서 어떤 물질적 불만을 가진 것은 아니다. 그들은 안락하게 잘살았다. 그러나 그들의 일상생활을 지배하는 문화는 꽃가루가 어떤 사람에게 알레르기를 일으키는 것처럼 그들을 끊임없이 괴롭혔다. 그들이 즐겨 읽는 잡지, 좋아하는 영화배우나 정치가들은 그들 앞에서 가슴 치미는 분노의 행진을 끊임없이 보여주면서 그러한 사실을 그들에게 지속적으로 상기시킨다. 상스러운 말을 하는 아이들에 대한 이야기, 거리의 범죄, 과격한 남녀평등주의자들, 무소불위의 정부 기관, 광적인 시민운동 지도자들, 음란한 예술, 복지를 빙자한 사기, 엉터리 교수들, 도발적인 시트콤 같은 것들은 그들을 뜨거운 비통의 늪에 점점 더 깊숙이 빠져들게 한다.

이 모든 분노는 그들을 흥분하게 만든 정치인들에게 이로웠다. 그들은 여러 해 동안 소수의 자수성가한 사람들의 끊이지 않는 증오와 분노를 선거로 분출하게 만들었다. 그들은 연전연승했다. 그리고 지금까지 어떤 것도 증오에 찬 자수성가한 사람들의 분노를 가라앉히지 못했다. 레이건이 아무리 정의를 말하고, 아버지 부시가 아무리 애국심을 고취하고, 깅리치가 자유주의 엘리트 집단의 '맥거버닉스'(1972년 민주당 대선 후보로 선출된 조지 맥거번으로 상징되는 반문화주의를 의미—옮긴이)를 아무리 비난했을지라도 그들이 적극 개입한 문화전쟁은 언제나 실패했다. 그들의 어릴 적 기억에 떠오르는 세련된 합의가 있고 공공질서가 유지되는 시대는 이제 훨씬 더 멀어졌다. 1984년 로널드 레이건의 텔레비전 선거 광고는 "미국은 당당하게 돌아온다"라고 선언했지만, 진정으로 레이건을 지지한 사람들에게 미국은 결코 돌아오지 않았다. 미국은 언제나 배신당했다. 1960년대 사람들이 뒷문으로 슬그머니 들어올 때마다 모든 것이 망가졌다. 증오에 찬 자수성가한 사람들이 얼마나 부자가 되었는지, 그들이 지지하는 후보자가 얼마나 여러 차례 당선되었는지는 전혀 중요하지 않았다. 그들 편은 언제나 막판에 졌다. 그들의 생활방식은 언제나 포위당해 있었다.

증오에 찬 자수성가한 사람들은 스스로를 옛날 더 숭고했던 시대의 유물이라고 생각했다. 그들은 리디와 같이 지금처럼 모든 것이 몰락하기 전의 미국이 어떠했는지를 기억하는 마지막 세대라고 믿었다. 그들은 시간이 흐르면 사라질 멸종 위기의 종이었다. 미국은 몰락하고 있었다. 그들은 점점 더 나이가 들어가고 있었다. 그리고 이제 곧 그들 주위에는 그들이 어렸을 적 보았던 강건한 미국을 기억할 수 있는 사람이 하나도 없어질 것이다.

그들은 실제로 전위대였다. 그들은 전국에 걸쳐 서로 접촉하려고 애썼다. 오늘날 증오에 찬 자수성가한 사람들—그리고 그들과 비슷한 사람들, 불만은 있지만 그렇게 심하지 않은 부자들—은 전국에 산재해 있다. 그들은 자체 케이블 뉴스 방송국도 있고 자신들을 대변하는 텔레비전 명사들도 있다. 그들은 AM 라디오의 어느 채널을 돌리든 자신들의 견해와 일치하는 내용을 들을 수 있다. 그들은 자체 이메일 게시판도 있다. 거기에는 전국 각지에서 보낸 분노에 찬 플렌-티-플레인트가 쌓인 수십만 통의 이메일이 있다. 그들은 비록 자신들을 철저한 개인주의자라고 생각하고 싶어 하지만 (마지막 남은 철저한 개인주의자라는 말을 더 좋아하지만) 실제로는 우리 사회에서 흔히 볼 수 있는 그런 종류의 인물이다. 그들은 스스로 시장의 한 부분을 구성한다.

보수 반동주의자의 또 다른 특성 한 가지. 내 어릴 적 보았던 증오에 찬 자수성가한 사람들은 하나같이 모두 긍정적인 사고의 힘을 믿는 사람들이었다. 그들은 긍정적인 마음으로 끝까지 버텨낼 수 있다면 반드시 성공할 것이라고 생각했다. 그들은 말로는 긍정적 사고가 중요하다고 하지만 실제로는 모든 것을 부정적으로 생각하는 것에 대해서 전혀 이상하게 생각하지 않는 것 같았다. 오히려 그들은 그 둘이 서로 보완 관계에 있는 것처럼 둘 사이를 왔다 갔다 했다. 그들은 내게 긍정적 생각을 견지하라고 하면서 동시에 다른 사람의 차에 붙은 환경운동 스티커를 보면 격노하거나 캔자스시티가 최근에 내놓은 교육개선 계획을 조롱했다. 그들은 자신들이 실제 현실에서 모든 것을 긍정적으로 생각하며 살지 못하는 것이 그러한 신조가 처음부터 실현 불가능한 것이었기 때문이라고 생각하기보다는 오늘날 세상이 비통하게도 타락했으며 참되고 올바른 길을 버렸기 때문이라고 믿는다.[2] 마치 잭 암스트롱(1931년부터 방영된 동명의 모험극 시리즈의 주인공—옮긴이)과 프랭크 메리웰(길버트 패튼이 쓴 소설과 단편에 등장하는 허구적 인물로 예일 대학에 다니고 모험을 즐기는 건장하고 모범적이며 정의로운 청년. 라디오 연속극이나 만화 주인공으로도 많이 등장함—옮긴이) 같은 2차 세계대전 이전 어릴 적 영웅들의 공명정대한 정신이 찰스 브론슨, 더티 해리, 고든 리디, 그리고 세금 반대론자 하워드 자비스 같은 현대 영웅들의 세상에 대한 비애로 아주 자연스럽게 고정화된 것 같았다.

보수 반동의 문화와 어린 시절 이상적으로 생각했던 문화 사이의 이러한 연결은 아주 분명하고 자연스러워 보인다. 내가 어릴 적 이상적으로 생각했던 문화는 바로 보수 반동의 문화였기 때문이다. 하지만 오늘날 보수 반동의 문화를 보면 좋은 날들이 오래전에 다 끝났다고 좌절하며 느끼는 노인들의 혼란, 어쩔 수 없는 정치문화에 대한 실망감이 단순히 투영된 것처럼 보인다. 그러나 내게 보수 반동의 문화는 10대 때 겪은 사회적 무질서를 표현하는 한 방식이었다. 나는 모든 중산층 학생들처럼 진지하고 이상적이었다. 그러나 내가 꿈꿨던 이상주의의 대상들은 1960년대 이전에 이미 영원히 사라졌다. 다른 사람들이 진보나 신의 섭리를 믿는 것처럼 나는 국가의 타락과 고결한 사람들에 대한 박해, 실패의 불가피성을 믿었다. 선은 영원히 악의 손아귀 안에 있었다. 정의로운 노동자들은 언제나 정당한 대우를 받지 못했다. 놀고먹는 자들이 열심히 일하는 사람들을 착취했다.

어떤 사람에게는 1970년대가 나팔바지와 딥퍼플, 마약을 즐길 수 있었던 매우 매혹적인 시대였는지 모르지만 내게는 국가의 명예가 배신당하고 치욕을 경험한 시대였다. 2차 세계대전의 희미한 그림자가 남아 있던 타락한 10년, 그 시기는 한 어린 소년에게는 진정으로 위대한 시대였다.(그때는 나도 리디처럼 그렇게 믿었다.) 나는 증오에 찬 자수성가한 사람들의 이야기에 귀를 기울였고 거기에 완전히 빠져들었다. 『엑스맨』이라는 만화를 보지는 못했지만 랜덤하우스에서 발간한 "랜드마크" 시리즈의 전쟁물들은 읽고 또 읽었다. 말하자면 『하늘을 나는 호랑이』나 『해군사관학교 이야기』 같은 군인을 소재로 한 신나는 책들은 『솜강의 소년 연합군』 같은 유명한 청소년 전쟁물보다 조금 더 현실적이었다. 나는 국기에 송시를 썼고 폐기된 해군 제트기들이 조각상처럼 받침대 위에 앉아 있던 올레이스의 한 공원을 아주 경건한 마음으로 여러 차례 찾아갔다. 나는 진주만에서 침몰한 모든 전함의 이름을 다 외웠다. 사람들이 1940년대 초에 영국이나 과달카날 섬 상공에서나 보았을 법한 전투기들의 윤곽만 보고도 그것이 무엇인지 알아맞힐 수 있었다.

나는 경주용 비행기와 마천루, 1920년대의 갑부들에 대한 책들을 탐독했다. 또한 세기말 하버드대학과 예일대학의 낭만적인 경쟁에 흥분했다. 나는 2차 세계대전 전에 견고하게 세워졌지만 1970년대의 볼품없는 건축술을 뛰어넘은 캔자스시티 상류층의 으리으리한 저택들에 경탄했다.

한편 그 무렵 인생은 쾌락을 거부하는 권위적 인물과 존 트라볼타/버트 레이놀즈 유형의 사회에 반항하는 개인주의자들 사이의 다툼에 불과하다는 정신 나간 메시지를 전달하는 폰지(1970년대 중반 〈행복한 날들〉이라는 시트콤에 나온 주인공 이름—옮긴이) 식 오락물이 유행하며 나를 괴롭혔다. 나는 우리 문화가 점점 더 쓰레기가 되고 있다고 확신했다. 우리의 영웅들이 사라지면서 정신적으로 황폐해지고 혼란에 빠졌다고 생각했다. 또한 이란이 미국을 모독했을 때도 나는 놀라지 않았다. 구조 작전이 실패한 것은 당연했다.(1979년 11월 이란의 과격파 학생 시위대가 테헤란의 미 대사관에 난입해서 미국인 50여 명을 비롯한 70여 명의 외교관을 인질로 잡은 사건으로 1980년 인질구출작전을 펼쳤지만 실패로 돌아가고 1981년에 가까스로 이란의 요구를 들어주고 인질을 석방함—옮긴이) 미국은 이제 더 이상 제대로 할 수 있는 일이 아무것도 없었다.

나는 열다섯 살 때 이미 한물간 보이스카우트에 가입했는데 어쩌면 또래들과 다른 행동을 한 건지도 모르겠다. 하지만 나는 로널드 레이건의 열렬한 추종자였다. 지금 생각해보면 당시에 내가 어른들보다 더 잘 알았을 리 없는데도 나는 레이건을 완벽하게 이해한다고 생각했다. 레이건 입장에서 볼 때 모든 사건들은 미국인의 삶에 대한 그의 영웅적 신화들에 따라 아무 문제없이 완벽하게 준비되었다. 아무리 많은 사실과 역사도 철저한 개인주의와 정부의 부패성에 대한 레이건의 확고한 생각을 전혀 돌릴 수 없었다. 1987년에 개리 윌스는 "레이건은 스스로 '정부'에 좋다고 하는 그 어떤 것도 믿을 수 없다고 하면서, 기업인들이 정부에 도움을 주는 것을 절대 달가워 하지 않는다는 사실에는 말 그대로 모른 체한다"고 썼다. 레이건은 그를 지지한 기업들이 차례로 이해관계의 충돌 때문에 몰락할 때에도 그러한 신념을 버리지 않았다.[3]

나도 그랬다. 중요한 것은 이상이었다. 일상적인 현실은 생각할 수 없을 정도로 너무 타락했다. 캔자스의 다른 아이들에게 이 청춘의 확신에 대한 갈망은 정기적으로 신앙심을 분출하는 것으로 나타났다. 내 친구 가운데 한 명은 하계 휴양 캠프에 가서 포르노만 보고 놀다가 2주 뒤에 집에 와서는 아주 진지하게 모든 것을 털어놓고 내가 그리스도를 구세주로 받아들였는지 알고 싶어 했다. 심지어 한 녀석은 고등학교 때 저지른 부도덕한 행위를 성령세례로 해결하려고 했다. 그 친구에게 여름방학 동안 무엇을 했는지 묻자 "맥주를 마셨지. 예수를 생각하면서 말이야"라고 했다.

내게 그 갈망은 맥주를 들이붓든 아니든 모두 정치적이었다. 예수를 찾아 헤매는 사람들처럼 나는 단단한 바위 같은 확신을 갈구했다. 그 확신을 얻기 위해 역사나 사회학, 이론, 철학 따위의 도움은 필요 없었다. 그 길을 안내해 줄 안내서는 미국 헌법 한 권이면 충분했다. 나는 그것을 모든 철학적 결론이 녹아 있는 지혜의 보고라고 생각했다. 지금도 진정 헌법을 하느님이 우리에게 하사한 것이라고 믿는 집단이나 운동에 대한 이야기를 들을 수 있다. 나는 이제 그것이 사실이 아니라는 것을 안다. 청소년 때 나는 헌법과 성경의 관계가 자명하다고 생각했다. 그것들은 온갖 인간사에 대한 설명서였다. 거기에는 우리가 알아야 할 모든 것이 들어 있었다. 그 밖의 다른 것들도 다 거기서 유추할 수 있었다. 헌법이 인간의 손으로 만들어진 것은 틀림없는 사실이지만 일말의 의심도 허용할 수 없는 완벽한 문서라는 것 또한 사실이라고 믿었다. 그 누가 아무리 비웃어도 말이다. 나는 풋내기 존 버치 추앙자로서 헌법 사본을 항상 지니고 다니느라 솔직히 한 주 동안 고생했던 적도 있고 지구가 지금부터 수백만 년 동안 태양열 때문에 녹아버린다면 이 신성한 문서의 원본이 소멸될 수도 있다는 생각에 괴로워했던 기억도 난다.

나는 헌법을 마음속에 단단히 새겨 넣으면서 1970년대의 문제들—즉 앞서 많이 거론한 문화적 '침체'와 증오에 찬 자수성가한 사람들이 항상 불평했던 세금과 규제 문제들—을 야기한 것이 교활하고 간섭하기 좋아하는 인간의 잘못 때문이라고 생각했다. 우리의 정치는 플라스틱 제품이나 정제된 설탕, 겉만 번지르르한 교외의 건물들로 구성된 우리의 문화처럼 싸구려 모조품이 되었다. 국가는 하느님과 우주가 정해준 방향, 즉 자유시장 자본주의에서 완전히 벗어났다. 우리는 분수를 모르고 우쭐했다. 우리는 자만했다. 우리는 제멋대로 행동했다.

내가 청소년기에 이러한 정치적 확신에 사로잡히게 된 것은 1970년대 말 우리의 삶이 정치적으로 성경에서 말하는 종말의 시대와 일치한다고 느꼈기 때문이다. 캔자스시티가 언제나 부글부글 끓는 데는 천년왕국 도래라는 종교적 조바심보다 이러한 불길한 예감이 더 크게 작용했다. 잠시 동안 당시의 문화 상황을 떠올려보면 그때는 모든 것들이 산산이 부서지는 종말론적 위기감으로 팽배해 있었다. 끊임없는 인질 사태, 침울한 허무주의에 빠진 무기력한 대통령, 석유 부족, 붕괴되는 도시들, 정교하게 연출된 펑크록의 묵시록적 이미지가 당시 상황을 잘 설명해준다. 당시에 캔자스시티에 사는 우리들은 오직 유언비어처럼 유포되었던 뉴스 내용들을 통해서만 그러한 사실들을 알 수 있었다.

1979년에 증오에 찬 자수성가한 사람들은 1990년대 베스트셀러들이 무분별하게 낙관적이었던 것과는 정반대로 앞날에 대해서 모든 것을 비관적으로 전망하는 개인금융 부문의 베스트셀러『다가올 불황기에도 성공하는 법』을 읽고 금을 마구 사들였다. 대공황 시기를 거쳐 2차 세계대전을 딛고 전후 미국 부흥을 이끌어낸 세대의 위대한 성공담을 듣고 자란 한 소년이 보기에 당시 미국의 문명은 쇠퇴하는 것이 틀림없었고 만물의 자연질서와는 너무도 멀리 떨어져 있었다. 많은 영화를 통해 누구나 볼 수 있었던 것처럼 미국은 아첨꾼들과 마약, 가공식품, 온갖 부류의 떨거지들로 가득한 부패한 나라였다. 시내의 모든 열다섯 살 소년들은 당시의 유행 패션에 따라 섹스중독증에 걸린 중년 남성들처럼 옷을 입고 깃털 장식을 한 머리모양을 하고 다녔다. 그들 대부분은 바보처럼 보였다. 우리는 모두 종말을 향해 달려갔다.

이런 분위기에서 나는 처음으로 글을 쓰기 시작했다. 쇼니 미션 이스트 고등학교에 들어가서 토론 모임에 가입한 때가 1980년이었다. 그때 나는 토론 모임에서 반대하는 입장에서 토론 주제의 '단점'을 작성하는 책임을 맡았다. 상대방의 제안을 정교하게 반박할 때 써 먹기 위한 것이었다. 어느 화창한 늦여름 날, 나는 미션힐스에 있는 아직 철거가 결정되지 않은 평온하고 수풀이 우거진 우리 집 뜰에 앉아 《리더스 다이제스트》와 《오늘의 주요 연설》이라는 월간지에서 "은밀한 정부 규제"를 강도 높게 비판하기 위한 여러 가지 인용문들을 추려냈다. 토론이 열띠게 진행되면서 나는 우리의 토론 상대방들이 요청하는 것이 더 강력한 연방거래위원회이든 맥주 광고의 금지이든, 그들이 제출하는 의제가 결국 자유 자체를 파괴하는 것임을 '입증'하는 짧은 연설을 했다.

당시 나는 단점을 어떻게 쓰는 것인지 잘 몰랐다. 나중에 토론 경험이 쌓이면서 좋은 논증은 상대팀의 제안이 어떻게든 자멸하는 것으로 끝나야 한다는 것을 알았다. 나는 또 정부 규제의 단점을 수많은 버클리('존재하는 것은 지각된 것이다'라고 말한 18세기 영국 신학자—옮긴이) 식의 주관적 관념론을 바탕으로 한 수사학으로 덧칠했다. 당시 토론장에서 사람들이 주목했던 것은 1776년 미국 독립선언의 감성을 얼마나 우아하게 불러일으키느냐가 아니라 토론 중에 얼마나 많은 인용을 했느냐 하는 것이었다. 하지만 나는 마치 당시 영웅으로 숭배하던 로널드 레이건이 된 것처럼 착각에 빠져 절대 불변의 확신을 갖고 주장을 펼쳤다. 레이건이 나와 똑같은 반정부적 논지를 입증하는 연설을 몇 년 동안 했다는 사실은 그때 생각지도 못했다. 토론자들은 모든 문제에 대해서 어느 편도 들 수 있어야 하지만 나는 스스로 이데올로기의 전사가 되기를 좋아했다. 내 토론 동료와 나는 우리 집의 거실에 걸린 벽 크기만 한 거울 앞에 서서 우리가 좋아하는 허버트 후버(공화당 출신의 31대 미국 대통령으로 대공황 경제정책의 실패로 다음에 민주당의 루스벨트가 대통령이 됨—옮긴이) 사진에 나오는 것처럼 넥타이를 매고는 레드 제플린 음악이 쾅쾅 울리는 가족용 올즈모빌(미국에서 가장 오래된 자동차 회사 가운데 하나로 1908년 제너럴모터스에 인수되었지만 2004년에 단종됨—옮긴이)을 타고 자유주의적 세계를 해체하러 갔다.

보수주의에 심취했던 청소년 시절 가장 뜻밖의 사례 하나를 말하겠다. 당시에 당신이 나나 증오에 찬 자수성가한 사람들 가운데 어느 누구라도 붙잡고 우리가 어떤 종류의 정치운동에 가담했는지 물었다면 우리는 주저 없이 "보통의 미국인" 심지어 "노동계급"의 운동이었다고 대답했을 것이다. 내가 당시에 노동계급이 무엇인지 잘 알아서가 아니었다. 지역에서 전국 장학생을 많이 배출하고 기금이 많은 교외 학교인 쇼니미션 이스트 고등학교에서 노동운동을 알 리가 없었다. 증오에 찬 자수성가한 사람들은 노동조합을 싫어했고 그것을 마치 범죄조직처럼 생각했다. 그 정도면 내게 충분했다.

당시에 내가 믿었던 다른 모든 것처럼 이 노동계급에 대한 환상은 완전히 관념적이었다. 순전히 추론에 따른 결론이었다. 기업가들은 노동계급이었다. 추론컨대 그들도 생계를 위해 일하기 때문이었다. 그들은 생산자였다. 그들은 납세자였다. 건물도 짓고 자동차도 샀다. 기업가들은 틀림없는 보통사람이었다. 그들은 내가 아는 어른의 전부였기 때문이다. 반면에 정부는 세금 징수로 먹고살았다. 정부는 아무것도 생산하지 않았다. 대신에 사람들 일에 개입해서 어렵게 번 돈을 빼앗아 정부에 빌붙어 사는 사람들에게 넘겨주었다. 따라서 대결이 일어났다. 노동자 대 정부, 생산자 대 기생세력, 자연 대 기술, 겸손 대 오만의 갈등이 생긴 것이다. 내가 어릴 때 이해한 사회질서는 증오에 차 있는 자수성가한 사람들의 뻐기는 습성을 확인한 것이었다. 헬멧도 쓰지 않고 BMW 오토바이를 타고, 경찰들에게 굴욕도 당하지 않고, 온종일 와일드터키라는 버번 위스키를 마시고, 허리에는 45구경 자동권총을 찬 사람들, 이들이 노동계급이 아니라면 무엇이란 말인가?

실제로 세상에는 내가 생각하는 것과 일치하는 블루칼라 사람들이 없었다. 그러나 오늘날 빨간색 주들이 노동자들의 주라고 생각하는 일부 전문가들처럼 나도 그렇게 그들의 존재를 추론할 수 있었다. 예컨대 캔자스 주의 캔자스시티에 있는 한 빈민촌에 고가다리가 하나 있었다. 거기에는 누군가가 스프레이로 "망할 놈의 러시아 이란 디스코"라고 써놓았다. 어느 날 토론 시합을 마치고 집으로 차를 몰고 돌아가는 길에 그 밑을 지나치다가 문장을 이렇게 간결하게 잘 표현한 프롤레타리아의 슬기로움에 감탄했다. 문장의 논리는 흠잡을 데가 없었다. 디스코가 재수 없는 것처럼 공산주의도 재수 없고 이란도 재수 없다. 그런데 거기서 더 나아가 문득 엉뚱한 생각이 떠올랐다. 록밴드 반 헤일런이 감동적인 것처럼 로널드 레이건도 감동적이다.(원문에서 '재수 없다'는 의미로 'suck'을 썼는데 거기서 '감동하다'라는 의미의 'rock'을 연상해서 나온 문장—옮긴이)

또 나는 당시에 내가 1970년대를 달리는 차에서 바라본 풍경으로만 알았던 캔자스 서부 지역을 노동계급의 꾸밈없는 모습과 진실성을 보여주는 일종의 성지로 생각했다. 나는 그곳에 온갖 종류의 정의로운 제퍼슨식(미국 3대 대통령 토머스 제퍼슨이 지향한 '최소의 행정이 최선의 정부'를 의미—옮긴이)의 자유농민들이 산다고 상상했다. 나는 학교에서 하이플레인스의 자립 농민들이 대도시의 투덜대는 복지중독 문화에 대항할 마지막 카드라는 이야기들을 썼다. 그리고 한 번도 가본 적은 없지만 그레이트벤드처럼 작지만 부유한 상점들이 가득 들어차고 낭만적인 아칸소 강둑에서 헤밍웨이처럼 조용하고 소박하게 금욕적인 인내의 나날들을 보내는 곳, 그 덕에 모든 도시 사람들이 평생토록 더부살이할 수 있었던 시골의 작은 도시들을 머릿속으로 상상하며 정교하게 그려냈다.

그러던 어느 날 토론 모임의 동료인 한 친구가 자기는 앞으로 민주당원으로 정치 경력을 쌓겠다고 했다.(모든 토론자는 자신들을 장래 정치인으로 상상한다.) 그는 존슨 카운티에서 좀 못 사는 집 아이였는데, 민주당이 노동계급의 정당이며 거기에는 언제나 부자보다 노동자들이 더 많기 때문이라는 것이었다. 아무튼 당시 나는 그 친구가 그것을 매우 완벽하고 명쾌하게 설명해서 그 순간 큰 충격을 받았던 기억이 난다. 진주만과 9·11. 나는 그 생각에 얼이 빠졌다. 노동자와 기업가 사이의 계급투쟁? 이것이 진실일 수 있단 말인가? 전에는 한 번도 생각한 적이 없는 것이었다.

윌리엄 앨런 화이트는 캔자스의 소도시 지방 신문사들에서 친기업 논설을 쓰면서 민중주의와 싸우는 지식인으로 이름을 떨치고 나서 여러 해가 흐른 뒤, 과거 자신의 정치 이념이 이성이나 지식보다는 자신의 부유한 사회적 지위에서 나온 것임을 한 번도 의심한 적이 없었다고 회고했다. 그리고 어렸을 적 보수적인 자신의 모습은 독단적이고 "멍청한 청년"에 불과했다고 고백했다. 그는 1890년대 미국에서 민중주의 운동이 불타오르는 동안 점잖게 혀를 끌끌 차며 대학의 경제학 교과서에나 나오는 지식으로 독자들을 훈계했다. 그는 『자서전』에서 "그때 나는 지배계급의 자식이었다. 내 출신성분이 내 눈을 멀게 했다!"고 썼다.

화이트가 당시에 여가를 어떻게 보냈는지를 보면 그의 시각이 얼마나 현실과 동떨어졌는지 훨씬 잘 알 수 있다. 그는 캔자스의 기업들을 과장해서 칭찬하거나 공화당 후보자를 지지하는 논설을 쓰지 않을 때면 "사투리 시"를 쓰면서 시간을 보냈다.

    그러나 나는 강건한 농민의 가슴을 묘사하려고 하면서도 농민처럼 생각하지 못했다. 나는 중서부 지역의 중산층 사람들, 아마 오하이오 계곡을 낀 뉴잉글랜드 출신의 유복한 농민들이 평소에 자유롭게 나누는 대화체를 사투리 그대로 시로 옮길 생각이었다. 내 시는 오늘날 선거로 자신들의 심정을 분명하게 보여주는 (……) 그들 마음속에 폭넓게 자리 잡은 증오감을 전혀 건드리지 못했다. 그 시를 읽는 사람들은 캔자스 사람들이 모두 유복하고 만족하며 감성이 풍부하고 새치름하며 본디 행복한 사람들이라고 생각할 수 있을 것이다. 나는 시인으로서 정치에 눈감았던 것처럼 갈팡질팡하는 사람들의 절규에 귀를 막았다.[4]

    캔자스 주의 지배계급 출신 귀공자였던 젊은 윌 화이트는 실제로 캔자스 농민들이 자기 주변에서 궁지에 몰렸을 때도—심지어 그들이 자기가 대학에서 배운 경제법칙대로 행동하지 않는다고 꾸짖을 때도!—상상 속의 캔자스 농민들의 문화적 신뢰성을 찬양하는 꿈같은 전원시를 썼다.
    다행히도 중서부 지역의 강건한 농민들을 굳게 믿었던 내 자신의 헛된 꿈은 그런 어리석은 시를 쓰는 데까지 나아가지는 않았다. 그러나 당시에 쓴 편지를 보면 화이트의 글을 흉내낸 것처럼 보인다. 내가 1970, 80년대에 그렇게 공들여 개발한 세상이 돌아가는 이치들은 내 인생의 특이한 시점과 직접 연관이 있는 환상에 불과했다. 나는 지방에 있는 미국 자본주의의 완벽한 이상향 가운데 한 곳인 미션힐스의 청년으로 성장하고 있었다. 그곳은 전후에 볼 수 있는 보통의 교외지역이라기보다는 베르사유와 같은 느낌이 더 많이 드는 곳으로 거기서 나는 미션힐스를 만든 사회질서 체계를 낭만적으로 정당화하는 일에 몰두했다. 주변 세계로부터 자유방임 사상을 다시 공들여 해석하고 자본주의 제도를 세밀하게 살펴보며 자본주의 사회의 주요 원리들을 재창조하면서 한물간 자유방임 사상을 다시 연구하는 데 쓸데없는 시간을 낭비했다. 하지만 나는 그 일을 하면서 내가 하는 일이 영원한 자연과 모든 인간 사회의 법칙을 찾는 것이라고 생각했다.

고결한 마음을 지니고 계급적 증오심과는 무관하며 겸손하기 그지없는 미국 중서부 지역의 자유농민들은 현존하는 사회질서가 평범한 서민의 질서임을 입증하는 증거였다. 이것은 지배계급이 영원히 반복되기를 바라는 꿈이었다. 마리 앙투아네트에서 오늘날 미국의 빨간색 주를 찬양하는 사람들에 이르기까지 보수주의자들은 언제나 말로는 민중을 사랑한다. 그들은 노동자들이 자신들의 타고난 특권을 승인해주는 아주 확실한 증인이라고 믿는다. 오늘날 미국의 지식인 세계는 전혀 개조할 수 없는 낡은 사상으로 똘똘 뭉친 윌 화이트 같은 사람들로 붐빈다. 그들은 외주 용역이나 새로운 잔업 규정, 형편없는 건강보험, 수탈적인 새로운 경영기법으로 노동자들의 경제적 기회를 앗아가는 지금 이 순간에도 폭스 뉴스와 후버연구소, 그리고 미 대륙의 모든 신문을 통해서 빨간색 주에 있는 노동자들의 고결함을 칭송한다.

윌리엄 앨런 화이트는 마침내 민중주의가 예견했던 거대한 역사의 파도에 승복하고 탁월한 진보주의자로 전향하면서 20세기의 가장 존경받는 저널리스트 가운데 한 사람이 되었다. 그러나 오늘날 우파에서 좌파로 전향하는 사람은 거의 없다. 화이트의 세계를 순식간에 바꾼 폭발적인 사회적 힘은 이제 바닥이 났다. 잘나가는 저널리스트나 유명 전문가가 양심 때문에 좌파로 전향하는 것은 출셋길을 포기하는 거나 마찬가지다.

오늘날 윌 화이트의 목가적 환상은 현실이다. 이제 낮에는 보수적 논설을 쓰다가 밤에는 가짜 프롤레타리아의 신뢰성을 노래하는 애가를 쓴다고 해도 부끄러워하는 사람은 없다. 오늘날 자신이 프롤레타리아의 진정한 심부름꾼이라고 말하는 많은 사람들이 사실은 앞뒤 안 보고 돌진하는 보수주의 돌격대원들이기 때문이다. 거기에는 사람들을 당황하게 할 어떤 모순도 없다. 어떤 급진적 농민이나 블루칼라 출신의 불굴의 청년들도 퉁명스럽게 그런 환상을 깨부수려고 애쓰지는 않는 것 같다. 오늘날 강건한 자유농민들이 기존의 사회질서를 승인하고 있다는 것은 정말 사실이다. 그리고 오늘날 전문가라는 사람들은 모두 그런 시를 쓰고 있다.

내 청소년 시절의 보수주의를 사춘기 한때의 열병으로 치부하거나 그러한 생각들이 마치 내 타고난 특권적 위치 때문에 결정된 것이고 명백히 불합리한 것이라고 털어내고자 지금까지 이런 말을 한 것은 아니다. 오히려 그 반대로 그러한 보수적 생각들은 세상을 바라보는 설득력 있는 방식 가운데 하나다. 서로 완전히 다른 삶을 살지만 그러한 생각들을 지지하는 수많은 사람들이 있다.

내 친구의 아버지 한 분을 생각해보자. 그는 다른 증오에 찬 자수성가한 사람들처럼 성공하지는 못했지만 세금 폭동에서 금본위제 폐지에 이르기까지 그들과 생각이 같았다. 실제로 그는 자본주의가 자신에게 어떤 영향을 주든 상관없이 자본주의 사회질서를 굳게 믿었다. 그는 당연히 세상을 긍정적으로 바라보았다. 무자비한 세상을 탓하기보다는 자신을 개혁하는 데 주목하면서 역사학자 도널드 메이어가 긍정적 사고의 "사회적으로 무감각"한 측면이라고 불렀던 것을 실제로 보여주었다.[5]

그의 가족은 미주리 주에 속한 캔자스시티에서 대공황을 겪었다. 중산층 사람들은 도저히 상상할 수 없는 그런 가난 속에서 겨우겨우 버텨냈다. 그러한 상황은 불굴의 용기와 영웅적 자질을 요구했지만 1930년대는 많은 사람들이 기억하는 호레이쇼 앨저(1800년대 중반 미국의 아동문학가로 주로 가난한 소년이 근면, 정직, 성실로 성공한다는 이야기를 씀—옮긴이) 풍의 자수성가로 출세하는 그런 시대가 아니었다. 하지만 친구의 아버지는 달랐다. 캔자스시티의 주민 75퍼센트가 민주당을 지지하는데도 그의 가족은 여전히 공화당을 지지하면서 자신과 같은 부류의 사람이 아니라 그들이 되고 싶었던 사람들처럼 투표했다. 그는 또한 자신이 공화당을 지지한다는 것을 보여주기 위해서 선거운동 핀을 달았다. 핀에는 캔자스의 상징인 활짝 핀 해바라기 한가운데에 최악의 경제난을 이겨낼 능력을 갖춘 이상적 인물인 '랜든'(1936년 대선에서 민주당의 루스벨트와 겨룬 공화당 대선후보인 알프레드 랜든을 지칭함—옮긴이)이라는 이름이 새겨져 있었다. 한때 그는 한창 떠오르던 좌파 세력에 대응해서 미국 산업의 지도자들이 보통 생각할 수 있는 어떤 범죄도 저지른 적이 없는 "기독교 신사들"(긍정적 사고를 나타내는 전형적인 문구)[6]이라고 공언했다.

친구의 아버지는 캔자스 대학을 다닐 때 남학생 사교클럽에 가입하지 못했다. 당시 캔자스 대학의 남학생 사교클럽은 사회적 영향력이 막강했다. 어떤 친구는 그들을 '섹스 카르텔'이라고 부르곤 했다. 그들은 실제로 그런 역할을 했다. 클럽 회원은 캔자스 주의 최상위 계층에 속한 학생들, 즉 부잣집 자식, 운동선수, 정치인 아들, 푸른 눈과 사각턱을 가진 친구들만 골라 뽑았다. 보통 학생들에게는 그들과 경쟁할 기회조차 주지 않았다. 그 클럽은 고등학생 때 벌써 회원을 선발해서 입회서약을 받았다. 클럽 회원들은 대학에 들어오자마자 다른 친구들을 사귀느라 시간을 낭비하지 않아도 되었다. 그들이 보기에 거리를 오가는 친구 아버지와 같은 캔자스시티 출신의 얼빠지고 신앙심이 깊은 아이들은 그들이 활보하는 보도를 가로막는 장애물에 불과했으며 상종할 대상도 아니었다. 그들은 친구의 아버지를 경멸했지만 그는 그들을 믿었다. 그가 보기에 그들은 젊은이들이 올라설 수 있는 가장 높은 곳에 도달한 인물들이었다. 그는 자신의 아들과 내게 그런 클럽 회원들처럼 되라고 재촉했다. 우리는 실제로 그런 상류사회에 들어갈 엄두를 낼 수 없는 데도 그랬다.

이런 생각은 절대 특별난 것이 아니다. 특별난 것은 나였다. 나는 대학에 들어가자 이것과 정반대로 행동했다. 대학에 들어와서 비로소 사회계급이 무엇인지 깨달았다. 나는 지역의 엘리트들이 자신들을 위해 만든 금단의 과실로 유혹하는 땅에서 자라는 동안 그들을 엘리트로 만든 체제에 마비된 채 살았다. 나는 솔직히 대저택들을 포함해서 미션힐스가 정상이고 다른 지역들이 비정상이라고 생각했다. 실제로 백만장자의 아이들과 함께 놀며 자랐고 그러는 동안에 미국은 계급 없는 사회라고 확신했으며 중요한 것은 능력이고 일하려는 의지라고 믿었다.

고등학교를 졸업한 해 여름, 나는 알고 지내던 다른 아이들처럼 시내 중심가의 변호사 사무실이나 유명한 지방은행에서 멋진 여름방학 일자리를 얻지 못했다. 세상은 변변치 않은 내가 가진 기술이나 자본주의의 공정성에 대한 이상적 믿음에는 전혀 관심을 보이지 않았다. 대신에 나는 캔자스시티 주변의 사무실에서 임시직을 얻어 일했다. 그 일들은 대개 대다수 사람들의 운명이 권태와 좌절의 연속이라는 것을 보여주기라도 하려는 것과 같은 그런 일들이었다. 그때 일했던 한 회사에서는 컴퓨터를 할 줄 아는 유일한 사람이 휴가 중이었다.(1983년 때 일이다.) 그들이 나를 고용한 것은 컴퓨터 프린트 출력 용지를 타자기 위에 놓고 복사하기 위해서였다. 나는 몇 주 동안 온종일 타자기를 두드리며 다섯 자리 숫자들을 조금씩 바꾸는 일을 했다.

설상가상으로 나는 미션힐스의 부잣집 아이들이 많이 가는 동부 대학에 뽑히지 못했다. 내가 그 아이들과 다른 방식으로 걸러지는 이유를 이해할 수 없었다. 나는 그냥 순순히 모든 사람에게 입학을 허용하는 캔자스 대학에 들어갔다. 캔자스 대학에서도 그 아이들은 보이지 않는 손의 인도에 따라 다양한 사교클럽에 들어갔지만 나는 그러지 못했다. 사교클럽 아이들이 우리를 얼마나 배타적으로 대하는지는 그들이 대학 구내에 나타났을 때 친구들이 말소리를 낮추는 것을 보면 알 수 있었다. 섹스 카르텔의 상류에 정박한 그들은 말소리를 낮추지 않았다. 그들은 캔자스 주의 정치와 경제계 거물들이 하는 짓을 그대로 모방하려고 전념을 다했다. 그렇다고 캔자스 대학의 사교클럽 회원 아이들이 기독교 신사이거나 보수적인 앵글로색슨계 백인 집단이라고 말하는 것은 아니다. 오히려 그 반대다. 그들은 〈애니멀 하우스〉(할리우드 영화감독 존 랜디스가 1978년에 조지 오웰의 『동물농장』을 패러디해서 만든 코미디로 한 앵글로색슨계 백인 남학생의 대학생활을 통해 미국 중산층의 경박함과 허위의식을 고발함—옮긴이)에서 자신들의 참모습을 보았다. 그들은 지배계급이었다. 그러나 요란스레 떠들고 규정을 어기고 1980년대의 지독한 록음악에 빠져 허우적거리며 술에 취하고 토하면서 세상을 저주하던 그런 지배계급이었다.

내가 잠시 나갔던 대학생 공화당원 모임만이 그나마 그들의 당파성을 느낄 수 있게 해줄 뿐이었다. 그 모임의 지도자는 모두 일반 회원들은 관여하지 못하는 은밀한 과정을 통해서 선출되었다. 어쩌면 내가 선거하는 것을 못 보았는지도 모른다. 기억이 없다. 어쨌든 지도자들끼리는 서로 아는 사이였다. 그들은 모두 매우 친한 친구들이었다. 그들은 자신들의 줄줄 새는 위선을 굳이 서로 감추려고 애쓰지 않았다. 그들은 나를 불쾌하게 했다. 나는 그 조직의 유일한 목적이 그들을 장차 캔자스 주의 공화당 지배 세력으로 훈련시키는 것이라는 사실을 금방 간파했다. 앞으로 주지사가 되고 하원의원이 될 그들이 말하는 이상주의는 고등학교 토론 모임에서 나올 법한 주장이었다. 내가 그런 주장을 반박하는 데 익숙해진 것은 최근에 와서다.

물론 이런 불평은 일상에서 흔히 볼 수 있는 억압과 불공정한 기준에 비하면 아주 사소하다. 나는 투표했다고 두들겨 맞거나 파업했다고 총격을 받아본 적은 없다. 그러나 이러한 상황 전개만으로도 나는 계급의 존재, 엘리트의 존재를 충분히 깨달을 수 있었다. 또한 내가 엘리트의 일부가 아니었다는 놀라운 사실도 알 수 있었다. 우리 집안이 지금까지 그들 옆에서 살아왔지만 이제 더 이상 그들의 잘 차려진 탁자에 앉아 (앞에서 데이비드 브룩스가 카페테리아를 은유한 것처럼) 그들과 어울릴 수 없었다. 그러느니 오히려 두 팔을 퍼덕거리며 달까지 날아가는 편이 더 나을 것이다. 나는 이제 깨달았다. 자신에게 저주의 말을 중얼거리며 다리를 질질 끌고 거리를 걸어가는 정신병에 걸린 캔자스시티 주민들이 미국 대륙의 중간에 있는 노쇠한 도시 캔자스시티와 불가분의 관계가 있었던 것처럼 나도 미션힐스를 떠받쳤던 질서와 깊은 이해관계가 있었다. 그래서 나는 매우 캔자스 사람 같지 않은 짓을 했다. 민주당에 표를 던지기 시작했다. 그리고 그 이후로 나는 대학을 나온 같은 세대의 캔자스인들의 전형적인 모습으로 바뀌었다. 좌파가 된 것이다.

8장
행복한(?) 공화당의 포로들

오늘날 캔자스시티에서 "서로 긴밀하게 연결된 기업사회"가 불쾌하게 생각하고 컵케이크 랜드에 널리 퍼진 달콤한 분홍빛 거짓말(좌익 사상을 뜻함—옮긴이)에 물든 사람은 나만이 아니다. 그러나 아마 그곳에 정나미가 떨어져 왼쪽으로 방향을 튼(즉 좌파로 전향한—옮긴이) 사람은 또래들 중에 나밖에 없을 것이다. 여기서는 불만이라는 중력이 사람들을 오른쪽으로, 오른쪽으로, 점점 더 오른쪽으로 잡아당긴다는 사실을 기억하라. 캔자스의 영원한 지배계급이 꾸미는 야비한 음모, 그들의 편파성과 뻔뻔스런 부의 과시, 각종 기업의 추문과 농업사회가 분쇄되는 것에 대해서 캔자스 주민들이 보이는 일반적인 반응은 우파들이 의도적으로 관심을 돌리기 위해 꾸며낸 문화전쟁의 세계로 점점 더 깊숙이 빠져드는 것이다.

이러한 일이 캔자스에서 일어나는 것은 보수주의 운동이 정작 우리를 괴롭히는 물질적 문제들에 대해서는 거의 한 마디도 하지 않으면서 세상이 불공정하다는 것을 매우 설득력 있게 사람들의 마음을 사로잡는 방식으로 보여주기 때문이라고 생각한다. 보수 반동은 정치 세계가 어떻게 움직이는지를 보여주는 하나의 논리체계다. 그러나 그것은 또한 자신들이 피해자인 동시에 진실한 사람들이라는 것을 누구나 공감할 것이라는 진부한 정체성을 그들에게 주입한다. 당신은 세상의 소금이며, 미국의 생동하는 심장이다. 보수 반동은 폭스 뉴스에 채널을 맞추는 심기가 뒤틀린 교외 거주자들에게 이렇게 말한다. 그러나 당신은 부당하고 무자비하게 박해를 당하고 있다. 그러나 이제 그들도 당장 다른 모든 고통 받는 집단과 함께 정의로운 삶을 누릴 수 있다.

보수 반동은 개인의 정체성에 관한 것이다. 따라서 이제 우리가 주목하는 것은 개인이다. 캔자스가 보수적 태도를 취하게 만든 이상한 문화상품들을 도대체 어떤 사람들이 거래하는지 초점을 맞출 것이다. 여기서 말하는 사람들이란 보수 반동의 환상을 만들어내는 사람뿐만 아니라 그것을 소비하는 사람들도 포함한다. 그들은 그렇게 만들어진 진부한 정체성을 매우 설득력이 있다고 생각하고 그것을 내면화해서 자신의 것으로 만든다. 그리고 신뢰성과 피해의식을 미국식으로 독특하게 이해해서 스스로 구체화한다.

《캔자스시티 스타》에 악명 높은 칼럼을 써서 지역에서 유명한 존슨 카운티의 전 공화당 의장, 존 D. 알티보그트는 분노를 연주하는 1인 심포니다. 그는 자기 연민의 어두운 만가와 격렬한 분노의 교향악을 자신이 좋아하는 단 하나의 선율로 계속 반복하며 지휘한다. 그는 기독교 보수주의자들이 지배계급, 즉 자유주의자들에게 형언할 수 없는 박해를 받는 희생자들이라고 강력히 주장하면서 분노하고 통곡한다.

알티보그트가 지배계급의 희생자라고 자처하면서 자주 쓰는 어휘의 열쇳말은 증오다. 그는 엉뚱하게도 공화당 내의 중도적인 주류 연합이 사실은 "과거 유대인과 흑인들에 대한 증오를 점점 성장하는 복음주의 기독교 정치운동에 대한 증오로 전환하고" 있는 "증오 집단"이라고 주장한다. 알티보그트는 주류 연합의 창설자 로버트 메넬리를 캔자스시티의 "이언 페이즐리"라고 조롱한다. 알티보그트의 주장에 따르면 북아일랜드의 강경파 개신교 지도자인 이언 페이즐리는 "쓸데없이 종교 분쟁을 조장하는 바람에 노동계급인 민중들이 그들의 진정한 압제자에게 자신들의 공포를 집중하지 못하게" 했다. 여기서 진정한 압제자는 자유주의자를 말한다.¹ 그러나 알티보그트의 주 공격대상은 뉴스 매체다. 그는 토피카 주재 기자 한 사람을 (공교롭게도 아주 훌륭한 기자다) "캔자스 주에서 가장 편향되고 증오에 찬 기자"라고 지목했다. 그리고 《토피카 캐피털-저널》을 "KKK단 저널"이며 "캔자스에서 가장 고집이 세고 프로답지 않은 신문"이라고 조롱했다. "그 신문에 글을 쓰는 사람들이 기독교 신자들을 '극우세력'이라고 부르기" 때문이다. 알티보그트는 자신이 총애하는 캔자스의 기독교 우파들에게 어떤 난처한 뉴스거리가 생기거나 법적으로 큰 타격을 받는 일이 일어나기라도 하면 "옛날에 흑인들에게 너무 건방지다는 이유로 욕을 하며 폭력을 휘두른 폭도들"을 기억하라고 소리 높여 외친다.²

　이것은 터무니없는 짓이다. 보수주의 운동 입장에서도 당혹스러운 일이 아닐 수 없다. 그러나 내가 아는 캔자스의 보수주의자들은 알티보그트를 영감을 주는 사람이라고 생각한다. 그는 피해의식이라는 망상을 선정적으로 가공해냄으로써 보수주의 운동을 자신들에게 유리한 방향으로 이끌고 나아갈 수 있게 하는 치료약으로 이용한다. 보수주의자들은 스스로를 가증스러운 세계에 포위된 피해자로 이해해서 그들 주변에서 일어나는 일들에 대해 스스로 책임지지 않으려 한다. 그런 생각은 그들의 실패를 덮어주고 그들의 극도로 무책임한 분노를 정당화한다. 또한 그들은 그런 피해망상을 이용해서 정치 영역이나 사생활에서 발생한 모든 문제들에 대해 자신들이 아닌 외부 세계를 비난하거나 타락한 자유주의 엘리트들의 탓으로 돌린다.

알티보그트는 이런 적의에 찬 세계를 소리 높여 외치면서 자기와 반대편에 있는 사람들이 쓰는 말을 적극 활용한다. 옛날에 편협한 신앙의 희생자들을 보호하고 노동계급의 분노를 그들을 진정으로 억압하는 세력에게 향하게 하는 것은 주로 좌파들이 하던 일이었다. 그것들은 좌파들이 이루어야 할 목적과 정의로움에 비추어 당연히 그렇게 해야 하는 일이었다. 따라서 보수 반동의 지도자들이 어디에 가든 좌파들의 생각과 글을 비난하는 동시에 자신들 또한 그런 자질을 가진 것처럼 주장하는 것은 너무 어려운 일이다. 하지만 알티보그트는 그런 일을 아주 의식적으로 한다. 그는 성공회 내부의 동성결혼 논란에 대한 뉴스를 거론하면서 이렇게 말한다.

> 파시스트 돼지, 낙태시술자, 병든 사회와 같은 1960년대에 유행하던 말들이 오늘날 우리의 전체주의적 자유주의 체제를 설명하는 데 다시 쓰이고 있다. 지금 우리에게 필요한 것은 가능한 모든 수단을 써서 체제를 바꾸는 것이다. 민중에게 권력을.[3]

앞서 언급한 캔자스시티의 잘난 체하는 지식인 드와이트 서덜랜드 2세도 마찬가지로 좌파의 분석틀을 그대로 이용한다. 하지만 그는 미션힐스에 사는 부잣집 이웃들의 변질된 컵케이크 랜드의 공화주의를 분석하면서 그 분석틀을 훨씬 더 조심스럽고 신중하게 적용한다. 그는 나와 이야기하면서 낙태와 총기 규제, 진화론이 지금까지 유권자들을 조작하는 데 쓰였던 방식을 개탄하면서 보수주의 내부의 '쟁점 분산'을 통렬히 비난했다. 그러나 그는 이것을 일반적으로 생각하는 것과는 정반대되는 방식으로 이해한다. 서덜랜드는 '쟁점 분산'이 뉴딜정책을 지지하는 진영을 분열시키기 위한 공화당 전략이 아니라 공화당의 중도파와 민주당이 보수주의자들을 억제하고 자신들을 지지하는 중상층 보수주의자들에게서 노동계급 보수주의자들을 떼어놓으려는 술수라고 생각한다. 서덜랜드는 이렇게 말한다.

> 그들은 교외에 거주하는 중산층 백인 엄마들이 총기 소유 문제로 덜덜 떨게 만들고, 유대인 사회가 기독교 보수주의라는 실체 없는 요괴에 기겁하게 하고, 교외에 사는 여성들에게 가족계획이 중단될 것이라고 위협하면서 이러한 사회 문제들을 냉소적으로 다룹니다. 이런 상황에서는 우리 (보수주의자들) 가운데 어느 누구도 로우 대 웨이드 판결을 뒤집을 수 있는 기회가 없어요.

그것은 부끄러운 전쟁이자 공허한 문화전쟁의 문제들이며 부자들이 진정으로 주목해야 할 관심사에서 멀어지게 한다. 그것은 바로 '허위의식'이다. 극우 인사 서덜랜드가 이런 마르크스주의 용어를 써서 말하고자 했던 대상은 흑인들에 대한 조작된 공포 때문에 자신들의 이해관계를 무시하고 공화당에 표를 던지는 노동자들이 아니라, 기독교 보수주의라는 조작된 공포 때문에 자신들의 이해관계를 무시하고 민주당에 표를 던지는 부자들이다. 그는 말한다.

> 백만장자 친구 한 사람이 제게 아주 심각한 표정으로 [조지 H. W.] 부시

가 다시 대통령이 되는 것에 찬성할 수 없다고 했어요. 부시가 여성의 선택권에 대한 약속을 지키지 못했기 때문이라고요. 물론 1993년에 그 친구의 세금은 수천만 달러로 늘어납니다. 그리고 지금 그는 클린턴과 민주당에 고함치며 항의하고 있어요. 그래서 제가 이렇게 말했죠. "그래, 그러나 자넨 중요한 선택을 했고 그런 추잡한 낙태반대자들과 관계를 끊었네. 그것은 심리적 소득만으로도 충분히 가치 있는 일일세."

온갖 모순적인 일들이 캔자스시티의 언론인 잭 캐실이라는 인물에게서 일어난다. 그는 정치적 관심사들을 절묘한 산문체로 화려하게 배치할 줄 아는 사람이다. 캔자스 사람들의 사고방식을 이해하려고 애쓰는 사람이라면 누구나 이 인물을 자주 만난다. 나는 캐실이 진화론에 반대하는 어느 회의에서 열띤 강연을 할 때 청중들 사이에서 그를 봤다. 또 그가 한 공화당 집회에서 숭고한 낙태 반대 계획을 제안하는 것도 보았다. 그리고 캔자스의 한 보수 우파 후보를 지원하기 위해 그가 만든 우스꽝스러운 텔레비전 광고도 보았다. 그가 캔자스시티의 한 라디오 방송의 토크쇼에 출연해서 한 말도 들었다. 또 1996년 발생한 트랜스월드항공 800편 추락 사고(1996년 7월 17일 뉴욕의 존에프케네디 공항을 출발해서 파리의 샤를드골 공항으로 가던 비행기가 롱아일랜드 인근 대서양 상공에서 폭발하여 추락한 사건으로 탑승객 230명 전원이 사망함—옮긴이)와 관련된 수수께끼를 추적하는 그의 해설도 들었다. 심지어 자유주의자들의 은밀한 독재에 대항하는 무장 반란군의 이야기를 그린 그의 반유토피아적 소설도 읽었다.

그러나 무엇보다도 캐실은 계급투쟁의 전사다. 그는 어릴 적 자신이 노동계급이었을 때 이야기를 즐겨 하고 캔자스시티의 존슨 카운티 지배

세력이 보여주는 과장된 허식을 자주 경멸한다. 그는 컵케이크 랜드 사람들이 타는 자동차와 즐겨 입는 옷, 그들이 좋아하는 관목, 분양지 이름, 동부 해안 지역을 비난하는 것에 대한 강박적인 공포, 소비재에 대한 맹목적 취향을 조롱한다.

특이한 것은 그가 지방 경제잡지 《잉그램스》의 편집장이라는 자리를 이용해서 이렇게 부르주아들을 박해하는 일을 한다는 것이다. 그렇다면 잉그램스가 드와이트 맥도날드의 《포춘》처럼 엔론 같은 지방기업들이 망하기 전에 그 낌새를 먼저 알아채는 개혁적인 경제잡지란 말인가? 아니다. 그 반대다. 그 잡지는 사실 "40대 미만의 젊은 경영인 40명"의 명단이나 캔자스시티가 앞으로 발생할지도 모를 이러저러한 뜻밖의 횡재들을 꿈꾸며 어떻게 자리매김할 수 있을지 다양한 계획을 발표하는 일반 광고잡지일 뿐이다. 그 잡지에서 가장 두드러진 혁신은 앞서 언급했듯이 이 잡지가 해마다 발표하는 "파워엘리트"라는 특집기사다. 그것은 놀랍게도 노골적으로 기업에 아부하는 기사다. 중상층의 예법에 대해서 조롱하기를 좋아하는 바로 그 잭 캐실이 대개 그 기사를 쓴다.

지역의 중상층이 보여주는 특권의식을 비판하던 사람이 어떻게 다시 그들에게 알랑거리는 글을 쓸 수 있을까? 어떻게 한편으로는 짓밟힌 사람들을 걱정하면서 다른 한편으로는 부자들을 입에 침이 마르도록 칭찬할 수 있을까?

캐실은 그것에 별로 개의치 않는다. 그는 절망적인 삶에 몸부림치며 맞아 쓰러지는 노동자들과 **새로운 서민대중**이라고 할 만한, 멋있게 치장했지만 무력해 보이는 부자들의 풍자만화를 같이 보여준다. 그런 다음 속임수가 진행된다. 그동안 착취한 것에 대해서 대가를 치를 수밖에 없는 착취집단은 자본가가 아니다. 그들은 자유주의자들이다.

나는 캐실이 이론체계를 세우는 데 아주 남다른 재능이 있다고 생각한다. 주목하다시피 보수주의의 강력한 힘의 원천 가운데 하나는 그것이 현실을 나무랄 데 없이 잘 설명하고 자유방임 자본주의의 과오를 면책시키는 동시에 보통사람들의 불만을 잘 이해할 줄 안다는 것이다. 보수 반동의 이야기는 우리가 저속한 텔레비전을 불평하면서 스스로 용감하다고 느끼게 하고, 삶의 이모저모를 망치는 자유주의자들을 욕하면서 스스로 애국자라고 느끼게 한다. 그것은 경영자든 노동자든, 개신교도든 천주교도든, 흑인이든 백인이든 모두가 공통의 적을 향해 함께 격노하게 한다. 잭 캐실은 이러한 틀을 지역환경에 맞게 교묘하게 응용할 뿐 아니라 공세를 취할 계획도 개발한다. 그 계획은 모든 계층의 사람들이 보수 반동의 드라마에서 용감하고 유능한 역할을 맡을 수 있게 고안된 것이다.[4]

캐실은 한 시론에서 미국의 진정한 분열은 미션힐스에서 아이비리그 출신에 이르는 세련되고 똑똑한 사람들로 구성된 "교회일치주의자"와 "세금을 그리스도의 성화를 그리는 데 쓰지 않고 오줌 예수와 같은 작품을 만드는 데 쓰는 까닭을 이해하지 못하는" 낙태반대주의자인 "뱀을 다루는 신성한 기독교인(기독교 근본주의자)"으로 갈라진 것이라고 주장한다. 교회일치주의자는 숫자로는 더 적지만 지배계급이다. 그들은 언제나 자신들이 더 잘 안다고 생각한다. 그들은 지방 오지의 독실한 촌사람들의 행동을 못마땅하게 여기며 그들이 적절하고 신중하게 행동하도록 가르치려고 애쓴다. 반면에 빨간색 미국, 중서부 지역 미국인이라고 알려진 기독교 근본주의자들은 지배당하는 자들, 바로 우리라고 말한다.[5]

좀 더 멀리 유추해보자. 우리는 모두 멸시받는 기독교 근본주의자들이다. 동부 해안 지역 출신의 잘난 체하는 자유주의자들의 손아귀 아래서는 부자나 가난한 사람이나 기독교 근본주의자나 다 똑같다. 캐실은

"엘리트 파워"의 연재 기사 한 꼭지에서 캔자스시티를 지배하는 '연방권력'을 다음과 같이 간략하게 설명한다.

> 남북전쟁 이후로 한 지역은 그것을 잘 알지 못했다. 연방 정부는 그 지역의 가장 큰 고용주다. 연방 정부는 그 지역에서 가장 큰 학군과 가장 큰 주택공사를 운영하며 그 밖에 모든 것을 규제한다. 연방권력은 시에서 가장 영향력이 큰 중개인의 상업제국을 파괴했다. (……) 그리고 주지사가 될 사람을 (……) 감옥으로 보냈다. 그보다 더 두려운 것은 이제 국민이 연방권력을 통제할 수 없으며 연방 정부의 권력자들을 해임할 수도 없다는 사실이다.[6]

이때가 1994년으로 민주당 행정부가 워싱턴에 입성한 지 2년밖에 안 된 시점이었다. 하지만 중서부 지역에서는 우리가 문제를 제기할 수도 없고 통제할 힘도 없는 강압적인 연방정권 치하에서 살고 있다고들 했다. 남북전쟁 후 재건 기간 중에 남부연방(남북전쟁 때의 남부동맹 11개 주—옮긴이)이 사라진 것처럼 우리는 정복당한 민중이었다.

클린턴 패거리가 6년을 더 지배한 뒤, 캐실은 훨씬 더 멀리 나아갈 준비를 하고 있었다. 그는 이제 그의 수정 구슬을 들여다보고 『2006년』이라는 소설을 써냈다. 미국이 앨 고어라는 민주당 정권 2기를 맞이할 것이고 일반 민중은 자유주의의 강철 발굽 아래 쓰러진다는 내용이다. 당시 보수적인 민중주의자들은 19세기의 자본주의가 제약 없이 점점 확산된다는 무시무시한 미래상을 그린 『시저의 기둥』(1890년 미국의 농촌 급진주의 정치가이며 소설가인 이그나티우스 도널리가 쓴 소설로 세계를 집어 삼키려는 유대인의 음모를 그린 반유토피아적 소설. 이 소설로 미국 반유대주의의 기원이 민중주의라는 평가를 들음—옮긴이)이라는 소설을 좋아했다. 또한 캐실은 오늘날과 유사한 모습을 우리에게 보여준다. 보수주의자들이 박해를 받는 망상에 시달리게 만드는 온갖 사건들이 기괴한 형태로 이어지는 섬뜩한 미래상은 오늘날 보수주의자들이 두려워하는 것과 일치한다. 소설에서 정부는 러시 림보를 방송국에서 쫓아내고 연방대법원 판사 안토닌 스컬리어는 암살당하며(이러한 보수주의의 피해망상은 최근에 암살 위협을 받을 수 있었던 연방대법원 판사가 1985년에 '로우 대 웨이드' 사건의 판결문을 쓴 해리 블랙먼이었다는 사실을 생각할 때 정말 어처구니없는 일이 아닐 수 없다.)[7] SUV 차량은 더 이상 생산되지 않는다. 또 유능한 변호사들이 담배업계를 망하게 하는데 그다음 차례는 와인업계다. "혐오범죄"를 단죄하는 법률이 평범한 연설을 벌하기 위해 적용되고 오토바이를 타는 사람은 암만파(교회가 없으며 매우 소박하고 비순응적인 생활을 하는 보수주의 교단으로 남자들은 테가 넓은 검은 모자를 쓰고 턱수염을 기르고 여자들은 보닛 모자를 쓰고 검정색 복장을 하며 장신구를 걸치지 않음—옮긴이) 기독교인들이 하는 것처럼 반드시 헬멧을 써야 하며, 긴 장화를 신은 연방 정부의 깡패들이 미국의 애국자들에게 단호하게 징역형을 내린다. 이것은 마치 어떤 사악한 마법사가 마술을 부려 현실을 《월스트리트저널》의 특집기사 란에나 실릴 내용에 맞게 만든 것처럼 보인다.

　어쨌든 캐실의 주인공들—가톨릭교 라틴계 서민 패거리, 인디언들, 총기 애호가들을 비롯해서 한 스포츠기자가 이끄는 모든 이들—은 민병대를 구성하고 대담한 반란을 일으켜서 가장 간악한 자유주의자들 여러 명을 사로잡는다. 이러한 무정한 가공의 등장인물들 가운데 한 명은 총에 맞고, 칭송 받는 남아프리카공화국 출신의 한 특별한 총잡이가 주인 노릇을 하기 시작한다. 냉혹한 보어인의 응징이 있기 전에 이 자유주의 성향의 불한당은 그의 정치만큼이나 공허하고 타락한 몸이 산산조각 난다.

캐실의 세계에서 플렌-티-플레인트는 아주 정교해지고 숭고하게 완성되면서 문학적 명성을 얻는다. 알드리치가 백악관 구내식당에서 자유주의자들이 탐욕스럽게 요구르트를 먹는 것을 보면서 의심했던 자유주의자들의 압제적 성향은 여기서 완전한 체계로 활짝 꽃핀다. 심지어 아주 사소한 것들도 거대한 정치적 중요성이 있으며 당신이 사실일지 모른다고 생각했던 모든 것이 실제로 사실이 된다. 모든 것은 정해진 틀에 따라 움직인다. 모든 것은 정부의 배신과 그것을 믿는 사람들에 대해서 우리에게 교훈을 전한다. 트랜스월드항공 800편 추락 사고가 단순히 풀리지 않은 수수께끼일 리 없다. 클린턴 행정부가 "정치적 의도로" 조직적 은폐를 지시한 것이 틀림없으며 언론은 우파에 대한 혐오 때문에 그러한 은폐를 수용한 것이다.[8] 그리고 존슨 카운티의 공화당원들이 이 실록소설을 경멸할 하등의 이유도 있을 수 없다. 그들은 과거 공산주의자였던 어떤 비밀에 싸인 인물의 조종을 받는 것이 틀림없다.[9]

이제는 가장 평범한 사건들도 다 나름의 숨겨진 배경이 있다. 캐실은 자기 딸의 친구들이 베네딕트 아놀드(미국 독립전쟁 때 처음에 독립군 편에 있다가 나중에 영국군으로 넘어가 미국 역사에서 배신의 대명사가 됨—옮긴이)가 누군지 모른다는 것을 알고 미국 학생들의 "배신"에 분노해서 "우리가 스스로에게 물어야 하는 질문은 그 배신이 우연한 건지 (……) 아니면 의도된 건지다"라고 주장한다. 배신이 의도된 것이 틀림없기 때문에 "우리는 우리 가운데 이런 베네딕트 아놀드 같은 자들을 찾아내서 적어도 그들을 재교육해야 한다." 또 캐실은 "하루에 교통 위반 딱지를 두 장 떼이면 음모가 스스로 위험한 본색을 드러내며 가까이 온 것이다"라고 말한다. 그는 자기 아버지가 한때 경찰관이었기 때문에 딱지를 떼는 경찰관을 탓하는 것은 슬쩍 피해 간다. "그러나 이것이 그의 생각이

아니었다면 그럼 도대체 누구의 생각인가?"¹⁰

　그런 다음 한 지방 경제잡지가 통상 다루는 기사 내용들로 돌아간다. 일부 교외의 부동산개발업자가 보유한 "능력"이나 일부 지방 기업가의 독창성에 놀라며 찬사를 보내는 내용이 대부분이다. 시장이 자기 능력을 발휘할 때 세상은 생산적이고 유기적이며 민주적이 되지만 잘난 체하는 정부가 운전대를 잡으면 파괴적, 통제적, 자의적, 억압적 권력이 생긴다고 캐실은 주장한다.

　어느 화창한 여름날 아침, 낡은 식탁에 앉아서 《존슨 카운티 선》을 읽기 시작했을 때 캔자스의 정치판에서 중요 인물이 된 한 동창생이 쓴 글이 첫눈에 들어왔다. 공화당 중도파의 지도자, 스티브 로즈는 팀 골바라는 어떤 인물을 비난하는 글을 1면 논설에 썼다. 팀 골바는 그 지역의 공화당 중도파에게 전혀 용서받을 수 없는 문제를 일으킨 인물이었다. 스티브 로즈는 오늘날 이 지역에서 잘 알려진 유명 인사다. 그는 점토기와 지붕에 이탈리아식 궁전과 같은 형태를 가진, 미션힐스에서 가장 유서 깊은 대저택들 가운데 한 곳에 산다. 그렇다면 팀 골바는 누구인가? 나는 기사를 끝까지 다 읽었다. 로즈가 "명석"하고 "교활"하며 "캔자스 곳곳에 (……) 깊은 인상"을 남기는 사람이라고 묘사한 이 괴물 같은 골바는 사실은 "올레이스에 있는 펩시콜라병에 음료를 채우는 공장에서 일하는 노동자"였다. 올레이스는 로즈가 전에 또 다른 존슨 카운티라고 했던 보수 반동의 뜨거운 열기가 끓어오르는 신생 교외 지역이다.¹¹ 나는 골바에게 전화를 걸었다. 그가 전화를 받았다. 나는 그가 콜라 공장에서 어떤 일을 하는지 물었다. 정규 라인 작업이라고 했다. 캔자스 주에서 지도적 역할을 하는 사람이 하는 일치고는 너무 어울리지 않는 것 같다고 생각했다.

팀 골바가 사는 블록은 1970년대에 지어진 교외의 말쑥한 거리에 있는 소박한 주택단지다. 캔자스의 보수주의 혁명을 이끈 주요 인물이 사는 곳이라고 보기 어려운 곳이었다. 이웃들의 연령층이 그다지 노쇠하지 않은 동네다. 주변에 있는 집들은 모두 같은 모양이다. 집 외관을 꾸미고 집집을 구분하기 위해 모조 발코니와 합판에 새겨진 붓꽃 모양의 문장 같은 싸구려 치장을 한 것이 고작이다. 주변에는 나무들도 거의 없고 내가 방문한 날처럼 여름날에는 뜨거운 태양열이 널빤지로 된 지붕을 사정없이 달군다. 물을 계속 주지 않으면 잔디와 관목들은 곧 말라 죽을 것이다. 이미 많은 초목이 말라 죽으려 하고 있었다. 어디에도 걸어 다니는 사람의 모습을 볼 수 없었다. 동네가 너무 크고 집들도 많아서 그런지 주변 기온도 지나치게 높다.

내가 방문한 날, 골바의 집은 시계와 나뭇조각으로 얇게 조각한 익숙한 예수 얼굴을 제외하면 거의 꾸밈없이 아주 깔끔했다. 커피 탁자 위에는 잡지 한 권이 단정하게 놓여 있었다. 골바의 잘 다듬어지고 단정하게 깎은 머리, 고용주의 이름이 새겨진 폴로셔츠와 그것을 깨끗한 새 청바지 안으로 맵시 있게 집어넣은 모습은 헌신적인 스파르타 용사의 풍모를 느끼게 했다. 그의 어머니가 《캔자스시티 스타》와 인터뷰했을 때 말한 것처럼 그는 유치원부터 고등학교를 졸업할 때까지 한번도 학창시절을 그리워한 적이 없었다. 나는 그것을 믿는다. 그러나 오해하지는 마라. 골바는 정치적으로 격렬하게 싸우는 사람으로도 유명하다. 2003년 말 혐오스런 주류 연합이 주 정부에 조직 명칭을 재등록하는 것을 잊었을 때, 골바가 그 명칭을 가로채서 먼저 등록해버렸다.[12] 하지만 그의 첫인상은 이러한 격렬한 투쟁과 쉽게 일치되지 않았다. 그는 흔들림 없이 단조로운 어조이면서 정치적 독설을 맹렬하게 내뱉는 사람이 아니라 열심히 일만 묵묵히 하는 말수가 적은 사람들이 쓰는 억양으로 약간은 혀 짧은 소리로 말한다. 골바가 말한 모든 것은 과시하거나 꾸민 것이 아니라 평범한 사실들이었다.

그러나 골바가 스스로를 표현한 대로 이 "작고 나이 든 블루칼라 노동자"는 캔자스에서 보수주의 운동이 휘몰아치는 데 크게 한몫했다. 골바는 고등학교밖에 안 나오고 말재주도 별로 없었지만 자기가 조직한 '생명을 소중히 생각하는 캔자스인들'이라는 단체를 캔자스 주에서 가장 강력한 정치집단으로 만들었다. 골바는 1980, 90년대에 캔자스 주 전역을 돌아다니며 낙태반대를 공약으로 걸고 연방의원 선거에 나설 강경노선의 보수주의자들을 모집했다. 더 중요한 것은 그런 후보자들이 선거에서 확실히 이길 수 있도록 기반을 마련하는 데 심혈을 기울였다는 점이다. 1992년 골바는 존슨 카운티에서 지방선거구 위원회 모든 위원들의 서명을 받아 마침내 그 지역의 공화당을 접수했다.

그는 이 모든 일을 직장 일이 끝나고 쉬는 시간에 했다. 골바는 지금도 여전히 콜라 공장에서 라인 노동자로 일한다. 그는 지금까지 토피카에서 어떤 정치적 권한을 요구하거나 받지도 않았다. 그는 "올해의 존슨 카운티인"이라는 명예를 부여받거나 캔자스시티 자선 재단에 이사로 참여할 의사도 전혀 없다. 그가 지금까지 한 일은 모두 원칙에 대한 일이었다. 편안해빠진 나약한 중도주의자들에게 없는 것이 바로 이 원칙이다. 골바는 말한다.

그들은 모두 기업가들이죠. 그들은 돈이 많고 일부는 이 나라에서 가장 큰 부자들이에요. 하지만 우리는 그들을 이길 수 있었죠. 그들은 어떤 기반도 없기 때문입니다.

그는 캔자스 주 의회 대변인을 쩔쩔매게 한 카펫업자, 골바가 후원한 후보자보다 10배나 많은 것을 쏟아 부었는데 결국에는 '완패' 한 부유한 중도파와 같이 노동계급 사람들이 고위층이나 권력자들을 선거에서 이긴 이야기들을 계속해서 했다.

반대편은 또한 그들이 가진 원칙들이 유권자들의 마음을 얻지 못하기 때문에 선거에서 진다. 샘 브라운백은 캔자스 사람들이 경제 문제에는 관심이 없고 문화전쟁에만 열중한다고 말한다. 팀 골바도 수긍하는 듯하다. "후보자들이 세금이나 경제 문제를 제기하는 것만으로는 일반 대중들이 표를 찍으러 투표장에 가게 선동할 수 없어요. 오늘날 사람들은 매우 바쁘거든요"라고 그는 말한다. "하지만 이 나라가 도덕적으로 몰락했다고 걱정하는 사람들은 많이 있어요. 낙태 문제와 같은 것들로 사람들을 자극할 수 있다면 충분히 승산이 있어요."

골바는 이런 원칙에 충실함으로써 보수 반동의 가장 강력한 세력 가운데 한 사람이 되었다. 자신의 경제적 이익을 무시하는 것은 일반인들이 보기에 자살 행위나 마찬가지일 수 있지만 다른 측면에서 보면 더 신성한 대의를 위해 자신을 희생하는 숭고한 자기 부인 행위로 보일 수 있다. 골바의 수도승 같은 금욕적 생활방식은 그러한 인상을 더욱 굳히게 한다. 그는 오늘날 우리의 안락한 문명에 등을 돌린 사람이며 물질세계를 초탈한 사람이다. 골바는 이런 도시 외곽의 보잘것없는 교외에서 세상의 오만함과 속된 마음을 꾸짖는다. 그는 대저택에 사는 사람들을 무시한다. 그들의 후보자들을 선거에서 패배시킨다. 결국 그들은 돈만 헛되이 쓰고 선거에서 떨어지고 만다. "내 생각에 동조한다면 당신은 성경을 믿는 기독교인으로 다시 태어난 거라고 생각하세요. 그것들은 선악의 문제입니다"라고 골바는 말한다. "회색지대는 그리 많지 않아요. 당신은 한쪽 편에 서야 해요." 골바가 자신의 운동이 노예 폐지를 위해 애쓰다 죽은 금욕적 기독교인이며 캔자스의 영웅인 존 브라운을 당연히 계승한 것이라고 말하는 순간 문득 그가 무언가에 집착한다고 생각했다.

골바가 비록 자신의 운동을 노동운동과 비교하는 것을 아무리 거부한다고 해도 그가 시저 차베스(멕시코계 미국인으로 라틴계 민권운동가이자 농민 노동자 운동의 지도자로 널리 이름을 떨침—옮긴이)와 정반대되는 인물과 같다는 생각을 피할 수 없다. 골바는 그 전설적인 노동운동 조직가처럼 신앙심이 깊고 조금도 자신을 돌보지 않고 맡은 바 임무에 몰두하면서 조직을 점점 더 강력하게 만드는 사람이다. 그는 어떤 물질적 보상을 바라지 않고 캔자스 주 전역을 돌아다니며 사람들을 선동하고 교육하고 조직한다.

그는 끊임없이 그러나 세속적인 야망 없이 일하면서 상류층에게 그동안 비껴서 있었던 정의의 길로 다시 돌아오라고 설교한다. 그는 비록 사람들이 귀 기울이지 않아도 가르친다. 그는 남들이 대저택에서 호화스럽게 살 수 있도록 자신을 부인한다. 그는 남들이 자본 이득을 누리고 전혀 일하지 않고 지낼 수 있도록 밤낮을 가리지 않고 일한다. 정반대 쪽에 있는 사람들을 위한 자기 비하. 이 모든 것에서 그리스도와 닮은 어떤 모습을 발견할 수 있는가?

올레이스 출신의 캔자스 주 상원의원인 보수 우파 케이 오코너는 아마도 그것에 동의할 것이다. 그녀는 12년 동안 중도파들과 싸워왔다. 그녀는 2000년 공화당 예비선거에서 가장 유력한 중도파 지도자 가운데 한 명을 패배시켰다. 그녀는 다른 보수 우파들처럼 두 편의 계급 차이가 크다는 것을 알았다. 그녀에게 그것에 대해 설명해달라고 요청했다. 그러자 그녀는 잠시 생각하더니 계급이라는 것은 사람마다 정치관이 다른 것처럼 사람마다 "개성의 차이"를 반영할 수밖에 없다고 말한다. 대리석으로 꾸민 미션힐스의 대저택에 사는 민중들은 "아마도 우리가 흔히 말하는 영적 풍요로움보다는 물질적 풍요로움을 더 중요하게 생각한다고 말할 수 있지요."

남보다 더 물질적인 사람들은 회사 경력을 쌓고, 사업을 하고, 최고경영자가 되거나 큰 회사를 소유하고, 물질적인 것을 차지하는 것에 더 관심이 많은 사람 (……) 그는 남들보다 더 중도적이다. 그리고 그들은 정상에 오르고 성공하려면 무엇을 갖추어야 하는지 잘 안다. 당신은 열심히 일할 것이고 때로는 다른 사람들을 짓밟기도 할 것이다. 반면에 보수 우파는 일요일에 그냥 교회에 가거나 낚시를 하러 가거나 혼자 남아 있기를 바랄 뿐이다.

그러나 케이 오코너는 "혼자 남아 있기를 바라지" 않는다. 그녀는 입을 열 때마다 거의 구설수에 오른다. 그녀는 한편으로 공교육을 중요하게 생각하는 지역에서 학교 바우처 제도 실시를 끊임없이 주장하면서 다른 한편으로 여성의 참정권 부여가 미국의 도덕적 타락을 부채질한다고 주장하는 것으로 유명하다. 그녀는 후자의 주장 때문에 전국에서 조롱거리가 되었다. 신문 사설들은 일제히 미친 캔자스라고 비웃었고 제이 레노(1992년부터 NBC의 〈투나잇쇼〉를 진행함—옮긴이)는 그녀를 "올해의 여성 탈레반"이라고 불렀다. 캔자스 주 공무원들은 그녀의 사임을 요구했

고 그녀의 선거구민 가운데 일부는 소환청원운동에 나섰다.[13]

참 기이한 일이지만 나는 그 엉뚱한 케이 오코너에게서 뭔지 모를 진정한 매력을 느꼈다. 내가 그녀를 처음 본 것은 2002년 가을 실망스러운 한 공화당 선거집회에서였다. 집회에서 마땅히 격려하고 축하받아야 할 후보자가 여론조사에서 밀리는 상황이었다. 참석자들은 모두 알코올 도수가 낮은 싱거운 맥주를 두세 잔씩 마시며[14] 우울한 선거 전망에 대해서 이야기하는 것을 꺼렸다. 그때 무대 앞에서는 이름 모를 어떤 밴드가 나와서 잘 모르는 공화당 록음악을 연주했다. 그러나 그날 거기에는 노동조합 조합원들이 좋아할 것 같은 매끈한 공단 재킷 같은 것을 입고 매우 즐거운 표정을 한 케이 오코너가 있었다. 그녀는 확성기 앞 오른쪽에 서서 예순 살의 나이에도 머리를 흔들며 빅 조 터너의 블루스 명곡 〈캔자스시티〉를 따라 불렀다. "나는 이 노래를 좋아했어요." 그녀는 남편과 함께 아이오와에서 이곳으로 이사온 때부터 자기가 좋아한 노래라고 환히 웃으며 말했다.

케이는 여섯 명의 자녀를 둔 엄마이자 손자가 여러 명인 할머니다. 그녀는 두꺼운 플라스틱 렌즈 안경을 쓰고 다니는데 그것은 그녀를 매우 순진무구하게 보이게 했고, 그녀의 커다란 파란색 눈동자를 더 돋보이게 해서 눈에 항상 눈물이 어른거리는 것처럼 보이게 한다. 흰색 비닐 사이딩 벽재로 지은 그녀의 올레이스 집에 있는 사무실은 다양한 서류와 책, 컴퓨터 장비들 사이로 언뜻언뜻 보이는 성조기 문양의 벽지와 보수주의 영웅들의 사진들로 정신이 없다. 거기에 성경책이 있는 것은 당연한 일이다.(그녀는 자신이 라틴 전례에 참석하는 가톨릭 신자라고 한다.) 벽에는 1962년 학교에서 기도하는 것을 금지시키고, 학습능력적성시험 점수를 10퍼센트! 떨어뜨리고, "불법 약물" 복용을 6,000퍼센트! 높인 오늘날의 모든 죄악들을 그려넣은 포스터 한 장이 걸려 있다.

오코너는 이처럼 어지러운 생각들에 몰두하는 것처럼 보인다.[15] 그녀는 많은 보수 우파들처럼 말할 때도 단어 하나하나를 신중히 고르고 똑똑히 발음하였다. 분명 지식인의 인상을 주지만 방 안에 앉아서 세상 모든 문제를 혼자 다 떠안은 사람처럼 행동할 때는 매우 어리석어 보인다. 이를테면 그녀는 존슨 카운티의 오래된 지역이 올레이스보다 더 보수적이지 않은 이유 가운데 하나가 엉뚱하게도 그곳의 인구가 너무 조밀해서 사람들을 자꾸 민주당원으로 만들기 때문이라고 주장한다. 그녀는 더 나아가 대도시의 황폐 지역이 주 정부의 세금 경감 조치 때문에 생긴다고 설명한다.

오코너는 어리석을지 모르지만 언행은 늘 한결같다. 정부와 노동조합, 특히 교원노조는 많은 문제를 야기한다. 그러한 문제들을 해결하는 방법은 세금 감면과 자유 기업이다. 그녀는 "증세를 위한 어떠한 노력"에도 반대하기로 맹세한 수많은 캔자스 정치인들 가운데 한 명이다. 그녀는 또한 앞서 2장에서 설명한 악덕 기업 위티그가 사악한 웨스타 분사 계획을 성사시킬 수 있도록 로비를 벌였던 몇 안 되는 사람들 가운데 한 명이기도 하다. 누진세에 대해서 어떻게 생각하는지 묻자 그녀는 우선 부자의 세금을 늘리는 것은 안 된다고 하면서 증세를 할 경우 부자들이 늘어난 비용을 우리들에게 전가할 것이기 때문이라고 주장한다. 그러고 나서 누진세는 아주 명백한 도둑질이라고 단언한다. "우리가 왜 경제적으로 성공한 사람들에게 벌을 줘야 하죠?"라고 반문한다. "부자에게서 빼앗아 가난한 자에게 주는 사람은 분명 로빈훗이 한 일이에요. 그것은 도둑질이죠. 로빈훗은 도둑이었어요."

오코너는 어떤 기준으로도 부자가 아니다. 그녀의 남편은 근처 병원에서 모니터 기술자로 일한다. 그녀는 내게 일부러 그들이 재산이 없다는 것을 보여주려고 애썼다. 그러나 현안에 대한 그녀의 생각은 모두 19세기 반더빌트(미국의 철도 부호—옮긴이) 가문과 프릭(철강과 석탄 부호—옮긴이) 가문을 홍보하는 책에 나온 것처럼 보인다. 예컨대 도시 쇠퇴에 대한 오코너의 해법은 학교 바우처 제도와 저임금 경제다. 먼저 우리는 시장의 힘을 빌어서 학교를 개선한다. 그러면 "더 좋아진 이런 학교들이 양질의 노동자들을 길러내지요. 그러면 더 많은 기업들이 그들에게 매력을 느끼게 될 것이고 따라서 기업들이 이런 양질의 노동자들을 얻기 위해 이 지역으로 이주할 거예요. 게다가 이 양질의 노동자들은 가난한 가정 출신이기 때문에 저임금으로 고용할 수도 있지요. 그들은 연봉으로 8만 달러를 달라고 하지 않아요. 한 시간에 6, 8, 10달러면 충분해요." 그러면 언젠가 이 고분고분한 빈민들은 다른 사람들처럼 풍족한 삶을 살 기회가 주어질 것이다. 적어도 나는 그것이 단순히 생각뿐이길 바란다.

오코너는 이러한 저임금의 이상향을 진실로 믿기 때문에 바우처 제도를 민초들에게 알려 행동하도록 촉구하는 조직을 만들기 위해 자기 돈을 쏟아 부었다.[16] 그녀는 그 계획을 실행에 옮기기 위해 은행 대출을 내고 자기 집까지 매각했다.

도대체 이렇게 해서 케이 오코너에게 돌아오는 것은 무엇인가? 그녀와 같은 사람들을 더 살기 힘들게 할 뿐인 정책을 위해서 재산도 별로 없는 한 개인이 그렇게 큰 희생을 하는 이유는 무엇인가? 겨우겨우 먹고 사는 사람이 부정하게 부를 축적한 웨스타의 최고경영자를 도우려는 이유는 무엇인가? 적어도 보수주의 세계관이 보여주는 놀랄 만한 미학 그 자체에서 그 대답의 일부를 찾을 수 있겠다. 거기서는 모든 것이 다 잘 들어맞는다. 모든 것에는 제자리가 있다. 모든 사람은 자신의 신분에 만족한다. 시장이라는 신이 사람들에게 개별적으로 많은 것을 주지 못할지는 모른다. 그렇다고 그것이 시장의 신성을 바꾸거나 보수주의의 명쾌한 통찰력에 흠집을 내지는 않는다. 그 밖에도 보수주의 세계관이 기여하는 방식은 여러 가지가 있다. 오코너 같은 사람들은 이를테면 최고 소득세율을 낮춘다고 해서 얻을 것이 거의 없다. 그럼에도 자신이 올바른 일을 하고 있으며 그 일을 이루기 위해 단호하게 나아가는 운동에 참여한다는 것에서 만족감을 느낀다.

여성 문제에 대해서도 사정은 마찬가지다. 케이 오코너와 같은 강력하고 수완이 뛰어난 캔자스 여성들은 자신들과 같은 여성들의 문제에 대해서 시계를 뒤로 돌리려고 끊임없이 노력한다. 오코너는 자신이 여성들의 투표권에 반대하는 것이 아니라고 말하지만 (그녀가 언제나 투표하는 것은 틀림없다) 전통적인 남성과 여성의 관계를 지지한다고 스스럼없이 밝힌다. "나는 43년 동안 행복한 포로로 살고 있어요"라고 그녀는 말한다. "나는 도덕적으로 오로지 남편에게 순종해요. 반면에 기독교인으로서 남편은 예수가 교회를 사랑하고 돌본 것처럼 나를 사랑하고 보살펴야 해요. 그리고 예수가 교회를 위해서 죽은 것처럼 남편은 나를 위해서 기꺼이 죽을 줄 알아야 합니다. 남편이 나를 위해 기꺼이 죽을 수 있다면 적어도 나는 그에게 도덕적으로 순종할 수 있어야 하는 것 아닌가요?"

오코너는 이러한 추론을 연쇄적으로 이어나간다. 그녀는 그것으로 점점 더 확신을 얻고, 사무실에 앉은 채 자신의 정치경력을 관리한다. 또한 그러한 추론을 통해 바우처 운동을 위해 다음에 무엇을 할지 계획도 짠다. 그녀는 그 문제가 나오자 한 시간 넘게 다양한 논점들에 대해서 매우 권위 있게 의견을 말했다. 도중에 남편이 방에 들어왔지만 우리가 인터뷰 중이라는 것을 알고는 재빨리 공손하게 자리를 떴다. 이곳에서 이렇게 흥미로운 정치적 입장을 가진 사람은 오코너만이 아니다. '자비의 여름'부터 진화론에 대한 성전에 이르기까지 캔자스의 보수 우파가 취한 극적인 모든 행동에서 권위 있는 여성들이 보여준 모습은 매우 뛰어났다. 그들은 먼 옛날의 신화적 사회질서를 복원하기 위한 전쟁에서 어느 모로 보나 남성 못지않게 실질적으로 영향력을 발휘하는 세력이다.

오코너는 약 10분 동안 자신의 '행복한 포로'론을 이야기한 뒤, 그녀가 이끄는 공화당 여성 단체 모임으로 나와 함께 차를 몰고 갔다. 그녀는 약속 시간에 맞춰 거기에 가고 싶어 했다. 그래서 그녀는 가족용 쉐보레를 타고 교외의 중심가인 칼리지 불러바드를 시속 180킬로미터로 질주했다. 나는 내 차로 그녀를 뒤따라가기로 했는데 정지 신호를 무시하고 달리느라 주변 눈치를 보거나 속도 조절을 하느라 멈칫하는 사이에 점점 뒤처지기 시작했다. 결국에는 불 꺼진 유리 벽면의 고층건물들과 잘 가꾸어진 회사 잔디 부지들 사이로 난 빈 도로를 굉음을 내며 달리는 그녀의 차의 미등 불빛만 겨우 볼 수 있었다.

마크 기첸을 만나기 전에는 그가 보수 반동의 초창기에 명성을 얻은 사람이라는 사실만 알고 있었다. 당시에 위치토 신문은 항공기의 수도인 바로 이곳에서 '신정정치'가 시작될지도 모른다며 공포에 떨었다. 위치토 기독교인 독신자 네트워크의 지도자 기첸은 1990년대에 오랫동안 지역의 공화당 의장으로 일했다. 위치토 신문은 그를 호의적으로 다루지 않았다. 신문에 실리는 사진은 언제나 소도시의 바람둥이처럼 연필로 그린 듯한 콧수염과 디스코가 유행하던 시절 엷은 빛깔의 조종사용 선글라스를 낀 모습이었다. 지역 신문들은 그가 세지윅 카운티의 공화당 의장으로 당선되자 그것을 일종의 쿠테타로 묘사했다. 신문들은 기첸을 아내를 때리는 남편인 것처럼 암시하는 만평을 싣기도 했다.

하지만 함께 마주하고 앉은 기첸은 그런 이미지와는 전혀 어울리지 않았다. 기첸은 키가 크고 해병대원 출신답게 외모가 당당하다. 그는 위치토에서 만나는 거의 모든 사람들처럼 비행기광이다. 그의 차고에는 조금씩 천천히 복원 중에 있는 1950년대 추억의 민간 비행기 파이퍼 트라-페이서가 한 대 있다. 조종사용 안경의 왼쪽 렌즈에도 같은 기종의 비행기 그림이 아주 작게 그려져 있다. 기첸은 또한 여태껏 만난 다른 사람들처럼 친절하고 열정적이다. 실제로 그는 이야기들을 이어가는 중간에 잠시 멈추는 것 말고는 두 시간 동안 거의 쉬지 않고 줄기차게 말했다.

위치토는 한때 지역의 노동조합 조합원들 덕분에 캔자스 주에서 몇 안 되는 민주당 우세 지역 가운데 한 곳이었다. 그러나 1980년대에 점차 공화당으로 기울기 시작하더니 급격하게 우경화했는데 1991년 '자비의 여름' 사건이 결정적이었다. 기첸은 당시에 집집이 돌아다니며 캠페인을 벌인 결과 수천 명의 보수파 지지자들을 확보할 수 있었다고 한다.[17] 그 이전에는 지금과는 전혀 다른 종족이 공화당 선거구위원회 자리들을 차지하고 있었다. 기첸의 눈에 그들은 "공화당에 천 달러짜리 수표를 기부하고는 골치 아픈 일은 안 하는" 그런 종류의 사람들이었다.

1991년 이후 기첸이 모은 보수파 지지자들은 돈이 없었다. 그러나 그들은 낙태 반대를 주장하는 후보자들을 위한 선거운동에 열심히 뛰어들었다. "단순히 돈을 들여 선거홍보물을 우편으로 보내는 것이 아니라 유권자들을 일대일로 직접 대면하기를 (……) 꺼려하지 않는 선거운동원들이 있다면 유권자들에게 직접 홍보물을 전해주고 개별적인 접촉을 할 수 있죠." 기첸은 수없이 교회들을 찾아다니며 후보자 홍보를 하고 가는 곳마다 선거인 등록 서류를 들고 다녔다. 언제라도 민주당원을 공화당원으로 바꿀 태세를 갖추고 새벽 2시까지 선거운동을 하고 다니기가 다반사였다.

기첸은 한 번에 한 명씩 전향시키는 사회운동을 전개하였다. 좌파 진영에서는 보수 반동 세력이 상부 조직의 명령에 따라 통제적 방식으로 움직인다고 흔히들 말한다. 공화당의 정치 연설가들은 그런 식으로 힘겹지만 마지막으로 한 번 대공세를 위해 인구통계학적으로 침체된 지역에 다시 모인다. 그러나 위치토 공화당원들이 이룩한 것은 이런 신화를 영원히 내쫓은 것이다. 그들은 스스로 위치토의 모든 주민들을 대상으로 자신들의 투쟁의지를 소리 높여 외치고 차이점을 선명하게 보여주었다. 그러면서 유권자 전체를 편을 가르고 자신들의 이해관계가 어디에 연결되어 있는지 알렸다. 기첸과 동료들은 위치토 사람들이 투표뿐만 아니라 선거운동에 직접 참여하기를 원했다. 그들은 세상을 바꾸려고 했다.

위치토의 보수 우파들이 그들 나름의 선거운동을 열심히 한 것은 사실이다. 그러나 전통적으로 노동계급을 대상으로 전개된 민주당의 선거운동이 자멸하지 않았다면 그렇게 크게 성공하지는 못했을 것이다. 물론 내가 지금 말하려는 것은 클린턴 행정부가 심혈을 기울였던 경제 문제에서 민주당과 공화당의 차이가 별로 없다는 '삼각화' (1996년 클린턴이 재선에서 승리할 수 있게 한 정치컨설턴트 딕 모리스의 중도 전략—옮긴이) 정책이다. 미국의 전문가 집단들은 지금까지 언제나 '삼각화' 정책이 자유주의의 옛날식 '계급투쟁'의 종말을 알리면서 동시에 '큰 정부'에 대한 민주당의 믿음도 수명이 다했음을 보여주는 천재적 작품이라고 평가했다. 그들은 클린턴이 이끄는 새로운 민주당을 이제 모든 정당이 자유시장의 신성함에 동의하는 시대의 여명을 밝힌 것으로 생각했다. 그러나 클린턴이 우파를 수용하는 정치전략을 구사한 것은 결과적으로 볼 때 매우 어리석은 짓이었다. 그것은 좌파의 어떠한 조직화 작업도 무력하게 만들었다. 보수 우파들은 유권자 전체를 대상으로 편을 가르느라 바쁜데 민주당원들은 온순하게 중도파들을 찾아다녔다. 위치토에서 공화당의 이념은 역동적이고 자신만만해 보였다. 하지만 민주당원들은 패기가 없고 유약하고 지친 사람들처럼 보였다.

클린턴의 전략은 월스트리트에서 잘 먹혀들어갔는지 몰라도 마크 기첸이나 전국에 있는 그와 같은 수백 명의 기독교 보수 조직 활동가들에게 이로운 결과를 낳았다. 기첸은 선거 쟁점에서 중요한 경제 문제들이 사라지면 민주당과 공화당을 구별하기 위해 남는 것은 사회적 문제뿐이라고 말했다. 그런 분위기에서 변변찮은 재산을 가진 사람들에게 민주당은 별로 매력이 없어 보이기 쉽다. 기첸은 "몇 년 전만 해도 공화당은 '부자들의 정당'이고 민주당은 노동자를 대변한다고 생각했다"고 쓴다.

이제 더 이상은 아니다! 오늘날 자녀를 둔 노동자 가족은 민주당 식구보다는 공화당 식구가 되려는 경향이 더 강하다. 민주당 지도자들은 과거에 자신들이 가난한 사람들을 위한 정당이었다는 생각을 스스로 버렸다. 오늘날 민주당의 기금 모금 행사는 1인당 1,000달러의 비용이 드는데 공화당의 비슷한 행사보다 (······) 더 많다. 최근에 클린턴 행정부의 한 구성원이 〔제임스 카빌(1992년 대선 때 클린턴의 정치참모를 맡아 "바보야, 문제는 경제야!"라는 구호를 만들어냄―옮긴이)이 분명하다〕 가난한 사람들을 "인간쓰레기"라고 말했다. 그의 말은 언론에서 헛소리라고 조롱을 받았다.[18]

이러한 생각들이 드러난 팜플렛 제목은 「오늘날 미국에서 기독교인이 민주당 선거인으로 등록하는 것은 죄인가?」다.

당시에 위치토에는 그렇다고 믿는 주민들이 많았다. 그들은 1994년 중간선거에서 나프타(북미자유무역협정)를 지지한 클린턴의 충실한 심복, 민주당 하원의원 댄 글릭먼에게 그들의 좌절감을 표출했다. 나프타는 본디 공화당에서 초안을 잡아 제출안 자유무역협정이었다. 게다가 글릭먼의 유권자 기반인 위치토의 노동조합들이 그 무역협정에 강력하게 반대했는데도 그들을 배신했다. 보잉사의 페인트공으로 노조원이자 캔자스 주 의회 공화당 의원인 데일 스웬슨은 이렇게 말한다. "〔글릭먼이〕 나프타에 찬성표를 던졌을 때 나는 더 이상 그를 지지할 수 없었어요. 글릭먼이 나프타에 찬성하자 많은 조합원들이 정말 그에게 화를 냈어요." 민주당과 공화당이 모두 자유무역과 관련해서 한통속이 되자 이제 남는 문제는 낙태와 총기 소유 문제였다. 물론 정부 자체에 대한 문제는 당연히 남아 있었다. 글릭먼은 열렬한 낙태 찬성론자였고 살상용 무기의 소유를 제한하는 정부의 조치를 지지했다. 게다가 그는 국민들이 직업 정치가들을 극도로 의심하게 만든 하원의 부도수표 추문에 연루되었다. 그는 이 세 가지 문제 때문에 위치토에서 점증하는 보수 반동의 물결 속에 거꾸로 처박히는 신세가 되었다.

1994년 선거날 밤, 위치토 서부의 블루칼라 지역은 공화당 보수 우파 토드 티아트를 선택했다. 글릭먼은 오늘날 그 일을 회상하면서 드와이트 서덜랜드와 같이 빈정거리는 투로 말한다. 그는 자기 지지 기반에게서는 버림을 받은 반면 스스로 "엘리트층 투표"라고 부른 곳—"고소득층이 몰려 사는 위치토 동부의 공화당 선거구"—에서는 가까스로 승리했다. 완전한 반전이었다. 글릭먼은 '자비의 여름'과 그 여파로 크게 당황한 전문가 집단의 지지에 의존할 수밖에 없었다.

1994년 선거운동은 정말 대중선동적인 분위기였다. 티아트는 텔레비전에 빈번하게 출연하거나 부자들의 커다란 재정 지원 없이 선거운동을 했다. 그러나 티아트와 그의 '고소득' 선거구민들 사이의 균열은 이미 오래전에 치유되었다. 오늘날 티아트는 자신이 바라는 대로 상업 방송 프로그램에 출연할 수 있다. 위치토의 기업가들은 이제 티아트가 그들의 가장 큰 적인 정부와 싸우는 것을 돕기만 한다면 그가 신앙과 관련해서 어떤 주장을 펴든, 임신중절에 반대하는 수술구조대와 같은 낙태반대 활동을 하든 전혀 신경 쓰지 않는다. 케이 오코너가 아주 잘 표현한 것처럼 마침내 상류층 사람들은 자신들의 기득권을 유지하기 위해 그들이 무엇을 해야 하는지 알았다. 그들은 이제 위기에 처하면 공화당을 지지하는 새로운 서민대중들의 땀에 젖은 신앙심을 잘 이용할 줄 안다. 새로운 서민대중은 예수를 찬양하기 위해 목소리를 높이지만 세속의 지배자를 찬양하기 위해서도 표를 던지는 사회적 보수주의자들이기 때문이다. 드와이트 서덜랜드는 언젠가 때가 되면 깊은 만에 다리가 놓일 수 있다는 것을 안다. 미션힐스가 어떻게 조지 W. 부시를 지지하게 되었는지를 보라. 그리고 잭 캐실이 날마다 "파워엘리트"들을 만나고 교류하는 것도 마찬가지로 그가 그런 사실을 안다는 것을 암시한다. 공화당 중도파들은 아마도 팀 골바가 절대로 리우드에 들어오지 못하게 할 것이다. 또한 그들이 코퍼레이트 우즈에 있는 고급 레스토랑에서 캔자스 보수 반동 혁명의 지도자, 존 알티보그트를 위해 건배를 하는 일은 결코 없을 것이다. 그러나 어쨌든 나는 공화당 중도파들이 마음속으로 몰래 그들에게 감사할 것이라고 생각한다. 세금이 줄고 규제가 철폐되고 골치 아픈 노동조합들을 다루기 수월해진 것은 다 그들 덕분이기 때문이다.

9장
캔자스가 당신의 죄를 대속하다

자유주의 진영의 전문가를 붙잡고 빨간색 주들의 문제가 무엇인지, 그들이 자신의 경제적 이익과 반대되는 일에 그렇게 열심인 이유는 무엇인지, 그들에게 이익이 되는 제도를 좌절시킨 공화당에 투표하는 이유가 무엇인지 물어보라. 그리고 그것을 설명해보라고 요청하라. 그러면 아마도 그 모든 것이 인종주의 때문이라고 말할 것이다. 공화당원들은 규범화된 인종적 호소력을 완성했다. 그들은 백인 유권자들이 가진 흑인에 대한 증오심에 교활하게 호소해서 공화당의 이념을 따르도록 자극한다.

이러한 분석이 딱 들어맞는 곳이 굉장히 많다는 것은 부인할 수 없는 사실이지만 지금의 캔자스는 그런 곳에 속하지 않는다. 캔자스 주는 주민의 88퍼센트가 백인이지만 그런 편협한 인종주의자들의 소굴로 쉽게 단정할 수 있는 곳이 아니다. 캔자스는 트렌트 로트(미시시피 주 공화당 상원의원 출신으로 2002년 공화당 상원 원내총무 시절 인종차별주의자 스트롬 서몬드 상원의원을 지지하는 발언으로 원내총무에서 물러남—옮긴이) 병에 걸려 있지 않다. 캔자스는 1960년대의 앨라배마가 아니다. 캔자스는

1968년 조지 월리스를 지지하지 않았다. 남북전쟁 이전의 남부연방의 깃발을 그리워하는 사람도 캔자스에는 별로 없다. 그러나 캔자스는 금본위제가 다시 부활하기를 열망할 수도 있다. 또 총기 소지 규제 때문에 불평할 수도 있고 자유주의자들의 음모가 은밀히 진행되었다는 상상 때문에 가슴을 졸일 수도 있다. 하지만 캔자스에 없는 것이 딱 하나 있다면 그것은 바로 인종주의다.

그렇다고 이것이 오늘날 보수주의가 인종차별적 특성을 갖게 만든 역사적 행위에 대한 어떤 반증을 의미하는 것은 아니다. 백인들의 흑인들에 대한 두려움이 1960년대와 1970년대, 1980년대에 보수 반동의 물결을 일으킨 중요한 원인이었다는 것은 틀림없는 사실이다. 당시 우익이 인종차별적 대중선동을 일삼던 중심지는 남부 지역과 북부의 도시 지역이었으며 당시 가장 중요한 문제는 강제 버스 통학과 사회 복지, 차별 철폐를 통한 인종 통합 문제였다.[1] 그러나 캔자스에서는 이런 문제들이 전혀 중요한 요소가 아니었다. 캔자스의 역사는 매우 다른 모습을 보여 우리를 혼란스럽게 한다. 우리들이 보통 아는 인종 갈등의 과정 없이 보수 반동의 물결이 최고조에 이른 지역이 캔자스이기 때문이다. 캔자스 사람들은 지금도 여전히 어느 지역에 살든 전통적인 인종차별 문제와는 무관하게 우경화하고 있다. 인종주의가 점점 힘을 잃게 되면 보수주의도 서서히 시들해질 것이라고 믿는 사람들이 주목해야 할 대목이다. 캔자스의 보수 반동은 인종차별적 편견을 전혀 이용하지 않는다. 캔자스에서 우파는 인구통계학적 구분에 상관없이 누구나 모든 경우에 대해서 규격화된 불평과 불만들을 쏟아낸다.

여기서는 인종이 분노를 자아내는 원인이 되는 것 같지 않다. 2003년 6월 인종을 대학 입학 사정의 기준으로 삼는 것은 대학의 권리라는 대법원 확정 판결에 대해서 캔자스 보수주의자들 사이에서는 별다른 논란이 없었다. 그러나 며칠 뒤 대법원이 동성애 금지법을 위헌이라고 판결하자 캔자스 보수주의자들은 일제히 분노를 터뜨렸다. 한 보수주의자는 이것이 "동성애자들의 진주만 폭격"이라며 격노했다. 잠시 후 그는 자신과 서신을 주고받는 사람들에게 죄 많은 미국에 대한 하느님의 진노를 명백하게 보여주는 한 가지 신호에 주목하라고 경고했다. 서부 지역에서 발생한 '메뚜기 재앙'(모세가 이스라엘 백성을 이끌고 이집트를 나오기 전에 파라오에게 보여주었던 열 가지 재앙 가운데 하나로 여기서는 거대한 메뚜기 떼가 서부 지역에 나타난 현상을 말함—옮긴이)이 그것이었다.

캔자스의 보수주의 운동은 인종 문제에 대해서 매우 관대하다. 나는 캔자스시티에서 저소득층들이 모여 사는 한 교외에 있는 카리스마파 교회 예배에 참석하고 나서 그 사실을 처음 알았다. 그 교회는 보수색이 옅은 정치가들을 많이 배출한 곳으로 유명하다. 하지만 그날 아침 다 쓰러져가는 거대한 공회당 안에 모인 사람들은 모두 백인이었는데 그들의 예배를 이끌던 설교자는 흑인이었다. 자칭 "캔자스 언론계의 재키 로빈슨"(흑인 최초로 메이저리그에 진출한 야구선수로 인종차별에 적극적으로 저항하여 1954년 인종차별을 금지한 민권법 제정에 큰 영향을 끼치고 미국 흑인사회에 자부심을 심어줌—옮긴이)(그가 유일한 보수 우파이기 때문)이라고 소개한 《캔자스시티 스타》의 전 칼럼니스트 존 알티보그트는 보수 반동적인 피해망상의 세계에서 흑인들을 위한 공간을 마련하기 위해 일정 정도 노력했다고 주장했다. 그는 심지어 자신이 흑인들을 대상으로 사회보장을 비난하는 라디오 광고를 고안했다고 자랑했다. 그리고 그것이 주민의 39퍼센트가 흑인인 버지니아 선거구에서 공화당 우파가 당선되는 데 큰 기여를 했다고 주장한다.[2]

우리가 이미 아는 것처럼 캔자스의 보수 우파들이 편견의 언어를 쓰는 목적은 진짜 편견에 사로잡힌 중도파들이 소수 민족을 혐오하는 것과 똑같이 복음주의자들을 혐오할 것이 틀림없기 때문에 그런 중도파들을 "편견으로 가득찬 고집불통" 또는 "혐오 집단"의 일원이라고 조롱하기 위한 것이다. 어떤 보수 우파들은 그것보다 한 발 더 나아간다. 캔자스 보수 반동의 영웅 샘 브라운백 상원의원은 대다수 문제들에 대해서는 우파 본연의 모습을 보이지만 소수 민족의 유권자들에게 구애할 때가 되면 클린턴 못지않은 능력을 발휘한다. 그는 주로 아프리카계 미국인 국립역사박물관 건립을 지원하면서 의회에서 흑인 민권운동을 추진하는 흑인 간부회의를 후원해왔다. 게다가 그는 이민자 우대 정책을 견고하게 지지한 공로로 전미 라라자위원회(미국에서 가장 큰 남미계 미국인 민권보호단체—옮긴이)에서 감사장을 받았다. 브라운백이 과테말라와 중국 아이들을 입양한 이야기는 그가 다른 인종에 대해서 얼마나 관대한지를 보여주는 증거가 되기도 한다. 브라운백을 존경하는 사람들은 그가 심지어 캔자스 중서부 지역에서 점점 늘어나는 라틴계 인구에게 손짓하기 위해서 가톨릭으로 개종했다고 말하기까지 한다.[3] (또 어떤 사람들은 그가 스페인 문화를 존중한다는 표시로 오푸스데이 유력 지도자들과 교류한다고 말하기도 하지만 그것은 좀 믿기 어렵다.)

　브라운백이 늘 지적하는 것처럼 이러한 다른 인종에 대한 관대함은 캔자스의 신화적 정체성을 유지하는 것과 밀접한 관계가 있다. 캔자스 주를 처음에 세운 사람들은 적어도 노예제가 서부로 확산되는 것을 막기 위해 조금이라도 노력했던 북부 사람들이었다. 캔자스의 자유토지 지지자들은 남북전쟁이 시작되기 5년 전부터 미주리 주의 노예 소유주들과 게릴라전을 계속했다. "피 흘리며 대속하는 캔자스"라는 경이로운 이미지는 갓 태어난 전국의 공화당에 힘을 실어주었고 전국의 (특히 북부 지역의) 자유토지를 지지하는 유권자들을 결집시켰다. 1856년 오사와토미 근방에서 노예찬성론자들에 맞서 흉악한 살인까지 마다하지 않았던 존 브라운은 캔자스를 세운 사람 못지않게 주민들의 큰 존경을 받는다. 1863년 윌리엄 퀀트릴이 이끄는 남부연방의 비정규군에게 캔자스의 로렌스가 함락된 사건은 캔자스 주가 "노예제를 지지하는 세력"들에 대한 영원한 적개심을 굳히는 계기가 되었다. 캔자스 대학의 사랑스러운 마스코트인 제이호크(매의 일종—옮긴이)조차도 격렬했던 노예제 폐지의 역사를 담고 있다. '제이호커'(남북전쟁 때 노예제를 반대했던 북부의 게릴라 대원을 의미하는데 캔자스 주 사람들을 가리키는 별명이기도 함—옮긴이)는 미주리 주 경계 지역의 노예소유주들을 공포에 떨게 했던 자유토지 민병대의 일원이었다. 사람들이 이러한 역사적 사실을 잘 알았기 때문에 전미유색인종지위향상협회(NAACP, 미국에서 가장 큰 흑인 인권단체—옮긴이)의 변호사들은 인종차별이라는 시민권 문제를 국민들에게 각성시키기 위해 그것의 대표적인 소송인 '브라운 대 교육위원회' (토피카에 살던 흑인 올리버 브라운이 8살짜리 딸을 집 근처의 백인 학교에 입학할 수 있게 해달라고 토피카 교육위원회를 상대로 소송을 제기했고 1954년에 대법원에서 공립학교에서의 인종차별은 위헌이라는 판결을 내림—옮긴이) 사건이 진행되었던 토피카를 주목했다.[4]

우리 대다수는 캔자스가 언제 미국이 저지른 인종차별이라는 죄악을 대속해서 피를 흘렸는지 잊었을 수도 있다. 그러나 캔자스의 보수 반동 대중들에게 그것은 마치 어제 일어난 일처럼 생생하다. 캔자스의 보수 우파들은 캔자스 주에 자유토지의 영광스런 역사가 있다는 것에 시시콜콜 트집을 잡는 역사가들에 대항해서 그 전통을 지키기 위해 애쓴다.⁵ 그들은 자신들이 선조들의 영웅적 투쟁과 맞먹는 새로운 노예제 폐지론자들이라고 자랑스레 말한다. 예컨대 브라운백은 제3세계의 노예제 반대에 적극 나선다. 그는 낙태 반대 운동을 줄기세포 연구와 배아복제와 같은 문제로까지 확장시킨 공로로 윌리엄 윌버포스 상(19세기 영국의 노예제 폐지론자의 이름을 땄지만 우파 근본주의 집단이 수여하는 상)⁶까지 받았다.

캔자스의 보수 반동 세력이 낙태 반대론자를 그렇게 쉽게 노예 폐지론자와 비교하는 것을 보면 그들이 자신들의 적인 자유주의자들을 나치주의자들에 비교하는 것이 동전의 양면과 같다는 것을 금방 이해할 수 있다. 그들은 아주 단순한 은유로 자신들이 추구하는 궁극적 목표에 도달했다. 즉 우리는 선하고 저들은 악하다는 식이다. 그러나 그러한 비교에는 하나의 논리가 관통한다. 결국 노예제 폐지 운동과 낙태 반대 운동은 모두 인간의 생명을 어떻게 정의하느냐에 초점을 맞춘다.("나는 한 사람의 인간도, 형제도 아닌가?"는 노예제 폐지 운동의 구호였다.) 또한 두 운동 모두 강력한 종교적 신념을 바탕으로 하며 그들이 절대악으로 생각하는 것에 대항해서 절대 뒤로 물러서지 않는다. 둘 다 운동의 외곽에는 폭력적 분파들이 있다. 그리고 물론 둘 다 공화당의 이념에 충실하다.

노예제 폐지 운동하면 떠오르는 이미지는 성경과 총이다. 맨 처음에 캔자스로 이주한 자유토지 지지자들은 "비처의 성경"이라고 부르는 것을 가져왔다. 그것은 유명한 설교자 헨리 워드 비처가 준 라이플총을 말한다. 이 이주자들은 캔자스 주 소도시 맨해튼 근처에 "비처 성경과 라이플 교회"라고 부르는 것을 세웠다. 토피카에 있는 캔자스 주 의회 의사당에는 마치 자신이 미국을 남북전쟁으로 이끄는 것처럼 한 손에는 성경책을, 다른 손에는 라이플총을 움켜쥐고 분노에 사로잡힌 존 브라운의 모습이 그려져 있다. 보수주의자들에게 이것이 의미하는 것은 매우 단순하다. 하느님, 용기, 총은 옛날이나 지금이나 미국을 위대하게 만드는 복합 제품이라는 것이다.

보수 우파들은 현재의 상황에 과거의 영웅들을 끌어들이는 비유를 자주 한다. 2003년 겨울 주 정부의 재정과 관련해서 미주리 주와 사소한 분쟁이 발생했을 때 극우 인사인 캔자스 주 검찰총장 필 클라인은 이웃한 미주리 주의 검찰총장을 오늘날의 퀸트릴이라고 불렀다. "이제 제이호커들이 일어나서 원기를 회복해야 할 때입니다." "존 브라운이 오늘날 살아 있다면 열렬한 기독교 우파일 거예요"라고 팀 골바가 내게 말했다. "그는 오늘날 우리처럼 되었을 거예요."(존 브라운을 끌어들여 아주 어처구니없이 비교한 경우는 오클라호마시티 폭파범인 티모시 맥베이의 입에서 나왔다. 그는 자신이 무고한 사람들을 학살한 행위를 브라운이 정의로운 남북전쟁을 일으킨 것에 비유하며 정당화했다.) 낙태 반대 활동가들은 '로우 대 웨이드' 판결과 미주리협정으로 노예제를 금지한 법을 위헌이라고 결정한 1857년의 '드레드 스콧' 판결을 비교한다. 그들은 "태어나지 못한 아기들의 해방 선포"라고 외치며 위치토의 시행정 담당관 사무실로 행진하면서 '자비의 여름' 10주년을 기념했다. 공화당의 중도파와 보수 우파를 모두 경멸하는 인물인 비열한 프레드 펠프스(캔자스 주 토피카에 있는 웨스트버러 침례교회의 변호사 출신 목사로 특히 동성애를 혐오하여 스티브 잡스가 동성애를 반대하는 앱을 애플 앱스토어에서 삭제했다는 이유로 그의 장례식에서 피켓 시위를 하겠다고 신고하여 논란을 일으킴—옮긴이)는 심지어 자신의 "하느님은 동성애자를 혐오한다"는 동성애 반대 운동을 민권운동에 비유하며 정당화하려고 한다. 펠프스는 대법원이 그 사악한 도시에 대한 판결에서 브라운의 손을 들어준 바로 그날에 자신이 토피카에 도착했다는 사실을 상기시키며 "흑인도 백인과 동등하게 교육받을 권리가 있다는 단순한 요구에 반대하는 기득권 세력들이 오늘날 우리를 반대하는 바로 그 사람들이죠. 권력과 엘리트주의에는 인간을 타락시키는 무언가가 있어요. 우리는 그것을 지금까지 몇 번이나 보았는지 몰라요. 그러나 이 지구상에 신의 뜻을 거스를 수 있는 왕국은 없죠"[7]라고 주장한다.

확실히 이렇게 사물을 바라보는 방식은 캔자스 주의 특이한 역사 때문에 매우 이상하게 비춰질 수 있다. 하지만 그것은 캔자스에만, 혹은 보수 우파들에게만 일어나는 독특한 현상이 아니다. 어느 곳에서든 낙태 반대 운동의 지도자들은 자신들을 과거의 노예제 폐지론자들이나 민권 운동 지도자들과 비교하기를 좋아한다.(오늘날의 민권운동 지도자들과의 비교는 못마땅해 하지만 말이다.) 사회 운동을 연구하는 주류 역사가들도 낙태 반대 투쟁을 남북전쟁 전의 노예제 폐지 논란과 비교하면서 오늘날 낙태 반대의 전사들이 과거 노예제 폐지론자들의 역할을 그대로 수행한다는 식의 유추를 반복한다.[8]

그리스도가 했던 것 같은 운동을 오늘날 자신이 한다고 상상하면 마음이 안정되는 것은 틀림없다. 노예제 폐지론자들은 자신들의 견해 때문에 박해를 받았다. 하지만 그 견해는 오늘날 누구나 동의하는 생각이다. 불굴의 의지, 확고하게 대의에 헌신하는 자세, 최후의 승리―이것들은 모두 정치적 우화를 구성하는 요소들이다.

그러나 "피 흘리며 대속하는 캔자스"와 현재의 상황을 비교하며 바라보는 또 다른 방식이 있다. 지금과 마찬가지로 당시에도 동부 출신의 지식인들은 세속적이고 나약하고 잘난 체하며, 언론은 편향되어 있다고 맹렬히 비난했다. 또 총기 소지의 가치를 아는 거칠지만 유능한 그런 종류의 사람들에 대한 전폭적인 지지나 어쩌다 선거 부정행위가 있어도 슬쩍 눈감아주는 맹목적 당파심에 대한 이야기도 당시에 있었다.

그러나 캔자스에 있던 자유토지당에서는 이런 과열된 수사적 기교를 쓴 적이 없었다. 그런 것들은 바로 반대 편, 노예제를 찬성하는 '변경 지역의 무법자들", 그리고 연방의회에서 그들을 지지하는 자들이 보여주는 전형적인 태도였다. 우리가 오늘날 보수 반동 세력의 진정한 조상을 찾아낼 수 있는 곳은 엉뚱하게도 바로 노예제를 찬성하던 자들의 사상과 공적 속에서다.

자유토지주의자들은 노예제 찬성론자들을 "토할 것 같은 인간들"이라고 불렀다. 오만한 자유주의자들이 그들을 촌놈들이라고 경멸하는 것에 대한 당연한 반응이었다. 그 토할 것 같은 인간들이 이룬 중요한 성과는 캔자스를 조직적으로 침공한 것과 선거를 통해서—여기저기 총부리를 겨누고—이른바 "허수아비 입법부"라고 부른 주 의회를 구성한 것이었다. 자유주의자들이 한 명도 없는 곳에서 살기를 간절히 바라는 앤 쿨터처럼, 이 토할 것 같은 인간들은 개혁뿐만 아니라 개혁가들도 매우 혐오했다. 그들은 만장일치를 원했다. 그들은 자신들의 '흑인 노예 제도'에 대해서 어떤 성가신 의문도 제기하지 않기를 바랬다. 또 1855년 그들이 뽑은 주 의회가 처음으로 취한 조치는 수많은 선거의 범람에서 그럭저럭 살아남은 얼마 안 되는 자유토지당 소속 주 의원들을 내쫓는 일이었다. 두 번째 중요한 조치는 캔자스 주의 주도를 내륙에 있는 포트릴리에서 미주리 주 경계에 있는 어떤 곳으로 옮기는 일이었다. 나중에 미주리 주가 캔자스를 실질적으로 장악한 뒤 일하기 편하게 하기 위해서였다.(당시 캔자스는 정식 주가 아니라 준주였음—옮긴이) 캔자스 주 법률은 미주리 주의 법령집을 통째로 복사해서 미주리가 들어간 부분을 캔자스로 바꾸기만 했다. 물론 노예제와 관련된 부분은 빠졌지만 상황은 점점 극단으로 치닫고 있었다. 새로운 영토에서는 노예제가 합법일 뿐 아니라 비난하는 것도 법으로 금지되었다. 노예제 반대를 고집하는 것은 이제 캔자스에서 중죄였다. 노예들이 스스로 노예인 것에 의문을 품을 수 있게 만드는 (당시의 베스트셀러인 『톰 아저씨의 오두막』 같은) 간행물을 영토 안에 유입시키는 것은 사형도 당할 만큼 큰 범죄였다. 그리고 당연히 노예제에 대해서 의문을 제기하는 사람들은 투표권을 박탈당했다.[9]

밖으로는 연방 정부의 공식적인 승인과 남부 지역 상원의원들의 열광적인 참여로,[10] 또 안으로는 나중에 2000년 플로리다 선거에서도 명백히 드러났지만 아주 독창적인 선거권 제한 술책과 무장 병력의 동원에 힘입어[11] 그 허수아비와 다름없는 캔자스 주 의회는 오랫동안 분출되지 않은 채 부글부글 끓던 대중의 증오라는 거친 야생마에 가까스로 올라탄 상태였다. 당시에 주 의회가 캔자스를 다스리는 것은 거의 불가능했다. 캔자스 준주의 주지사들은 대개 그들이 노예제 찬성으로 기울지 않았나 하는 지나친 의구심이나 경멸, 비난 때문에 살해 위협에 시달리다 줄줄이 사임했다. 합법적인 (즉 노예제를 찬성하는) 정부 아래서 사는 것은 캔자스 사람들의 양심으로 받아들일 수 없는 일이었다. 캔자스에서 노예제에 찬성하는 토할 것 같은 인간들보다 훨씬 숫자가 많았던 자유주(남북전쟁 전에 노예를 사용하지 않던 주―옮긴이) 이주자들은 마침내 그들 자신의 주 의회를 선출하고 주지사를 뽑고 토피카를 그들의 주도로 정했다.(물론 노예제를 찬성하는 워싱턴의 행정부는 그 모든 것을 무시했다.)

그럼에도 그 토할 것 같은 인간들은 자신들을 피해자라고 보았다. 그들은 자신들을 소박한 지역 풍습과 신성한 재산권에 대한 건방지고 오만한 북부 양키들의 꿍꿍이수작에 공공연히 저항하는 겸손한 민초들이라고 생각했다. 그들은 스스로 '재산'이라고 말한 어떤 것도 소유하지 않았다. 대부분의 남부에서처럼 이곳의 백인들 가운데 노예를 소유한 사람은 거의 없었다. 오늘날 우리 시대의 보수 반동 세력처럼 그 토할 것 같은 인간들은 단지 사람들을 현혹시킬 뿐인 경제체제를 위해서 싸웠다. 그들의 투쟁은 결국 남부의 부자 농장주들을 위한 투쟁이었다. 오늘날 보수 반동주의자가 오직 자신의 고용주를 더 부자로 만들 뿐인 정책들을 지지하는 것과 같은 원리다. 그러나 당시에 그들은 빨간색 주에 자신들의 겸손과 평범함, 동부 지역의 엘리트들에 반대하는 이미지를 깊이 각인시켰다. 1856년 영국의 저널리스트 토머스 글래드스턴은 혐오스러운 자유토지주의자들이 밀집해 있는 캔자스 주 로렌스를 막 약탈하고 돌아온, 중무장을 한 경계 지역의 무법자들과 함께 배를 타고 하룻밤을 강에서 보내면서 그들 가운데 한 사람이 선상 바에서 혼자 다음과 같이 주절거리는 말을 기록했다.

> 이봐요, 선생. 묻지 마소. 내가 우리 동지들을 어떻게 생각 하냐고? 모두 충실하냐고? (남부 사람으로서 노예제 문제에 대해서) 알겠지만 여기는 건방지게 뽐내는 녀석들 따위는 없지. 동부 연안의 파랑 제복의 배불뚝이 양키들이나 그런다고. 여기에 그런 녀석들이 있다면 당장 도망가는 게 나을 거라고 생각해. (······) 우리는 그들이 이리로 오는 것을 막지 않을 거요. 동부 연안 지역에 그들에게 충분히 큰 그들 자신의 공간이 있지 않나요? 그렇지 않아요? 우리는 그들이 우리에게 와서 그들의 깜둥이 숭배를 강요하는 것을 막지는 않을 거요. 그러나 우리가 이제 곧 그들에게 아주 뜨거운 맛을 보여줄 거라는 것은 사실이오.[12]

그날 밤 내내 글래드스턴은 입을 꾹 다물어야 한다는 것을 깨달았다. 자신의 영국식 억양은 그 자체만으로 그 토할 것 같은 무법자들의 분노를 격앙시키기에 충분했기 때문이다. 대중선동가라는 용어가 아직 나오기 전이었지만 오늘날 신문 칼럼니스트가 그런 상황에 부딪혔다면 아마 그들을 대중선동가라고 묘사했을 것이 틀림없다.

반면에 노예제 폐지론자들은 오늘날 그들이 살아 있다면 《월스트리트 저널》에서 정치적 중립성을 비난하고 헌정질서를 위협하는 자들이며 남의 일에 잘난 체 간섭이나 일삼는 엘리트주의자라고 비난했을 사람들이었다. 실제로 1960년대가 와서 모든 것을 엉망으로 망쳐놓기 전의 행복했던 시절에는 학교 교과서에서 노예제 폐지론자들을 이런 식으로 표현했다. 그들은 옹졸하기 그지없는 도덕주의자들이고 소리나 꽥꽥 지르는 독재적 품성을 지닌 자들로서 결국 남북전쟁을 일으킬 수밖에 없는 사람들이었다. 그들의 행동은 웨더맨(폭력적 국가 전복을 위해 비밀 혁명당을 조직하려고 했던 1960, 70년대 미국의 극좌 지하 단체―옮긴이)과 공산당처럼 극좌 진영의 전술과 같은 취급을 받았다. 노예제 폐지론은 사실 1960, 70년대에 급진적인, 물론 수정주의적 좌파들의 노력 덕분에 존경받을 수 있게 되었다. 이것은 또한 보수주의자들의 정통성을 구축하는 데 결정적 역할을 하는 근거가 되었다.[13]

그러면 노예제 폐지론자 자신들은? 엄밀히 말해서 나약하다고 조롱당하는 앵글로 색슨계 사람들이며 차를 홀짝거리며 마시기 좋아하고 대학 교육을 받은 파란색 주 사람들. 데이비드 브룩스가 나스카 자동차 경주를 조롱한다고 비웃고, 빌 오라일리가 거리의 부랑배들의 삶과 같은 실제 현실 생활을 이해하지 못한다고 조소한 그런 종류의 사람들이다.[14] 실제로 그들은 매사추세츠, 코네티컷, 뉴욕 같은 주와 오벌린, 그린넬, 애머스트 같은 자유주의 성향의 대학 캠퍼스에서 가장 세력이 강했다.

그러나 오늘날 그곳들은 대개 그들이 내세우는 주장과 제3세계에 대한 연민 때문에 보수 우파들이 비난하는 곳이 되었다. 노예제 폐지론자들은 본디 신앙심 깊은 사람들이었다. 하지만 그들이 속한 교파는 오늘날 기독교 우파 세력이 하느님의 저주를 널리 설파할 줄 모르는 사람들이라고 비웃는 개신교 본류인 유니테리언파와 회중파, 장로교, 퀘이커교들이다.

옛날에는 그것도 역시 캔자스의 정체성 가운데 하나였다. "비처 성경과 라이플 교회"는 생존주의의 최초 형태 같은 것이라고 할 수 있다. 교회 이름에 들어간 헨리 워드 비처는 실제로 당시에 뉴욕 사회에서는 인기 있는 대표적인 자유주의 신학자였다. 또 당시 캔자스 주는 어느 정도 뉴잉글랜드의 변경에 있는 식민지라고 볼 수 있었다. 자유토지주의자들이 강력한 세력을 형성한 로렌스는 노예제가 서쪽으로 확산되는 것을 막기 위해 설립된 단체인 뉴잉글랜드 이민원조회가 돈을 지불하고 발급받은 통행권을 소지한 이주민 가족들로 채워졌다. 자유토지주의자들은 로렌스를 "대초원의 보스턴"이라고 불렀다. 한 보스턴 브라민(보스턴 주변에서 신중하고 눈에 띄지 않게 살던 북부의 부자 집안들을 지칭—옮긴이)의 이름을 따서 지은 명칭이었다. 그곳의 중심가는 매사추세츠 가다. 장래에 그곳에 거주할 사람들이 서쪽으로 왔을 때 그들은 존 그린리프 휘티어(매사추세츠 출신으로 19세기 중엽 시인이며 열렬한 노예제 폐지론자—옮긴이)가 지은 한때 유행했던 〈캔자스 이민자들〉이라는 노래를 불렀다.

우리는 병사들의 장벽 뒤로 간다.
자유의 남부 전선에서,
그리고 판야나무 옆 초목
튼튼한 북부의 소나무!

'양키타운'은 노예제 찬성론자들이 로렌스를 말할 때 쓴 이름이었다. 그들은 쿨터처럼 격앙하며 로렌스가 세상에서 영원히 없어지기를 간절히 바랐다. 그들은 로렌스를 여러 차례 계속해서 침공했고 두 차례 약탈하는 데 성공했다.[15]

캔자스는 동쪽을 바라보았지만 그 토할 것 같은 인간들은 남쪽을 바라보면서 늘 가슴 설레는 전설인 '남부의 권리'(연방 정부가 남부 지역을 자꾸 간섭하며 노예제를 비롯해서 그곳의 제도들을 제압하려는 것에 반대하는 운동―옮긴이)를 나타내는 깃발 아래 로렌스를 통해서 가는 길을 불태우고 약탈했다. 그런데 로렌스는 아무튼 나중에 캔자스 대학 자리가 될 동쪽을 계속해서 바라보았다. 오늘날 로렌스는 캔자스 주의 정치가 점점 더 우경화하면서 캔자스에서 진실로 자유주의적인 공간 가운데 한 곳으로 남아 있다. 교회가 지배하는 캔자스시티의 교외에서 자란 우리 세대들에게 로렌스는 자유분방한 낙원과 같은 곳이었다. 싼값에 빌릴 수 있는 쓰러져가는 빅토리아 시대 집들, 날림으로 지은 낡은 술집에서 파는 싸구려 맥주, 중고 레코드 가게, 모든 사람이 한 무리로 있는 곳이 바로 로렌스였다. 내가 당시 캔자스시티의 클래식 록 방송에서 엄청나게 왜곡했던 섹스 피스톨의 록음악을 스틱스, 알이오 스피드웨건의 록음악과 함께 처음 들었던 곳도 바로 로렌스에 있는 KJHK 방송국에서였다.

오늘날 로렌스의 적들은 그때와 다르다. 그러나 그들은 캔자스 대학에 있는 자유주의 성향의 교수들을 조롱하거나, KJHK 방송국의 펑크 로커들을 내쫓거나, '대마초 흡연 지구'에 드나드는 사람들을 비난하거나, 불쾌하기 짝이 없는 선거 결과를 극소화하기 위해 부정 선거를 획책할 때 월리스와 깅리치, 부시가 앨라배마와 조지아, 텍사스에서 새롭게 일구어낸 질서를 향수어린 눈으로 바라본다. 캔자스의 보수 우파들은 세금 감면과 총기 소지를 크게 외치면서 스스로를 부활한 존 브라운이라고 생각하며 만족해할지 모른다. 그러나 사람들은 그들이 퀀트릴이나 토할 것 같은 인간들과 함께 있는 것을 훨씬 더 편안해하지 않을까 생각한다.

이제 개화된 샘 브라운백을 생각해보자. 그는 노예제에 반대할 수도 있다.(남북전쟁이 끝난 지 140년이 흘렀음을 상기하라!) 그러나 1996년 선거에서 위치토의 민주당 질 도킹이 거세게 도전하자 브라운백은 그녀가 지금도 혐오스러운 매사추세츠에서 성장했고 그녀의 결혼 전 이름이 도킹이 아니라 (도킹 가는 캔자스에서 유명한 집안이다) 새도우스키였다는 사실을 지적하면서 그녀의 이미지를 깎아내리는 텔레비전 광고로 캔자스 주를 뒤덮었다. 이게 무슨 말인지 알겠는가? 캔자스 주 전역에 걸쳐 유권자들은 모두 선거일 전주에 때맞춰 "도킹은 유대인이다"라는 것을 상기시키며 마치 그들을 설득하려는 듯한 의문의 전화를 받았다.[16]

전화를 건 사람이 누구든 간에 그들이 무엇을 하려고 하는지 모르는 사람이 없었다. "나는 하느님이 우리를 다스린다고 생각하기 때문에 누가 선거에 뽑히든 걱정하지 않아요." 선거일 몇 주 전에 위치토의 한 유권자는 AP통신사 기자에게 이렇게 말했다. "하지만 기독교인이 되는 게 더 낫기는 하죠."[17]

10장
반지성주의의 물결

어떤 논객은 그러한 반유대주의의 분출을 한갓 정신 나간 추한 생각으로 간단히 무시하고 그냥 넘어갈 수도 있다. 그러나 또 어떤 논객은 그것을 지금까지 우리가 이 책에서 논의했던 모든 것의 핵심에 감추어진 불안감을 이해할 수 있는 실마리로 읽을 수도 있다. 유대인들은 편향된 신앙의 세계가 바라보는 그저 또 다른 하나의 혐오스러운 소수 민족이 아니다. 그들이 일반적으로 멸시받는 이유는 매우 특별나다. 사람들은 그들을 부유하고 종자가 다르며 전 세계에 분포해 있고 자유주의적이고 무엇보다도 지적이라고 생각한다.

반지성주의는 보수 반동 세력을 거대하게 하나로 묶는 주제들 가운데 하나다. 반지성주의는 캔자스에서 밖으로 드러나는 수많은 불만들의 근원이라고 할 수 있는 계급투쟁의 변종이다. 오늘날 보수 우파들은 세상이 어떻게 돌아가는지 알기 위해서 신문의 경제란을 샅샅이 살펴보는 것이 매우 바보 같다고 생각한다. 우리는 이제 시장의 힘 같은 어떤 추상적 개념이나 심지어 경영자나 소유주 같은 살아 있는 실체적 인물들의 속박 아래서 일하지 않는다. 오늘날 우리를 지배하는 사람은 지식인, 즉 대학원을 나오고 정계나 학계, 법조계, 그리고 각 분야에서 전문가로 활동하는 사람들이라고 생각한다.

데이비드 브룩스는 그들을 "신의 축소판"이라고 부른다. 그는 지배계급에 대한 완벽한 안내서라고 생각하는 것을 지켜보면서 그들의 동정을 점검한다. 《뉴욕타임스》의 결혼식 동정란은 (얄궂게도 브룩스는 현재 그 신문의 칼럼니스트다) "SAT(미국 대학수학능력시험) 고득점자들끼리 서로 섞이는 것의 위력을 느낄 수 있는" 장소다. 브룩스는 아주 유쾌하게 최고로 노력하는 사람들인 이 계급의 유행과 환상을 풍자한다. 그러나 전문가 계급들과 토론할 때 우파 친구들이 풍기는 분위기는 아주 마음속 깊이 의심하는 눈치다. (브룩스가 편집한 책에서) 러시 림보의 주장에 따르면 그는 "점점 커가는 미국 중서부의 엘리트에 대한 거부"의 상징이다. 그는 "의사 엘리트, 사회학적 엘리트, 교육 엘리트, 법조 엘리트, 과학 엘리트 (······)"를 포함하는 "'지적 직업인'"과 "'전문가'"들 "그리고 이러한 무리들이 언론을 통해서 전파하는 생각들"이 문제라고 생각한다. 그가 봤을 때 평범한 보통사람들의 적, 선하고 오래된 빨간색 미국의 적은 지식인들이다. 그들은 "미국 중서부"를 억압적으로 지배하는 오만한 자유주의 엘리트들이다.[1]

브룩스는 지식인의 출현이 아주 최근에 일어난 일이라고 믿는다. 불과 최근 몇십 년 사이에, 즉 1960년대부터 우리는 그 전문가 계급의 지배 아래 들어갔다. 그것은 그 용어를 어떻게 정의하느냐에 따라 사실일 수도 있다. 그러나 지배계급으로서의 지식인에 대한 분노는 우파들이 오랫동안 견지해온 전통이다. 이러한 전통은 본디 어떤 대단한 문화전쟁 때문에 발생한 것이 아니라 자신들이 공격받는다고 느낀 기업가 계급들이 스스로 방어하기 위해 만들어냈다. 오늘날과 같은 반지성주의 형태가 등장한 것은 1930년대로 거슬러 올라간다. 당시 루스벨트 대통령은 많은 대학 교수들에게 국가의 경제구조를 뜯어 고칠 수 있는 기회를 주었다. 지식인들은 정부가 경제를 규제하는 뉴딜정책을 설계하고 사회보장제도를 입안하는 많은 연구 보고서를 써냈다. 당시 기업계는 이러한 모든 조치를 사적 재산권을 침해하는 용서할 수 없는 오만한 간섭이라고 생각했다.

두 번째 반지성주의의 발화는 1950년대에 일어났다. 당시 상원의원 조 맥카시는 흥분한 공화당 지지자들을 동원해서 어떤 좌파 음모를 밝히는 일에 나섰다. 그 음모에 연루된 사람은 급진 프롤레타리아가 아니다. 최상층 집안 출신에 최고의 대학을 나와 온갖 혜택을 다 받았지만 국가를 팔아먹은 앨저 히스 같은 배은망덕한 지식인들이었다. 맥카시는 상류층으로 하버드 대학을 나와 뉴딜정책을 지지하는 짐짓 겸손한 척하는 지식인인 앨저 히스를 소련의 첩자라고 주장했다. 휘태커 챔버스(미국 작가이며 편집자로 한때 미국 공산당원으로 소련 첩자였다가 나중에 전향함—옮긴이)는 히스를 "평범한 국민들 사이로 들쭉날쭉 갈라진 틈새"라고 강력하게 비난하면서 "보통사람들이 행동하고 생각하고 말하는 것에 영향을 끼치는 사람들이다. 반드시 그렇다는 것은 아니지만 대개 그들은 앨저 히스처럼 자신을 보호하고 방어하기 위해 무슨 일이든 서슴지 않고 할 준비가 되어 있는 '최고 수준의 사람들'이었다. 그들은 아는 것이 많고 권력이 있으며 유난스럽게 자유로운 정신을 지지하는 사람들이었다."[2]

이것은 당시에 매우 기이한 착상이었다. 지식인들은 자본주의를 배신하는 사람들인 반면에 한때 보수주의자들에게 공포의 대상이었던 노동계급은 미국식 방식을 지킬 준비가 되어 있다니 말이다. 그러나 그때부터 몇십 년 동안 끊임없이 반복되다 보니 그러한 시각은 우리 모두가 본능적으로 아는 어떤 것, 즉 상식이 되고 말았다.

오늘날 이런 종류의 반지성주의는 한결같이 아주 교묘하고 간결하게 표현되는 보수주의의 핵심 구성요소다. 기업계는 인류가 자유시장 체제가 아닌 다른 체제로 더 행복해질 수 있다는 어떤 주장도 결국에는 은연중에 생명을 다시 설계하기를 바라는 인간의 오만함에 불과하다는 것을 설명하기 위해 반지성주의를 이용한다. 또 한편 기독교 우파들은 자신들이 하느님의 나라인 빨간색 미국 땅의 사람들이라는 가치체계에서 벗어난 것을 비난할 때 반지성주의를 이용한다. 이 우쭐대는 지식인들은 도대체 뭐 하는 사람들인가?

공화당은 그 지긋지긋한 박사들과 그들의 훌륭한 연구, 그리고 그들의 정부기관들을 비난하기 위해 보통사람들을 규합할 때 여러 가지 합리적이고 심지어 고결하기까지 한 반지성주의 전통들을 강요했다. 그러한 반지성주의의 첫 번째 주자가 바로 개신교 복음주의다. 복음주의는 전문 성직자들로 구성된 교회 위계질서를 거부하면서 하느님과 개인이 직접적이고 감성적으로 교감하는 것을 중요하게 생각한다. 이 복음주의 전통은 비판적 사고가 신성함에 이르는 길이라고 주장한다. 따라서 복음주의자들은 학구적인 조직 형태와 강력한 능력을 가진 개인 설교자들을 지지해왔다.[3]

보수 반동 세력이 비난하는 또 다른 반지성주의 전통은 역사적으로 좌파와 관련된 전문지식에 대한 강한 의심이다. 물론 이러한 태도는 본디 기업들을 곤경에서 벗어나게 하기 위한 수단이라기보다 기업계의 강요에 대한 반발에서 나왔다. 바버라 에런라이크(미국 세포생물학 박사로 남녀평등주의자이자 민주사회주의자이며 정치 활동가로 많은 책을 저술—옮긴이)가 지적한 것처럼 "비폭력적인 사회 통제"는 많은 미국 전문가들의 근본 원리였다. 전문가들로 구성된 중산층은 노동 효율성을 연구하거나 기업의 홍보 전문가로 일하거나 기업 경영이라는 가짜 학문을 가르치면서 노동자들이 공장에서 묵묵히 일하는 집단이 되도록 자신들의 지식을 팔았다. 따라서 노동자들은 당연히 전문가들의 주장에 대해서 회의와 조롱으로 화답했다. 에런라이크는 이렇게 말한다.

> 노동계급과 중산층의 관계는 대개 일방적이다. 지시와 진단, 명령, 판단, 정의―심지어 그들이 어떻게 생각하고 느끼고 돈을 쓰고 쉴 것인지에 대해서도 언론을 통해서―가 위에서 내려온다. 노동자들의 생각이 중산층에게로 '올라가는' 경우는 거의 없다. 계급 사이에 생각이 위로 전달되는 경로가 아예 없는 구조이기 때문이다.[4]

오늘날 이 두 가지 전통은 보수 반동 세력의 역전된 계급투쟁 속에서 함께 만난다. 공화당 지지자들은 자신들이 똑같은 아이비리그를 졸업했더라도 그곳 출신의 잘난 체하는 사람들을 비난한다. 그들은 자신들이 변호사이거나 의사, MBA더라도 남의 일에 간섭하는 전문가들을 불평한다. 그들은 그렇게 비난하고 불평할 때 사생활의 모든 측면을 개조하고 개혁하려는 잘난 체 우쭐대는 자들에게 정의롭게 저항하는 보통사람들과 공동전선을 편다. 공화당 지지자들은 모든 사회 문제를 언제나 참되고 본질적이며 민주적인 세력과 시시콜콜 오만하게 간섭만 하는 어리석은 세력 사이의 갈등이라는 시각으로 본다. 이것은 레일 트레일(철로를 철거해서 만든 자전거도로나 산책로―옮긴이)을 만드는 문제에서 미터법 사용, 농업보조금, 도시계획법에 이르기까지 내가 지금까지 이 책에서 말한 문제들을 모두 하나로 꿰는 실이다. 따라서 보수주의자들은 20세기의 모든 개혁 노력을 인간이 자유시장의 또 다른 이름인 하느님이 부여한 불변의 질서를 억누르고 자기 멋대로 바꾸려는 강제적 행위에 불과하다고 생각한다.

오늘날 공화당은 반지성주의 정당이다. 그들은 지식인들의 사상과 학문이 속임수에 불과하며 책에나 나오는 유치한 지식이라고 정면으로 거칠게 비난한다. 보수 반동 세력은 초기에 하버드는 미국을 혐오한다고 큰소리로 항의했다. 그러나 오늘날 공화당은 거꾸로 하버드를 혐오한다. 오늘날 공화당은 1840년대 휘그당이 했던 일, 즉 지방 사투리를 쓰고 옛날 통나무 오두막집 시절의 교육에 대해서 말하고 쓸데없이 교육만 많이 받은 엘리트들을 성토하는 일을 한다.(예일 대학의 68학번인 조지 W. 부시조차 동부 출신들이 자신의 텍사스 친구들을 얼마나 "극도로 멸시"하는지에 대해 불평했다.) 진정한 상류계급 사람들이 훨씬 더 안락해지려면 오늘날 상류계급의 상징들이 사라져야 한다.

지금까지 이러한 지식인들과의 전쟁에 많은 것이 투입되었다. 보수 우파들은 대학을 공공연하게 비난하는 베스트셀러들을 많이 발간하고 전통적인 학계의 주장들을 비난하는 대안 기구나 전문가 단체들을 세웠다. 그들은 여러 싱크탱크들도 만들어 공화당의 논거를 제공하는 저술가들을 지원한다. 그들은 학술지를 가장한 잡지들을 발간해서 동료 학자의 평가라는 허울로 기존의 지식체계를 폐기하는 일을 한다.

캔자스의 많은 공화당 중도파들처럼 교외 지역의 고등교육을 받은 전문가와 지식인들과 같은 구시대 공화당원들의 도움 없이는 이 모든 것이 이루어지지 않았을 것이다. 전문지식은 정부 관료들이나 간섭 많은 지식인들이 휘두를 때에만 비난의 대상이 될 뿐이다. 그러나 이 공화당 지지자들은 반지성주의라는 흉측한 용어를 이를테면 그들의 기업들이 지하수에 끼치는 영향을 조사하고 싶어 하는 각종 연방위원회들에 대해서 지난 수십 년 동안 써왔다. 그러나 오늘날 진화론을 믿는 사람들이 자신들을 향해 똑같은 용어를 쓰는 것에는 매우 분개한다. 이제 구시대의 공화당원들은 자기 꾀에 빠져서 더 큰 대가를 받는다.

따라서 오늘날 캔자스의 상황은 자기 자신이 백만장자 부호이고 변호사이고 하버드를 졸업한 지식인들인 가장 유력한 보수 우파들이 프롤레타리아들에게 그 부자와 변호사, 하버드 졸업생들—또한 의사, 건축가, 신문사 소유주, 교외 부동산 개발업자, 그리고 중도파를 구성하는 기업가들을 대상으로 봉기를 일으키라고 촉구하는 꼴인 셈이다.

공교롭게도 캔자스에는 과거에 전문가 집단에 맞서 민중주의를 가장한 가짜 계급투쟁이 있었다. 1920, 30년대에 캔자스에는 전국적으로 유명했던 밀포드의 존 브링클리 박사라는 돌팔이 의사가 있었다. 그는 염소의 고환 일부를 인간에게 이식해서 남성의 발기부전을 치료할 수 있다고 주장했다. 브링클리는 1923년 방송 전용 채널을 정식으로 허가 받아 라디오 방송국을 개국한 선구자였다. 그는 방송을 통해서 자신의 기적과 같은 치료법을 미국 전역에 퍼뜨렸다.(그 방송국은 1929년에 미국에서 가장 인기 있는 방송국으로 뽑혔다.) 밀포드에 있는 그의 병원은 전국에서 밀려든 환자들로 줄을 섰고 그는 크게 성공했다. 브링클리는 양손에 커다란 다이아몬드 반지를 끼고 열세 군데에 금으로 자기 이름의 첫 글자를 새긴 멋진 캐딜락을 몰고 다녔다.

그러나 브링클리의 염소 고환 이식 수술은 가짜였다. 그가 의사 자격증을 받았는지도 의문이었다.(브링클리의 의학 관련 학위는 접골요법과 동종요법 같은 일종의 의철학을 가르치는 '절충적' 기관에서 받은 것이었다. 그것은 미국의사협회가 인정하는 '정규' 의술인 '대증요법'과는 전혀 다른 것이었다. 당시에 캔자스는 '비정규' 의사들이 정식 자격증을 딴 의사들과 공식적으로 대등하게 대접받는 몇 안 되는 주 가운데 한 곳이었다. 엉터리 의술을 폭로하고 이런 비정규 의사들이 합법적으로 활동하는 것을 막는 것이 미국의사협회의 기본 목적 중 하나였다.) 미국의사협회(AMA)는 그가 전국을 시끄럽게 한 너무도 유명한 돌팔이 의사였기 때문에 그를 본보기 삼아 징계하기로 했다. 이 과정에서 연방라디오위원회는 브링클리의 방송국 면허를 취소했다. 그의 방송국과 경쟁관계에 있는 방송국의 소유주인 《캔자스시티 스타》는 브링클리의 의료 사기를 폭로하는 일련의 기사들을 게재했다. 그러나 이러한 전문가 집단과 정부, 언론의 무시무시한 공조는 오히려 브링클리를 순교자로 만들었다.[5]

1930년과 1932년 대공황 시기에 브링클리는 자신의 희생을 은행가와 대지주들의 지배를 받는 일반 캔자스 주민들의 희생과 교묘하게 일치시키면서 캔자스 주지사로 출마했다. 브링클리 열풍은 캔자스 전역을 휩쓸었다. 그는 컨트리 음악 밴드와 함께 지방 유세를 다녔고 지역의 설교자들을 자기 전용기에 태워서 유세장에 데려왔다. 원로들은 당시 캔자스 주의 분위기를 1890년대 민중주의가 판을 치던 시대와 비교했다. 캔자스의 전통적인 지배자들—오늘날 공화당 중도파의 아버지 세대들—은 은밀하게 엄청난 노력을 통해서 겨우 브링클리를 공격할 수 있었다.

정치적 브링클리주의는 브링클리 자신만큼이나 이상한 것이었다. 브링클리는 다윈의 진화론을 적으로 생각하는 열렬한 근본주의자였다. 그러나 그가 신봉하는 정책은 1930년대 급진주의가 내세우던 문제들이었다. 다른 말로 좌파 급진주의였다. 브링클리는 노동자를 보호하고 기업을 반대하며 건강보험과 노인연금을 주 정부가 보조하는 정책을 주장했다.(그에게는 또한 캔자스의 강우량을 늘리는 계획도 있었다.)

브링클리는 돌팔이 의사이자 기회주의자였다. 그러나 당시에 전문가 집단에 반대하는 정책을 추구하는 기회주의자라면 당연히 좌파에 의지할 수밖에 없었다. 이것도 마찬가지로 더 큰 맥락에서 봐야 이해할 수 있다. 한 가지 기억할 것은 AMA가 수십 년 동안 국민의 건강 복지를 위한 계획 수립을 막던 세력이었다는 사실이다. 노동계급의 친구는 아무도 없었다. 그러나 오늘날 브링클리처럼 전문가 집단에 대해 불평하는 사람의 정치적 고향은 보수 반동 우파일 것이 틀림없다. 우리는 이제 진화론을 조롱하고, 언론의 자유주의적 편향성을 비난하고, 무엇보다도 낙태를 반대함으로써 미국의사협회나 변호사협회의 강압과 그 밖의 중산층 세력의 보루들을 무너뜨리기 위해 싸운다.

오늘날 보수주의가 낙태 반대 운동을 아주 중요한 요소로 생각하는 까닭은 그것이 반지성주의 세력을 재집결하는 계기가 될 수 있기 때문이다. 그러나 자유시장을 옹호하는 순수 자유주의자들은 낙태 반대 운동이 사생활의 보호와 작은 정부의 원칙을 명백하게 위배하는 것이라고 보고 공화당이 임신중절에 반대하는 군중을 더 크게 수용하는 것에 분노한다. 그들은 자신의 신체에 관한 개인의 선택보다 더 사적인 것은 없다고 생각한다.

그러나 낙태 반대 운동을 생각할 때 1973년 '로우 대 웨이드' 판결이 어떻게 내려졌든지 간에 그것이 전문가 집단의 강력한 힘을 확인하는 계기였다는 사실을 기억하는 것이 무엇보다 중요하다. 실제로 사회학자 크리스틴 루커의 연구에 따르면 낙태법의 역사가 어떠했는지는 의료 행위가 전문화되는 역사 과정 속에서 이해할 수 있다. 19세기에 의사들이 자신의 전문분야임을 확인하는 방법으로 낙태를 금지하는 법을 통과시키도록 명령했던 것처럼 1960, 70년대에 낙태금지법을 폐기한 개혁의 물결은 바로 의사와 같은 전문가들의 견해가 바뀌었다는 것을 의미했다. 낙태법은 끝까지 의사의 직업권리와 뒤섞여 남았다. 1973년 낙태권을 옹호하며 대법원에 전문가 의견을 제출한 단체들의 목록에는 미국의 의료체계를 담당하는 유명 단체들이 다 들어 있다. 게다가 최종 판결을 내린 대법관 해리 블랙먼은 메이오 클리닉(미네소타 로체스터에 있는 사립병원—옮긴이)의 변호사로 오랫동안 일했다. 논란 많았던 그 사건을 연구한 두 명의 저널리스트에 따르면 블랙먼이 로우 사건을 진행하면서 가장 중요하게 생각한 것은 임신한 여성의 권리가 아니라 "가장 전문적인 판단에 따라" 환자를 다루는 "의사의 권리"였다.[6]

'로우 대 웨이드' 판결은 또한 법률 전문가가 교회에서 주 의회에 이르기까지 모든 사람들보다 우위에 있다는 사실을 명백하게 보여주었다. 그 판결은 거의 모든 주에 걸쳐 관련법을 바꾸게 했다.('로우 대 웨이드' 판결 이전에 4개 주가 낙태를 합법으로 인정했고 캔자스 주를 포함해서 13개 주가 미국법률협회와 미국의사협회가 권고한 법안을 통과시켰다. 미국의사협회 소속 의사들은 기형아를 임신하거나 강간을 당하거나 근친상간의 피해를 입은 여성들에 한해서 그들의 생명과 건강을 보호하기 위해 낙태에 동의하고 인정할 수 있었다.[7] 그러나 '로우 대 웨이드' 판결 이후로는 이러한 제한이 대부분 사라졌다. 임신 초기라면 어느 경우라도 낙태를 할 수 있게 되었다. 그러나 1990년대 초부터 각 주 의회들은 미성년자의 경우 부모에게 고지, 상담과 대기 기간, 주정부의 보조금 지급 금지와 같은 여러 가지 비의학적 제한들을 달아서 낙태법을 개정했다. 이 세 가지 단서 조항은 모두 오늘날 캔자스에서 시행되고 있다.) 또 그것은 그때 막 불붙던 낙태 논쟁을 일방적으로 위에서 내려온 명령에 따라 중단시켰다. 그리고 그것은 자유주의라는 상투적 문구를 한 줌도 안 되는 작은 전문가 집단, 즉 의사와 변호사와 관료와 전문가들의 불경스러운 연합의 교리로 만들고 말았다. 그들은 민주적 합의보다는 사법적 명령으로 그들의 "개혁들"을 안전하게 지켰다. 2003년 안토닌 스컬리어 연방대법원 판사가 자신의 동료 대법원 판사들이 헌법의 어떤 특정한 조항에 의거하지 않고 '법률 전문가들이 동성애를 굳이 반대하지 않는 문화"를 좇아 각 주의 동성애법을 위헌 판결했다는 이유로 그들을 고소했을 때, 그는 이러한 자유주의라는 상투적 문구를 불러냈다. 앤 쿨터는 재판관과 미디어의 밀접한 연관성을 이야기하면서 자유주의자들이 "〈앨리맥빌〉(보스턴의 법률사무소를 배경으로 주인공 앨리 맥빌의 일과 사랑이야기를 다룬 미국 드라마. 1997년에서 2002년까지 폭스TV에서 방영됨―옮긴이)이라는 드라마의 금주의 줄거리를 좀 더 잘 반영하기 위해서" 헌법을 자기 멋대로 해석했다고 비아냥거렸다.[8] 그리고 보수 우파들은 2003년 여름에 일부 연방대법원 판사들이 헌법을 무시하고 다른 나라들의 더 정교한 법률들을 주시했다는 소문이 널리 퍼졌을 때가 바로 캔자스와 미주리 같은 내륙 중심부 지역의 법률을 폐기시켰던 때라고 주장했다.

보수 우파들이 보기에 '로우 대 웨이드' 판결을 법적으로나 의학적으로, 또 행정적으로 강요하는 것이 훨씬 더 끔찍한 까닭은 거기에 자유주의 엘리트들이 깊이 개입되었기 때문이다. 자유주의 엘리트들이 바로 인간의 생명을 정의하는 세력인 것이다. 낙태 반대 운동은 의사와 변호사가 주장하는 그러한 중요한 철학적 문제를 사법적 판단에 맡김에 따라 세상이 머지않아 더욱 타락할 것이라는 것을 금방 알 수 있었다. 낙태 반대 운동과 관련된 저술들을 보면 정신 나간 의료 전문가, 영아 살해와 안락사에 찬성하는 의사들, 태아의 신체 일부를 암거래하는 낙태 지지자들, 줄기 세포를 생산하기 위해 태반을 만드는 미친 과학자들과 같은 소름끼치는 이야기들로 가득하다. 심지어 나치의 우생학 연구가 사실은 엄정한 유럽 과학계의 꽃으로 인정받는 독일 의학계의 승인 아래 진행되었다는 이야기도 나온다. 1983년 에버렛 쿠프 박사와 신학자 프랜시스 쉐퍼는 "파괴가 어디서 멈출지는 오직 한 줌도 안 되는 과학 엘리트들과 무감각한 일반 대중들이 무엇을 옹호하고 무엇을 묵인할 것인지에 달려 있다"라고 썼다. "인권을 정의하는 포괄적 기준에 대한 어떠한 기대도 이미 포기한 지 오래되었다."[9]

보수 반동의 악몽이 지닌 특징은 모두 유사한 길을 따르는 것처럼 보인다. 불결하고 무지한 대중들을 경멸하는 오만한 전문가 집단은 그들의 전문적 (즉 자유주의적) 의견을 세상 사람들에게 강요한다. 그들은 어떠한 반응도 허용하지 않는다. 따라서 우리는 교회의 고위 성직자들이 이러한 죄악에 대해서 하느님의 생각이 바뀌었다고 선포하거나 자신들의 생각에 맞지 않는 교구들이 있을 때 감독권을 이용해서 그 교구들을 거부하거나 제명하면 그냥 그런가보다 하고 따를 수밖에 없다. 또 교수들이 자기들끼리만 짜고 역사를 자신들의 자유주의적 기호에 맞게 다시 쓰거나 자신들의 생각을 감수성이 강한 대학생들에게 주입하는 야비한 행동을 할 때 우리가 할 수 있는 것은 끝없이 불평을 늘어놓는 일밖에 없다. 또 오늘날 뉴미디어가 언론학과를 졸업한 학생들만 채용하고 비평은 무시한 채 자신들이 보편적으로 공유하는 자유주의 세계관을 반영하지 않는 기사들은 배제한다는 소리가 끊임없이 들리는 것도 사실이다.[10] 어쩌면 옛날에 조지 버나드 쇼가 썼던 글이 사실일지도 모른다. "일반 대중들은 모든 전문가 집단을 음모 집단으로 본다."

그렇다면 교육이 우리가 캔자스에서 본 것 같은 정치 투쟁의 치열한 전장이 되는 것은 지극히 마땅하다. 다른 많은 주와 마찬가지로 캔자스에서 교육은 주 예산에서 가장 재량권이 큰 항목으로 보수 우파들이 세금 감면을 시도할 때마다 가장 큰 피해를 입는 항목이기도 하다. 또한 공교롭게도 교육은 보수 우파들의 적들을 특징짓고 하나로 뭉치게 하는 것이기도 하다.

전문 분야의 직업을 가진 중산층 위치에 있는 존슨 카운티의 공화당 중도파들에게 교육은 매우 바람직한 것이다. 그들은 기업계에서 흔히 말하는 간섭 많은 전문가들에 대해서 관례적으로 비난하는 것을 굳이 마다하지 않는다. 하지만 교육은 그들의 신분을 유지시켜주는 기반이며 무엇보다도 그들을 엘리트로 만드는 법학박사나 의학박사, 경영학석사, 기타 박사학위들의 원천이기도 하다. 교육은 그들을 자기들보다 더 못한 사람들과 구별 짓는 기준 가운데 하나다. 교육은 그들에게 전문성과 신뢰성을 주고, 개인의 가치를 결정하고, 그들을 국가의 엘리트로서 더 큰 세계로 연결한다.

중도파들은 공교육을 존중한다. 그들은 실제로 무조건 공교육을 지지한다. 그들이 존슨 카운티에 세운 공립학교들은 일류학교로 언제나 전국에서 가장 우수한 학교들 가운데 하나로 인정받는다. 실제로 존슨 카운티의 가장 중요한 존재 이유 가운데 하나가 공립학교의 우수성이다. 존슨 카운티는 이들 학교 때문에 부동산 가치를 유지할 수 있다. 가정과 기업들은 학교 때문에 미주리의 캔자스시티가 아니라 오버랜드 파크로 이주한다. 이들 학교는 교외 생활에 의미와 목적을 부여한다. 공립학교가 필요로 하는 것은 무엇이든 제공한다는 것이 공화당 중도파의 가장 중요한 신조다.

이들 일류 공립학교들의 최종 목표인 명문대학 입학은 풍족한 존슨 카운티 교외 지역에서 처러지는 일종의 성스러운 종교의식의 목적이다.

이런 일들은 미국의 상류층이 모여 사는 다른 교외 지역에서도 마찬가지다. 그러나 캔자스처럼 변방에 있는 촌놈들이 아이비리그에 들어가는 것은 훨씬 더 대단한 일로 여겨진다. 고등학교 때 하버드 대학 입학처 주소를 외우고 다녔던 한 아이가 있었다. 나는 지금까지도 반 친구들 가운데 누가 그 잘난 대학들에 들어갔는지, 그들이 자신들의 공훈을 자랑하기 위해서 얼마나 빨리 그 대학의 다양한 셔츠와 공책, 소지품들을 가지고 다녔는지, 또 그들이 합격한 그 사랑스러운 대학의 전통에 대해서 얼마나 금방 익숙해졌는지 모두 생생하게 기억할 수 있다. 반면에 그 아이들의 부모인 중도파들은 (그때는 대개 그냥 공화당원이라고 했다) 자기들이 몰고 다니는 뷰익의 뒷창문에 자기 자식이 합격한 대학의 스티커를 자랑스레 붙였다. 그들은 그 영광스러운 사건을 기념하는 파티를 열었다. 그들은 집 앞에 그 대학의 깃발을 달았다.

대학 입학은 중도파들의 세계에서는 평생토록 지속되는 성과다. 그들은 대개 어느 대학에 들어가느냐에 따라 앞날이 결정된다고 생각한다. 그들 가운데 누구라도 만나서 몇 분만 지나면 그들은 반드시 당신이 어느 대학을 나왔는지 묻거나 아니면 자신이 하버드 대학을 나왔지만 예일 대학과 옥스퍼드 대학에서 학위를 땄다는 소리를 들을 것이다. 그 정도로 그들은 대학 입학을 중요하게 생각한다.

반면에 보수 우파들은 대개 그런 것에 개의치 않는다. 그들은 대개 일반 서민들로 대학과는 전혀 무관한 사람들이다. 2002년 주지사 후보로 출마한 보수 우파 인물을 포함해서 그들의 지도자들에 대해서도 마찬가지로 생각한다. 오히려 그들 가운데 많은 사람들은 대학 교육은 문제나 일으키며 무엇보다 그 망할 놈의 잘난 체하는 녀석들이나 배출하는 제도라고 믿는다.

한편 좌파들은 공교육을 예로 들어 노동계급의 불만을 설명하는 걸 좋아한다. 그들에게 공교육은 애국심과 국법 준수, 시민의식 같은 것을 강요하는 이른바 '이데올로기적 국가기구'(알튀세가 말한 것으로 기존의 불평등한 사회구조를 재생산하는 제도로 학교교육을 비롯해서 법, 종교, 대중매체가 이것에 속함—옮긴이)에 불과하다. 이러한 견해에 따르면 교육의 목적은 국가를 경영할 소수의 아이들만 추려내고 나머지 대다수 아이들은 국가에 절대 복종하는 허수아비로 양성함으로써 계급 사이의 경계선을 감시하는 것이다. 블루칼라 출신 집안의 아이들은 자신들이 바로 그런 상황에 있음을 직감하고는 수업을 빼먹거나 다른 일에 몰두하거나 〈더 월〉(영국의 5인조 록밴드 핑크플로이드가 1979년 발표한 앨범으로 가상인물 핑크가 전쟁으로 아버지를 잃고 엄마의 과잉보호로 자립심도 잃고 잘못된 학교교육을 받고 자라 마침내 아내에게도 버림받는다는 내용을 록음악으로 구성—옮긴이)을 자꾸 반복해서 듣는 식으로 반응한다. 이보다 좀 더 신랄한 비판은 1995년에 발간된 『선생님이 내게 한 거짓말』이라는 책으로 미국의 고등학교 역사 교과서가 미국의 역사를 영웅 중심적이고 끊임없이 발전하고 평등하고 계급갈등이 전혀 없는 세상인 것처럼 말하는 "디즈니식 역사관"을 보여주었다는 것이다. 저자는 현실을 그렇게 "친절한 경찰관" (1960년대부터 1980년대까지 미국의 경찰관을 비롯한 공무원들이 지역 어린이와 청소년들과의 친밀감을 높이기 위해 실시한 공익 캠페인—옮긴이)식으로 왜곡해서 가르치게 되면 "학교는 오늘날 중요한 문제들과 점점 더 무관해지는" 결과를 초래한다고 결론짓는다.[11] 아이들은 그것이 모두 엉터리라는 것을 안다.

그러나 캔자스 보수 우파들의 공교육에 대한 불만은 그것과 거의 정반대다. 그들은 학교가 저임금 노동자들을 양산하도록 설계되어야 한다고 생각한다. 실제로 케이 오코너는 그것이 학교가 추구해야 할 중요한 목표라고 내게 말했다. 보수 우파들은 오히려 학교가 디즈니식 역사관과 친절한 경찰관을 충분히 제공하지 못한 것이 문제라고 분노한다.

보수 우파들은 미션힐스와 리우드에서 그토록 숭배하는 명문대학들을 경멸한다. 오늘날 보수 우파에게 대학은 사회에 쓸모 있는 지식을 제공하는 원천이 아니다. 그들은 대학이 진보 성향의 종신 교수들이 이 나라를 헐뜯고 학생들을 세뇌시켜 시위에 참여해서 구호를 외치게 만드는 선동 소굴이며 정치적 중립의 놀이터에 불과하다고 믿는다. 지식인들의 반역 행위는 보수 반동 세력이 여러 해 동안 제기했던 문제로 대학에서의 플렌-티-플레인트를 모아놓은 웹사이트들을 보면 어떤 교수가 한 매국적 발언들이나 어느 예민한 소수자 단체가 격렬하게 분노를 표출한 사례를 볼 수 있다. 100년 전 하버드 대학생들은 그저 재미로 파업 현장에 투입되어 대신 일을 함으로써 노동계급의 원한을 샀다. 우파들은 우리에게 말한다. 오늘날도 온갖 특권을 누리는 하버드 대학생들은 보스턴 노동자의 자식들이 외국의 해변에서 자유를 위해 싸우다 총에 맞아 쓰러질 때 오히려 그들을 쏜 적들에게 찬사를 보냄으로써 노동자들을 경멸하고 있다고.

한편 유치원에서 고등학교까지의 교육 과정은 보통의 캔자스 사람들이 정부와 자주 만나는 주요 공간이다. 하지만 보수 우파들에게 그것은 대개 실망스럽고 불쾌한 만남이기도 하다. 학교는 자기 자식들에게 동성애도 괜찮다고 가르치고 콘돔을 사용하는 방법도 알려주면서 정부가 그들의 사생활을 아주 깊이 침해하는 장소이기 때문이다. 보수 우파들은 자신들의 신앙이 아주 작고 편협한 또 다른 오만한 전문가 집단의 공격을 받았다고 생각한다. 그 집단은 전미교육협회(NEA)로 민주적으로

도저히 통제할 수 없는 단체다. 따라서 보수 우파들은 바우처 제도나 홈스쿨링, 사립기독교학교에서 위안을 찾는다.

보수 우파의 지도자들에게 공개적으로 캔자스 주의 공립학교에 대해서 어떻게 생각하는지 물어보라. 그러면 그들은 하나같이 누구 못지않게 교육을 사랑하며 존슨 카운티의 높은 시험 점수와 캔자스 주의 훌륭한 농구팀을 자랑스럽게 생각한다고 주장할 것이다. 그래서 그들이 공립학교에 대해서 전혀 불만이 없냐 하면 그것은 천만의 말씀! 중도파를 빼고는 이 문제에 대해서 불만이 없는 보수 우파는 없다.

보수 우파들이 서로 사적으로 주고받는 이야기들을 들어보라. 그러면 그들이 공교육에 대해서 얼마나 심하게 혐오하는지 금방 알 수 있다. 2003년 6월 오하이오 공립학교에서 십계명을 가르치지 말라는 최종 판결이 내려지자 캔자스 보수 우파들끼리 주고받는 메일들은 분노로 부글부글 끓어올랐다. 오하이오 카운티의 전 공화당 의장은 공립학교를 "뱀구덩이"라고 선언했다. 또 십계명을 가르치지 말라고 한 재판관들은 "전체주의적 자유주의 성향의 판사들"이자 기독교인들을 "게토에 수용하기를" 애타게 바라는 "비밀 나치당원"이 되고 말았다. 또 다른 사람은 공립학교라는 말 자체를 거부하고 그것을 "정부학교"라고 불렀다. 나중에는 그것을 "정부세뇌학교"라고 최종 정리했다. 세 번째 사람의 메일은 친절하게도 "공립학교에 다니는 기독교 학생들이 거의 날마다 좌파 사회주의 계열의 NEA가 선전하는 동성애와 진화론, 낙태에 찬성하는 교육을 은밀하게 주입받는다"고 지적했다. 비록 한 사람이 용감하게 아이들을 사탄 정권에 맞서는 "전사들"로 키워야 한다고 주장했지만 그들이 마침내 합의한 것은 결국 공립학교와 어떤 관계도 맺지 않아야 한다는 것이었다.

공교육에 대한 훨씬 더 강력한 비난은 잭 캐실이 자기 소설에서 악몽의 해 2006년에 대해서 아주 끔찍하고 치밀하게 (물론 가상으로) 묘사한 내용에 나온다. 앨 고어 행정부가 들어선 지 5년, 교육은 이미 혐오스럽고 기괴한 의식이 되었다. 캐실의 주인공은 한 고등학교 졸업식에 참석한다. 괴상한 원주민 복장을 한 "다양성 조련사" 두 명이 단상에 올라 청중들에게 "미국의 원죄", 즉 노예제를 경멸하는 내용의 강연을 한다. 그들이 건네주는 졸업장에는 학생들이 "'부끄러운 우리 역사와 대대로 이어지는 그것에 대한 책임'을 새롭게 이해했고 '우리 졸업생 각자는 엄중한 자기 비판을 감수함으로써 더 고결하다'"고 쓰여 있다.[12] 이봐요, 선생님, 이제 그 애들을 그만 놔둬요!

캔자스 주가 지난 15년 동안 자랑스럽게 한 일이라고 생각하는 여러 가지 어리석은 일들 가운데 가장 기억에 남을 일이 1999년 캔자스 주 교육위원회가 과학 교과과정에서 대진화와 지구 연령과 관련된 기준을 모두 삭제하라고 결정내린 일이었다.(캔자스 주 교육위원회는 다른 곳과 마찬가지로 공립학교에서 무엇을 가르치고 배워야 하는지 광범위한 교과과정 '기준'을 정한다. 이러한 기준들은 교실에서 반드시 가르쳐야 할 것을 지시하는 필수 지침이 아니다. 그러나 그 기준들은 캔자스 주에서 치르는 평가 시험 항목을 결정한다. 학생들이 바로 이 시험 점수로 평가를 받게 되므로 교사들은 무엇이 시험에 나오는지 주목하지 않을 수 없으며 따라서 그 기준은 점점 학습에 영향을 미치게 된다.) 그 조치는 촌뜨기들이 더 큰 차원에서 현실적 제약을 완벽하게 이용한 교묘한 전술이었기 때문에 전국의 언론도 어떻게 할 도리가 없었다. 언론 매체들은 캔자스로 우르르 몰려가서 곧바로 그 조치를 개탄하고 비난하는 기사들을 번갈아가며 내보내기 시작했다. 한밤중의 토크쇼에서는 캔자스를 냉소하며 소통하는 이야기들이 흘러나왔다. 신문 논설에서는 도덕주의자들이 캔자스에 대한 질책을 쏟아냈다. 철학자들은 캔자스에서 우리의 발전된 현실 세계를 받아들이지 못하고 이해하지 못하는 근본주의자들의 비극적인 모습을 끊임없이 발견했다.

모든 고등학생이 다 아는 것처럼 근본주의는 과거에도 이런 길을 택한 적이 있었다. 미국은 1925년 테네시의 '원숭이 재판'(진화론을 대변하는 클래런스 대로우와 기독교 근본주의를 대변하는 윌리엄 제닝스 브라이언이 대결한 재판으로 최종 판결이 완결되지 못했지만 결국 사람들은 대로우의 승리로 인정함—옮긴이)이 끝난 뒤 네브래스카의 민주당원 윌리엄 제닝스 브라이언을 그의 사후까지도 비웃었다. 그 뒤로 성경의 창조론을 받아들이는 행위는 무지한 촌사람들과 동의어가 되었다. 그 재판이 끝난 뒤 조지 버나드 쇼는 이렇게 썼다.

> 단 하나의 주 때문에 미 대륙 전체가 조롱거리가 될 수 있다는 것은 흔한 일이 아니다. 또한 단 한 사람 때문에 미국이 진정 문명화된 나라인지 아닌지 유럽이 의문을 갖게 되는 것도 흔한 일이 아니다. 그러나 테네시 주와 브라이언 씨는 이 두 가지 일을 훌륭하게 해냈다.

이런 논쟁을 재현하는 것은 어리석고 무지하고 수치스러운 유산을 이어가는 것에 불과했다. 이를테면 반대편이 보수 우파의 요구를 받아들여 논쟁을 재현하고 전문 과학의 집단적이고 비판적인 정밀한 검증에 맞서 그들의 주장—그것이 '젊은 지구 창조론'(지구의 탄생이 1만 년 내외라고 믿는 과학적 창조론의 일종—옮긴이)이든, '지적 설계론'(생명의 기원과 발달을 지적 설계자의 행위로 보고 그 설계를 탐지하는 이론—옮긴이)이든 상관없이—을 내세우는 데 동의했다고 하자. 그런 경우에 보수 우파들이

기대할 수 있는 것은 오직 확실하고 치욕스러운 패배밖에 없었다.[13]

하지만 그러한 전망도 보수 우파들을 단념시키지 못했다. 그들이 진화론 문제를 그렇게 중요하게 생각하는 것은 진화론이 미국인의 사고방식을 바꿀 수 있다는 우려보다는 그러한 행위가 지닌 우화적 울림 때문이다. 낙태 논란이나 갱스터랩에 대한 성전처럼 진화론에 대한 투쟁은 캔자스를 양극화시켜 분노의 열기를 높였다. 보수 우파의 솥단지를 부글부글 끓게 하지만 실제로 일이 진행되는 방식은 전혀 바뀌지 않도록 설계된 것처럼 보인다. 전투는 완전히 상징적이었다. 캔자스 주 교육위원회는 고등학교 교과과정의 기준, 그중에서도 과학 과목을 가르치는 일반적인 지침만을 변경했다. 위원회는 진화론을 가르치지 말라고 하지도 않았고 창조론을 반드시 가르쳐야 한다고 하지도 않았다.

그러나 그것은 아주 중요한 상징적 전투였다. 그 문제에 대한 보수 우파들의 자료들을 통독하다 보면, 진화론에 대한 공격이 모든 것 가운데 가장 위대하고 숭고한 문화운동이었다고 생각할 것이다. 어떤 사람은 진화론이 "하느님에 대한" 불경한 "전쟁"에 불과하다고 주장한다. 또 다른 사람은 진화론이 유물론을 정당화하여 "생명에는 아무 의미도 없고 타고난 인간의 가치도 없으며 도덕적 권위를 뿜어내는 절대적 원천도 없다"는 것을 가르치기 위해 존재하는 과학의 탈을 쓴 "이교도 종교"라고 주장한다.

> 좋다고 느끼면 (……) 그렇게 하라! 아기를 갖는 것이 불편하면 (……) 죽여라. (……) 쓸모없는 고양이들을 버리기도 하는데, 쓸모없는 아기들은 왜 안 되나? 아내를 갖는 것이 불편하면 아내를 제거하라. (……) 결혼 서약도, 결혼 당사자들도 사실은 본질적으로 어떤 가치도 없다.

창조론자들은 "십대의 마약 복용, 성병 만연, 십대의 절망과 자살, 청소년 폭력"이 "학교에서 진화론을 가르치기" 때문이라는 말도 안 되는 끔찍한 소리를 한다.[14] 그것은 진화론에 대한 집중 공격이 하느님에게 다시 권위를 부여하고 사회주의와 낙태, 이혼과 같은 문제들을 무력하게 만들고 앞에서 열거한 십대의 모든 고통을 해결할 것이라 생각하기 때문이다. 그들은 이 한 가지 묘책으로 모든 것을 일거에 정리할 것이다.(그러나 사실 윌리엄 제닝스 브라이언은 진화론을 무너뜨려서 완전히 그 반대 결과를 이루고자 했다. 그는 진화론이 결국에는 사회적 진화론과 19세기 야만적인 자본주의로 이어질 수밖에 없다고 생각했다. 따라서 진화론을 무너뜨리는 것이 미국을 자본주의에 덜 물들게 하는 길이라고 생각했다.)

보수 우파들은 자신들이 이렇게 주장하면서도 그것이 결코 현실에 적용될 수 있는 묘책이 아니라는 것을 안다. 그럼에도 그들이 진화론 반대 술책을 쓰는 진짜 이유는 하느님과 관련된 종교적인 것이 아니라 선거에서 이기기 위한 정치적 목적때문이라고 나는 생각한다. 우리가 지금까지 살펴본 것처럼 보수주의자들은 문화적 문제들에 대해서 큰소리로 외치고 갈채를 받지만 실제로 얻은 현실적인 결과는 아무것도 없다. 그들이 추구하는 것은 문화적 혼란이다. 그것은 자신들의 기반을 공고히 다지기 위한 것이다. 보수 우파들은 진화론을 문제 삼아 지식인 세계에 대한 분노를 교묘하게 자극함으로써 자신들을 따르는 사람들에게 사회 계급에 대한 왜곡된 이해를 심어주고 그것을 강화하려는 것처럼 보인다. 말하자면 그것은 반지성주의를 훈련하는 과정이었다.

진화론을 반대하는 책략가들에게서 진화론을 둘러싼 모든 과학적 논쟁을 거두어내면 (99퍼센트의 사람들이 그렇듯이) 그 문제는 보통사람들의 민주적 충동과 자유주의 엘리트의 핵심, 즉 지식인들 사이의 도덕적 싸움으로 쉽게 변형될 수 있다. 여론조사를 보면 미국인의 절대 다수가 '두 가지 이론'(진화론과 창조론)을 모두 가르치는 것에 찬성한다. 그러나 보수 우파들은 그런 구도를 실행에 옮기려는 어떤 노력도 결국에는 기성 과학계의 격렬한 반발에 부딪칠 것이라고 생각한다. 바로 여기에 핵심이 있다. 이 기성 과학계는 모든 학계 가운데 자기 영역에 대한 의식이 가장 강하고 자격을 중시하고 요령이 없는 까다로운 사람들이 모여 있는 곳이다. 그들을 화나게 하면 그들은 반드시 당신을 강제로 굴복시킬 것이다. 1930년대에 늙은 의사 브링클리에게 했던 것처럼, 그들이 훌륭하고 겸손한 캔자스 사람들을 혼내며 끽소리 못하게 비난하는 상황이 만들어진다면 겸손하고 신을 경외하는 캔자스의 블루칼라 민중들은 오만한 지식인 엘리트들에 맞서 전쟁을 벌일 것이다. 대중선동적인 멜로드라마에서는 피해자들이 절대로 지지 않는다.

우파들은 진화론 논쟁을 대개 사회계급의 관점에서 해석한다. 예컨대 데이비드 브룩스는 사람들이 다윈물고기(발 달린 물고기 형상으로 물고기의 진화를 나타내는 진화론의 상징물—옮긴이)를 자기 차에 붙이고 다니는 것은 자신이 상류계급임을 자랑하기 위한 허풍이며 "근본주의 기독교인들보다 얼마나 더 지적으로 우월한지 보여주기 위해" 교만한 엘리트들이 쓰는 방법이라고 하면서 그것이 바로 "진화론자들"의 우스꽝스러운 모습이라고 말한다.[15] 특히 캔자스의 경우를 보면 잭 캐실은《위클리 스탠더드》의 독자들에게 자신이 미션힐스에서 평판이 좋다고 알려줌으로써 진화론을 지지하는 중도파 교육위원 후보자를 공격한 적이 있었다. 그녀는 미션힐스에 사는 "부자들과 겁먹은 사람들"을 위로했다. 교육위원회가 진화론에 반대하도록 이끌었던 보수파의 현직 교육위원은 "매우 겸손한 지역"의 주민들에게 영웅 대접을 받았다.[16]

진화론 논쟁과 관련해서 한 보수 우파의 이야기인 『캔자스 토네이도』는 순박한 "프레리빌리지의 가정주부"(프레리빌리지는 이름과 달리 존슨 카운티의 교외에 있는 꽤 안락한 지역 가운데 한 곳이다. 우연의 일치지만 그곳은 내가 다녔던 고등학교가 있는 곳이다)에서 이야기가 시작된다. 그녀는 캔자스 주의 공립학교 학생들의 발달과정을 평가하는 과학 과목의 교과 기준을 정하는 일에 참여하기로 했다. 그러나 그 기준을 작성하는 책임이 있는 위원회가 주로 미국국립과학원처럼 학교 현장과 멀리 떨어진 엘리트들의 전문가 단체들에서 자문을 구했다는 것을 알았다. 그들은 일반인들의 의견 청취에 관심이 없었다. 그래서 우리의 겸손한 주부는 지역에서 유명한 창조론자의 집에서 기준 작성에서 소외된 사람들의 회의를 소집하고 '시민집필위원회'라는 조직을 결성했다. 이 단체는 전 세계에 대한 혐오감을 나타내는 기준들을 작성했는데 그 가운데 많은 내용을 나중에 캔자스 주 교육위원회에서 채택했다.

그러나 그 주부와 동료 시민 전사들은 바로 그 지점에서 각본을 우리의 대중선동적인 우화로 넘긴다. 보수 우파의 시각에서 쓴 이 진화론 반대 이야기의 진정한 대상은 전장의 건너편에 있는 '전문가들'이다. 여기서 더 중요한 것은 그들이 지닌 전문지식이다. 『캔자스 토네이도』는 이렇게 묻는다. "우리는 '그것을 전문가들에게 맡겨' 두어야 하는가?" 분명히 말하지만 그렇지 않다. 그 소책자가 계속해서 주장하듯이 캔자스 교육위원회의 청문회에 참석한 과학자들은 거만하고 제멋대로 행동하는 사람들로 마치 자신들이 보통사람들보다 한 단계 위에 있는 사람들인 것처럼 청문회 내내 "특별대우"를 요구했다. 그들이 위원회를 다루는 방식은 전혀 민주적이지 않았다. 그들이 하는 일이란 "비난에 몰두"하고 "기성 과학계의 권위를 내세우는" 것이 고작이었다. 그들은 "위원회를 무시하고 자신들에게 반대하는 사람들을 멸시"했다. 과학자들이 만든 기준은 비록 채택되지는 않았지만 독실한 신자들을 제대로 교육받지 못한 무식한 '이류 시민'으로 취급했다.[17]

그나마 진화론 판결이 내려진 당시에 그 판결을 맹렬히 비난한 존 D. 알티보그트가 《캔자스시티 스타》에 때마침 잠시 칼럼을 썼다는 것은 역사가들에게 다행스러운 일이다. 우리는 속이 펄펄 끓지만 단조롭기 그지없는 알티보그트의 글에서 엘리트라는 작자들의 이런저런 경멸에 끊임없이 불쾌하고 화가 나고 "자유주의적 과학과 자유주의적 보도행태", 그리고 속임수에 능한 동료들에 격노해서 어쩔 줄 모르는 뒤집어진 대중 선동가의 정서를 발견할 수 있다. 교육위원회가 진화론에 반대하는 입장을 취하자 전국에서 그것에 대해 조롱이 쏟아지기 시작했다. 그러자 알티보그트는 "위원회의 새로운 기준에 반대하는 사람들이 내뿜는 오만한 권위주의"를 강력하게 비난했다.

> 그들은 선거로 선출한 조직을 통해 자신들의 방식을 관철시킬 수 없다면 그 위원회를 해산하고 새로운 위원회를 임명하려고 할 것이다. 그러나 더 좋은 방법은 기존의 위원회를 고소하는 것이다. 그들은 어떻게 할지 모르지만, 이봐, 자유주의 성향의 재판관만 구하면 된다고. 그건 식은 죽 먹기지.

알티보그트는 계급적 오만을 가장 중요한 문제로 보았다. 그것은 이 빤한 수작 뒤에 숨어 있는 핵심요소였다. 그의 생각에 자유주의자와 진화론자들은 자신들이 다른 모든 사람들을 지배하기 위해 태어났다고 믿는다. 그들은 자신들 말고는 그 어떤 방식도 절대로 인정하지 않는다. 그들이 주장하는 전문성은 이러한 배타적 목적을 이루기 위한 수단에 불과하다. 진화론 논쟁이 신문들의 1면을 장식하고 두 달이 지난 뒤, 알티보그트는 영예로운 존슨 카운티의 공립학교 교사로 진화론을 지지하는 무례하기 그지없는 자들 가운데 한 사람과 맞붙었다. 알티보그트는 비록 이 교사가 알티보그트 자신이 문득 생각해낸 과학적 질문에 답변하지 못했지만 그래도 "과학 교과과정은 선출된 공무원들이 아니라 자기 같은 사람들이 결정해야 해요"라고 고집했다는 내용의 글을 《캔자스시티 스타》에 게재했다. 세상에 이렇게 오만할 수가! 그러나 알티보그트는 이 오만한 교사에게 할 말이 있었다. "우리나라는 자칭 '전문가'라는 사람들이 아니라 국민이 선거로 뽑은 대표자가 다스리지요."[18]

진화론과 관련된 과학적 문제들은 옆길로 새고 보통사람들 위에 군림하는 속물 지식인들에 대한 이런 이야기들만 계속되면서, 보수 우파들은 그제야 비로소 근본주의가 생각한 민주주의에 위배되는 사항들을 하나씩 열거하고 자유주의자들에 맞서 그것들을 다시 제자리로 돌려보낼 수 있었다. 예컨대 캔자스에서 진화론에 반대하는 전사들은 다른 모든 사람에게 자신들의 종교적 견해를 강요하는 것은 근본주의자들이 아니라 과학자 집단이라고 주장한다. 또 "반대 증거에 대한 검열"에 몰두하는 것도 근본주의자들이 아니라 과학자 집단이다. 과학 전문가들은 '독단적'이고 '편협'하다. 그들은 비합리적이고 감정적이고 현실을 모른다. 진화론을 반박하는 기사가 전문가들이 상호 평가하는 전문 과학 잡지들에 실리지 않는 이유는 그 잡지들이 편향되어 있기 때문이다.[19] (말이 나온 김에 한 마디 하자면, 이 마지막 주장은 AMA의 전문 심문관들이 브링클리 의사를 변호하기 위해 썼던 한 줄이다.) 더군다나 이런 전문적 엄정성을 결정하는 사람들은 말대답을 허용하지 않았다. 캔자스 정신에 사로잡힌 《뉴리퍼블릭》의 선임 편집자 그렉 이스터브룩은 "옛날에는 하느님을 의심하는 것은 꿈도 못 꿨다"라고 썼다. "이제는 생물학 분야의 거두를 의심하는 것은 꿈도 꿀 수 없다."[20] 때때로 보수 우파들은 캔자스에서 먼저 싸움을 건 사람은 그 망할 놈의 과학자들로 자신들의 혐오스러운 생각을 다른 나라에도 강요하려는 과대망상증 환자들이라고 선언하기에까지 이르렀다.[21]

보수 우파들은 당연히 사회의 반발이 일자 곧바로 세속적 세계가 독실한 사람들을 억압한다며 자신들이 그 희생자들이라고 슬쩍 배역을 바꾸고는 '종교적 박해'를 부르짖기 시작했다. 〈바람을 물려받다〉라는 영화(우리나라에서는 〈신의 법정〉이라는 이름으로 커크 더글러스가 주연으로 나온 영화가 1989년에 비디오로 소개되었음—옮긴이)에서 속좁은 촌사람들이 고등학교 과학 교사가 진화론을 가르친다고 박해하는 것처럼〔오늘날 진화론을 반대하는 주장들은 1960년에 나온 영화 〈바람을 물려받다〉("원숭이 재판"을 영화화한 것으로 당시 스펜서 트레이시가 주연)로 몇 번이고 되돌아가서 아마도 이 영화가 상정했을 '패러다임'을 역전시키고 싶은 욕구로 가득하다〕 보수 우파들은 전국의 언론이 캔자스 주의 교육위원회에 퍼부은 비난을 고스란히 감내하면서 자신들이 지금 십자가에 못 박히는 고통을 받는다고 상상했다. 그들은 자신들을 조롱하는 사람들은 모두 '신앙인들'에 대한 비이성적 증오를 표현하는 '자연주의'의 추종자들에 불과하다고 믿었다. 따라서 보수 우파들은 속으로 '유색 인종'처럼 인종차별을 받은 사람들만큼이나 자신들도 편협한 세상의 희생자라고 생각한다.

알티보그트 개인으로서는 교육위원회 결정이 난 지 몇 주 만에 마치 나치의 홀로코스트를 연상시킬 수 있는 종교재판이 다가왔음을 눈치 채고는 《캔자스시티 스타》에 「기독교인을 비난하는 거짓과 왜곡의 합창」이라는 기사로 경종을 울렸다. 나중에 그는 매우 많은 뉴스 기사들이 캔자스 교육위원회의 결정 내용을 정확하게 기재하지 않은 이유가 (예컨대 위원회는 교과서에서 다윈을 삭제하지 않았는데 초기 기사들은 삭제했다고 썼다) "진실을 밝힐 경우 자유주의 성향의 기성 언론계가 찾는 보수 기독교인들에 대한 증오와 일반 대중의 분노를 만들어낼 수 없었기" 때문이라고 주장했다.[22] 박해받는 보수주의자에 대한 훨씬 더 끔찍한 표현은 2000년 교육위원 선거운동에 등장했다. 당시에 치욕스런 결정을 내렸다고 알려진 교육위원들 다수가 재선을 위해 선거에 나섰다. 존슨 카운티 교외 지역인 쇼니 출신의 교육위원 린다 홀로웨이의 홍보 전단에는 앉아서 밝게 웃는 홀로웨이 주위로 볼드체 활자로 쓴 욕들이 후광을 비추듯이 빙 둘러 씌어 있었다. 이 전단이 홀로웨이의 재선을 위한 홍보물임을 명심하라. 그리고 이것은 반대자들이 그녀를 '쓰레기', '멍청이', '광신도', '네안데르탈인'이라고 불렀던 것을 연상시키기 위한 것이었다.(중도파들은 그것과 정반대되는 주제에 매달렸다. 그들에게 외부 세계에 대한 비난은 낭패라는 끔찍한 망령—잭 캐실이 "빅 E"라고 부르는 것—을 불러일으켰다. 그들은 오직 자신들이 차지하고 있는 사회적 신분에 대한 불안 때문에 보수 우파들이 차지하고 있는 지위가 무엇이든 거기서 그들을 모두 쫓아내기 위해서 유권자들을 설득했다. 그들이 캔자스를 촌뜨기들의 주로 만들지 못하게 하라! 그들이 느끼는 신분에 대한 위기감은 너무 커서 이런 주제는 교육위원회 선거에서부터 온갖 종류의 다른 선거에도 큰 영향을 끼쳤다. 존슨 카운티의 한 공화당 중도파 연방의원 후보자는 심지어 캔자스를 조롱하는 동부 해안 지역의 논설을 인용한 라디오 광고까지 방송하고 "당혹스러운가요?"라고 쓴 광고게시판도 세웠다.)[23] 이 모든 것은 "자유주의적 기성 학계"에 용감히 맞서고 "그들의 무신론적 통념을 자극하는 어떤 목소리도 잠재우자"는 의도였다. 아, 그건 너무 불공평하다.[24]

잠시 멈추고 이 모든 것이 보수 우파들에게 강요하는 순교라는 망상에 대해서 살펴보자. 박해라는 말이 그들에게 의미하는 것은 투옥이나 제명이나 공민권 박탈 같은 것이 아니라 비판, 즉 그들에게 동의하지 않는 뉴스 보도다. 캔자스 하면 머리를 절레절레 흔드는 텔레비전 앵커들, 창조론을 조롱하는 신문 논설들, 윙넛(극우 성향이 있는 사람―옮긴이)이라는 용어를 쓰는 토피카 칼럼니스트들이 그들에게는 모두 박해다. 반면에 그들은 자신의 반대자들을 대개 '낙태지지자', '전체주의자', '나치'라고 조롱한다. 남을 비난하기는 쉬워도 남에게 비난 받는 것은 견디기 어려운 것이 인지상정이다.

자신들이 박해받는다고 생각하는 보수 우파들의 이면에는 은밀하게 파멸을 즐기는 마음이 도사려 있다. 잭 캐실 같은 보수 우파의 지도자들은 자신들이 캔자스 대학의 과학 분야 교수들이 하는 무례한 말에 아우성치고 지리멸렬한 세상을 개탄하는 동안에도 캔자스 교육위원회의 진화론 결정에 대한 이야기는 꺼내지 않을 줄 안다. 그들이 "컨트리클럽의 전문가"라고 부르는 친구들의 머리를 아프게 할 것임을 알기 때문이다.[25] 보수 우파들은 또한 기도하는 학생들이 "진정한 사회의 위협"이라고 비난하는 티셔츠와 심지어 다윈의 초상화 아래 "지배 패러다임을 전복하라"라고 절규하는 티셔츠를 사고파는 아슬아슬한 기회도 허용한다.

나는 캔자스시티의 록허스트 대학이 두 번째로 여는 '다윈, (지적) 설계, 그리고 민주주의' 토론회라는 연례 행사장에서 나중에 말한 것 같은 장면을 보았다. 학술회의를 본뜬 기조 연설과 공개 토론은 모두 지나치게 과장된 지적 설계론을 세상에 알리는 것이 목적이었다. 잭 캐실이 신이 없는 세상을 수용하는 할리우드에 대해 비난하면서 토론회의 막을 열었다. 그는 〈허드〉(1963년 제작된 흑백영화로 반항적인 아들과 아버지의 극단적인 대립을 그린 영화—옮긴이)와 〈평원의 무법자〉(1973년 클린트 이스트우드가 제작, 주연을 맡은 영화로 자신을 죽인 마을에 복수하기 위해 유령이 되어 다시 그 마을의 보안관으로 나타난다는 공포서부극—옮긴이)처럼 다윈주의의 영향을 받았다는 죄악에 물든 영화 장면들을 보여주면서 비난을 계속했다. 그러나 그 뒤를 이어서 한 지적 설계론 이론가가 단조로운 목소리로 진화론자들이 주장하는 가짜 증거들을 늘어놓자 사람들이 고개를 끄덕이기 시작했다. 모든 사람들이 한시름 놓을 무렵 그는 "세 명의 멋진 기독교 여성들"로 구성된 돌연변이들에게 무대를 내주었다. 그 여성들은 분홍색 옷을 차려입고 1960년대 여성 그룹처럼 으쓱거리다 빙빙 돌면서 〈못 오를 산은 없어요〉(1967년에 마빈 게이와 태미 테렐이 듀엣으로 불러 빌보드 핫100에서 1위에 오른 팝음악—옮긴이)라는 곡의 장단에 맞춰 짧게 개사한 노래 〈확실한 증거〉를 불렀다. 그 여성들은 오만한 과학자들의 목소리를 우스꽝스럽게 흉내 내어 과학자들이 말하는 것처럼 "우리가 말하는 게 진리야", "당신들 말에 귀 기울일 필요가 없다고!"라고 노래 부르며 청중들을 조롱하는 척했다. 청중들은 계속해서 반복되는 과학의 오류에 대한 발표에 매우 질린 표정이었지만 이 경쾌한 피학증적 공연은 아주 마음에 들어 하며 모두 얼굴에 환한 웃음을 머금고 집으로 돌아갔다.[26]

11장
엉뚱한 곳에 분노하는 사람들

캔자스 사람들의 종교적 성향을 좀 더 자세히 들여다보면 누구에게든 잘 속아 넘어갈 정도로 매우 순박해서 바보 멍청이가 아닌가 하는 생각이 들 때가 있다. 캔자스는 진심으로 영혼을 구원받았다고 생각하는 신자들의 안식처이면서 동시에 자신이 전능한 하느님의 친한 벗이라고 사칭하며 지상에서 만족을 이룰 수 있는 무엇인가를 발견했다고 주장하는 종교를 빙자한 사기꾼과 허풍쟁이들의 피난처이기도 하다. 그렇게 볼 때 엘머 갠트리(1960년 버트 랭커스터가 주연한 미국 영화로 뛰어난 말솜씨로 전도사가 된 사기꾼 세일즈맨을 중심으로 종교계의 위선을 폭로한 영화. 위선적인 종교가를 통칭하는 말이기도 함—옮긴이)는 캔자스에 있던 많은 일반 위선자들과 함께 그런 고전적 분류에 들어가는 사람이다. 우리 집은 아버지의 친절한 마음씨 때문에 동네 다른 사람들보다 그런 사람들을 잘 안다. 우리 아버지는 늘 자칭 운이 나쁜 기독교인이라고 말하는 사람들에게 집주변의 일자리를 마련해주고 베푸는 일을 많이 한다. 하지만 그들은 대개 아주 별나게 일을 망치거나 몰래 꾀를 부리거나 아무 이유 없이 그냥 떠나거나 부도 수표를 발행하거나 잔디 깎는 기계를 훔쳐가거나 해서 아버지를 실망시키기 일쑤다. 그러나 그들은 일을 그만두기 전에도 아버지가 자신에게 일거리를 준 이유가 무엇이든, 남이 뭐라고 하든 상관없이 주일이 아닌 평일에도 예수 찬양이나 하고, 또 누가 듣든 말든 (대개는 내가 들었지만) 세상 사람들에 대한 자유주의자들의 악행에 대해 불평이나 하면서 시간을 때웠다.

어쩌면 이 모든 것은 우리 미국 중서부 지역 사람들의 또 다른 특징일지도 모른다. 1940년에 신문기자 W. G. 클럭스턴은 예수를 파는 가장 위선적인 사기꾼들조차도 받아들일 수 있는 심성이 캔자스의 이상주의를 보여주는 아주 독특한 특징이라고 주장했다. 그러나 그러한 속임수가 정말로 문제를 일으키는 곳은 바로 정치 영역이었다. 이곳의 정치 사기꾼들은 단순한 뜨내기 장사꾼들이 아니다. 그들은 캔자스 주를 지배하는 계급이다. 클럭스턴은 캔자스 주가 경제 문제를 물질적 문제로 다루지 않고 오히려 기도밖에 할 줄 모르는 건달들, 즉 "거짓된 연민과 선의를 빼고는 아무것도 이룬 것이 없는 지도자들"만을 줄기차게 뽑았다고 썼다. 캔자스 주의 지배집단은 끊임없이 인간의 죄악에 맞서는 새로운 성전을 (주류 양조 판매 금지가 좋은 예) 만들어냈다. "지속적으로 사람들의 관심을 '사악한 것'과의 싸움에 집중하도록 어떤 새로운 감정적 호소를 만들어내지 못한다면 그들은 결국 사람들을 만족시킬 수 있는 물질적 조건을 창출해야만 자리를 보전할 수 있기" 때문이었다.[1] 그런데 분명한 것은 그들이 경제적으로 사람들을 만족시킬 수 있는 능력이 없다는 사실이었다. 콘아그라는 뭐라고 말할 것인가?

내가 보기에 캔자스의 보수 우파들은 기본적으로 두 개의 집단으로 나눌 수 있다. 하나는 진정으로 신앙심이 깊은 보통 민중들로서 우파가 미국을 싫어하는 하버드 출신들의 법률가들과 워싱턴의 전문 정치인들이 독재정치를 한다느니, 그들이 하느님을 공공의 영역에서 내쫓고 있다느니 하면서 세뇌하여 보수 우파가 된 사람들이다. 이런 종류의 보수 우파들은 낙태 시술을 한 의사의 자가용 밑으로 자신의 몸을 내던지기도 하고, 자신들의 대의를 위해서 집집을 방문하거나 자신의 생명도 바친다. 그들은 또 민주주의를 믿는 사람이라면 누구나 감탄해 마지않을 확신을 갖고 사람들을 선동하고 교육하고 조직한다.

또 다른 하나의 집단은 기회주의자들이다. 거대한 우파의 큰 파도에서 그들의 야망을 실현할 손쉬운 지름길을 발견한 전문 정치인과 법률가, 하버드 출신들이다. 그들 가운데 많은 사람들이 사실은 캔자스 주 공화당 중도파에 합류하려고 했거나 심지어 합류했던 적이 있었던 자들이다. 하지만 그런 방식으로 성장하는 것은 너무 오랜 세월이 걸리고 어쩌면 평생이 걸릴지도 모른다. 그들은 그저 사람들이 쉽게 기억할 수 있는 성경 구절을 몇 마디하고 낙태에 대한 자신의 입장을 바꾼다면—브라운백[2]이나 다른 보수 우파 지도자들이 한 것처럼—무상으로 지원할 열성적인 선거운동원들, 전국의 전문가 집단과 싱크탱크들, 자신들을 방송에 출연시켜줄 토크쇼 진행자들로 구성된 후원운동을 즉각 전개할 수 있다.

캔자스의 영리하고 젊은 공화당원들은 바람이 어느 쪽에서 부는지 잘 안다. 구닥다리 중도파 공화당 간부 집단은 지치고 노쇠해서 전국적 우파의 흐름을 따라잡지 못한다고 그들은 말한다. 밥 돌과 낸시 카세바움은 오래전에 한물간 반면에 브라운백과 티아트, 그 동료들은 앞으로 수십 년 동안 캔자스 주의 주도권을 잡을 것이다. 오늘날 캔자스 주의 눈치 빠른 법률가들은 하버드와 로즈 장학생 출신들이 하는 것처럼 모두 보수 우파가 된다.

나는 2003년 샘 브라운백 환영회에서 이 전도유망한 젊은 친구들 가운데 한 명을 만났다. 거센 바람에 시달려 거칠어진 얼굴을 한 농민들이 클럽으로 고정시킨 넥타이를 매고 그들의 영웅인 샘 브라운백과 악수를 나누는 모습을 지켜보았다. 이때 이 풋내기 정치중개인은 워싱턴 정치인들의 전형적인 억지웃음을 지으며 자기는 언론사에서 전화가 오면 (나를 지칭하는 듯) 용무가 무엇이든 간에 절대로 답신 전화를 걸지 않는다고 알려주었다. 나는 식장을 빠져나오면서 그를 동부의 부잣집 자식들 가운데 한심한 괴짜라는 생각을 했다. 하지만 그때 그렇게 나약하고 냉소적으로 보였던 그 젊은 친구가 토피카 신문에서는 그리스도 같은 겸손한 인물로 소개되어 있었다. 그는 워싱턴에서의 자기 목표가 "하느님에게 쓸모 있는" 인물이 되는 것이라고 주장하며 브라운백의 사무실에서 참모장으로 일하는 것은 "하느님이 바로 지금 (자신에게) 바라는 자리"라고 하는 따위의 흥미로운 신변잡기들을 흘렸다.

캔자스 주 엘도라도. 아주 아득한 2002년 7월. 나는 기회주의자들과 기독교 신앙이 깊은 캔자스 사람들이 어떻게 상호작용하는지 직접 목격하고, 무엇이 그 캔자스 공식을 작동하게 하는지 알기 위해 여기에 있다. 광활한 캔자스의 하늘에는 구름 한 점 없고 기온은 일주일 동안 거의 섭씨 37도 안팎을 왔다 갔다 한다. 19세기에 형성된 이 소도시의 중심가는 물론 텅 비어 있다. 유일하게 문을 연 중고품가게는 어쩔 수 없이 의무적으로 문을 연 것처럼 보인다. 내가 그곳의 유일한 손님이다. 반기는 사람도 없다. 못마땅한 표정의 주인은 잡담 한 마디 하지 않는다. 그녀는 내가 가게 안을 왔다 갔다 하는 모습을 주시한다. 내가 아무 쓸모없는 손님이라는 것을 금방 알아챈 것이다.

밖으로 나와 엘도라도 호수로 가니 출입구에 있는 여성이 날씨가 덥다고 투덜거린다. 그녀는 거기서 자기와 함께 일하는 모든 사람들이 당뇨병 환자거나 고혈당증으로 고생하는데 더위가 그들의 혈당 농도를 더 높였다고 불평한다.

이 호수는 1980년대에 만들어진 인공 호수다. 죽은 숲의 잔해들이 호수 표면 여기저기에 울룩불룩 솟아 있다. 그러나 호숫가 주변에는 띄엄띄엄 몇 그루 나무가 있을 뿐, 실제로는 풀들이 몸을 감출 수 있는 그늘진 곳이 전혀 없다 보니 다 말라 죽어간다. 무자비한 캔자스의 태양 아래 있는 초원지대의 물가 풍경이 바로 이 모습이다.

캔자스 출신 베트남전 참전용사들은 이곳을 섀디 크리크 중포기지라고 부르며 1년에 한 번 단합대회를 연다. 그들은 그 모임에서 그동안 하고 싶었던 것을 모두 한다. 맥주와 숯불구이, 위장 그물막과 캠핑카, 텐트와 야외용 의자들이 마련된다. 그들은 위치토, 토완다, 허친슨에서 이곳으로 모여 옛 친구들과 어울려 불꽃놀이도 하고 호수에서 배를 타기도 한다.

그러나 그들은 정상적이고 편안한 마음으로 좋은 시간을 보내고 있지 않다. 참전용사들은 이곳에서 의례적인 야외 행사를 즐기는 것 말고도 자신들이 미국 역사에서 가장 잔인한 사건들 가운데 하나의 희생자라는 사실을 다시 떠올리기 위해 이 혹서에도 여기로 모였다. 이 모임은 분노와 복수의 이미지들을 파는 여행 장신구업자들이 후원한다. 그들은 대나무 십자가에 매달린 미국 병사가 그려진 티셔츠, 동남아시아 지도에 사슬로 묶인 독수리가 그려진 티셔츠, 그리고 아직도 많은 사람들이 베트남에 갇혀 있을 것이라고 믿는 전쟁 포로들의 석방을 기원하며 동전을 던지는 소원의 우물 같은 것을 지원한다. 또 복수와 관련된 물품으로는 제인 폰다가 그려진 소변 과녁과 베트남 국기가 그려진 현관 매트들이 있다.

1970년대 특히 전쟁이 진행되었던 시기에 베트남전 참전용사들의 피해의식은 대개 좌파적 색조를 띠었다. 참전용사들은 당시에 자신들의 나라사랑이 무의미한, 심지어 추악한 목적을 위해서 조작되었다는 것 때문에 자신들을 희생자라고 생각했다. 기업계가 파견한 존슨 행정부의 '엘리트 계급'은 자동차와 전기 제품을 만들 듯이 전사자들을 양산해내고 1950년대 텔레비전 광고만큼이나 공허한 애국심을 이용해서 대량학살을 팔고 있었다.

그러나 다른 모든 것처럼 베트남전과 관련된 순교에 대한 정치적 의미도 세월이 흐르면서 바뀌었다. 오늘날 우리는 우선 정부에 있는 자유주의자들 때문에, 그다음에는 천방지축의 제인 폰다로 상징되는 반전운동 때문에 참전용사들이 희생을 당했다는 소리를 더 자주 듣는다. 잘못된 전쟁을 벌인 부정한 세력이 잘못해서 그런 것이 아니었다. 우리는 그동안 그런 지식인들—이제 냉정한 거대 기업에서 매국노 자유주의 엘리트로 바뀐—때문에 베트남의 시골에서 얼마나 많은 미국 병사들이 죽어갔는지 밝히지 못했다. 물론 당시에 베리 골드워터 같은 보수주의자들은 그런 주장을 했다. 하지만 그 생각이 오늘날처럼 일반 대중의 지지를 얻기까지 수십 년이 걸렸다. 이것은 아마도 보수주의가 거둔 가장 놀라운 문화적 승리일 것이다. 상황이 완전히 역전된 것이다. 한때 베트남전 세대를 희생시켰다고 생각되었던 1950년대식 애국심이 오늘날 그들의 죽음과 고통으로 정화되었다는 생각으로 바뀌었다. 그들의 피가 요구하는 것은 회의가 아니라 훨씬 더 맹목적인 애국심이다.[3]

1970년대에 보수주의자들은 베트남전의 유산이 군대에 가면 생명을 잃을지 모른다는 (그리고 선거에서 떨어질지 모른다는) 두려움에 떨게 하는 '베트남 증후군'이라고 믿었다. 그러나 오늘날 베트남전이 남긴 더 명백한 유산은 베트남전 철수가 의회와 언론 안에 있는 자유주의자들 때문이라는 지독한 신군국주의다. 신군국주의 사고로는 옛 전사들이 자신들의 잔인성에 흠뻑 취해 심지어 개개인의 살인 기술을 자랑하는 것도 사회적으로 용인될 수 있다고 생각한다.(예컨대 유행하는 "저격병" 자동차 범퍼 스티커에는 "도망치지 마라, 얼마 안 가서 죽을 거야"라고 위협하는 문구가 씌어 있다.)

이렇게 생각하면 군인이 바라는 것은 오직 싸우는 것이다. 그리고 폭력적일수록 더욱 좋은 것이다. 군인을 훈련시켜서 전장에 보내는 것은 이제 더 이상 끔찍한 부담이 아니다. 오히려 당연하고 거룩한 일이다. 우리의 군인들을 지원하는 것은 그들이 전투를 알게 하는 것이다. 그러한 견해는 모든 전쟁 소설에 나오는 장교와 병사들 사이의 오랜 갈등 관계를 부인한다. 대신에 가장 지위가 낮은 보병들과 그들의 지휘관들이 아무 문제없이 서로 혼연일체가 되고 지휘관들은 자기 부하들에게 싸울 기회를 주기를 갈망한다. 이런 사고방식으로 베트남전을 보면 우리가 보통 〈굿모닝 베트남〉 같은 자기 만족에 취한 영화에서 본 불복종이나 괴롭힘, 심지어 유쾌한 반문화적 말썽도 군대에서 일어나지 않았다는 것을 의미한다. 그런 생각을 하는 건 국내의 히피 반역자들이나 유일하다.

우리는 군인과 히피의 분리가 그렇게 분명하게 나뉘지 않았다는 것을 알기 위해 엘도라도 호수에 모여 있는 참전용사들에게로 돌아갈 필요가 있다. 실제로 바비큐 매점의 주인은 앞에 푯말을 세웠는데 거기에는 괴팍하지만 사랑스러운 홀마크 카드에 나오는 노파 맥사인이 "이봐! '하느님 아래 하나 된 나라'아니면 내 엉덩이나 깨물고 꺼지라고!"하는 문구가 씌어 있다. 그러나 다른 한편에서는 피어싱, 턱수염, 장발, 홀치기

염색(원단을 실이나 끈으로 묶어서 부분염색을 하는 방법으로 1960년대 히피들의 즐겨 매던 두건을 이 방식으로 염색함—옮긴이) 같은 1960년대의 저항문화가 넘실거린다. 거대한 군대용 앰프에서 뿜어져 나오는 베트남전 때 유행하던 아주 강렬한 하드록 음악이 집회장을 떠돈다. 참전용사들이 한 세대를 풍미하고 세상이 그들의 강력한 음악 앞에서 몸서리쳤던 그 시대를 어김없이 확인시켜주는 크림, 도어즈, 롤링스톤스, 딥퍼플의 음악이 바로 오늘 이곳에서 흘러나온다. 여러 세대에 걸친 저항의 남발 덕분에 그들의 음악은 이제 더 이상 〈밥더빌더〉라는 어린이 만화영화의 주제곡 정도의 위력도 못 줄 정도로 무기력해졌다. 〈시나몬 걸〉(1969년 닐 영의 첫 번째 앨범에 수록된 곡—옮긴이)이라는 노래의 유명한 기타 솔로 연주는 여기 있는 모든 사람들이 옛날에 수없이 들었을 테지만 지금은 여기저기서 고기를 굽고 아무런 감동도 주지 않는 분위기 속에서 누구의 주목도 받지 못한 채 조용히 명멸한다. 참전용사들은 심지어 반전 노래의 원조인 〈파멸의 전야〉(1965년 베리 맥과이어가 부른 반전 노래로 학생운동의 대표적 민중가요—옮긴이)를 들으며 기세 좋게 맥주를 마시기도 한다.

 마침내 록음악 소리를 낮출 시간이 온다. 모두 위장 그물막 아래 자리를 잡고 캔자스 주 차기 검찰총장에 출마할 공화당 후보로 선출되기 위해 유세 중인 전도유망한 젊은 보수 우파 필 클라인에게 주목한다. 클라인은 북베트남이 전쟁포로들을 학대한 섬뜩한 이야기를 시작으로 베트콩들이 미군 포로들을 때리면서 "미국은 너를 잊었다", "미국은 더 이상 너를 걱정하지 않는다. 미국은 너를 구하러 오지 않을 거다"라고 말하면서 조롱했다고 분노하면서 슬슬 청중들의 분위기를 돋운다.

 클라인은 연설을 잘하는 웅변가다. 심지어 청중이 최면에 걸린 것처럼 자신에게 집중하게 만들 줄 안다. 그의 재능은 수년 동안 캔자스시티

라디오 방송국에서 러시 림보 프로그램을 송출하는 일을 하면서 연마된 것이다. 그런 틀에 박힌 선거 유세를 듣는 것이 틀림없이 백 번째는 되는 것 같다. 실제로 나는 그해가 끝나기 전에 그보다 훨씬 많이 그런 류의 연설을 들을 것이다. 그러나 클라인은 연설을 할 때마다 거기 모인 청중들을 절박하게 만드는 기술이 있다. 그는 임시로 가설된 무대에서 몸을 앞으로 약간 수그리고 선다. 윗도리는 벗어던지고 그의 노란 넥타이는 열변을 토하느라 약간 느슨하게 풀려 있다. 목소리는 약간 쉬고 때때로 감정이 복받쳐 갈라지기도 한다. 클라인의 사람을 사로잡는 웅변은 캔자스에서 최고이며 세계 수준급이다. 물론 그도 그것을 안다. 클라인은 지난 몇 년 동안 공직에 입후보하는 것 말고는 아무것도 하지 않았다. 그의 단정한 머리 모양과 테 없는 안경은 알프 랜던을 연상케 하지만 그가 전하는 메시지는 오늘날 보수 반동 세력이 주장하는 전형적인 내용들이다.

클라인은 어쨌든 북베트남의 강제노동수용소의 이야기에서 시작해서 오늘날의 실망스런 문화적 문제들로 주제를 옮긴다. 당시에 전쟁포로들은 고문을 무릅쓰고 국기에 대한 맹세를 했지만 오늘날 우리는 정신 나간 샌프란시스코의 한 순회재판소의 명령에 따라 교실에서 국기에 대한 맹세를 추방했다. 한 참전용사가 그 악명 높은 판결에 대해 분노의 목소리를 높이며 "말도 안 되는 소리!"라고 외친다. 클라인은 그 캘리포니아 법정의 판결이 캔자스에 적용되지 않는다는 사실을 안다. 그러나 그는 연설을 계속하며 그들을 흥분시킨다. "그리고 그것은 펜실베이니아의 또 다른 연방법원이 교실에서 포르노가 아이들에게 제공되어야 한다고 판결을 내린 지 한 달 뒤였습니다." 그러나 그것은 인터넷에서 포르노를 강제로 걸러내는 것을 제한한 판결에 대한 언급이었다. "따라서 한쪽 해안 지역에서는 국기에 대한 맹세가 위헌이라고 하고 다른 쪽 해안 지역에서는 포르노를 아이들에게 제공해야 한다고 하는데 그것은 다 헌법에 의해 권한을 위임했기 때문입니다." 미국 중서부 지역의 선한 민중들은 30년 전에 참전용사들이 베트남 포로수용소에 있었을 때처럼 해안 지역에 사는 속물인 얼간이 상류층들에게 희생당하며 다시 멸시를 받는다.

이제 필 클라인은 우리처럼 괴로워하며 우리와 함께 그곳에 있는데, 정부의 높은 자리에 있는 권력자들이 캔자스의 민중들을 길들이려고 한다. 그는 말한다. "미국의 정신, 민중은 권력자들이 모인 우아한 곳에 있지 않습니다. 정부는 지혜의 저장소가 아닙니다. 미국의 정신은 우리 집 부엌 식탁에, 우리 집 거실에, 우리들이 하느님을 경배하는 장소에 있습니다." 클라인은 이제 전력질주를 하기 시작한다. 자신이 마치 위대한 앤드류 잭슨인 것처럼 연출하며 카리스마 있는 설교자의 억양으로 마침내 초자연적 절정에 이르듯이 연설한다. "정부는 누구에게 특권을 주기 위해서, 목소리 큰 사람들을 위해서, 고액수표를 발행하는 사람들을 위해서 있는 것이 아닙니다. 정부가 할 일은 우리의 타고난 권리를 보호하는 것입니다."

며칠 뒤 나는 클라인이 말한 "고액수표"라는 것이 무엇을 의미하는지 알아보기 위해 클라인의 선거운동원 가운데 한 명을 만났다. 클라인은 캔자스 주 의원 시절부터 열렬한 감세론자로 유명하다. 그는 고액수표를 발행할 수 있는 사람들에게 오랫동안 큰 혜택을 베풀었다. 그가 들려준 대답은 냉소적이고 노련한 나조차 놀라게 한다. 클라인의 대변인은 클라인이 "고액수표"라고 말한 것은 마이크로소프트의 독점금지 소송을 두고 한 말이라고 한다. 그는 내게 캔자스가 아직까지 마이크로소프트와 화해하지 못한 몇 안 되는 주 가운데 한 곳이라고 하면서 퇴임하는 주 검찰총장이 (공화당 중도파임) 오라클과 다른 여러 마이크로소프트 경쟁업체들에서 선거자금을 받았기 때문에 그런 것이라고 넌지시 암시한다. 이에 대해서 클라인은 이러한 독점금지 소송으로 얻을 수 있는 이점이 전혀 없다고 주장한다. 그것은 실제로 단순한 정치적 선동에 불과하다는 것이다. 클린턴 정부의 법무부는 "마이크로소프트가 행정부의 요구에 굴복하지 않는다면 회사를 망하게 할 것이라고 위협했다. 담배 소송도 마찬가지였다. 행정부는 담배 회사들이 입법부가 금연이나 건강과 관련된 프로젝트를 진행할 수 있도록 기부금을 내지 않는다면 담배 사업을 못하게 할 것이라고 협박한다." 논리가 뭔가 앞뒤가 안 맞고 음흉한 음모의 냄새가 짙지만 이것은 공화당이 어느 자리에 있어야 할지를 알려준다. 클라인은 캔자스 주의 가난하고 힘없는 사람들을 위해서 마이크로소프트의 족쇄를 풀어줄 것이다.

이 대변인이 들려준 또 다른 사실은 캔자스 사람들이 감옥에 더 많이 가야 한다는 것이다. 그의 말로는 캔자스에서 "1990년대 감옥 시설 대비 투옥된 사람의 비율이 44퍼센트까지 올라갔다. 다른 주들의 경우는 71.7퍼센트까지 갔다. 따라서 우리는 감옥에 사람들을 집어넣지 않은 것이다." 다른 주들과 비교했을 때 너무 적다는 이야기다. 캔자스 주의 범죄율이 다른 주에 비해 낮아서 그런 것이 아니다. 당황스럽지만 우리 주가 범죄자들을 너무 관대하게 다루기 때문이다. 우리는 좀 더 과감해지고 잃어버린 시간을 보상하고 빈 감옥을 채우고 필요하면 감옥을 더 많이 지어야 한다. 잠시 후 그 대변인은 클라인이 기독교인이며 나사렛교회(성결교 보수파에 속한 개신교 종파로 1985년 캔자스시티에서 시작함—옮긴이) 신도로서 날마다 성경을 읽는다고 내게 일깨워준다. 아니나 다를까, 몇 달 뒤 나는 캔자스 주의 검찰총장이 된 클라인이 닷지시티에서 설교를 하는 기사를 신문에서 본다.

그 기사를 읽는 순간 이런 생각이 들었다. 예수님이라면 과연 몇 퍼센트를 감옥에 집어넣을까?

그 더운 여름날 엘도라도에서 열변을 토하던 필 클라인은 존슨 카운티에서도 아주 배타적인 교외 지역 가운데 한 곳인 리우드 출신의 저명한 중도파 공화당원이었다. 존슨 카운티 출신의 중도파 클라인과 엘도라도에서의 극우적인 또 하나의 클라인은 서로 충돌하지만 우리가 익히 아는 상징체계를 이용해서 금방 하나가 되었다. 클라인은 보통사람을 대변하는 후보자였다. 또 다른 클라인은 엘리트들의 대표자였다. 클라인은 자신을 "바비큐 안주에 맥주를 마시는 공화당원들"이 뽑은 사람이라고 선언했다. 신문에서는 그를 "부자도 아니고 잘난 체하지도 않는다"고 소개했다. 그가 사는 소박한 집이 잠깐 기사로 나오고 그의 깊은 신앙심이 소개된다. 그리고 나서 기자는 클라인이 소유한 자동차인 뷰익과 다 낡은 크라운빅(1991년 포드사에서 처음 생산한 후륜구동 자동차─옮긴이)에 대해서 언급한다.[4] 이 차들에는 엄청난 상징성이 숨어 있다. 클라인의 대변인은 내게 클라인과 선거에서 맞붙었던 사람은 볼보를 타고 엘리트 임무를 수행하며 "컨트리클럽을 들락거리는 공화당원"이라고 말했다.

그러나 좀 더 오랫동안 필 클라인을 지켜보면 노동자 친화적인 이 모든 발언이 사실은 매우 약삭빠른 정치적 술수에 불과하다는 의심이 들기 시작한다. 캔자스 주의 우익 대중선동가들은 정치적 야심에 불타는 전문 정치꾼들을 끊임없이 욕하지만 자신들의 영웅인 필 클라인이 바로 그런 사람일 수 있다는 것은 전혀 생각하지 않는다. 그는 언제나 무엇인가에 입후보한다. 그는 캔자스 대학에 다닐 때 대학생 공화당원의 대표였고, 법학대학원에 다닐 때는 연방의원에 입후보했다. 1990년대에는 캔자스 주 의회에서 열렬한 감세론자로 이름을 날렸다. 그 뒤 다시 연방의원에 입후보했고 그다음에 캔자스 주 검사에 임명되었다. 그리고 내가 그를 만났을 때 그는 주 검찰총장에 입후보했고 마침내 그 자리를 차지했다. 하지만 그 자리로 만족할 필 클라인이 아니다. 그의 유세는 멈추지 않는다. 클라인이 연설을 하면서 강조하는 것들은 (미성년자 성교, 동성애 강간과 같은) 분노를 야기하는 문화전쟁 사례들이다. 이것들은 지지자들을 결집시키고 보수 반동 세력의 주목을 끊임없이 이끌어낸다. 클라인은 캔자스 주 검찰총장에 오른 지 1년도 되지 않아서 〈오라일리 팩터〉에 출연해서 미국시민자유연맹의 잘못된 가치관에 대해 진행자 빌 오라일리와 함께 분노를 터뜨리는 위치에 올랐다.

  클라인이 대중을 선동할 줄 아는 능력을 아주 정교하게 다듬었다는 것은 틀림없는 사실이다. 그를 오랫동안 아는 사람들은 그의 보수주의가 꾸며진 것이라고 주장한다. 물론 그건 내가 모르는 일이지만 내가 그동안 캔자스에서 만났던 다섯 명 가운데에서 필 클라인은 오늘날 기자들이 "대중선동주의"라고 부르는 것과 좌파들의 19세기 원조 민중주의 사이의 차이를 아는 한 사람이라고 말할 수는 있다. 한번은 내가 어느 고등학교를 나왔는지 묻자 그가 맨 처음 보인 반응은 성공한 정치인들이 매우 잘하는 서로 친해지기 위해 이목을 끄는 행동들 가운데 하나였다. 그는 아득해진 기억 속에서 1970년대에 우리 학교와 그의 학교 사이에 벌어진 풋볼 시합의 정확한 득점 기록을 불러냈다. 그러나 그때 뭔가 중요한 생각이 난 것처럼 그는 다시 프롤레타리아 기질로 되돌아가서 내 고등학교 친구들이 여기를 떠났다고 하자 그들이 모두 아마 골프장 아니면 버뮤다 휴양지에 가 있을지도 모른다고 하며 웃으면서 함께 안타까워하는 마음을 보여주었다.

보수 우파 지도자들의 명백한 위선적 언행에 대한 일반 보수주의자들의 무관심은 보수대반동이 보여주는 정말 놀라운 문화적 현상 가운데 하나가 아닐 수 없다. 그러한 현상은 지역 수준에서 최고로 높은 수준에 이르기까지, 시 의회에서 큰 뜻을 품고 열심히 뛰는 순박한 사람에서 기도하는 것이 너무 서툴러서 가끔씩 신성모독 발언을 하는 조지 W. 부시에 이르기까지 하나같이 똑같다.[5] 실제로 보수 우파들은 민주당 사람들의 신앙심이 가식적이라고 조롱하면서도 자신들이 여기저기서 경솔하게 그런 위선행위들을 하는 것에 대해서는 그런 비난과 무관하다고 생각하고 그냥 무시한다. 더군다나 그들의 지지자들이 그것에 주목하는지 어떤지 관심도 없다. 10년 전 요염하게 미니스커트를 입고 《뉴욕타임스 매거진》 표지 인물로 나와 유명한 우파 진영의 전문가, 로라 잉그램(미국 라디오 토크쇼 진행자로 보수주의 정치 논객—옮긴이)은 오늘날 할리우드 엘리트들이 '전통적 가치관'을 해체하는 데 열을 올린다고 비난한다.[6] 앤 쿨터는 저널리스트인 척한다.[7] 빌 오라일리는 프롤레타리아인 척한다. 매파 정치인들은 상하귀천 없이 누구나 강인한 참전군인인 척한다. 하지만 실제로 참전했던 비둘기파 정치인들은 나약하다고 비난을 받는다. 약물중독을 호되게 비판하는 러시 림보는 사실 자신이 약물중독자라는 것이 밝혀졌다. 뉴트 깅리치, 헨리 하이드, 밥 바, 이니드 왈드홀츠는 모두 아주 추악한 위선행위를 한 것으로 밝혀진 타락한 정치인들이다. 그러나 캔자스의 일반 서민들은 의문을 제기하지 않는다. 그들이 공유하는 순교에 대한 생각은 어떠한 물질적 문제도, 그리고 진실로 밝혀진 사실들도 그냥 건너뛸 수 있을 정도로 강력하다.

에필로그
세상의 정원에서

내가 태어난 해인 1965년에 우리 가족은 여전히 블루칼라들이 모여 사는 캔자스시티 교외 쇼니에서 살고 있었다. 그곳은 산타페 철로가 지나가는 경계 너머로 서쪽 끝자락에 있는 자그마하고 수수한 동네였다. 그곳은 도시에서 농촌으로 서서히 바뀐 곳이었다.(쇼니는 본디 캔자스가 준주였을 때 주도였음―옮긴이) 장기판 모양으로 반듯하게 나뉜 땅에서 콩을 주로 재배했다. 광활하게 펼쳐진 파란 캔자스의 하늘을 가릴 정도로 높이 자란 나무들은 어디에도 없었다. 당시 그곳은 "노동자의 천국"이었다고 아버지는 말한다. 길게 이어진 단층의 랜치 하우스들과 중간층이 있는 2층집들에는 가전제품 영업사원과 자동차 수리공, 그리고 주 경계선 바로 건너편에 있는 거대한 벤딕스 공장에 다니는 초급기술자들의 가족들이 살았다. 그들은 제대 군인 원호법에 따라 교육 지원도 받고 거대한 가짜 마호가니 장식장이 딸린 컬러텔레비전도 보면서 만족스럽게 살았다. 그때까지만 해도 세상은 아직 그들을 힘들게 하지 않았다. 그때 누군가 그들이 언젠가는 폭스 뉴스처럼 시청자들에게 심한 고통만을 제공하는―실제로 폭스 뉴스는 타락한 세상의 이미지들을 끊임없이 보여주며 그들이 세상을 바꿀 힘이 없다고 말한다―방송에 빠지게 될 거라고 그들에게 이야기했다면, 그들은 그 사람이 제정신인가 하고 의심했을 것이다.

쇼니는 이제 생기를 잃고 시간만 묵묵히 흘러가는 퇴락한 곳이라는 느낌이 든다. 1880년대에 말로 설명할 수 없는 무조건적인 낙관주의에 편승해서 캔자스 주의 서쪽 절반에 조성되었지만 이제는 스러진 도시들 가운데 하나처럼 보인다. 요즘 옛날 이웃을 방문하기 위해 길을 나서면 거리를 걷는 사람은 나 혼자밖에 없다. 차를 몰고 가던 동네 사람들이 속도를 늦추고 저 사람이 누군가 하고 유심히 바라본다. 우리 형이 상고머리를 하고 다녔던 초등학교는―당시는 형이 정글짐에서 신나게 뛰어놀다 보면 머리 위로 B-47 폭격기가 굉음을 내며 날던 시절이었다―이제 영원히 문을 닫을 예정이다. 동네를 이리저리 뛰어다니며 노는 아이들의 모습은 어디서도 찾아보기 어렵다. 녹슬고 있는 고물들이 길가 곳곳에 쌓여 있고 으르렁거리는 로트와일러 개들이 여기저기 웅크리고 있다. '출입금지'라고 써진 퉁명스런 푯말들이 곳곳에 서 있는 이 새로운 쇼니에서는 그런 아이들 무리를 환영할 데도 없다. 당시 5살짜리 소년이었던 내게 강한 인상을 남겼던 1960년대의 혁신적인 모더니즘 영향을 받은 길 옆 루터 교회는 이제 집에서 지은 A자 모양의 틀처럼 보인다. 페인트칠은 다 벗겨진 채 나무 한 그루 없고 잡초만 무성하게 자란 잔디밭에 우스꽝스러울 정도로 볼품없이 쓸쓸히 서 있다. 우리 가족이 미션힐스로 이사한 그해 여름에 한창 짓고 있던 상점가는 일반 가게로서의 수명을 다하고 이제 거의 돌이킬 수 없는 아사 상태에 빠진 듯하다. 내기당구장과 가라테 도장, 그리고 그냥 어쩔 수 없이 문을 연 '골동품' 가게를 빼고는 매장이 모두 텅텅 비어 있다.

캔자스 주 전역에 걸쳐 볼 수 있는 달랠 길 없는 이데올로기적 적의는 이곳에 깊숙이 스며든 상태다. 쇼니의 동쪽 지역은 여전히 블루칼라들이 모여 산다. 하지만 이곳 같은 블루칼라 지역은 30년 동안 노동조합이 무력화되고 임금 인상이 정체되면서 전과 완전히 다른 형태로 움직인다. 오늘날 쇼니는 캔자스의 어느 지역보다도 더 공교육을 반대하고 줄기세포 연구를 근절하고 세금을 삭감하고 대기업의 권력 앞에 스스로 무릎 꿇는 일에 열성적이다. 쇼니는 진화론을 가장 단호하게 반대하는 사람을 주 교육위원회에 보내고 가장 보수적인 사람을 주 의원으로 선출한 것으로 유명하다. 그들이 뽑은 주 의원은 자신의 힘들었던 인생 역정을 이야기하면서 기업에 부담을 줄이는 일이라면 무엇이든 주 정부가 발 벗고 나서야 한다고 끊임없이 주장하는 여성이다. 팀 골바가 옛날에 대표를 맡았던 단체인 '생명을 소중히 생각하는 캔자스인들'의 사무실들이 그 죽어가는 상점가의 매장 하나를 차지하고 있으며 필 클라인의 선거 본부도 여기에 있다. 예전 우리 집에서 세 블록 떨어져서 잡초로 뒤덮인 부지에 지붕과 벽을 둥글게 이은 퀸셋 천막을 불법으로 설치한 곳이 바로 필 클라인의 선거 본부다.

요전에 《월스트리트 저널》은 「증오가 빵보다 중요한 곳」이라는 논설을 게재했다. 그곳은 술수에 능한 지배계급이 수십 년 동안 가난한 민중을 착취했지만 동시에 민중들의 분노를 세계시민주의자들에게 향하게 하는 공허한 피해의식 문화를 그들 마음속에 불러일으켰다. 이 비극의 땅에서는 불가사의하게도 확실하게 눈앞에 드러난 물질적 불만보다 어떻게 해도 달랠 길 없는 문화적 불만이 더 기세등등하다. 인간의 기본적인 경제적 이기심은 잘못된 국가 정체성과 정의라는 매력적인 신화의 그늘에 가려져 있다.

그 논설은 본디 서로 갈등 관계에 있는 아랍 국가들에 대한 이야기였다. 그러나 나는 그것을 읽는 순간, 캔자스의 오랜 역사와 쇼니 같은 곳이 대중을 선동하는 보수주의 신화를 만드는 데 기여한 역할을 바로 떠올렸다. 보수주의를 구성하는 기본 요소인 기업계는 지금까지 이곳에 그런 해악을 끼침으로써 가장 많은 것을 얻은 집단이다. 그러나 보수파 지식인들은 우리의 피해의식을 구조화하는 매력적인 대안을 제공함으로써 그 문제에 대응한다. 그들은 이교도적인 사상으로 대륙의 중심부를 압박하는 속물 같은 엘리트들의 지배 아래서 신음하는 미국의 소박한 중서부 지역의 고결한 민중들 속으로 우리를 초대한다.

그렇다. 보수 우파들은 농촌과 소도시들의 경제 상황이 점점 더 악화되었다는 것을 인정한다. 그러나 그들은 경제가 악화된 것이 어쩔 수 없는 일이라고 말한다. 그것은 그저 자연스럽게 그렇게 된 것이다. 하지만 정치는 경제와 사정이 좀 다르다. 정치는 미국을 망치는 불경스러운 예술과 무소불위 법정변호사의 정신 나간 소송, 그리고 말 잘하는 건방진 팝스타들과 관련된 것이다. 정치는 소도시 사람들이 언제 월마트와 콘아그라에 관심을 보이고, 또 언제 진화론에 맞서 성전에 참여하는가와 관련된 것이다.

그러나 보수 반동은 이런 틀에 박힌 계급 정체성 이상의 것을 제공한다. 그것은 우리가 살고 있는 과열된 대중문화 세계를 어떻게 이해해야 할지를 알려준다. 예컨대 보수 반동의 예술작품에 자주 등장하는 전형적인 자유주의자들은 오만하고 부자이고 취미가 고상하고 유행을 쫓고 무엇이든 할 수 있는 능력을 가졌다. 하지만 내가 현실에서 겪는 자유주의자들의 모습은 전혀 그렇지 않다. 그들은 홈데퍼의 회계담당자가 회사의 사업전략에 대해서 문제를 지적하는 것처럼 미국 정치에 대해서 문제를 제기하는 정도의 영향력을 발휘할 뿐이다. 그런 불만 제기는 대다수 가난한 국민들도 할 수 있다. 이것은 숨겨진 비밀이 아니다. 당장《네이션》이나《인디즈타임스》, 또는 연합철강노조 조합원들이 읽는 잡지를 읽어보라. 그러면 자유주의자들이 권력자나 부자들을 대변하지 않는다는 사실을 금방 알게 될 것이다.

그러나《피플》지를 펼치면 거기서는 완전히 다른 자유주의자들의 모습을 발견할 것이다. 거기에는 동물 보호나 "혜택 받지 못한 사람들"을 위한 자선행사에 참석하는 영화배우들이 나온다. 1970년대 유명했던 가수들이 단정하게 리본을 달고 이런저런 희생자들에게 관심을 표명한다. 텔레비전에 나오는 2류 명사들이 비만인 사람이나 장애인들을 비하하는 말을 하지 말라고 세상 사람들을 가르친다. 온갖 미남미녀들이 최신 유행하는 값비싼 의상을 걸치고 어마어마하게 비싼 예술품을 사고 최고급 레스토랑에서 밥을 먹고 값비싼 펑크적 감성이나 환경 친화적인 형태에 민감하게 행동한다.

여기서 자유주의의 문제는 피상적이며 어리석고 독선적이라는 것이다. 자유주의는 오만하기 그지없고 짐짓 겸손한 척하는 정치다. 자유주의는 잘생기고 집안이 좋은 사람들이 불결하고 매 맞고 우스꽝스러운 사람들에게 어떻게 행동해야 하는지, 왜 더 이상 인종을 차별하거나 동성애를 혐오하면 안 되는지, 그리고 어떻게 해야 더 좋은 사람이 되는지 가르친다. 텔레비전과 영화가 우리의 삶과 상상력을 지배하는 미국에서 자유주의가 우리를 지배한다고 믿는 것은 어려운 일이 아니다. 열살짜리 아이들이 보는 남녀평등주의자의 풍자만화가 끝나고 사회관습을 따르지 않는 사람이 출연하는 탈취제 광고가 나온다. 전체 영화계는 기상천외한 음담패설이 난무한다. 심지어 유아들을 위한 방송 프로그램에도 정신 좀 차리라는 주제 음악이 나온다.

그러나 다른 산업과 마찬가지로 문화사업도 기본적으로 돈을 벌기 위해 있는 것이지 민주당을 위해 있는 것이 아니다. 예컨대 금본위제 같은 내용을 음담패설로 꾸미는 것은 10대 청중을 얻기 위한 것이지 자유주의자들의 선거를 돕기 위한 것이 아니다. 마찬가지로 제품들을 인구통계학적으로 분석하여 소비자 의식과 목소리를 높이는 것은 좌파 이데올로기 때문이 아니라 소비자보호운동 때문이다. 이런 것들은 바로 문화산업에 내재된 DNA의 일부다. 그것들은 성난 미국 유권자에 의해서 자연스럽게 바뀔 수밖에 없다.

이러한 사실을 절대 인정하지 않는 것은 보수 반동 세력을 뒷받침하는 힘의 원천이다. 보수 우파 지도자들은 할리우드의 자유주의를 매도한다. 그래서 보수 우파 유권자들은 자유주의자 몇 명을 공직에서 몰아내는데 그것에 대해서 할리우드가 무관심한 것을 보고 놀란다. 그들은 더 많은 자유주의자들을 쫓아내지만 그래도 아무 변화가 없다. 그들은 기업 우호적인 허풍선이들을 연방의원으로 선출한다. 그래도 여전히 문화산업은 번성한다. 그러나 적어도 그들이 뽑은 보수 반동 정치인들이 기꺼이 하는 중요한 일이 하나 있다. 보수 반동 정치인들은 상원의원석에 서서 큰소리로 그 모든 것을 반대한다. 이것은 매우 중요한 의미가 있다. 미디어 세계에서는 사람들이 외치는 것만 나올 뿐 실제로 행동하는 것은 보이지 않기 때문에 이 보수 반동 정치인들은 유일한 반대자인 것처럼 보인다. 볼품없고 우스꽝스러워 보이지만 신앙심 깊은 사람들, 늘 어릿광대처럼 주류 문화의 풍자대상이 되는 그 모든 보통사람들을 대변하는 유일한 운동 세력이 바로 보수 반동 세력인 것처럼 보이게 만든다는 말이다. 이런 의미에서 보수 반동은 문화산업의 영원한 분신이 되고 있다. 그것은 할리우드 그 자체만큼이나 영구적이고 이상한 미국 생활의 특징이다.

그러나 보수 반동은 상업문화가 더 확대되는 것을 거부하면서 동시에 그것을 모방한다. 보수주의는 추종자들에게 정체성, 저항, 희생양의 고결성, 심지어 개별성에 이르기까지 주류와 똑같이 사람들의 마음을 사로잡는 가짜 정신들로 구성된 하나의 획일적 세계를 보여준다. 그러나 무엇보다 보수 반동과 주류의 상업문화가 가장 비슷한 점은 둘 다 자본주의를 비판적으로 생각하지 않으려 한다는 사실이다. 실제로 보수주의가 대중을 선동하면서 경제적 문제를 완전히 도외시하는 것은 정치가 경제와 관련해서 아무 말도 하지 않은 지 이미 오래되고 경제가 앞서 말한 가짜 정신의 실현으로 대체된 우리 문화 같은 곳에서만 일어날 수 있다. 이것은 기본적으로 보수 반동 세력의 기만이며 모든 의미 없는 시위를 가능케 하는 교묘한 술수다. 무엇보다도 보수 반동 세력은 그들의 가치관에 대한 공격, 모욕, 할리우드의 조롱이 맥도널드 햄버거나 보잉 737처럼 자본주의의 산물이라는 사실을 인정하지 않으려고 한다.

이런 왜곡과 편집증, 그리고 길 잃은 선한 사람들의 풍경은 과연 누가 만든 것인가? 나는 이 책에서 지금까지 캔자스의 유권자들이 자기 파괴적인 정치를 선택하는 방식들을 열거하는 데 많은 시간을 썼다. 그러나 적어도 내가 보기에 자유주의가 이러한 보수 반동 현상의 큰 빌미를 제공했다는 사실은 두말할 여지가 없다. 자유주의는 보수 우파들이 말하는 것처럼 그런 무소불위의 무시무시한 음모는 아닐 수 있다. 하지만 그럼에도 불구하고 자유주의에 문제가 있다는 것은 틀림없다. 지난 40년 동안 자유주의는 일부 지역에서 그들의 수많은 전통적 지지자들과 적절한 관계를 맺지 못했다. 자유주의는 쇼니와 위치토 같은 곳을 잃었다. 반면에 보수주의는 그들을 자기 편으로 끌어들였다.

이런 일이 벌어지는 것은 부분적으로 민주당이 자신의 세력이 점점 약해지는 것에 대해서 공식적으로 심각하게 생각하지 않았기 때문이다. 빌 클린턴, 앨 고어, 조 리버맨, 테리 매컬리프 같은 인물들을 배출해낸 민주당지도자협의회(DLC)는 이후 오랫동안 블루칼라 유권자들을 잊고 대신에 사회 문제들에 대해서 자유주의 성향을 띤 부유한 화이트칼라 전문가들을 끌어들이는 데 당의 역량을 집중했다. DLC가 특히 관심을 기울이며 구애한 대상은 기업들이다. 그들은 전통적 지지자인 노동조합이 모금한 것보다 훨씬 더 많은 선거운동 자금을 제공할 수 있다. '신민주당원들'은 이렇게 매력적인 유권자들의 표와—더 중요한—돈을 모으기 위해서 이를테면 확고하게 낙태 찬성 입장에 서는 반면에 복지, 북미자유무역협정, 사회보장, 노동법, 민영화, 규제 철폐와 같은 경제 문제들에 대해서는 끊임없이 양보해야 한다고 생각한다. 신민주당원들은 노골적으로 '계급투쟁'을 비웃고 인정하지 않는다. 그리고 자신들이 기업의 이익을 보호한다는 것을 강조하기 위해 전력을 다한다. 그들도 보수 우파들처럼 경제 문제를 의제에 올리지 않는다. DLC는 민주당이 그렇게 하더라도 최근까지 민주당의 강력한 지지 기반이었던 노동계급 유권자들이 달리 갈 곳이 없다고 생각한다. 민주당은 언제나 경제 문제에 대해서 공화당보다 약간 더 나으면 된다고 믿는다. 게다가 성공을 지극히 숭배하는 나라에서 정치인이 어떻게 가난한 사람들의 목소리가 되기를 진정으로 바란단 말인가? 거기 어디서 돈이 나온단 말인가?

이것은 1970년대 초 민주당의 '새로운 정치' 시대를 선언한 이래로 불규칙하게 민주당의 사고를 지배했던 극도로 소심하고 어리석은 전략이다. 여러 해 동안 그 전략은 약간의 성공을 거두기도 했다. 이를테면 여피족이라는 말은 1984년에 새로 만들어진 용어인데 당시 민주당 대통령 후보였던 게리 하트의 지지자들을 두고 하는 말이었다.[1] 그러나 정치부 기자 E. J. 디온이 지적한 것처럼 그것이 초래한 더 큰 결과는 민주당과 공화당 모두가 "상위 중산 계급의 이익을 대변하는 도구"가 되었고 과거에 좌파가 쓰던 계급적 용어는 유력자들 사이에서 금세 사라졌다는 사실이다. 그러는 사이에 공화당 사람들은 우파가 쓸 계급적 용어를 만들어내기 위해 애를 썼다. 공화당의 노력이 블루칼라 유권자들의 호응을 얻는 동안에 민주당은 자신들의 전통적 지지층이었던 바로 그 블루칼라 유권자들을 대변하는 사람들을 당직에서 배제했다. 그리고 그들이 중요하게 생각하는 문제들을 조롱하고 경멸하며 역사의 쓰레기통에 던져버렸다. 민주당이 구사한 이러한 전략보다 더 터무니없는 전략은 세상에 없었을 것이다.[2] 그런데 이러한 엉터리 전략이 지금도 계속된다. 그들이 아무리 중도 정책을 쓰고 정책 조정을 한다고 해도 피해는 점점 커지고 있다.

그러나 참 신기하게도 DLC 계열의 민주당 사람들은 걱정하지 않는다. 그들은 민주당이 정말로 데이비드 브룩스와 앤 쿨터가 지금 그렇다고 주장하는, 즉 부유하고 독선적인 사람들과 하나가 되는 그런 당이 되기를 고대하는 것처럼 보인다. 공화당 사람들은 자유주의 엘리트들의 전형적인 해악을 살짝 치장해서 이야기한 것인데 민주당 사람들은 그런 모욕을 그대로 안고 살아가기로 작정한 것처럼 보인다.

DLC 민주당 사람들은 오늘날 캔자스 같은 상황을 보고 만족해하며 기대에 부푼다. 로널드 레이건의 '사회 문제들'이 어떻게 거꾸로 공화당에 피해를 주었는지를 생각해보라! DLC 민주당 사람들은 그렇게 해서 정신 나간 보수 우파가 조금 더 늘어난다 하더라도 공화당은 교외 지역의 부유한 중도파와 영원히 멀어질 것이다. 그러면 자신들이 그 사이를 비집고 들어가 미션힐스 같은 곳을 차지할 수 있고, 그곳 주민들이 내는 정치헌금은 자기들 몫이 될 수 있다고 생각한다.

나는 공화당 사람들끼리 누구 못지않게 서로 자주 싸우는 모습을 지켜보면서 실제로 캔자스 사례가 민주당 사람들이 박수를 칠 만큼 좋은 일이라고 생각하지 않는다. DLC의 꿈은 언젠가 이루어질 수 있을지도 모른다. 그렇게 되면 민주당은 옛날 공화당 중도파와 다를 바 없는 우파 쪽에 더 가까운 모습이 될 것이다. 그래서 마침내 부자들도 통째로 그들 편으로 넘어올 수도 있다. 그러나 도처에서 한때 자유주의가 상징했던 것들—평등과 경제적 안전 보장—은 완전히 포기될 것이다. 그러나 이것은 잊지 말자. 우리가 그것들을 가장 필요로 하는 역사적 순간에 그것들이 버려졌다는 사실을.

자유주의자들이 캔자스 사례에서 가슴에 새겨야 할 교훈이 하나 있다. 그것은 그들도 언젠가 컵케이크 랜드에서 차 한 잔 마시자고 초대를 받을 날이 있을지도 모른다는 이야기가 아니다. 그것은 오히려 그들이 또 하나의 친기업 정당으로 거듭나기로 역사적 결정을 내린 것에 대해서 민중들이 마침내 단호하게 거부했다는 사실이다. 본디 예상대로라면 오늘날 위치토와 쇼니, 가든시티의 사람들은 루스벨트의 민주당을 저버리지 않고 모여들었어야 맞다. 그러나 문화적으로 보면 그럴 가능성은 별로 없다. 민주당은 이제 더 이상 하루하루 점점 더 포악해지고 점점 더 오만해지는 자유시장 체제의 파국적 종말에 대해서 민중들에게 이야기하지 않는다.

문제는 민주당이 획일적으로 낙태를 찬성하거나 학교에서 기도하는 것에 반대한다는 것이 아니다. 민주당은 한때 자신들과 공화당을 확연하게 구분했던 계급용어를 폐기함으로써 지금까지 물질적 관심사인 경제 문제에 가려져 사람들의 마음을 끌지 못했던 환각적 호소력을 지닌 총기 소지나 낙태 문제와 같은 문화적 분열 쟁점에 스스로 취약한 모습을 드러내고 말았다. 오늘날 미국에서는 공화당이 계급에 대해서ㅡ확실히 말하자면 자기들만의 방식으로ㅡ끊임없이 이야기하는 반면에 민주당은 계급 이야기를 불러내고 싶어 하지 않는다.

민주당의 정치전략은 일반 민중들이 자신들의 경제적 이익이 어디에 있는지 알고 있으며 그들은 본능적으로 그것에 따라 행동한다고 단순하게 가정한다. 선거에 나선 후보자들이나 당대변인들이 나서서 기업을 해치는 계급투쟁과 관련된 말을 해야 할 이유는 전혀 없다. 그리고 자유주의자들이 불만에 찬 사람들과 관계하느라 자기 손을 더럽힐 까닭도 없다. 민중들이 스스로 현실을 보고 판단하면 된다. 민주당은 그래도 공화당보다는 사회보장제도에서 조금 더 낫고 환경 보호에서도 조금 더 엄격하며 노조 파괴도 조금 덜 하다.

하지만 이 모든 것에 숨겨진 거대한 오류는 거대한 사태 변화의 흐름에 휩쓸린 사람들이 대개 자신들이 처한 상황을 이해하지 못한다는 것이다. 그들은 어디로 가야 할지, 어느 조직에 가입해야 할지, 어떤 대책을 요구해야 할지 스스로 알지 못한다. 자유주의는 기업계가 너무 앞서 갈 때 그것을 자연스럽게 뒤로 물러나게 하는 숙명적 힘이 아니다. 자유주의는 인간이 만들어낸 장치이기 때문에 다른 것들처럼 후퇴하거나 패배할 수 있다. 세금 체계, 규제, 사회보험처럼 끊임없이 공격을 받는 우리 자신의 사회복지 장치를 생각해보라. 사회보장제도와 미국식품의약국(FDA) 같은 것은 과도한 자유방임 체제에 대응해서 자연스럽게 형성된 토대에서 저절로 나온 것이 아니다. 그것들은 수십 년 동안 운동을 추진하고, 파업자와 주 방위군 사이에 혈투가 벌어지고, 민중을 선동하고 교육하고 아무 대가 없이 조직해서 얻어낸 결과였다. 1890년대 좌파의 개혁운동이 처음 희미한 불빛을 비춘 뒤 1930년대에 그 개혁을 실제로 법제화하기까지 40년이 넘게 흘렀다. 그 사이에 가장 탐욕스러운 수많은 악덕자본가들은 그들이 얻은 이익에 대해서 세금도 내지 않고, 규제도 받지 않고, 어떠한 이의도 제기 받지 않았다.

사람들의 인식을 바꾸는 운동의 중요성을 보다 잘 보여주는 사례는 노조원들의 투표 행태에서 찾을 수 있다. 보통 백인 남성 유권자의 경우를 살펴보면 2000년 대선에서 그들은 압도적으로 조지 W. 부시를 찍었다. 그러나 노조원이었던 백인 남성의 경우는 근소한 차이로 앨 고어를 찍었다. 여성, 총기 소지자, 은퇴자처럼 인구통계학적 구분에 따라 분석해도 결과는 똑같았다. 그들이 노조원이면 그들의 정치 성향은 좌파에 가깝다. 이것은 해당 노조원들이 노조 지도자들과 거의 접촉이 없는 경우에도 마찬가지다. 단순히 노조원이라는 사실 하나만으로도 그들이 정치를 바라보는 방식에 변화를 주며 보수 반동 세력의 교란에도 흔들리지 않게 한다. 여기서 그들이 어떤 가치관을 가졌느냐 하는 것은 그다지 중요하지 않다. 반면에 경제, 건강의료, 교육은 그들에게 가장 중요한 관심사다.[3] 달리 말하면 노조 유권자들은 브라운백과 같은 보수 우파 사람들, 즉 경제에는 관심이 없고 밤낮으로 뜬금없이 '문화적 타락'을 걱정하며 자신을 고문하는 사람들의 이미지와 정반대다.

노동조합은 누구나 아는 것처럼 오늘날 세력이 기울어가고 있다. 1950년대에 민간기업의 노조조직률이 최고 38퍼센트까지 올랐지만 지금은 9퍼센트로 떨어졌다. 기업들에 충성심을 보여주려고 애쓰는 민주당은 이런 노조의 쇠퇴에 관심도 없으며 처음부터 아치 벙커(1970년대 텔레비전 시트콤에 나온 뉴요커로 완고하고 독선적인 백인노동자를 상징—옮긴이) 같은 사람들을 좋아한 적이 없는 긴장 풀린 좌파들은 그 현상을 슬퍼하지도 않는다. 조직이나 단체를 소비재 상품인 것처럼 생각하는 것에 익숙해진 많은 사람들은 노동조합이 쇠퇴하는 이유가 마치 일반 대중이 베이 시티 롤러스(1970년대 중반 10대 소녀들에게 최고의 인기를 얻었던 스코틀랜드 에딘버러 출신의 팝록 밴드—옮긴이)의 음악에 싫증이 나서 더 이상 듣지 않는 것처럼 더 이상 사람들이 노동조합에 가입하고 싶어 하지 않기 때문이라고 추측한다. 1815년 나폴레옹이 전쟁에 패했을 때 유럽 전역의 귀족들이 환영했듯이 노조가 쇠퇴했다는 소식은 노조파괴 전문가와 월스트리트의 금융 중개인, 중소업체 경영자들의 환호성을 자아낸다. 그것은 서로 죽기를 각오하고 싸우는 전쟁에서 얻은 기념비적 승리였다.

좌파들이 하는 일 없이 빈둥빈둥 놀며 자신들이 잘났다고 만족해하는 동안 우파는 운동을 조직하는 것이 시급하다는 것을 알고 매우 부지런히 그 일에 몰두했다. 보수주의 '운동문화'의 거대하고 복잡한 구조를 주목하라. 이 현상은 이제 더 이상 좌파만을 상대하지 않는다. 위치토의 코크 일가가 운영하는 것과 같은 재단들이 많이 있다. 그들의 돈은 최고 수준의 정치 투쟁에 흘러들어가고 자유시장 경제학을 가르치는 대학과 잡지, 그리고 버넌 L. 스미스와 같은 사상가들을 매수한다. 그리고 후버 연구소나 미국기업연구소 같은 싱크탱크들은 앤 쿨터나 디네시 드소우자 같은 우파 전문가 집단에 자금을 지원하고 그들이 계속해서 책을 쓰고 언론과 한판 승부를 벌이는 데 필요한 것들을 제공한다. 또 그들을 지원하는 전문 로비스트 집단과 몇몇 잡지와 신문들, 그리고 출판사 한두 곳도 있다. 그리고 밑으로는 집집마다 돌아다니며 이웃들을 조직하고 심지어 보수 반동의 복음을 전파하기 위해서 자기 집까지 저당잡히는 마크 기첸과 팀 골바, 케이 오코너와 같은 헌신적인 풀뿌리 조직가들도 있다.

그리고 이 운동은 사회의 밑바닥에 있는 사람들에게 말을 걸고 날마다 그들에게 연설한다. 기층 민중들은 좌파에게서는 아무 말도 듣지 못하지만 보수 우파에게서는 그 모든 것에 대한 설명을 듣는다. 게다가 보수 우파들은 쟁점이 되는 어떤 문제에 대해서 세상을 뒤집어엎을 확실한 실행 계획이 있다. 이런 상황에서 보수 우파들이 어떻게 정치조작이라는 끔찍한 꿈을 꾸지 않을 수 있겠는가? 그들은 실제로 민중들을 대상으로 현실의 정치조작에 성공했다.

미국의 보수 우파는 그 영향력을 지속적으로 유지하기 위해서, 심지어 그 존재 자체를 위해서 자신을 한 번도 세상과 연결해서 생각해본 적이 없는 그런 사람들의 지지에 의지한다. 그들은 최근까지 세상과 자신과의 관계를 당연한 것으로 생각한 사람들이다. 예컨대 보수 우파들이 대개 혐오하는 대중문화와 그들이 무조건 숭배하는 자유방임 자본주의 사이의 관계, 그들이 정말 사랑한다고 이야기하는 소도시들과 그 소도시들을 빨간색 주의 먼지로 천천히 잘게 부숴버리는 시장의 힘―그들이 가장 고상한 용어로 칭송하는 힘―사이의 관계[4]가 바로 그런 것들이다.

앞뒤 가리지 않고 돌진하는 이 반지성의 행진에서 내 고향 캔자스 주는 자랑스럽게도 맨 앞에 있었다. 캔자스가 그 극단의 사례이며 지금도 보수 우파의 복음으로 전향하는 노동계급 지역이 있다는 것도 (와이언도트 카운티, 토피카 일부 지역) 사실이다. 그러나 남북전쟁과 주류 양조 판매 금지, 민중주의, 피자헛 같은 역사적 사건들이 캔자스에서 시작해서 미국 전역으로 확산되었다는 것 또한 사실이다.

사실 캔자스는 조롱의 대상이 아니라 선구자라고 해야 맞다. 어쩌면 지금까지 거기서 일어났던 일들은 우리의 모든 공공정책 논쟁이 이제 어느 방향으로 가야 할지 그 길을 제시하는지도 모른다. 어쩌면 언젠가 곧 미국 전역에서 우리의 정치적 선택이 공화당의 두 파벌 가운데 하나로 줄어들지도 모를 일이다. 그때 중도파가 자신들을 여전히 '공화당원'이라고 부를지 아니면 민주당원으로 바꿔 부를지는 전혀 문제가 되지 않는다. 두 집단 모두 캔자스 사람들이 '재정 보수주의자'(보수주의자는 작은 정부를 지향하므로 긴축재정을 통해 기업의 세금 부담을 줄여준다는 뜻에서 나온 말―옮긴이)라고 부르는 것, 다시 말해서 '기업의 친구'가 될 것이고 우리 부모 세대가 민주당에 기대했던 문제들은 영원히 중요 의제에서 사라질 것이기 때문이다.

사회학자들은 대개 국가에서 부의 분배가 너무 양극화되는 것에 대해 경고한다. 하지만 최근 수십 년 동안 우리 사회는 그런 방향으로 진행되어왔다. 학자들은 공평한 분배에 등을 돌리는 사회는 반드시 그 대가를 톡톡히 치를 수밖에 없다고 주장한다. 그러나 그렇게 주장하는 사회학자들은 계급의 분노가 좌파의 현상이었던 구세계를 생각하는 것이다. 그들은 캔자스 같은 곳을 생각하지 않았다. 오늘날 세상이 그렇게 변해가는데도 말이다.

캔자스가 우리 모두를 위해 개척하는 정치지형을 주목하라. 기업 세계는―기업의 집단적 특성과 밀접한 관련이 있는 여러 가지 이유 때문에―의도적으로 저속하고 전복적인 문화양식으로 국가를 뒤덮는다. 스케쳐스 신발을 신은 활달한 10대들이 권위적인 어른을 조롱한다. 완고한 기독교신자인 엄마들은 자기 딸들이 뻔뻔스럽고 자유분방한 친구들과 사귀는 것을 보고 기겁한다. 최신 유행하는 'FCUK' (프랜치 커넥션이라는 영국의 청년층이 좋아하는 의류 브랜드—옮긴이)라고 쓴 티셔츠를 입은 멋쟁이들이 그것을 전혀 이해 못하는 양복쟁이들을 보고 낄낄대며 웃는다. 이것이 의미하는 것은 무례함이다. 캔자스가 불쾌감을 느끼는 것은 당연한 일이다. 캔자스는 해안 지역에서 온 그런 문화가 해가 갈수록 점점 더 저속하고 무례해지는 것을 무기력하게 바라본다. 캔자스의 복수심은 점점 불타오른다. 캔자스는 연예인들을 멍청한 것들이라고 부르며 자못 흡족해한다. 영화배우들이 감옥에 가면 박수를 친다. 전국에 방송되는 텔레비전에서 여성 록 가수 두 명이 나와서 음란하게 키스를 나누는 장면을 보며 분노에 몸을 떤다. 캔자스는 자유주의 엘리트들의 대표자들을 저주한다. 캔자스는 투표장으로 기꺼이 달려 나온다. 그리고 마침내 캔자스는 그 록 가수들의 세금을 깎아준다.

보수 반동은 하나의 사회체제로서 작동한다. 두 적수는 서로를 공격하면서 공생한다. 하나가 다른 하나를 조롱하면 조롱을 받은 다른 하나는 더 강력해진다. 이것은 세상의 모든 지배계급이 바라는 것이다. 지배계급은 점점 더 거세게 공격받을 수 있을 뿐 아니라 틀림없이 그렇게 공격받을 것이다. 따라서 지배계급은 점점 더 강력해질 것이다. 아직 검증된 바 없지만 오늘날 자본주의 문화가 하는 역할이 바로 이런 공생 관계를 강화하는 일이다. 문화가 타락할수록 문화를 타락시킨 사람들이 점점 더 부자가 되는데 어떻게 우리 문화가 점점 더 타락하지 않을 수 있겠는가?

1939년 공공사업촉진국이 발간한 여행안내서를 보며 캔자스 주에 속한 캔자스시티를 돌아볼 기회가 있다면 특이한 점을 발견할 것이다. 안내서에서 중요하게 소개하는 많은 것들이 이제 더 이상 거기에 없다.

캔자스시티에서 가장 높다는 고층건물의 흔적도 찾을 수 없고 "정교한 이탈리아 르네상스 양식의 건축물"인 공립도서관도, 그 많던 정육공장도, 심지어 루이스와 클라크(1804년부터 1806년까지 토머스 제퍼슨 대통령의 명령으로 당시 미 대륙을 횡단한 탐험가 메리웨더 루이스와 윌리엄 클라크를 말함—옮긴이)가 도착한 미주리 강 유역의 '전경'도 볼 수 없다. 그것들이 서 있었을 곳으로 예상되는 자리는 주와 주 사이를 연결하는 고속도로의 혼란스럽고 복잡한 진입로들로 인해 오래전에 파괴되었다.

우리 아버지 세대가 살던 캔자스시티의 많은 풍경이 이렇게 꼴사납게 바뀐 것이다. 아버지는 지금은 사라진 시내전차를 타고 지냈던 어린 시절을 떠올리며 어디가 옛날에 번창했던 거리인지, 버려진 건물에는 어떤 기업이 있었는지, 떠나간 이웃을 그때 뭐라고 불렀는지, 그리고 그 집이 정확하게 어디에 있었는지 아직도 생생하게 기억한다. 아버지는 지금은 헐리고 없어진 플라-모르 무도장에서 흥겹게 연주하던 재즈 밴드와 1,000번째로 생산한 B-29 전폭기에 달러 지폐들을 붙이는 위치토 항공기 제작 숙련공들이 찍힌 자랑스러운 신문 사진, 그리고 지금은 쓰이지 않는 제임스 스트리트 다리를 걸어서 건너는 정육공장 노동자들의 대열도 기억한다. 그때 그 노동자들이 살았던 다리 건너편에 사는 지금의 도시 사람들은 과거에 그 다리를 걸어서 건넜다는 것을 상상하지도 못할 것이다.

과거 속으로 사라진 중서부 지역, 우리의 기억 속에서 희미해진 그곳 사람들에 대한 형제애와 자부심에 눈을 돌린다면 그곳이 지금 우리에게서 얼마나 멀리 떨어져 있는지 놀라지 않을 수 없다. 우리는 그렇게 아련하고 따스한 기억들 가운데 얼마나 많은 것을 그냥 흘려보낼 것인가? 우리는 앞으로 얼마나 더 많은 "세상의 정원"을 불모와 부식의 땅으로 만들 것인가?

꽤 많은 부분이 내 추측일지도 모른다. 하지만 오늘날 캔자스가 추종하는 순교라는 광적 망상은 존 브라운의 정의와 인류애에 대한 열망만큼이나 매우 강렬하다. 캔자스가 모든 도시와 산업, 농장과 작은 마을, 그 안에 사는 사람들의 모든 생각과 행동을 모조리 희생해야 한다고 하더라도 순교라는 망상이 뿜어내는 광휘는 사라지지 않을 것이다. 캔자스는 우리를 「요한 계시록」에 나오는 최후의 심판으로 흥겹게 인도할 준비가 되어 있다. 캔자스는 우리 모두의 생명을 바쳐서 다른 사람들의 배를 채워주려고 한다. 캔자스는 미국 중서부 지역의 정의로움이라는 피비린내 나는 환상을 추구하기 위해서 우리 중서부 지역의 번영을 영원히 포기하려고 한다.

감사의 말

아내 웬디 에델버그와 딸 마들렌의 애정과 이해가 없었다면 이 책은 나오지 못했을 것이다. 그들에게 말로 다할 수 없는 고마움을 표한다.

또한 내게 처음으로 대중을 선동하는 보수주의를 주목하게 해준 캔자스 동료 앤드류 패츠먼과 이 책의 내용을 함께 검토하고 내가 대형 곡물창고들을 탐사하고 캔자스시티의 바비큐 가게에서, 그리고 토피카와 위치토의 스테이크 음식점에서 게걸스럽게 배를 채울 때 옆에서 묵묵히 함께해준 우리 아버지께 큰 감사를 드린다. 원고를 꼼꼼히 살펴주고 우리 형제의 1970년대 특별한 느낌을 포착해준 데이비드와 나단에게도 고마움을 전한다.

메트로폴리탄 북스의 편집자 사라 버시텔은 원고를 놀랍게 다듬어주었고 그녀의 동료 리바 호처먼도 그 일을 도왔다. 사라 케이는 모든 일정을 조정했다. 에이전트 조 스필러는 글을 쓰는 내내 격려와 도움을 아끼지 않았다. 《배플러》의 조지 호닥과 데이비드 멀카히는 뛰어난 편집으로, 짐 로잉은 최종 원고 정리로, 크리스 레만과 안나 마리 콕스는 중요한 편집 자문으로 큰 도움을 주었다.

이 책을 쓰기 위한 아주 중요한 자료 조사에도 많은 도움을 받았다. 제니 루드빅은 중요한 《위치토 이글》 기사 몇 년치를 내 대신 읽었고 앤디 넬슨은 올레이스에 있는 존슨 카운티 법원에서 불명료한 사실들을 확인하느라 수많은 시간을 보냈다. 마이크 오플레어티는 보수 반동을 이해하는 데 기본이 되는 사회학적 저술들을 흥미진진하게 분석하면서 이 책의 폭넓은 이론적 틀을 제시하는 데 도움을 주었다.

진 코일, 더그 헨우드, 짐 맥닐, 노미 프린스, 대릴 레이는 이 책에서 거론한 산업 분야들을 하나하나 자세히 이해할 수 있게 도와주었다. 리츠 크레그, 캐롤라인 맥나이트, 드와이트 서덜랜드 2세는 복잡한 캔자스의 정치 구도에서 길을 잃지 않도록 이끌었고 오랜 친구 브리짓 케인과 테드 케플리는 당시 캔자스가 어땠는지를 다시 생각나게 도와주었다. 이 책에 잘못된 부분이 있다면 물론 그것은 모두 다 내 책임이다.

옮긴이의 말

2012년 4월 11일 국회의원 선거가 끝났다. 2008년 행정부와 의회를 모두 현재의 집권 여당인 보수에게 내주고 절치부심하던 야당은 이번 선거에서 승리하기 위해 재야의 시민운동 세력과 통합도 하고 일부 진보정당과 연대하여 후보단일화까지 이루었다. 여야를 가리지 않고 이번 총선에서는 야당이 이길 거라고 내다봤다. 하지만 결과는 달랐다. 여당이 과반수 의석을 차지하며 제1당을 지켜냈고 야당은 참패하고 말았다. 이제 야당은 올 12월에 있을 대선에서도 승리를 장담할 수 없는 처지가 되고 말았다. 4년 전 국민들은 '경제 문제 해결' 때문에 보수 정권을 선택했지만 정작 민중의 살림살이는 4년 전보다도 훨씬 나빠졌다. 집권 후반부에 터져 나오기 시작한 권력층의 비리와 추문들은 국민 여론을 최악의 상황으로 끌고 가기에 충분했다. 오죽 상황이 어려웠으면 집권여당이 총선을 코앞에 두고 당명까지 바꿔가며 비상 체제를 꾸려야 했을까? 그런데도 이런 어처구니없는 결과가 나온 것을 어떻게 이해해야 할까?

이 책의 초판은 2004년 미국 대선을 앞두고 나왔다. 지은이 토마스 프랭크는 미국에 보수 반동의 광풍이 휘몰아친 2000년 대선으로 거슬러 올라가 당시 대선에서 공화당의 부시가 어떻게 승리할 수 있었는지를 밝혀내고자 한다. 오늘날 미국의 경제, 사회, 문화를 응축시켜놓은 지역이라고 할 수 있는 캔자스 주를 중심으로 살펴보면서 2004년 대선 또한 부시의 승리로 끝날 것임을 걱정스레 점친다. 그의 예상은 결국 들어맞았다. 지은이는 특정한 정치 이론을 좇아서 2000년 선거 결과를 분석하지 않고 자신의 고향이기도 한 캔자스로 직접 들어가 지역 정치인들을 비롯해서 주민들과 풀뿌리 시민단체들을 집중 취재하면서 보수 반동의 근원을 하나하나 찾아간다.

2000년 미국에서 보수대반동을 일으켰던 공화당의 주도 세력은 과거 전통적인 미국의 보수 중도파와 달리 네오콘이라고 불리는 기독교 우파였다. 그들은 같은 당의 중도파나 자유주의 성향의 보수파조차 자유주의 민주당의 하수인이라고 몰아 부칠 정도로 극우 성향을 띤다. 프랭크의 분석에 따르면 이들은 캔자스 민중의 불만과 우려를 기독교 근본주의와 절묘하게 결합시켜 공격의 화살을 모두 자유주의 민주당과 지식인들에게 돌렸다. 민중들의 고단한 삶과 지역의 피폐함이 경제 구조와 그에 따른 계급 문제임에도 본질적인 문제는 피한 채 낙태와 동성애, 진화론, 총기 소지 문제와 같은 도덕적이고 종교적인 문화 현상에 민중의 분노를 집중시킨 것이다. 기독교 우파는 결코 경제 문제를 정치 의제로 내세우지 않는다. 대신에 그들은 그러한 민중의 도덕적, 종교적 감정을 정치적 분노로 만들어 선거에서 자유주의 세력을 공격한다. 하지만 결국 이렇게 모인 표는 보수냐 자유주의 세력이냐를 떠나서 부자들에게 정치적, 경제적 이득을 안겨줄 뿐이다.

한때 미국 진보 세력의 산실이었던 캔자스가 이렇게 극우 지역으로 바뀐 까닭은 단순히 공화당 보수 우파의 치밀한 음모와 기만전술이 통했기 때문만은 아니다. 레이건과 아버지 부시로 이어지는 신자유주의 경제 물결로 피폐해진 미국 민중들의 삶이 클린턴의 8년 집권 기간 동안에도 크게 나아지지 못했기 때문이기도 하다. 1996년 클린턴이 중간선거에서 공화당에 대패한 뒤 중도층을 아우르는 삼각화 전략을 쓴 것은 일시적 미봉책이자 매우 어리석은 결정이었다고 토마스 프랭크는 주장한다. 비록 재집권에는 성공했지만 민주당의 전통적 지지 기반이었던 노동자, 농민과 서민층을 버리고 일부 중도 성향의 보수파들과 지식인층에게 아부하는 정책이었다는 것이다. 새로운 중도 노선을 내세운 민주당은 자신들의 정체성을 잃어버리고 부자들에게 유리한 경제 노선으로 돌아섰고 마침내 자신들조차 경제 문제를 정치 의제화하지 않는 크나큰 오류에 빠졌다. 결국 경제 문제가 빠져버린 정치판에서 민주당은 자신들의 가장 든든한 지지층이 어디로 가야 할지 헤매게 만들었다. 반면에 공화당의 기독교 우파는 갈 길 잃은 민중들의 분노를 문화 영역으로 돌리며 자신들이 바로 노동자, 농민을 위한 정당이라며 그들 나름의 새로운 이미지를 만들어내는 데 성공했다. 물론 캔자스에서 기독교 우파가 득세하기 시작한 것은 1991년 '자비의 여름'이라는 낙태 반대 운동이 성공하면서부터였다. 하지만 민중들이 점점 극우 성향을 띠게 된 데는 이러한 자유주의 세력의 잘못된 판단도 큰 몫을 했다.

프랭크의 예상대로 2004년 대선에서 부시는 재선에 성공했다. 비록 부시 정권의 실정과 부패로 최초의 흑인 대통령 오바마를 앞세운 민주당이 2008년 다시 정권을 잡기는 했지만 그 뒤로도 4년이 지난 지금, 미국의 가난하고 소외된 민중들이 민주당을 자신들을 위한 정당이라고 생각할까? 2000년 이후 미국에 휘몰아친 보수대반동의 물결은 이제 힘을 잃은 걸까? 어쩌면 미국인들은 2012년 대선에서 민주당에 다시 한 번 기회를 줄지도 모른다. 하지만 여전히 자신들의 경제적, 계급적 이해와는 반대되는 정치 세력에게 표를 던져온 캔자스 주와 미국 중서부의 가난한 지역이 파란색으로 바뀔 가능성은 크지 않은 것 같다. 민주당의 중도 전략은 지금도 진행형이기 때문이다.

그렇다면 우리의 정치 상황은 어떤가? 이번 총선이 끝난 뒤 한 여론조사기관에서 조사한 결과에 따르면 소득이 낮을수록 보수정당을 더 지지했다고 한다. 월 소득이 100만 원 이하인 계층에서 보수 여당을 찍은 비율이 76.2퍼센트, 101만~200만 원이 49.7퍼센트, 201만~300만 원이 48.6퍼센트, 500만 원 이상이 45.1퍼센트로 나왔다. 왜 가난한 사람이 부자 증세를 반대하고 사회복지 예산을 줄이고 기업인들의 이익을 늘리는 정책에 몰두하며 서민층의 이익을 빼앗는 보수정당을 앞장서서 지지하는 걸까? 이번 총선에서도 어김없이 등장한 해묵은 이념 논쟁, 세대 갈등과 성차별을 부추기는 막말 논란은 정작 중요한 정책 논쟁은 뒷전으로 내몰았다. 국가의 중요한 정책을 결정하는 사람들을 뽑는 선거가 그들이 주장하는 정책이 아니라 성도덕이나 이념을 들춰내는 선거로 변질된 것이다. 무엇보다 이번 선거의 가장 중요한 의제인 경제 정책에 대한 논의는 어느새 선거판에서 사라지고 말았다.

정권 편향적인 공영방송과 강력한 주요 보수 언론, 매우 정치적인 보수 기독교계가 힘을 모아 이런 분위기로 몰아가는 행태는 프랭크가 책에서 묘사한 미국 기독교 우파의 모습과 흡사하다. 우리나라 지배 세력이 미국의 정치 체제를 엄청나게 숭배한다고는 하지만 그중에서도 특히 보수파의 벤치마킹 능력은 탁월한 듯하다. 캔자스 주를 비롯해서 미국의 중서부 지역이 꾸준하게 공화당을 지지하는 것처럼 우리나라의 경상도 지역은 박정희 시대 이후로 한결같이 보수 정당만을 지지해왔다.(물론 전라도 지역은 그 반대지만.) 특히 대구 경북지역의 군건한 보수주의 정서는 정말 미국 캔자스에 견줄 만하다는 생각이 든다. 우리나라에서도 대구 경북 출신의 누군가가 토마스 프랭크처럼 자기 지역의 정치적 배경을 미시적으로 관찰 연구한다면 흥미로운 결과가 나올 수 있지 않을까.

미국의 캔자스와 우리나라 상황을 나란히 놓고 볼 수는 없지만 여러 면에서 비슷한 정치적 특징이 있다는 점은 부인하기 어렵다. 아울러 오늘날 온 세계에 막강한 영향력을 끼치고 있는 미국 보수 세력의 내면을 깊이 들여다볼 수 있다는 점은 이 책의 또 다른 매력이다. 흔히 보수 세력하면 돈과 권력이 있는 사람들이라고만 생각하기 쉽다. 하지만 속을 들여다보면 투철한 사명감으로 보수 이념을 전파하고 조직하고 선거에 참여하는 민중들이 있다는 점을 놓치지 말아야 한다. 그들이 물론 보수 정치 권력자들의 감언이설에 설득된 측면도 있지만 그들의 자발적 의지도 무시할 수 없다. 극우적 성향의 보수 우파와 기독교, 수구 언론이 결탁할 때 그리고 진보 세력이 경제 문제를 기반으로 하는 계급 문제를 도외시하고 정치적 이해득실을 따지느라 계산기만 두드릴 때, 민중들은 경제 상황이 악화될수록 점점 더 냉소적이 되고 훨씬 더 보수적으로 바뀔 수 있다. 그런 면에서 오늘날 우리나라 정치 상황에서도 배울 점이 많다. "서민과 살림살이를 챙기겠다"는 주장은 여야를 가리지 않는다. 더구나 민중들은 경제 구조나 계급적 이해에 따라 행동하지 않는다. 이럴 때 민중들을 어떻게 제자리로 불러낼 것인가는 이제 이른바 자유주의 세력이나 진보 진영의 숙제가 아닐 수 없다.

　선거 날 텔레비전의 선거 방송 화면을 본 사람이라면 서울과 수도권, 전라도 지역을 빼고는 남한 지역이 온통 빨간색으로 바뀐 지도를 보고 놀랐을 것이다. 어릴 적 반공포스터에서 많이 본 장면이 텔레비전에 나온 화면과 겹쳤기 때문이다. 오랫동안 파란색이던 우리나라 보수당의 상징이 당명이 달라지면서 빨간색으로 바뀌었다. 미국의 공화당을 상징하는 색깔과 같아진 것이다. 빨간색이라면 그렇게 치를 떨더니 우리나라의 보수파들도 이제 이른바 '레드 콤플렉스'에서 벗어난 것일까? 입안이 씁쓸해진다. 진보 세력은 실제로 너무 말이 많다. 정치나 사회 문제 전반에 걸쳐 정교한 이론과 합리적인 논리로 비판도 하고 주장도 많이 한다. 반면에 보수 세력은 도무지 합리적이지도 않고 앞뒤가 안 맞는 행동을 천연덕스럽게 한다. 민중들도 그것을 모르지 않는다. 그런데 가장 가난하게 사는 사람들이 보수 세력의 손을 들어준다. 수구 언론의 편향된 보도 탓만으로 돌리기에는 우리나라 땅이 너무 좁고 정보 유통도 빠르다. 보수 세력의 정치 조작 능력은 우리가 생각하는 것보다 훨씬 뛰어나다.

2012년 5월
김병순

추천사
왜 가난한 사람들은 자해선거를 하는가?

민주주의의 성패는 선거가 좌우한다. 우리는 지난 4년간 이명박 정권과 한나라당(새누리당) 국회의 국정 운영을 보면서 선거의 중요성을 다시 한 번 통감했다. 미국도 조지 부시 대통령을 잘못 뽑아 그가 집권한 8년 동안 두 번의 전쟁을 치렀다. 아프가니스탄 전쟁은 10년 넘게 지금도 계속되고 있으며 전쟁비용으로 1조 달러 이상의 돈을 낭비했다. 2008년 부시의 제2기 임기 말에 터진 월스트리트의 금융위기로 전 세계 경제가 지금까지도 그 후유증에 시달리고 있다. 미국 국민이 대통령 선거를 잘못한 업보다.

2004년 미국 대통령 선거는 특별히 관심을 끌었다. 미국 50개 주 중 가장 가난한 웨스트버지니아 주 유권자 56퍼센트가 부시에게 투표한 것이다. 1930년대에 프랭클린 루스벨트 대통령의 뉴딜 정책으로 기근을 면한 웨스트버지니아는 역대 대선에서 민주당 후보를 지지해온 민주당의 표밭이었다. 민주당이 노동자와 가난한 서민층의 정당이고 공화당이 부자와 친 대기업 정당이라는 것은 성인이면 누구나 아는 상식이다. 더

구나 부시는 부자들에게 감세 혜택을 준, 서민들의 복지와는 거리가 먼 대통령이었다. 그런데 가난한 웨스트버지니아 유권자들이 그에게 투표했다. 서민에게는 자해행위나 다름없는, 뭔가 대단히 잘못된 투표였다. 그래서 정치학자와 언론의 주의를 끌었던 것이다.

많은 사람이 쉽게 이해하지 못하는 수수께끼였다. 왜 가난한 사람들이 부자들을 위하는 후보에게 투표하는가? 미국에서만 나타날 수 있는 현상이 아니다. 다른 나라에서도 나타날 수 있다. 이 책의 저자 토마스 프랭크도 쉽게 이해하기 어려운 이러한 투표행위에 의문을 가졌고 이 수수께끼를 풀어보기로 작심했다.

저자인 토마스 프랭크는 언론인이며 역사학자다. 프랭크는 미국의 《네이션The Nation》, 《하퍼스 매거진Harper's Magazine》, 《월스트리트저널Wall Street Journal》, 프랑스의 《르몽드 디플로마티크Le Monde diplomatique》 같은 세계 최고의 지성인 잡지와 신문에 기고하는 지성인이다. 그는 시장 만능주의를 비판한 『하늘 아래 유일한 시장One Market under God』, 보수 정권의 무능과 부패를 분석한 『난파선의 선원들The Wrecking Crew』, 금년 초에는 금융위기를 이용해서 파산한 사람들을 쥐어짜 돈 벌 기회로 삼은 『가련한 억만장자Pity the Billionaire』(갈라파고스 근간) 같은 베스트셀러를 낸 저술가이기도 하다. 『왜 가난한 사람들은 부자를 위해 투표하는가』는 2004년 출판되자마자 미국에서 베스트셀러가 된 것은 물론 지난 8년간 미국과 유럽에서 큰 선거가 있을 때마다 올바른 선거를 치르는 데 정치인과 언론이 어떤 자세를 취해야 할지, 유권자는 어떻게 정당과 정치인을 평가해야 하는지 새로이 각성하게 하는 참고서의 역할을 해오고 있다.

이 책의 원제는 『캔자스에서 도대체 무슨 일이 있었는가?What's matter

with Kansas?』이고 부제목은 "보수주의자들은 어떻게 미국의 심장부를 장악했는가?"다. 캔자스는 미국 중서부 또는 남서부에 위치해 있는 저자의 출생지다. 19세기 미국 진보 개혁운동의 온상이었고 보수 개신교 세력이 포진하고 있는 바이블 벨트(성경지대) 안에 들어가 있다. 저자는 캔자스에서 일어난 일들을 중심으로 이야기를 전개하지만 이것은 저자가 성장하면서 보고 느낀 체험과 오늘의 변화를 자신의 경험을 통해 비교하려는 의도일 뿐, 캔자스라는 특정 지역의 사건을 다루었다기보다 캔자스를 미국 전체를 대표하는 하나의 표본으로 이용했다고 봐야 한다.

가난한 유권자가 부자당 후보에게 투표하는 것은 미국에서만 나타나는 현상이 아니다. 종교와 언론이 선거에 노골적으로 개입하면서 어느 나라에서나 일어날 수 있는 '현상'이라고 볼 수 있다. 우리나라도 예외는 아니다. 이명박 정권 심판 여론이 지배했던 4·11 총선 분위기가 투표일 직전 나꼼수 김용민의 막말을 보수언론과 텔레비전 방송들이 연일 톱뉴스로 보도하면서 예상을 뒤엎고 새누리당이 제1당이 되는 이변이 나타나지 않았는가?

"가치가 무엇보다 중요하다"
서민층이 가난한 사람의 사정을 고려하지 않는 부자 정당 후보에게 투표하게 된 동기를 이해하려면 경제적 타산을 압도하는 '가치'가 존재하거나 그런 가치를 생각하게 하는 언론의 역할이 있었다고 봐야 한다.

캔자스 시민들이 민주당에서 공화당으로 당을 옮긴 주요한 원인은 낙태 문제, 즉 종교적인 원인이었다. 프랭크는 공화당이 민주당을 이기기 위해 구사한 주요한 선거 전략의 하나로 "가치가 무엇보다 중요하다"

는 슬로건을 지적한다. 공화당은 1960년대 이후 보수 교회의 가치에 편승한다. 그래서 기독교 신자를 공화당 유권자로 편입시키는 데 성공한다. 이 과정에 보수언론이 중요한 역할을 하는 것은 말할 것도 없다. 공화당은 낙태와 동성애 허용, 학교 내 기도 반대와 같은 이슈에 관해서 이에 반대하는 보수 교회와 행동을 같이한다. 같은 가치를 내걸고 함께 행동하다 보면 보수 기독교 신자들은 선거에서 자연스럽게 공화당에 투표하게 된다. 기독교 보수 세력을 끌어들인 것은 보수의 큰 소득이다.

이것은 근본주의 종교의 영향력이 큰 곳에서 흔히 볼 수 있는 현상이다. 미국 남부는 보수 기독교 세력이 강한 지역이다. 개신교 중에서도 미국의 남부 기독교가 가장 보수적이라는 것은 자타가 인정하는 사실이다. 문제의 보수 기독교가 남부 딕시Dixie 기독교다. 한국의 개신교가 보수 성향을 띠는 것도 미국 남부의 보수 기독교 선교사들에게서 영향을 받았기 때문이다.

문제는 당을 바꾼 사람들이 원래 공화당원보다 더욱 보수가 된다는 점이다. 이들은 보수주의자들이 악마로 규정하면 엘리트 언론이건 시민사회 단체건 악마로 받아들인다. 또 보수의 선전매체인 폭스 뉴스 텔레비전 토크쇼 사회자인 빌 오라일리 같은 인물을 새 영웅으로 받든다. 한국의 나꼼수보다 더 거친 언어폭력을 불사하는 그의 말도 거부감 없이 그대로 받아들인다. 교사노조 간부였던 프랭크의 친구 아버지는 공화당으로 옮긴 후 오라일리가 교사노조를 "미국을 사랑하지 않는 집단"이라고 매도해도 전혀 개의치 않았을 정도다.

프랭크는 이런 일이 벌어지는 것은 부분적으로 민주당이 자신의 세력이 점점 약해지는 것을 심각하게 생각하지 않는 데 원인이 있다고 본다. 빌 클린턴, 앨 고어, 조 리버만 같은 인물들을 배출한 민주당지도자협의회(DLC)는 오랫동안 자유주의 성향을 띤 부유한 화이트칼라 전문가들을 끌어들이는 데 당의 역량을 집중했다. 특히 기업들에 구애하는 데 관심을 기울였는데 이들이 전통적 지지층인 노동조합보다 훨씬 많은 선거운동 자금을 제공할 수 있기 때문이다.

그래서 새 민주당원들은 이렇게 매력적인 표와―더 중요한―돈을 모으기 위해서 낙태 찬성에서 반대로 입장을 바꾸고 복지, 북미자유협정(NAFTA), 사회보장, 노동법, 민영화, 규제철폐와 같은 경제문제들에 대해서는 끊임없이 양보해야 한다고 생각하게 됐다. 새 민주당원들은 노골적으로 '계급투쟁'을 비웃고 인정하지 않으며 경제문제를 의제에 올리지 않는다. 민주당지도자협의회는 민주당이 그렇게 하더라도 최근까지 민주당의 강력한 지지기반이었던 노동계급 유권자들이 달리 갈 곳이 없다고 생각했다. 민주당은 언제나 경제문제에 대해서는 공화당보다 약간 더 나으면 된다고 생각한다. 더구나 가난한 이들을 도운다고 해서 큰돈이 나오는 것도 아니지 않는가?

이런 비판이 사실이라면 민주당이 그동안 백악관과 의회를 공화당에 내준 것이 당연한 결과였다는 생각이 든다. 저자는 민주당의 이런 안이한 태도에 대해서 "자유주의자들이 캔자스 사례에서 가슴에 새겨야 할 교훈이 하나 있다. 그것은 그들의 친 기업 정책을 민중들이 단호히 거부했다는 사실이다"라고 일침을 놓는다.

보수의 대반격

미국 사회가 보수화된 것은 하루아침에 일어난 일이 아니다. 그러므로 가난한 사람들이 부자 정당의 부자 후보에게 투표하는 수수께끼 같은 현상이 나타나게 된 데에는 보수가 각고의 노력을 했다는 것을 인정해야 한다. 미국의 보수주의자들은 이것을 '대반격'이라고 부른다. 뉴딜 이후 대중의 지지를 잃고 언론의 비판 대상이 된 보수는 그들에게 불리한 상황을 극복하기 위해 1960년대부터 돈을 쏟아붓고 머리를 동원해서 치밀한 계획을 짰다. 오늘날 워싱턴을 비롯해서 미국은 물론 세계 각국에 무수한 싱크탱크를 설립하고, 머독과 같은 미디어 재벌을 통해 세계의 영향력 있는 언론매체를 장악하고, 보수 기독교와 '가치의 연합'을 구축하는 데 적어도 한 세대의 시간을 보냈다. 그 결과 오늘날 보수는 미국은 물론 유럽연합, 아시아, 아프리카에서 여론을 조종할 수 있을 정도로 세계를 보수 우익화하는 데 성공했다고 자부한다.

가난한 사람들이 자신도 모르게 부자를 위해 투표하게 만든 것도 보수의 돈과 머리가 합작한 고도의 여론 조작술이다. 이제는 그것이 민주주의를 위협할 수준이다. 보수의 사기술은 나이를 먹지도 않는다. 오히려 더 정교해지고 더 강력해진다. 자본과 종교와 언론의 복합체가 눈에 보이지 않게 세계 여론을 조작하게 되면 민주주의는 그들의 손안에서 놀아나게 된다. 토마스 프랭크는 벌써부터 보수의 정치자금과 종교의 세뇌를 받은 부자들이 여론의 비판이나 비웃음 같은 것은 아랑곳하지 않고 2선, 3선, 어떤 경우는 20선의 관록을 세우며 국민의 대표로 당선돼 국민의 생활을 규제하고 때로는 재벌의 전횡을 규제하는 법을 가로막는 '사명'을 수행하게 될 것이라고 경고한다.

서민계층은 공화당에 있어 선거 때까지만 필요한 장기의 '졸'일 뿐이다. 이들은 선거가 끝나면 공화당이 가는 대로 따라갈 수밖에 없다. 따라서 프랭크는 공화당이 가치를 내걸고 서민과 노동자를 속였다고 비판한다. 그렇지 않으면 노동자들이 자기 이익에 반하는 정당에 투표할 리가 없기 때문이다. 공화당의 보수 우익 이념 중 가난한 서민을 위한 잣대는 없다. 서민층이 이런 사실을 알게 되는 건 너무 늦은 다음이다.

한국의 보수정당도 크게 다를 게 없다. 특히 이념 문제에서 그렇다. 부자들의 이익에 반하는 정책은 자본주의에 반하는 것이고 시장원리에 배치된다고 공격받는다. 한나라당이 복지를 내걸고 당명까지 새누리당으로 바꿨지만 재벌 체제를 개혁하려는 정책은 규탄 대상이다. 기득권의 이익을 희생한 복지정책은 '종북좌파'들의 발상으로 지탄받는다. 기득권의 나팔수 노릇을 하는 보수언론이 이념의 수호자로 등장하고 보수의 허물은 가리며 서민들의 눈을 속이는 보수의 '성형수술의'로 변신한다. 보수정당은 기득권 보호가 존재이유이기 때문에 생태적으로 서민층의 이익을 대변할 수 없다. 한나라가 새누리로 이름을 바꿔도 생각까지 바꿀 수는 없다. 한때 달아난 민심을 되돌리기 위해서 복지정책의 기치를 펼쳤지만 민주당의 자충수로 선거전망이 좀 유리해지자 복지의 기치를 내린 것에서 그 사실을 알 수 있다.

『왜 가난한 사람들은 부자를 위해 투표하는가』를 통해 우리는 민주주의의 기관차 역할을 해야 할 선거가 '돈+가치(종교)+언론'의 복합 세력에 의해 조작되는 단계에 와 있다는 경종의 소리를 듣게 됐다. 민주주의라는 이름 아래 민주주의가 파괴될 위험을 맞고 있다는 경종이다. 그렇다면 1퍼센트의 지배자들이 99퍼센트의 인간의 존엄을 지킬 수 있는 마지막 정치제도인 민주주의를 위해 우리 모두가 행동하지 않으면 안 된다. 우리는 연말에 우리의 운명을 결정할 또 하나의 선거인 대통령 선거를 눈앞에 두고 있다. 우리 민주 서민이 1퍼센트의 부자를 위해 그들의 사술에 넘어가 부자들의 후보에게 투표하는 일이 없도록 정신을 가다듬어야 할 시간이다. 토마스 프랭크는 가치가 무엇보다 중요하다며 가치를 강조하는 '돈+가치(종교)+언론' 복합체가 선거 때는 성경 말씀을 인용하지만 선거만 끝나면 가면을 벗고 기업인으로 돌아가 그들의 이익을 챙기기 위해 노동자와 서민의 이익을 돌보지 않는다는 것을 잊지 말라고 경고한다.『왜 가난한 사람들은 부자를 위해 투표하는가』가 우리의 눈을 새롭게 뜨게 하는 충고가 됐으면 한다.

2012년 5월

장행훈 (전 동아일보 편집국장)

인터뷰한 사람

캔자스 주 상원의원 데이비드 애드킨스, 프레리빌리지(캔자스, 2003년 4월 29일)
마이클 카모디(위치토, 2003년 5월 4일)
앨런 콥(토피카, 2002년 7월 24일)
메리 케이 컬프(쇼니, 2002년 9월 23일)
질 도킹(위치토, 2003년 5월 1일)
호세 플로레스(전화인터뷰, 2003년 1월 30일)
마크 기첸(위치토, 2003년 8월 25일)
댄 글릭먼(전화인터뷰, 2002년 9월 20일)
팀 골바(올레이스, 2002년 9월 2일)
버드 헨첸(위치토, 2003년 5월 1일)
웨스 잭슨(살리나, 2003년 5월 2일)
스티브 크라스케(캔자스시티, 미주리, 2002년 9월 4일)
척 쿠르츠(전화인터뷰, 2002년 9월 28일)
캔자스 주 하원의원 브루스 라킨(전화인터뷰, 2003년 1월 29일)
짐 로잉(위치토, 2003년 5월 1일)
수 레드베터(위치토, 2002년 9월 4일)
버데트 루미스 교수(전화인터뷰, 2002년 7월 17일)
캔자스 주 하원의원 로키 니콜스(토피카, 2003년 1월 27일)
캔자스 주 상원의원 케이 오코너(올레이스, 2002년 11월 21일)
주디 피어스(위치토, 2002년 9월 5일)
아루트로 폰세(전화인터뷰, 2003년 5월 9일)
캐롤 루페(위치토, 2003년 4월 30일)
페니 슈왑(가든시티, 2003년 5월 3일)
도널드 스털 교수(전화인터뷰, 2003년 1월 29일)
드와이트 서덜랜드 2세(프레리빌리지, 2002년 12월 22일)
캔자스 주 하원의원 데일 스웬슨(전화인터뷰, 2003년 2월 8일)
돈 테스크(전화인터뷰, 2003년 1월 30일)
프랭크 벨라스케스(전화인터뷰, 2003년 7월 1일)

캔자스 주 상원의원 수전 웨이글(앤도버, 2003년 5월 5일)
빌 웨그넌 교수(토피카, 2002년 7월 24일)
휘트니 왓슨(쇼니, 2002년 7월 21일)
듀에인 웨스트(전화인터뷰, 2003년 5월 8일)
밥 우드(위치토, 2002년 9월 4일)

주

서문: 미국에 도대체 무슨 일이 있었나?
1. 내가 말하는 곳은 네브래스카 주의 맥퍼슨 카운티이지만 그 주에서 가장 극빈지역이면서 공화당의 극우파를 지지하는 카운티가 여러 곳 있다. 캔자스 주와 다코타 주도 마찬가지 상황이다. 미국의 주별 빈곤 순위의 출처는 패트리샤 펑크와 존 베일리의 공동 연구 논문「유린된 꿈: 대평원 농촌 지역의 망각된 경제」다.(Walthill, Neb.: Center for Rural Affairs, 2000), 6쪽.
2. 벤 J. 와텐버그,『가치관이 가장 중요하다: 공화당, 민주당, 제3당은 어떻게 선거에서 이겨 미국인의 생활양식을 새롭게 할 수 있을까』(New York: Free Press, 1995). 와텐버그는 많은 보수 반동 사상가들처럼 1990년대 말에 잠시 신경제의 열렬한 지지자였다.
3. 자유주의 성향의《워싱턴포스트》칼럼니스트 E. J. 디온은『미국인들이 정치를 혐오하는 이유』라는 책에서 보수주의의 언행이 일치하지 않는 문제를 지적한다. 하지만 보수주의자들 내부에서도 이 문제를 매우 곤혹스러워한다. 예컨대 데이비드 프럼은 로널드 레이건이 "몇 번 서명만 했다면" 소수자 우대 정책을 폐지할 수 있었다고 불평한다. 그러나 레이건은 그렇게 하지 않았다. 프럼,『죽은 권리』(New York: Basic Books, 1994), 72쪽. 낙태 문제에 대한 레이건의 배신은 보수 강경파에게서 더욱 신랄한 비판을 받았다. 크리스토퍼 라쉬,『하나뿐인 진정한 천국: 진보와 비평가』(New York: Norton, 1991), 515쪽 참조.
4. 실제로 20세기를 폐기하는 것은 대체로 지적 설계 운동의 공식 목표이다. 이 운동은 다윈의 진화론을 맹렬히 공박함으로써 이미 그 목표를 이루기 시작했다. 1999년 디스커버리 연구소의 과학과 문화 재생 센터가 발표한 지적 설계 운동의 악명 높은 '쐐기' 문서는 "유물론의 사회적 영향력이 점점 붕괴되고 있다"고 주장한다. 문서는 그 예로서 "강압적인 정부 정책들"외에 "형사행정학의 현대적 연구, 생산물 책임제, 복지"를 열거한다. 이런 것들은 진화론에 대한 전략적 공격으로 모두 파괴될 수 있다. 문서는 다음과 같이 계속 설명을 이어간다. "유물론을 무너뜨리기 위해서는 그 근원을 차단해야 한다고 우리는 확신한다. 그 근원은 과학적 유물론이다. 이것이 바로 우리의 전략이다. 우리 사회를 지배하는 유물론적 과학을 커다란 나무에 비유한다면 우리의 전략은 하나의 '쐐기'로 작용해서 비록 크기는 작지만 나무의 가장 약한 지점들에 쐐기를 박으면 커다란 줄기도 갈라질 수밖에 없다. (……) 지적 설계론은 숨 막

힐 듯한 유물론적 세계관의 지배를 무너뜨리고 기독교와 유신론적 확신과 일치하는 과학으로 대체할 수 있다." 그 쐐기 문서는 인터넷의 여러 사이트에서 볼 수 있는데 그 가운데 하나가 http://www.discovery.org/csc/TopQuestions/wedgeresp.pdf다.

1장 두 개의 나라, 도대체 이해 못할 그들의 선택

1. 빨간색 주/파란색 주 이야기는 《위클리 스탠더드》의 편집자 빌 크리스톨의 어머니이자 어빙 크리스톨의 아내인 신보수파의 여성 원로, 제르투르드 힘멜파브가 1999년에 출간한 문화전쟁 관련 책 『한 나라, 두 문화One Nation, Two Cultures』에서 본격적으로 다뤘다.

2. 예를 들면 부시의 백악관에 대한 데이비드 프럼의 설명인 『적임자The Right Man』 (New York: Random House, 2003), 36쪽이나 제임스 하딩이 2003년 5월 20일 《파이낸셜 타임스》에 쓴 기사를 참조. 제임스 하딩의 기사에는 부시의 전략가 칼 로브가 맥킨리의 전기를 읽고 맥킨리가 한 것처럼 공화당을 재정비하여 선거에서 승리했다고 나온다.

3. 여기서 말하는 것은 양당이 각각 득표한 카운티의 면적으로서 부시에게 표를 던진 카운티의 면적은 2,427,039평방마일의 표인 반면에 고어가 득표한 면적은 580,134평방마일에 불과했다. 당신은 이것이 정말 말도 안 되는 결과이며 제정신으로 그 말을 할 수 있는 사람은 없다고 생각하는가? 다시 생각해보자. 선거가 끝나고 1년 뒤에 《내셔널 리뷰 온라인》에 올라온 기사는 부시를 찍은 표가 고어를 찍은 표보다 "미국의 다양성을 더 많이 대표"했다는 것을 보여주기 위해 이 사실을 인용했다. "2000년 대선의 미국 전역의 카운티별 득표 현황을 보면 드넓은 부시의 빨간색 바다 위에 아주 작은 고어의 파란색 섬들(주로 해안 지역)이 떠 있는 모습이다. 결론적으로 부시는 240만 평방마일이 넘는 지역에서 압도적 표차로 이긴 반면에 고어는 겨우 580,000평방마일에서 근소한 표차로 이길 수 있었다."

4. "두 개의 미국"은 대개 보수주의자들이 대중에게 퍼뜨리기 위해 만들어낸 이야기였다. 그러나 내가 아는 한 자유주의 진영에서도 빨간색 주/파란색 주로 분리된 미국을 정의하려는 시도가 몇 차례에 있었다. 그 가운데서 가장 널리 알려진 것으로는 빨간색 미국을 부유한 파란색 미국이 내는 세금에 기대서 살아가는(말하자면 농업보조금) 무위도식자로 묘사함으로써 보수주의자들의 주장을 거꾸로 뒤집은 폴 크루그먼의 논리다. 그러나 말할 것도 없이 이 견해는 널리 받아들여지지 않았고 오히려 파란색 주 사람들은 미국의 언론을 지배하면서 자신들에게 유리하게 뉴스를 끊임없이 왜곡하는 사람들이라는 비난을 받았다.

5. 내가 요약한 빨간색 주/파란색 주 설명은 다음에 나온 글들을 통합한 것이다. 글이 발표된 순서대로 나열하면, 데이비드 브룩스, 「화해하기Burying the Hatchet」, 《워싱턴포스트》(2000.11.10) ; 로버트 트래신스키, 「농촌의 개인주의자들Rural Individualists」, 《내셔널포스트》(2000.11.30) ; 매트 배이, 「빨간 지대 대 파란 지대 Red Zone vs. Blue Zone」, 《뉴스위크》(2001.1.1) ; 뉴트 깅그리치, 「두 개의 미국 Two Americas」, 《최고 경영자》(2001.1.1) ; 존 포도레츠, 「두 개의 미국: 빈정대는 우리, 단순한 그들Two Americas: Ironic Us, Simple Them」, 《뉴욕포스트》(2001.3.13) ; 마이클 베론, 「49퍼센트의 나라The 49 Percent Nation」, 《내셔널저널》(2001.6.9) ; 앤드류 설리번, 「레즈비언이 미국의 계급투쟁과 충돌하다Lizzie Crashes into America's Class War」, 《선데이타임스》(런던판)(2001.7.29) ; 데이비드 브룩스, 「약간 나눌 수 있는 하나의 나라One Nation, Slightly Divisible」, 《애틀랜틱》(December, 2001.12) ; 「자유의 후손Sons of Liberty」, 《월스트리트저널》(2001.12.7) ; 제임스 포니워직, 「뉴스의 나스카The NASCAR of News」, 《타임》(2002.2.11) ; 질 로렌스, 「가치관, 투표, 견해가 도시를 나누다Values, Votes, Points of View Separate Towns」, 《유에스에이투데이》(2002.2.18) ; 블레이크 허스트, 「대평원 지역 대 대서양 지역The Plains vs. The Atlantic」, 《아메리칸엔터프라이즈》(2002.3.1) ; 폴 크루그먼, 「농업보조금 블루스: 그것은 빨간색 주들을 탓하라Those Farm Subsidy Blues: Blame It on the Red States」, 《밀워키저널-파수꾼》(2002.5.9) ; 더그 손더스, 「'두 개의 미국'이라는 십자포화에 갇혀Caught in the Crossfire of the 'Two Americas'」, 《토론토글로브앤메일》(2002.10.12) ; 로이 헌팅턴, 「내부자The Insider」, 《아메리칸핸드거너》(January-February, 2003) ; 스티브 버그, 「빨간색 미국과 파란색 미국The Red and The Blue」, 《미니애폴리스스타트리뷴》(2003.2.9).
6. 혐오 대상인 자유주의자의 주장을 음흉하게 취사선택하는 것은 보수파 논객들 사이에서 흔히 쓰는 수사법이다. 2002년에 페기 누난은 얼마 전 비행기 사고로 사망한 미네소타 민주당 상원의원 폴 웰스톤을 아직도 지지하는 사람들을 꾸짖기 위해서 그의 정신을 들먹였다. 그러나 브룩스는 여기서 그 방식으로 자기 독자들을 기만했다. 전국의 보수주의자들은 그 글을 읽고 파란색 주 사람들이 빨간색 주 사람들보다 "더 많이 배우고 더 국제적"이라고 이해할 수밖에 없었고 그래서 그들은 여기저기서 불평을 쏟아냈다. 블레이크 허스트라는 미주리 주 농민은 《아메리칸엔터프라이즈》라는 잡지에 장문의 글을 기고해서 브룩스가 말한 파란색 주의 잘난 체하는 엘리트주의를 격렬하게 비판하기까지 했다. 그리고 그는 기이하게도 브룩스를 압박해서 빨간색 미

국에 대해서 솔직하게 칭찬하는 말들을 받아냈다. 허스트는 당시에 그 문구들을 자세하게 설명하면서 (맞다. 우리는 당신들보다 더 겸손하다) 자신의 글을 브룩스가 쓴 글과 완전 대칭시켜 효과적으로 표현했다. 대개는 초등학생도 잡아낼 수 있는 오해를 바탕으로 쓴 소론을 잡지에 게재하는 것은 정말 황당한 일이 아닐 수 없다. 그러나 허스트의 글은 인터넷에서 브룩스를 강하게 반격한 글로 우파들 사이에서 널리 칭송받았다. 브룩스는 (수년 동안 보수주의 성향의 글을 써왔음에도 불구하고) 이제 자유주의 엘리트를 대변하는 저돌적인 인물로 평가받게 되었다. 허스트의 소론은 《월스트리트저널 온라인》과 여러 농촌 출판물에 다시 게재되어 그와 브룩스가 우연히 만들어낸 고정관념 가운데 하나인 중서부 지역 사람들은 멍청이라는 것을 확인하는 계기를 만들었다. 브룩스의 2인칭 사용을 오해한 많은 사람들 가운데 가장 재미있는 반응이 구보수파인 필 브레넌에게서 나왔다. 그는 우파 웹사이트인 뉴스맥스닷컴에서 브룩스를 "미국을 전혀 알지 못하면서도 아는 척하는 참을 수 없는 엘리트주의"라고 비난했다. 브레넌은 브룩스의 글에서 오히려 언론의 쇠퇴라는 기이한 논리를 확인하기까지 했다. 옛날에는 언론인들이 "명예를 존중하는 사람이었고 자신이 누구이며 무엇을 해야 하는지 잘 알았다. 그래서 그들은 그런 것을 기사에 반영했다. 그러한 자각이 있었기 때문에 그들 사이에는 엘리트주의자가 없었다."

7. 캔자스시티가 있는 와이언도트 카운티를 말한다. 67대 29로 고어가 이긴 곳이다. 『2001년 캔자스 통계 개요』, 쎌머 헬리어 편집(Lawrance, Kans.: Policy Research Institute, 2002). 소득 통계는 1999년 것이고 320쪽에 나온다. 선거 결과는 180쪽에 나온다. 와이언도트는 미국에서 최고급 바비큐를 생산한다. 하지만 거기서 어떤 사람을 '보보' 또는 '엘리트주의자'라고 부르면 싸우자고 하는 것과 마찬가지 의미다. 오늘날 대중선동가들은 공화당 지지자가 나스카를 좋아한다고 강력하게 주장하지만 보수적인 공화당 지지자들이 대부분 나스카를 좋아한다는 것은 전혀 사실이 아니라는 점은 꼭 짚고 넘어갈 필요가 있다. 캔자스의 극우 보수주의자들은 캔자스 자동차경주장 건설이 기업의 배만 불리는 일이며 아마도 그럴 것이라며 강력하게 반대했다.(그들 중 일부는 브랜슨도 좋아하지 않는다. 그러나 그 이야기는 다른 책에서 할 것이다.) 심지어 한때 와이언도트 카운티 공화당 의장을 맡았던 신문 칼럼니스트 존 알티보그트도 자신과 이웃들이 "나스카를 '좋은 기업 이웃'으로 생각하지 않는다"고 썼다. 실제로 그들은 "나스카를 귀찮은 존재이며 거대한 눈엣가시에 불과하다고 생각한다." 《메트로보이스 뉴스》(Kansas City)(2001.3.5).

8. 스노모빌과 관련된 딜레마를 생각하라. "만일 무엇 무엇이라면 당신은 남부의 가난한 백인노동자일 것이다"라고 쓰여 있는 많은 책들 가운데 하나에서처럼, 데이비드

브룩스는 앞서 《애틀랜틱》에 기고한 글에서 어떤 사람이 전동기가 달린 기계로 야외 활동을 하는지 (선한 옛날 미국 방식) 아니면 그것 없이 (잘난 체하는 파란색 주 방식) 하는지를 보고 그가 빨간색 주 사람인지 파란색 주 사람인지 구분할 수 있다고 주장한다. "우리(파란색 주 사람)는 스키를 타고 크로스컨트리를 즐기지만 그들은 스노모빌을 탄다." 그러나 《뉴스위크》에서 취재한 기사에서는 빨간색 미국의 한 '동네 어르신'이 정반대의 이유 때문에 스노모빌을 타는 사람들을 비난하는 것을 볼 수 있다. 거기서 스노모빌은 부시가 다스리는 나라의 '소도시 가치관'을 대도시가 멸시하는 것으로 여겨진다! 정치사회학자들은 스노모빌과 관련된 이런 난처한 문제를 어떻게 풀 것인가? 스노모빌을 타는 행위는 과연 진정으로 무엇을 의미하는가? 민중주의인가 아니면 엘리트주의인가? 보수주의인가 자유주의인가? 오만인가 겸손인가? 아마도 그 대답은 스노모빌을 좋아하는가 아닌가에 있는 것이 아니라 스노모빌이 상징하는 것에 대한 보다 자세한 분석에서 나올지 모른다. 즉 서로 오랫동안 경쟁 관계에 있는 스노모빌 회사 사이의 반목—중서부 이북의 어느 지역에서 자신들이 서로 최고라고 주장하며 다투는—관계를 고려해야 답을 구할 수 있다.(이것은 다양한 나스카 논란보다 더 복잡한 문제다.) 그러나 브룩스처럼 "많이 배운" 파란색 주의 잘난 체하는 사람들에게는 익숙하지 않은 문제일지 모른다. 말하자면 이런 것이다. 폴라리스는 빨강, 하양, 파란색 도안의 소박하지만 호전적인 공화당 지지자들이 좋아하는 스노모빌이다. 반면에 민주당 사람들은 아크틱 캣츠라는 스노모빌을 좋아하는데 과시적이고 은근히 선정적인 초록, 보라, 검정색을 섞어놓았다.

9. 브룩스는 앞에서 보수 정치계의 몇몇 이름들을 마치 그들이 중부 지역의 컨트리 가수나 인기 시사 만화가들처럼 대중의 사랑을 받는 인물인 것처럼 인정하고 건성으로 지나쳤다. 하지만 자유주의자들이 제임스 돕슨이나 팀 라헤이를 잘 알지 못하는 진짜 이유는 그들이 미국을 모르기 때문이 아니라 이 사람들이 극우주의자들이기 때문이다. 돕슨의 라디오 방송을 듣거나 라헤이의 소설을 사서 읽는 사람들은 이미 버치식의 음모론에 익숙한 사람들로 그들의 말에 동의하는 보수주의자이며 2000년에 부시를 찍은 사람들일 경우가 많다.

10. 브룩스는 《애틀랜틱》 논설에서 "상류층이 사는 모든 곳"이 2000년에 고어를 찍었다고 주장한다. 부자 민주당 현상은 부자를 통칭하는 말로서 또는 더 확대해서 기업 미국, 즉 그들을 부자로 만드는 체제에 대한 표현으로서 생각해볼 만한 가치가 있고 흥미롭다. 하지만 그것은 정확성이 떨어지는 말이다. 사실은 기업 미국이 실제로 선택한 사람은 부시였다. '민의에 대답하는 정치 센터(CRP)'에 따르면 부시는 10개 산업 부문 모두에서 고어보다 더 많은 정치헌금을 모았다. 고어가 유일하게 앞선 부문은

주 323

'노동' 부문이었다. 실제로 부시는 부자 기부자들에게서 많은 정치헌금을 모았고 (그는 2003년에 과거 어느 후보자들보다 많은 정치헌금을 모아 기록을 깼다) 그들을 위해서 아주 특별한 (그리고 악명 높은) 단체, '개척자(The Pioneers)'를 설립했다. 브룩스의 주장은 한정된 범위 안에서도 타당성이 없다. 그는 고어에게 표를 던진 "상류층이 사는 모든 곳"을 말하면서 시카고의 노스쇼를 예로 든다. 그러나 노스쇼에서 가장 부자 동네인 레이크포리스트는 늘 그런 것처럼 (일리노이, 레이크 카운티의 공식 선거 결과에 따르면) 70퍼센트가 공화당을 찍었다. 또 다른 노스쇼 교외의 '부자 동네'로 알려진 위네카와 케닐워스도 (일리노이, 쿡 카운티의 공식 선거 결과에 따르면) 각각 59퍼센트, 64퍼센트가 부시를 찍었다. 부시가 압도적으로 승리한 '부자 동네'는 이 밖에도 많았다. 뉴저지의 모리스, 서머셋, 헌터던 카운티; 버지니아의 페어팩스 카운티(워싱턴 D. C. 교외); 조지아의 콥 카운티(애틀랜타 교외); 일리노이의 뒤파제 카운티(시카고 교외); 펜실베이니아의 체스터 카운티(필라델피아 교외); 캘리포니아의 오렌지 카운티(상류층 교외의 상징)가 그런 곳이다. 이 책에 나온 곳에 한정해서 보더라도 지금까지 캔자스 주에서 가장 부자 동네로 알려진 미션힐스는 71대 25로 부시가 고어를 이겼다. 또 캔자스 주에서 가장 상류층이 많은 카운티인 존슨 카운티도 60대 36으로 부시가 압도적 승리를 거두었다.(캔자스 주 공식 선거 결과에 따른 것이다.)

11. 브룩스는 2003년 10월 21일자 《뉴욕타임스》 기고문에서 민주당 대선후보 지명전에 참가한 모든 후보자들 가운데 존 에드워드가 민주당이 쇠퇴하는 이유에 대한 가장 "설득력 있는 논리"를 폈다고 썼다. "지난 수십 년 동안 민주당이 끊임없이 저지른 죄악은 속물근성이었다."

12. 리처드 호프스타터는 "두 개의 나라"라는 대중선동적인 용어가 오늘날 미국의 현실 상황에서 매우 설득력이 크다고 생각한다. 『개혁의 시대: 브라이언에서 루스벨트까지The Age of Reform: From Bryan To F.D.R.』(New York: Knopf, 1955), 2장. 제리 심슨이 한 말을 인용한 구절이 64쪽에 나온다. 더스 패서스가 한 유명한 "두 개의 나라"라는 구절은 『큰 돈The Big Money』, 3부작의 제3권(New York: Harcourt, Brace and Company, 1937), 462~463쪽에 나온다.

"그렇다 우리는 두 개의 나라다. 우리나라 미국은 법을 돈을 주고 사고 초원에 울타리를 두르고 종이를 만들기 위해 삼림을 베고 쾌적한 도시를 빈민가로 만들고 민중의 부를 착취하고 필요하면 언제든 사람을 고용해서 스위치를 끊는 이방인들에게 지금까지 두들겨맞았다."

13. 톰 피터스는 1997년에 "'짐'을 들어 올리는 육체노동자들 (······빠르게 ······쇠퇴하

는 부문)은 컴퓨터 프로그래머가 끊임없이 키보드를 두드리다 걸리는 손목터널증후군에 기대어 먹고사는 새로운 기생적 존재다"라고 공포의 비명을 질렀다.(『혁신의 순환The Circle of Innovation』(New York: Knopf, 1997), 8쪽) 그만 그런 것이 아니었다. 《와이어드》지는 1998년 1월호에서 "과거 유한계급이었던 부자들이 새롭게 과로에 시달리는 사람들이 되고 있다"고 선언했다. "그리고 노동계급이라고 했던 사람들이 새로운 유한계급이 되고 있다."

14. 창조적인 화이트칼라들에 대한 지나친 숭배의 시기가 끝난 뒤 보수주의자들이 보수적 노동계급의 가치를 재발견한 것은 이번이 처음이 아니다. 바버라 에런라이크가 『추락의 공포: 중류 계급의 내면 생활Fear of Falling: The Inner Life of the Middle Class』(New York: HarperCollins, 1990), 3장에서 지적한 것처럼 똑같은 일이 1960년대 말에 발생했다. 1990년대 신경제에서 꽃을 피운 수많은 기업 혁신의 환상들이 그 시기에 소개되었다.

15. 블레이크 허스트, 「진정한 삶In Real Life」, 《아메리칸엔터프라이즈》(November-December 1999).

16. 브룩스는 빨간색 주 사람들이 자유시장 자본주의를 아주 편안하게 받아들이는 이유가 그들이 욕구나 선망을 알지 못하기 때문이라고 아주 기발하게 설명한다. 그는 "그들은 어디에 살든 파는 것은 무엇이든 살 수 있다"고 말한다. 반면에 파란색 주 사람들은 단순히 도시의 공간적 역동성 때문에 자신들보다 사회계층이 높은 사람들이 있다는 생각을 끊임없이 떠올린다. 브룩스는 빨간색 주 사람들이 불만을 품을 만한 근거는 아무것도 없기 때문에 결국 그들이 자유시장 자본주의에 대해서 불평한 적이 없을 것이라는 결론에 이른다. 지난 세기에 혁명과 전쟁, 사회복지 음모가 없었던 것은 바로 이런 이유 때문이다. 물론 그 사이에 부자들은 더 부자가 되었지만 말이다.

17. 실제로 브룩스는 이 구내식당 은유를 통해서 현실을 설명하는 것인지 아니면 현실에 대한 보수주의의 생각을 설명하는 것인지 불분명해 보인다. 여기에 인용된 2001년 《애틀랜틱 먼슬리》 기사에서는 구내식당 은유가 미국인의 생활에 대한 객관적인 관찰인 것으로 나온다. 이 구내식당에서 일어나는 일은 바로 미국인의 생활양식이다. 브룩스는 2003년 1월 12일자 《뉴욕타임스》 특집기사에서 "대다수 미국인들"이 그 사실을 본능적으로 동의하고 이해한다고 하면서 자기 주장을 되풀이한다.

2장 캔자스는 어쩌다 보수의 중심이 되었나?

1. 조지 걸리, 「쿨터 정신」, 《뉴욕 옵서버》(2002.11.11). 쿨터는 인터뷰가 끝나고 잠시 뒤에 걸리에게 오클라호마시티 폭파범인 티모시 맥베이가 《뉴욕타임스》 건물을 폭파

하길 바랐다고 말함으로써 그녀의 양식이 어느 수준인지 적나라하게 보여주었다.
2. 존 건서, 『미국 내부Inside USA』(New York: Harper and Broyhers, 1947), 259쪽.
3. 주디 토머스, 「캔자스, 새해 휴가지 조사에서 꼴지 차지」, 《댈러스 모닝 뉴스》 (1995.12.3) 참조. 캔자스 주 전역에서 여행자들이 꼽는 첫 번째 장소는 캔자스시티의 스포츠용품 가게였다.
4. 패스트푸드는 캔자스의 이미지에서 큰 부분을 차지하는 까닭에 토피카에 있는 캔자스 주 역사박물관의 주요 전시물로 자리 잡고 있다. 여기 나온 레스토랑 말고도 내가 10대 때 많은 시간을 보냈던 캔자스시티 상점가는 세계 최초의 시나몬롤 체인점인 TJ 시나몬 제1호가 생긴 곳이다. 캔자스는 또한 초창기 레스토랑 체인점 가운데 하나인 하비하우스가 탄생한 곳으로 애치슨과 토피카, 산타페 철로를 따라 성장했다.
5. 캔자스 출신 신문기자 W. G. 클럭스턴은 『민주주의의 건달들Rascals in Democracy』(New York: Richard Smith, 1940)이라는 책에서 1928년에서 1936년까지 선거 때마다 캔자스 출신의 정치인 한 명을 대선주자로 밀었다고 지적한다. 1928년과 1932년에는 재향군인 출신의 캔자스 상원의원 찰스 커티스를 공화당 부통령후보로 내세웠고 1936년에는 루스벨트에 맞서 캔자스 주지사인 알프 랜던을 대통령후보로 지명했다. 1936년과 1940년에 공산당 대선후보로 나선 얼 브로더는 위치토 출신이었다. 드와이트 D. 아이젠하워도 캔자스 출신이었고 밥 돌도 물론 캔자스 출신이다.
6. 캔자스를 '일탈한 주'로 특징화한 것은 크레그 마이너, 『캔자스: 해바라기 주의 역사 Kansas: The History of the Sunflower State, 1854~2000』(Lawrence, University Press of Kansas, 2002)에서다.
7. 루스벨트가 '신국가주의'를 처음 소개했던 오사와토미 연설은 오늘날 환경과 비교할 때 약간 어긋나는 느낌이 있다. 루스벨트는 그 연설에서 "기업의 엄청난 부패"를 비난하고 기업 규제와 정치권으로 흘러드는 기업 자금의 추방을 요구했다. 그는 또한 본디 민중주의자들이 주장했고 곧이어 윌슨 행정부에서 입법화된 누진세와 상속세에 대한 지지를 공언했다. 이 두 가지 세금은 오늘날 기업의 지원으로 배부른 캔자스 우파 선동가들의 공격 대상이다.
8. 「도대체 캔자스에 무슨 일이 있었나?」는 여러 차례 다시 게재되었다. 그중 한 군데가 화이트 본인의 『자서전Autobiography』(New York: Macmillan, 1946), 280쪽이다.
9. 엘리자베스 바, 「민중주의의 반란」, 『캔자스와 캔자스인의 공식 역사A Standard History of Kansas and Kansans』, 윌리엄 코넬리 편집(Chicago: The Lewis Publishing Co., 1918), 2권, 1148쪽.

10. 잉겔스의 자기 고향 캔사스에 대한 유명한 평가는 월터 프레스콧 웨브, 『대평원The Great Plains』(New York: Ginn, 1931), 502쪽 참조.
11. 신경제의 천재 전략가들만이 이해할 수 있는 여러 가지 이유들 때문에 웨스턴이 인수하기로 결정한 것은 가정 보안 회사들 몇 군데였다. 그리고 나서 웨스턴은 근처의 캔자스시티 전력회사에 대한 적대적 공개매입을 개시했다.(이 분야는 위티그에게 처음이었다.) 거래가 실패로 돌아가자 상황이 바뀌어 자신이 인수될 위기에 처했다.
12. 부채를 사회에 떠넘기고 이익을 사유화하는 것은 엔론 사태 이전 시기에 국영에너지 기업들이 늘 써먹던 전략이었다. 웨스타는 그중에서도 가장 죄질이 안 좋은 기업에 속했다. 그러나 그런 국영기업은 많았다. 레베카 스미스, 「골칫덩이 에너지 기업들이 공공사업과 고통을 나누려고 시도하다」, 《월스트리트저널》(2002.12.26) 참조.
13. 웨스타 에너지, 「이사회 특별위원회 보고서」(2003.4.29), 333쪽, http://media.corporate-ir.net/media_files/nys/wr/reports/custom_page/WestarEnergy.pdf에서 볼 수 있다.
14. 아퀼라 사태에 대한 자세한 내용은 스티브 에버리, 「주요 주주, 공기업 아퀼라의 경영을 비난하다」, 《캔자스시티 스타》(2003.1.22); 다이앤 스태포드, 「하커데이, 골칫덩이 스프린트와 아퀼라의 이사회에서 공공사업을 변호하다」, 《캔자스시티 스타》(2003.3.2); 에드워드 이와타, 「에너지 업체들 추문에 요동치다」, 《유에스에이 투데이》(2003.1.21); 마크 데이비스, 「아퀼라 전, 현직 종업원들 회사 문제로 상처 입다」, 《캔자스시티 스타》(2002.10.20) 참조.
15. 노미 프린스가 《레프트 비즈니스 옵서버》에 쓴 통신기업의 붕괴에 대한 설명에 따르면 (http://www.leftbusinessobserver.com/Telecoms.html 참조) 오늘날 전 세계 광케이블의 5퍼센트만이 실제로 쓰이고 있다. 통신기업의 붕괴로 약 2조 8천억 달러의 투자가 날아갔다.
16. 어스리와 르메이, 월드컴 합병 실패로 직면한 세금 문제에 대한 자세한 내용은 시몬 로메로, 「스프린트 최고경영자, 커다란 명예 실추」, 《뉴욕타임스》(2003.2.12); 레베카 브루멘스타인, 슌 영, 캐럴 히모위츠, 「더 많은 스프린트 임원들, 미심쩍은 조세피난처 이용」, 《월스트리트저널》(2003.2.6) 참조. 전국의 언론이 어스리에게 알랑거린 기사를 보면 1999년 10월 5일 AP통신은 어스리를 "전도유망하고 헌신적이며 집중력 있는" 경영자로 소개했다. 캔자스시티의 언론들도 수년 동안 그에게 칭송을 퍼부었다. 1991년 6월 9일자 《캔자스시티 스타》는 어스리를 "추진력 있고 명석하고 담대한" 사람이라고 1면에 게재했다.
17. 제리 헤스터, 「스프린트에 있는 우리의 소중한 보배」, 《캔자스시티 스타》

(1999.10.6).
18. 주민이 1,000명 이상인 도시에 대한 2000년 인구 조사 결과에 따르면 미션힐스는 가구 평균 소득으로 볼 때 전국에서 4번째 부자 도시다.
19. '민의에 대답하는 정치 센터'의 웹사이트 참조. http://www.opensecrets.org. 미션힐스의 우편번호는 66208이다.
20. 공공사업촉진국의 여행 안내책자에 나오는 캔자스시티 사진들이 캔자스 주는 없고 미주리 주에 소속된 지역만 나오던 시절에는 미션힐스와 미주리 주 캔자스시티가 거의 같은 곳으로 취급되었다.
21. 에스키모 파이 발명자는 물론 러셀 스토버였다. 그 집에 대한 자세한 내용은 빌 노튼, 「미션힐스의 야수」, 《캔자스시티 스타 매거진》(1987.8.2) 참조.
22. 비록 위치토가 (인구 340,000명) 캔자스시티의 어떤 교외 지역보다 크지만 2002년 존슨 카운티의 전체 인구는 위치토가 속한 세지윅 카운티의 전체 인구보다 많았다. 캔자스시티 대도시 지역에는 약 180만 명이 산다.
23. 캔자스시티 인구밀도는 시카고의 10분의 1에 해당한다. 그것은 시에라 클럽의 "무섭게 뻗어나가는 대도시" 목록에서 서열 5위다.
http://www.sierraclub.org/sprawl/report98/kansas_city.html 참조.
24. 연방 경제분석국에 따르면 2000년 존슨 카운티의 1인당 개인소득은 43,200달러였다. 위치토가 속한 세지윅 카운티의 개인소득은 28,200달러였다. 캔자스 주 전체의 개인소득은 존슨 카운티의 절반 수준인 27,400달러였다.
25. 로드의 기사 「컵케이크 랜드」는 본디 1987년 《하퍼스》지에 실렸다. 로드가 캔자스시티와 관련해서 쓴 글들을 모은 『내륙의 땅: 미국 중서부에 대한 기억The Inland Ground: An Evocation of the American Middle West』(Lawrence: University Press of Kansas, 1991)에서 개정판을 볼 수 있다.
26. 루르드 고베이아, 도널드 스틸, 「암소와 춤추다」, 『어차피 당신은 그 일을 그만둔다: 정육가공과 소도시 미국Any Way You Cut It: Meat Processing and Small-Town America』, 스틸, 브로드웨이, 그리피스 편집(Lawrence: University Press of Kansas, 1995), 85쪽.
27. 1980년대 초 정육업체들이 입주한 이래 가든시티의 1인당 소득은 캔자스 주 전체의 1인당 소득 대비 계속해서 줄어들었다. 도널드 스틸, 마이클 브로드웨이, 「'우리는 가든에 온다' …… 다시」, 《도시인류학Urban Anthropology》 30권 4호(2001, 겨울), 278쪽. 가든시티의 공중보건에 대해서는 288쪽 참조.
28. 위의 책, 295쪽.

29. 인류학자 로버트 J. 하켄버그에 따르면 가든시티 이야기는 "중류와 상류계급이 주도하는 사회체제의 변치 않는 특징으로서 하층계급과 그들에 대한 수동적 착취를 인정하고 있음"을 잘 보여준다. 「당신의 죄를 위해 죽은 조 힐」, 『어차피 당신은 그 일을 그만둔다』, 261쪽. 또한 고베이아, 스틸, 「암소와 춤추다」, 102쪽 참조.
30. 예컨대 크레그 마이너의 『위치토: 마법의 도시Wichita: The Magic City』(Wichita: Sedgwick County Historical Museum Association, 1988)는 그 도시의 역사를 벼락 경기가 계속해서 이어지는 것으로 말한다. 이 책은 무엇보다도 19세기 위치토의 구호와 저속한 기업가의 시들을 모아놓은 귀중한 기록물이다. 1890년대에 《위치토 이글》에 게재되고 마이너가 발굴해낸 한 시는 우리 시대의 금언으로도 손색이 없다. "가장 적게 추론하는 신앙인들이/잔치에서 가장 좋은 것을 얻는다." 내가 2003년에 위치토 역사박물관에서 본 "마법의 도시"라는 전시물도 똑같이 심금을 울린다. 작품 소개에는 이렇게 씌어 있다. "이것은 한 도시의 이야기다. 처음부터 여기서는 무엇이든 할 수 있다고 생각한 낙관적인 정신으로 무장한 성공적인 기업가와 부를 좇는 사람들을 사로잡았던 특별한 곳. 이곳이 바로 비할 데 없는 왕비와 같은 대평원, 위치토-마법의 도시다."
31. 화이트의 유명한 소론 「도대체 캔자스에 무슨 일이 있었나?」, 『자서전』, 280쪽 참조. 화이트는 나중에 완전히 생각이 바뀌었다.
32. 이 불행한 사실은 A. V. 크레브스, 《농업기업 조사관Agribusiness Examiner》 248호 (2003.5.16).
33. 헤퍼넌이 제시한 수치는 추정치다. 정확한 수치를 "얻는 것이 더욱 어려워졌기" 때문이다. "교역 관련 잡지들은 이런 정보를 조금도 게재하지 못하도록 압력을 받았고 정부는 대개 극도로 집중된 시장에서 한 기업이 통제하는 시장점유율을 밝히는 것은 기업 비밀을 누설하는 것이라고 말한다."《식품 농업 체계의 통합》, 전국농민연합 보고서(1999.2.5), 2쪽 참조. 헤퍼넌은 일부 부문의 수치를 새로 갱신했는데 헤퍼넌, 메리 K. 핸드릭슨, 「다국적 통합 식품 가공 마케팅 체계와 농업 위기」, 미국과학발전협회 연차 총회 제출 논문(Boston, Mass., Feb. 14, 2002)에 나온다. 두 보고서 모두 온라인으로 볼 수 있다. http://www.foodcircles.missouri.edu/consol.htm.
34. 제임스 B. 리버, 『곡물 도둑 쥐Rats in the Grain』(New York: Four Walls Eight Windows, 2000), 책머리 제사; 커트 에이첸왈드, 『밀고자The Informant』(New York: Broadway Books, 2000), 303쪽 참조.
35. 대릴 E. 레이, 「1996년 농업법의 실패: 곡물시장의 본질 설명하기」, 『21세기 식품 농업 정책A Food and Agriculture Policy for the 21st Century』, 마이클 스터모 편집

(Lincoln, Neb.,: Organization for Competitive Markets, 2000), 85~94쪽 참조.
36. 『2002 캔자스 농업Kansas Farm Facts』(Topeka: Kansas Department of Agriculture, 2002), 95쪽.
37. 자유시장을 신봉하는 경제학자들에게 이런 사태에 대해서 물어보면 그들은 소비자들이 소고기와 빵과 감자를 싸게 살 수 있는 한, 농민들에게 일어나는 일은 중요하지 않다고 말할 것이다. 그러나 문제는 산업이 집중화되면서 기업들이 무소불위의 영향력을 시장에 행사할 때 소비자들을 위해 기업들을 강제할 수 있는 수단이 아무것도 없다는 사실이다. 따라서 농민들이 아무리 열심히 농사를 지어도 슈퍼마켓에서의 농산물 가격은 전과 다름없다. 한 농학 교수의 연구에 따르면 식품의 소비자가격은 1984년 이래 2.8퍼센트 오른 반면에 농민이 동일한 식품을 생산하고 받는 가격은 35.7퍼센트 떨어졌다. 중개상들이 그 차이를 먹는 것이다. 이 수치는 1999년 오번 대학 농업공공정책학 교수 C. 로버트 테일러가 상원 농업위원회 청문회에서 제출한 것이다. 여기서는 《농업기업 조사관》 편집자 A. V. 크레브스의 기사에 나온 것을 인용했다. 그 기사는 《진보적 민중주의자》(2002.4.1), 7쪽에 나온다.
38. 테네시 대학 농업정책분석센터의 대릴 레이는 "시장 수요에 상관없이 무조건 생산하는 정책은 곡물과 농작물 소비자들에게 이익이다"라고 말한다. "농작물 농업은 통합된 축산업자와 제분업자, 여러 농산물 가공업자와 수입업자들에게 가장 중요한 원료를 40퍼센트에서 50퍼센트 싸게 제공해서 소비자가 그만큼 이익을 보게 한다."(대릴 레이, 「현행 1차 상품 정책: 생산자를 위한 것인가, 소비자를 위한 것인가?」, 2003.10.31).
39. A. V. 크레브스, 《농업기업 조사관》(2003.7.28) 273호 참조.
40. 여기서 말하는 것은 오늘날 농업 생산의 주도권이 가공업자에 넘어가는 계약체계의 발전에 대해서다. 실제로 일부 농업 생산 분야에서 실제 시장—거기서 이를테면 소나 돼지 가격은 입찰 구매자들의 손에 달려 있다—은 거의 완전히 사라졌다. 이제 농민들은 단순히 "재배자나 사육자", 즉 처음부터 끝까지 복합기업과 계약을 맺고 어떤 상품을 생산하기 위해 노동력과 토지를 제공하는 노동자에 불과하다. 1960, 70년대에 우리 아버지는 대평원에 있는 소도시들에 철골조로 만든 축우경매시장을 설계했다. 오늘날 그 가운데 몇 군데는 아직도 경매시장 구실을 한다고 아버지는 말한다. 이제 우시장은 더 이상 존재하지 않는다. 모든 가축은 전지전능한 정육업자와의 계약에 따라 사육된다. 가축 가격은 실제로 거래되기 오래전에 이미 정해졌다. 농민이 '재배자나 사육자'로 바뀐 것에 대해서는 헤퍼넌, 핸드릭슨, 「다국적 통합 식품 가공 마케팅 체계와 농업 위기」, 5쪽 참조. 돈육 산업에서 시장 계약의 확산에 대해서는 미

농무부, 「식품 농업 정책: 새로운 세기를 위한 현황 조사」(2001.9), 19쪽 참조. 이 보고서에 따르면 정육업자의 계약 구매로 팔린 돼지가 2000년에 도살된 전체 돼지의 65퍼센트를 차지한 반면에 일반 시장에서 팔린 돼지는 1970년에 95퍼센트에서 2000년 30퍼센트로 떨어졌다. 나머지는 정육업자가 직접 기른 돼지들이다. 물납소작인(수확물의 일부를 소작료로 내는 소작인—옮긴이)은 실제로 농민들에게 일어난 것을 설명하기 위해 사용된 용어다. 코네티컷 대학 식품마케팅정책센터 소장 로널드 코터릴, 「현행 식품 체계 비판」, 『21세기 식품 농업 정책』, 39쪽.

3장 하느님과 돈을 동시에 섬기다

1. 실제로 부시는 가든시티의 모든 선거구에서 압도적으로 우세한 반면 고어는 존슨 카운티에서도 일부 지역에서만 지지를 받았다.
2. 1996년 브라운백이 하원의원이었을 때 이런 말을 했다. "의장님, 저는 제 지역구인 캔자스 동부에 갔다가 집으로 돌아올 때 사람들과 만나 이렇게 묻습니다. 여러분에게 있어 우리나라가 직면한 가장 큰 문제는 무엇입니까? 도덕적 문제인가요, 경제적 문제인가요? 그것이 경제와 관련된 문제입니까, 가치관과 관련된 문제입니까? 여덟에서 아홉 명 중에 한 명꼴로 우리가 직면한 문제는 경제가 아니라 도덕이라고 말합니다. 그것은 가정과 관련된 문제이고 가정의 해체와 관련된 문제입니다. 그것은 마약과 관련된 문제이고 범죄와 관련된 문제입니다. 그것은 기꺼이 일을 하지 않는 사람들과 관련된 문제입니다. 그것은 만일 그들이 그렇게 생각하거나 그들 자신의 도덕적 범위가 좀 더 나았다면 아무 일도 하지 않는 사람들과 관련된 문제입니다." 이것은 1996년 1월 24일 빌리 그레이엄 목사에게 훈장을 수여하는 의회에 경의를 표하는 연설의 일부였다. 브라운백의 가난의 원인에 대한 극히 추상적인 생각은 자신이 구세군 창설자 윌리엄 부스에 대해서 쓴 소고에 나온다. 『인물 소개: 미국을 만든 가치관Profiles in Character: The Values That Made America』(Nashville: Thomas Nelson, 1996), 14쪽 참조. 브라운백은 상원에서 여러 차례 연설하면서 경제와 마찬가지 방식으로 문화도 평가하고자 했다. 그는 1997년 3월 5일 연설에서 국내총생산처럼 "국내총신앙심"에 대해서 말했다. 또 1997년 5월 1일 연설에서는 미국 문화가 "1970년에 73퍼센트에서 지난 25년 사이에 거의 절반 수준인 38퍼센트로" 타락했다는 것을 보여주는 연구에 대해서 설명하면서 "놀랍지 않습니까?"라고 했다.
3. 티아트: 《위치토 이글》(1996.5.7). 낙태 반대 운동 지도자: 데이비드 기트리치, 《위치토 이글》(1994.11.10). 데이비드 밀러: 앨런 J. 시글러, 버데트 A. 루미스, 「노아의 홍수 이후: 퇴행하는 캔자스 기독교인의 권리」, 『학교에서의 기도: 1998년 선거에서 기

독교인의 권리Prayers in the Precincts: The Christian Right in the 1998 Elections』, 존 C. 그린, 마크 J. 로젤, 클라이드 윌콕스 편집(Washington, D.C.: Georgetown University Press, 2000), 232쪽에서 인용. 브라운백: 린다 킬리언, 『초선의원: 공화당 혁명에 무슨 일이 벌어졌나?The Freshmen: What Happened to the Republican Revolution?』(New York: Westview Press, 1998), 176쪽에서 인용.
4. 데니스 파니, 「종교적 권리」, 《월스트리트저널》(1995.4.10).
5. 하느님이 룬에게 바라는 것은 룬이 전국공화당하원위원회에 보낸 소책자 『강한 미국: 조지 부시의 계획America Strong: George W. Bush's Plan』(Ottawa, Ill.: Green Hill, 2001), 14쪽에 나와 있다. 그가 개종한 정확한 날짜는 1997년 3월 31일자 《인사이트》지(《워싱턴타임스》의 일요일 부록)에 나온다. 연설 관련: 프레드 만, 「짐 룬: 신앙으로 달리기」, 《위치토 이글》(1996.12.29). 구애 관련: 룬과 아내 앤이 함께 쓴 글로 「가정을 주목하다」(James Dobson empire, November 1995), 11~12쪽.
6. 교회 중심의 선거 유세: 티모시 J. 맥널티가 처음에 《시카고 트리뷴》에 기고하고 나중에 다른 곳에도 다시 게재된 [여기서는 《위치토 이글》(1994.11.25)에 게재된 기사 인용] 「캔자스의 투표, 풀뿌리 조직의 힘을 보여주다」 참조. 티아트의 말: 수전 페레스 토비아스, 「티아트, 천천히 그러나 확실하게 자기 목소리를 찾다」, 《위치토 이글》(1994.12.4).
7. 나는 과장하고 있지 않다. 패밀리라는 단체의 일상생활과 신앙은 《하퍼스》지 2003년 3월호에 게재된 「오직 예수」라는 글에서 종교저술가 제프리 샬렛이 매우 상세하게 기술했다. 샬렛은 알터넷과의 인터뷰에서 그 단체가 독재자들과 연관성이 있다는 것을 더 상세하게 설명한다. (http://www.alternet.org) 그 단체 회원들이 히틀러에 대해서 자주 심상치 않은 언급을 하는 것에 대해서 물어보자. 그는 다음과 같이 명료하게 설명했다. "패밀리는 히틀러의 이데올로기를 하나의 철학적 모델이 아니라 조직구도로 봅니다. 회원들은 '조직'이 히틀러 파시즘의 핵심이라는 사실을 무시해요. 히틀러는 자신이 양성한 소수의 엘리트 요원들 사이의 '동료의식'을 매우 강조하죠. 패밀리도 그와 같은 연대의식을 열망해요. 히틀러가 화려한 화술로 독일의 '앞날'에 대해서 말한 것과 너무 닮았어요. 바이에른 맥주집 배후에서 꿈꾸는 일단의 무리들에서 그것의 뿌리를 살펴볼 만한 가치가 있어요. 패밀리는 기업, 군사, 정치 지도자들로 구성된 소규모 기도 조직들 가운데 하나가 미국을 바꿀 수 있기를 바라죠." 브라운백은 샬렛의 《하퍼스》 기사에서 나오지 않지만 그가 패밀리 회원들이 사는 타운하우스에 산다는 사실은 2003년 4월에 세상에 널리 알려졌다. 발을 닦아준 사건은 1998년 11월에 브라운백이 처음으로 재선되자마자 AP통신에서 보도했다. 브라운백이 맥크

로스키의 집전 아래 가톨릭으로 개종한 사건은 2002년 7월 22일 《워싱턴포스트》에서 보도했다.
8. 로저 앨리슨, 「문제는 부동산세가 아니라 기업형 농업이다」, 《인모션》(2001.6). http://www.inmotionmagazine.com/ra01/ratax.html 참조.
9. 이 모든 견해는 2002년 선거 전에 전국 공화당하원위원회에 배포된 룬의 『강한 미국: 조지 부시의 계획』에 나온다. 여기 구절은 81쪽에서 인용했다.
10. 로리 칼만슨, 「낙태 문제가 공화당 후보자들을 분열시키다」, 《위치토 이글》(1992.7.19). 이 기사는 티아트가 주 의원으로 처음 당선되기 전에 게재되었다.
11. 짐 크로스, 「코크 노동자들, 티아트에 돈을 걸다」, 《위치토 이글》(1996.7.28).
12. 문제의 제초제는 아트라진이었다. 브라운백은 농업담당관으로서 임의로 아트라진 사용 제한법을 만들면서 일반 사람들의 건강보다는 거대 농업기업들의 편의를 먼저 생각했다. 제임스 쿤헨, 「토피카 공화당원, 초선의원 그룹에서 이름을 날리고 있다」, 《캔자스시티 스타》(1995.2.23). 여기서 소송은 '헬레버스트 대 브라운백' 사건을 말한다. 캔자스지방법원은 캔자스 주 농무부가 수정헌법 제14조 1인 1표 조항을 위반했다고 최종 판결했다. 브라운백과 그 무리들은 1994년 연방순회법원에 항소했지만 또 졌다.
13. 브라운백이 이끈 초선의원들의 파벌은 새로운 연방주의자들로 알려졌다. 극도로 엄격하고 간소한 그의 삶과 정치자금에 대한 단호한 비난에 대해서는 킬리언, 《초선의원》과 마이크 핸드릭스가 《캔자스시티 스타》(1996.10.27)에 쓴 브라운백 인물소개 참조. 브라운백의 야망에 대해서는 초선의원모임 회원들이 쓴 소고를 모은 책 『인물소개』, 18쪽 참조.
14. 미국통신협회가 개최한 환영회는 1998년 5월 25일자 《캔자스시티 스타》에 스티브 크라스크가 쓴 기사 참조. 브라운백이 매케인-페인골드법에 반대한 내용도 그 기사에 나온다.
15. 관련 청문회의 공식 의사록인 상업, 과학, 교통에 관한 미 상원위원회, 「미디어 소유 관련 청문회」(2003.1.30) 참조.
16. 이 문제에 대한 브라운백의 주장은 다음과 같다. "그러나 나는 하나의 사회 문제로서 '천박성의 증대'를 우려한다. 이 나라 어디서도 책임지지 않지만 우리 모두는 하나의 사회, 하나의 공동체로서 책임이 있다. 나는 무례와 천박성 증대에 대한 우리 모두의 당연한 우려를 빌미로 해서 라디오 시장의 전국적 소유를 제한한다든지, 그러한 제도가 반독점법에 영향을 주지 않는 다양한 미디어 형태들을 통합 소유하는 것을 제한하는 것과 같은 규제적 경쟁 정책들을 밀어붙이는 책략으로 이용하려는 어떠한 노

력도 반대한다."
17. 저자가 수집한 1998년 1월 31일자 캔자스 공화당 1998년 강령 사본. 보수 우파가 기안한 이 강령은 당시 캔자스 주지사였던 중도파 빌 그레이브스가 비판함으로써 논란이 일었다. 게다가 그 강령을 책임지고 작성한 캔자스 공화당 의장 데이비드 밀러는 그해에 그레이브스와 경쟁에서 패배했다. 중도파가 주도하는 오늘날 캔자스 공화당에는 그 문서 사본이 없다. 그럼에도 불구하고 그 강령은 우파 선동주의자들의 정치적 견해가 무엇인지 아주 간명하게 잘 보여준다.

4장 두 명의 버넌, 자꾸만 오른쪽으로 가다

1. 버논 L. 패링턴, 『미국 사상의 주류』의 3권 『미국 비판적 리얼리즘의 기원』(New York: Harcourt Brace, 1930), 262, 266쪽.
2. 20세기 초 자연주의 문학은 실제로 내가 2002년 여름 캔자스시티의 진화론 반대 집회에서 본 기조연설의 공격 대상이었다.
3. 정부의 서투른 연방 빈곤 정책 관련: 케빈 맥케이브, 버논 스미스, 「당신은 누구를 믿나?」, 《보스턴 리뷰》(December 1998-January 1999). 국립공원 관련: 테리 L. 앤더슨, 버논 L. 스미스, 에밀리 시몬스, 「연방 토지를 민영화하는 방법과 이유」, 《폴리시 어낼러시스》(1999.11.9).(이 기사에서 스미스와 동료들은 국립공원을 소련 공산주의와 똑같이 생각한다.) 전력 민영화 관련: 버논 L. 스미스, 「전력산업의 규제 개혁」; 스티븐 J. 라센티, 버논 L. 스미스, 바트 J. 월슨, 「전기 끄기」, 《규제》(2001년 가을호). 전기 배선 관련: 버논 L. 스미스, 「50년 후 인간 행동에 대한 생각」, 《카토 저널》(1999년 가을호). 《규제》와 《카토 저널》은 모두 카토연구소에서 발간한다.
4. 스미스가 《월스트리트저널》에 쓴 글은 2002년 10월 16일에 게재되었다. 한 주 뒤 시카고 대학의 경제학자 레스터 텔서는 전력산업의 특징 때문에 전력사업자는 "서로 경쟁하는 일반 기업들과는 다른 독점자본가에 훨씬 더 가깝다"고 하면서 스미스의 잘못을 지적했다. 그것은 실제로 캘리포니아에서 일어난 사태를 정확하게 파악한 것이다. 「전력 매각은 어렵지 않다. 그 뒤가 문제다」, 편집장에게 보내는 편지, 《월스트리트저널》(2002.10.23). 스미스의 글은 캘리포니아 시장에서 큰 이익을 남긴 민간 에너지 회사를 (엔론과 같은 두드러진 사례) 언급조차 않는다. 대신에 스미스가 사태 해결을 위해 제안하는 것은 모든 규제를 풀고 전력 원가를 모두 소비자에게 직접 전가하고 소비자의 행동양식을 바꿈으로써 문제를 해결하게 해야 한다는 것이다.(진 코일 자료 제공)
5. 「주 의회, 주 소유 고속도로 매각 거론」, 《토피카 캐피털-저널》(2003.6.13)과 관련 논

설 「캔자스 고속도로-매각 반대」(2003.6.22) 참조. 공영 고속도로 민영화를 가장 적극적으로 지지하는 쪽은 당연히 코크 집단이 자금을 지원하는 자유주의 진영의 리즌 재단이다.
6. http://www.rppi.org/vernonsmithteaches.html.
7. 코프의 말은 조지메이슨 대학에서 2002년 가을에 발간한《후원자》에서 인용했다. 스미스와 코프는 둘 다 메르카투스 센터 이사다. 그들은 자유시장 문화이론가 타일러 코웬 주선으로 거기서 만났다. 메르카투스 소속 '학자와 연구원' 목록에는 래리 쿠드로 ('저명 학자'로 나옴) 같은 신경제학파 인물들과 웬디 그램과 J. C. 와츠와 같은 쓸모없는 우파 정치 인물들이 있다. 메르카투스는 당연히 엔론이 자금을 지원한다.
8. 앞의 책 『2001년 캔자스 통계 개요』와 EWG (환경워킹그룹) 농업보조금 데이터베이스 (http://www.ewg.org/farm/region.php?fips=20097)에 나온 통계.
9. 율리시즈에 관해서는 『캔자스: 해바라기 주 길잡이Kansas: A Guide to the Sunflower State』(New York: Viking, 1939), 438쪽; 다니엘 피츠제럴드, 『캔자스의 유령의 도시들Ghost Towns of Kansas』(Lawrence: University Press of Kansas, 1988);《그랜트 카운티 공화당원》(1909.3.20) 참조. 뒤의 두 자료는 테드 케플리의 도움을 받았다.
10. 현재 관련 웹사이트 내용 삭제된 상태임.
11. 예컨대 그 프로젝트를 수주하기 위한 워싱턴 주의 단체 웹사이트 참조. 「행동개시 워싱턴: 보잉 7E7과 함께 일하기」(http://www.actionwashington.com).
12. 2003년 6월 13일자《월스트리트저널》의 "부동산저널" 웹사이트 참조.
13.《위치토 이글》이 지적한 것처럼 지방채 발행 규모는 이후 캔자스가 기업 지원 정책으로 발행한 가장 큰 규모의 지방채보다 50배나 더 컸다. 그것 때문에 주 공채발행차 입금이 20퍼센트 늘어났다. 《위치토 이글》(2003.4.2) 참조.
14. 부지사의 말 관련: 몰리 맥밀린, 「7E7 지방채 발행은 주에 좋은 인상을 준다」, 《위치토 이글》(2003.12.12) 참조. 위치토의 보잉 설비 매각 관련: 논설 「놀라운 일」, 《위치토 이글》(2004.1.26) 참조.

5장 공화당이 왜 민주당을 도왔을까?
1. 이 문구는 위치토의 공화당 의원 토드 티아트가 의회에서 한 말로 이 장에서 나중에 거론될 1991년 대규모 대중 집회에서도 사용했다. 티아트 관련: 2000년 4월 6일자 AP통신 기사. 위치토 집회 관련: 4번 주석에서 언급한 노먼과 허쉬먼 기사 참조. 캔자스 낙태법 관련: 마이너, 『캔자스: 해바라기 주의 역사』, 388~389쪽 참조.

2. 1980년대 말 캔자스 주 의회에 대한 자세한 설명은 버데트 루미스, 『시대, 정치, 그리고 정책: 의회의 해Time, Politics, and Policies: A Legislative Year』(Lawrence: University Press of Kansas), 1994 참조.
3. '자비의 여름' 관련 설명은 제임스 라이즌, 주디 L. 토머스, 『천사의 분노: 미국 낙태 전쟁Wrath of Angels: The American Abortion War』(New York: Basic, 1998), 323~324쪽 참조. 토머스는 《위치토 이글》에 낙태 반대 운동 관련 기사를 썼다.
4. 1991년 8월 26일자 《위치토 이글》에 게재된 버드 노먼과 빌 허쉬먼의 집회장 설명 참조.
5. 이 문구는 굿윈이 직접 썼지만 사실은 그의 유명한 책의 비문 가운데 하나다. 『민주주의의 약속: 미국의 민중주의 운동Democratic Promise: The Populist Movement in America』(New York: Oxford University Press, 1976).
6. '자비의 여름' 마지막 날에 위치토 주변의 농촌 사람들이 낙태를 비난하는 전단지를 붙인 트랙터와 화물차를 몰고 시내 중심가를 행진했다. http://www.forerunner.com/forerunner/X0494_Wichita_Kansa.html 참조.
7. 팀 골바 관련: 저자와 인터뷰한 내용. 마크 기첸 관련: 티모시 J. 맥널티, 「티아트의 승리, 풀뿌리로부터 자랐다」, 《위치토 이글》(1994.11.25). 라이즌과 토머스, 『천사의 분노』, 334쪽도 참조.
8. 존 로우, 「민중은 싫증났다」, 《위치토 이글》(1992.3.22). 낙태법을 폐기시킨 사람들이 이러한 선동적 구호를 외쳤다고 쓴 데니 클레멘츠의 1992년 3월 27일자 특집기사 참조.
9. 그 기사는 1992년 선거에서 위치토 출신의 한 중도파 주 의원이 어느 날 자신의 가장 열성적인 선거 자원봉사자가 사실은 극우파의 첩자였다는 것을 알게 된 경우에 대한 내용이었다. 첩자로 몰린 당사자는 그 기사 내용에 대해서 (낙태 병원을 방해한 혐의로 유치장에 갇혀서) "그것은 주님이 하신 일이다"라고 주장했다. 주디 런드스톰 토머스, 「신앙인들을 정치적으로 모으기」, 《위치토 이글》(1992.9.20) 참조.
10. 주디 런드스톰 토머스, 「공화당, 농민들 저항 촉발」, 《위치토 이글》(1992.8.20). 토머스는 한 달 뒤에 쓴 기사에서 새로운 선거위원 가운데 83퍼센트가 "낙태반대자들과 종교적 권리를 주장하는 사람들"이었다고 보도했다.
11. 주디 런드스톰 토머스, 「공화당 지도자, 말썽 많은 투표 후 그만두다」, 《위치토 이글》(1992.8.14).
12. 코니 베이, 「존슨 카운티 공화당, 오른쪽으로 선회」, 《캔자스시티 스타》(1992.11.19) 참조. 여기서 칼럼니스트는 미른 로우를 말한다. "그리고 그들은 혐오한다", 《위치토

이글》(1992.9.24).; 전국공화당 전당대회에 대한 반응으로 언급한 흰 장갑과 관련된 인용은 1992년 8월 27일자 신문에 게재되었다.
13. 그들을 캔자스 공화당 의회라고 불렀다. 이들의 웹사이트(현재 사이트 폐쇄)는 공화당을 분열시키고 전통을 외면하는 가짜 공화당원들을 비난한다.
14. 《캔자스시티 스타》의 짐 설린저에 따르면 1990년에 존슨 카운티의 선거위원 가운데 10석만이 경선으로 뽑혔지만 1996년에는 343석이 경선으로 뽑혔다. 「공화당 후보자들 기록 경신」, 《캔자스시티 스타》(존슨 카운티판, 1996.6.15).
15. 결국 그 후보자는 선거에서 떨어졌다.
16. 모퀴스트의 중도파 비난 관련: 로이드 그로브, 「믿을 만한 소식통」, 《워싱턴포스트》(2002.11.7).
17. 캔자스 대학 정치학 교수 버데트 루미스에 따르면 보수주의자들은 "빨간색 주에 7억 달러 예산이 있다면 우리는 그 7억 달러를 삭감해야 한다. 그러면 정부는 나쁜 짓을 덜 할 수밖에 없다"고 생각한다. 스티브 로즈 논설, 《존슨 카운티 선》(2002.3.1) 참조. 로즈는 캔자스 주의 재정 위기가 "사고도 아니고 과실도 아니었다. 다만 어리석은 결과일 뿐이었다. 그것은 보수파 일부가 우리가 곤경에 빠졌다는 것을 확인하기 위해 정교하게 꾸민 일이었다"고 썼다.
18. 이것은 《뉴리퍼블릭》의 편집장 피터 베이나트가 올레이스를 방문하고 쓴 내용으로 캔자스 전쟁에 대해서 설명한 전국 언론들 가운데 가장 사려 깊은 기사 가운데 하나다. 「'교외 지역'을 위한 전투」, 《뉴리퍼블릭》(1998.10.19).

베이나트는 기독교 근본주의자들이 그들을 둘러싼 현대 문화에 대해서 어떻게 반응하는지 통찰력 있는 시각을 제공한다. 그는 캔자스의 삶 속에서 볼 수 있는 다양한 복음주의적 기독교 사례들을 여럿 보여준다. 그런데 그가 보수 우파와 다른 캔자스 사람들 사이의 계급 차이를 경시할 때 문제가 발생한다. 이것은 보통 자유주의자들이 보수 반동에 대해서 논할 때 일어나는 전형적인 모습이다.(라쉬, 『하나뿐인 진정한 천국』, 479쪽 참조) 베이나트는 존슨 카운티 보수파의 온상인 올레이스가 실제로 기업이 번창하면서 성장하는 곳이라고 지적한다. 하지만 그가 간과한 것은 올레이스가 그렇게 번영했지만 존슨 카운티의 다른 지역에 비해서 그다지 잘사는 곳이 아니라는 사실이다. 또한 올레이스 안에서도 계급 차이가 있다. 공교롭게도 올레이스에는 대표적인 극우 보수파들 외에도 몇몇 공화당 중도파들이 있다. 내가 만난 올레이스 중도파들은 존슨 카운티의 다른 지역 출신의 중도파들과 마찬가지로 대개 화이트칼라이거나 전문가 계급이었다. 그러나 내가 만난 올레이스 보수파들은 블루칼라 노동자들이거나 그들과 결혼한 사람들이었다.

베이나트는 이러한 계급문제를 외면하고 중도파와 보수 우파를 나누는 진짜 요인으로 보수 우파가 캔자스시티에서 상대적으로 새로운 집단이라는 점을 설명한다. 그는 주간 고속도로가 건설되면서 캔자스의 농촌 지역에서 많은 사람들이 캔자스시티로 이주하기 시작했고 그들이 자신들의 (근본주의) 교회들을 세워 조직화함으로써 소도시의 삶을 캔자스시티에서 재생시키려 했다고 주장한다. 그들은 도시에서 마주친 동성애, 낙태와 같은 것들에 충격을 받고 심각하게 우려한다. 그래서 그들은 우경화하기 시작한다.

이러한 주장의 문제는 캔자스시티가 이미 1890년대부터 100년 동안 오늘날과 같은 특별한 우파의 저항 없이 (우리 할아버지 세대처럼) 중서부 농촌지역에서 이주해 오는 사람들을 타락시키는 구실을 했다는 것이다. 실제로 과거에 캔자스시티는 베이나트가 묘사하는 것, 즉 순진무구한 사람들을 대도시의 죄악으로 인도하는 곳으로 명성이 높았다.(예컨대 시어도어 드라이저의 『미국의 비극』, 에드워드 달버그의 『패배자』, 윌리엄 앨런 화이트의 『자전전』 참조) 그러나 그 시대는 끝났다. 캔자스시티는 과거의 악명 높던 어두운 면을 청산하고 컵케이크 랜드로 거듭났다. 더군다나 1930년대 캔자스시티가 가장 힘들었을 때가 바로 자유주의가 가장 고조되었을 때였다. 오늘날 우파의 정치와 종교는 그런 것들을 모두 청산한 뒤에 비로소 시작된 것이다.

베이나트의 주장에서 더 치명적인 문제는 내가 이 책에서 연구한 많은 보수 우파들이 (팀 골바, 메리 필세 쿡, 필 클라인, 짐 룬, 잭 캐실 등) 농촌이나 소도시에서 이주해온 사람들이 아니라는 사실이다. 그들은 존슨 카운티와 위치토, 토피카와 같은 도시 지역에서 자랐다. 반대로 소도시가 사람을 보수적으로 만든다는 것도 사실이 아니다. 캔자스에서 가장 외진 농촌 의회 선거구 지역 네 곳(캔자스 서부 지역을 포괄하는) 또한 팻 로버츠와 제리 모랜과 같은 전통적인 실용주의 공화당 사람들을 배출해낸 보수주의와 먼 곳이다. 게다가 많은 중도파들이 농촌에 굳건한 지지세력이 있다. 예컨대 현재 캔자스 공화당(중도파) 의장을 맡고 있는 데니스 존스는 캔자스 서부 소도시 라킨 출신이다. 빌 그레이브스와 데이비드 애드킨스도 모두 살리나 출신이다. 밥 돌 또한 아주 작은 소도시 러셀에서 자랐다. (더 거슬러 올라가면 중도파 공화당의 최고 인물인 드와이트 아이젠하워도 애빌린 출신이다.)

19. 월리스 관련: 마이클 카진, 『민중주의자The Populist Persuasion』(New York: Basic Books, 1995), 221쪽 인용. 보수 반동에서 계급의 역할 관련: 라쉬, 『하나뿐인 진정한 천국』, 11장; 에런라이크, 『추락의 공포』; 카진, 『민중주의자』, 9장 참조.
20. "두 개의 존슨 카운티"는 로즈가 여러 해 동안 수차례 반복했던 주제다. 2002년 12월 5일자, 2000년 8월 4일자 《존슨 카운티 선》에 그가 쓴 글 참조. 로즈 자신과 존슨 카

운티에 정통한 사람들과의 관계에 대해서는 켄드릭 블랙우드, 「미스터 존슨 카운티」, 《피치 위클리》(2002.11.14) 참조.
21. 로즈는 2002년 12월 5일자 《존슨 카운티 선》 칼럼에서 올레이스가 중도적인 존슨 카운티와 "다르다는 것"을 여러 가지로 설명한다. 그러나 그것들은 매우 허튼소리다. 올레이스의 분리된 상수도체계 때문에 다르다는 것인가? 그러면 서로 다른 학교 체계나 케이블텔레비전 방송국, 전력회사 때문에? 아니면 거대한 나사렛 교회가 올레이스에는 있고 존슨 카운티에는 없어서?
22. 나는 1999년 인구조사 데이터로 존슨 카운티의 평균 주택가격과 1인당 소득의 관계를 그려보았다. 비록 카운티 전체적으로는 캔자스의 다른 지역보다 매우 부유했지만 선거구별로 주변 카운티들과 비교하면 주택가격과 1인당 소득이 상대적으로 낮은 곳들이 있었다. 레넥사 4선거구, 메리엄 1선거구, 올레이스 1, 3, 4선거구, 오버랜드 파크 1선거구, 쇼니 2, 4선거구가 그런 곳이다. 반면에 페어웨이 3선거구, 리우드 2, 3, 4선거구, 미션힐스 선거구는 주택가격과 1인당 소득이 상대적으로 높았다.

그러고 나서 중도파와 보수 우파의 구분이 뚜렷했던 선거전, 즉 1996년 연방 상원의원 공화당 예비선거(샘 브라운백 대 쉴라 프람), 1996년 연방 하원의원 캔자스 3구역 공화당 예비선거(빈스 스노우바저 대 에드 에일러트), 2002년 캔자스 주 검찰총장 공화당 예비선거(필 클라인 대 데이비드 애드킨스)에서 이들 선거구의 선거 결과를 살펴보았다. 각 선거에서 위에 열거된 소득이 낮은 선거구는 보수 우파 후보자를 찍은 반면에 소득이 높은 선거구는 중도파 후보자를 찍었다. 나는 또한 1998년 캔자스 주지사 공화당 예비선거(빌 그레이브스 대 데이비드 밀러) 결과도 살펴보았는데 여기서는 중도파 후보자가 전 선거구에서 고루 이겼다. (밀러가 올레이스의 많은 선거구에서 승리했지만 선거구를 더 쪼개서 주 의회 선거구 단위로 표를 분석해보면 밀러가 주 전체에서 이긴 곳은 올레이스의 14선거구밖에 없었다.)
23. 린든 존슨과 베리 골드워터가 겨룬 1964년 대선은 캔자스가 역사상 민주당 후보를 선택한 여섯 번 가운데 하나였다. (나머지 다섯 번은 1896년, 1912년, 1916년, 1932년, 1936년이다.) 1964년에 쇼니의 선거구 전부와 올레이스 선거구 다섯 곳 가운데 네 곳이 존슨에게 압도적으로 표를 던졌다. 반면에 앞서 말한 부유한 교외 지역은 골드워터를 찍었다. 미션힐스는 74대 26으로 골드워터를 지지했다.
24. 이 유감스러운 내용은 주류 연합이 발행하는 《메신저》 1996년 6월호에 실린 선거 관련 조언 목록에 있다.
25. 이 장면은 토머스 에드솔, 「공화당 중도파, 캔자스에서 재기 준비」, 《워싱턴포스트》 (1998.8.3)에 나온다.

26. 캔자스시티 컨트리클럽은 1990년대 초에 한 저명한 유대인 사업가가 회원으로 가입하는 것을 거부한 것 때문에 전국 신문의 1면을 장식했다.

6장 박해받고, 힘없고, 눈먼

1. 마이클 배론: "미국의 분할은 경제적 문제가 아니라 문화적 문제 때문이다." 존 포도레츠: "미국의 분할은 인종이나 경제 문제 때문이 아니다."
2. 오만은 심지어 버나드 골드버그가 2003년에 자유주의를 비판하기 위해 쓴 책 제목이기도 하다.
3. 예컨대 에런라이크가 1989년에 낸 『추락의 공포』, 4장에 나오는 "새로운 계급"이라는 개념의 검토와 폐기, 그리고 라쉬, 『하나뿐인 진정한 천국』, 509~522쪽에 나오는 비슷한 분석 참조. "새로운 계급"이라는 개념과 관련된 가장 큰 문제는 그것을 자유주의자에게만 적용한다는 것이다. 따라서 "새로운 계급"에 해당되는 다양한 부문의 보수주의자들은 자동적으로 책임이 면제된다.
4. G. 고든 리디, 『내가 어렸을 적 이곳은 자유 국가였다When I Was a Kid, This Was a Free Country』(Washington D.C.: Regnery, 2002), 26~27쪽.
5. 앤 쿨터, 『명예훼손: 자유주의자는 미국의 권리에 대해서 거짓말한다Slander: Liberal Lies About the American Right』(New York: Crown, 2002), 27, 29쪽.
6. 쿨터는 2장에 인용된 《뉴욕 옵서버》 인터뷰에서 이것을 말한다. 나머지 쿨터가 말한 내용들은 모두 『명예훼손』에서 인용했다.
7. 희한하게도 최근에 문화전쟁에서 보수파가 거둔 유일한 승리—CBS에 압력을 넣어 꾸미지 않은 도널드 레이건 드라마 방송을 중지시킨 것—는 거꾸로 보수파 전문가들이 오랫동안 얼마나 실패를 거듭했는지를 자인하는 거나 다름없었다. 《월스트리트저널》의 로버트 바틀리는 그것에 대해서 "우리는 지난 주 문화전쟁에서 이정표를 만들었다"고 썼다. "아마 여태껏 처음으로 이름난 문화기관들 가운데 한 곳이 하층민이 옳다는 결론을 내렸다." 「문화전쟁, 문화에 도달하다」, 《월스트리트저널》(2003.11.10).
8. 션 해니티, 『자유가 울려퍼지게 하라: 자유주의를 넘어 자유의 전쟁에서 이기기Let Freedom Ring: Winning the War of Liberty over Liberalism』(New York: Regan Books, 2002), 43쪽.
9. 예컨대 폭스 뉴스 채널 웹사이트에서 발췌된 www.tonguetied.us 참조.(현재 폐쇄)
10. 골드버그 관련: 『편견Bias』(Washington D.C.: Regnery, 2002), 1, 3쪽. 티렐 관련: 『소년 클린턴: 정치적 자서전Boy Clinton: The Political Biography』(Washington

D.C.: Regnery, 1996), 169~171쪽. 자유주의적 미디어와 관련된 많은 책들에 대한 별난 연구 방법에 대해서는 크리스 레만, 「스피로가 당신을 주시한다」, 《배플러》 14(2001) 참조.

11. 2002년 11월 클린턴이 대통령을 그만둔 지 2년이 지났는데도 근처 이웃에 문을 연 도서관에 이 클린턴을 비방하는 책 한 권을 비치하는 것에 대해 투표하는 캔자스 보수주의자들의 집회에 참석했다.

12. 『애니타 힐의 참 모습The Real Anita Hill』 저자이며 자칭 "우익 암살자"인 데이비드 브록은 이러한 보수파의 숙명론을 한창 전성기에 있는 《아메리칸 스펙테이터》의 부편집장 블라디 프레스크진스키를 예를 들어 설명한다. "블라디는 숙명론에 빠진 전형적인 보수파 인물"이었다. "그가 볼 때 자유주의 문화는 (……) 언제나 민주당 사람들을 무례하게 만들고 공화당 사람들을 해체시킨다. 우리는 무엇을 하든 패배자이며 논쟁의 언저리에 머물 운명이기 때문에 블라디는 적들을 무조건 사살하라고 조장했다. 내가 그의 정치적 적들에 대해서 쓰는 것이 아무리 사실적이든 그렇지 않든 그것을 받아들이는 것은 블라디에게 단순히 신앙의 문제였다." 브록, 『맹목적인 우파: 전 보수주의자의 양심Blinded by the Right: The Conscience of an Ex-Conservative』(New York: Crown, 2002), 86쪽.

13. 앤 쿨터는 2003년 12월 30일자 신문 칼럼에서 이렇게 쓴다. "법으로 다스리는 정부와 완전한 무정부 상태 사이에서 변치 않는 유일한 것은 보수주의자들이 깨끗이 패배를 인정하는 사람들이라는 사실이다. 자유주의자들이 어떤 것을 차지하려고 할 때 우리가 그들이 원하는 모든 것을 내주지 않는다면 무정부 상태가 초래될 것이다. 우리는 명백하게 어리석은 판결이라도 복종해야 한다. 그래야 자유주의자들도 판결에서 졌을 때 그것을 받아들일 것이다. 요점 1: 그들은 거의 절대로 지지 않는다. 요점 2: 그들은 이미 자신들이 좋아하지 않는 법들을 인정하지 않는다. 그들은 날마다 인종차별 금지, 두 언어 병용 교육 금지, 마리화나 금지 같은 일을 한다."

14. 보수 반동 세력이 자신들의 무력함을 호소하는 것은 유사 좌파들이 여러 문화연구를 통해 주장하는 것과 정반대 이미지다. 이런 논리에 따르면 가장 진부하고 틀에 박힌 문화상품들은 매우 정치적이고 파괴적이다. 좌파는 날마다 꾸준히 그러나 조용하게 그 전쟁에서 이기고 있다. 심지어 가장 밑바닥의 소비자조차도 엄청난 힘을 부여받는다. 그들은 그 힘으로 세상을 급진적으로 바꿔나간다. 반면에 보수 반동 세력은 그런 힘이 없다. 우리 중서부 사람들은 우리의 문화를 바꾸거나—낙태를 막거나 남성 동성애를 금지하거나 십계명 조각을 세우거나—좌파가 우리의 일상생활을 파괴하는 것을 막을 힘이 전혀 없다. 그렇다. 보수 반동 세력은 모든 것을 정치적으로 판단해야

하지만―잔디밭을 어떻게 깎을지, 집에 페인트는 무슨 색을 칠할지, 자전거를 탈지 말지―대개가 부정적으로 판단할 수밖에 없다는 것에 동의한다. 모든 것이 불쾌하다. 모든 것이 자유주의자들의 의도에 따라 자신들이 좋아하는 방향으로 문화를 구성하도록 계획되기 때문이다. 실제로 보수 반동 세력은 세상에서 마돈나와 브리트니, 크리스티나 아길레라에게서 온갖 파괴성을 발견하는 교수들에게 동의하는 유일한 사람들이다. 끝으로 명확한 공통점: 보수 반동 운동이나 유사 좌파 운동 어느 쪽도 미국의 삶이나 문화에서 기업의 역할을 진지하게 고려하지 않는다.

15. 마크 릴라, 「두 개의 반동 이야기」, 『레프트 훅, 라이트 크로스』, 크리스토퍼 히친스, 크리스토퍼 칼드웰 편집(New York: Nation Books, 2002), 262쪽에 다시 게재. 강조는 내가 함.

16. 쿨터는 매번 아무 설명 없이 『명예훼손』에서 이런 주장을 여러 차례 한다. 예컨대 122쪽에서는 자유주의 언론들이 적절치 못하게 "멍청하고 무의미한 문구"를 반복하는 것처럼 언론을 말한다고 설명한다. 나는 솔직히 쿨터가 무슨 말을 하는지 이해하지 못한다. 엔론 파산 사태는 정치적 견해가 무엇이든 상관없이 중요한 뉴스거리다. 언론이 그녀의 충고를 받아들여 엔론 사태를 무시하는 것이야말로 엄청난 '편향'이며 소련식 정치 음모다.

17. "작업 공정에 대한 판단을 흐리게 하는" 광고의 경향에 대해서는 스튜어트 이완, 『의식을 이끄는 힘: 광고와 소비자 문화의 사회적 뿌리Captains of Consciousness: Advertising and the Social Roots of the Consumer Culture』(New York: McGraw-Hill, 1976), 4장 참조. 기업 뉴스에 대한 언론계의 태도에 대해서는 로버트 맥체스니, 『언론의 문제: 21세기 미국 커뮤니케이션 정치The Problem of the Media: U.S. Communications Politics in the Twenty-first Century』(New York: Monthly Review Press, 2004), 2장 참조.

18. 게리 알드리치는 많이 인용된 문구에서 자신이 "남성 매춘부"처럼 함께 일했던 열렬한 클린턴 지지자들을 설명했다. "클린턴의 백악관 직원들은 부시 행정부와 전혀 다르게 남녀가 평등했다. 그것은 그들의 옷차림에서도 드러났다. 클린턴 행정부에서는 어깨가 넓고 바지를 입은 여성들과 배 모양의 볼링핀을 닮은 남성들 때문에 누가 남자고 누가 여자인지 구분하기 어려웠다. 나는 운동선수처럼 자기 몸매와 건강을 자랑하는 신체적으로 건강한 사람들에 익숙해졌다." 『무제한 접속Unlimited Access』, 30쪽.

19. 골드의 야만적이지만 유명한 1930년 공격, 「길을 잃다: 우아한 그리스도 예언자Wilder: Prophet of the Genteel Christ」는 마이클 폴섬이 편집한 『마이크 골드: 문

학 선집Mike Gold: A Literary Anthology』(New York: International Publishers, 1972), 197~202쪽에 나온다.
20. 티렐, 『소년 클린턴』, 164, 167쪽.
21. 페이코프는 "한 국가의 행위는 지식인들이 그 방향을 잡는다"고 단언한다. 그리고 "독일 철학의 영향을 받은 3세대에 걸친 십자군 전사들은 미국의 정치제도를 유럽의 이미지로 재정립하는 일에 골몰했다." 페이코프, 『불길한 평행선: 미국에서의 자유의 종말Ominous Parallels: The End of Freedom in America』(New York: Meridian, 1993), 274쪽. 『불길한 평행선』은 1982년에 처음 발간되었고 "아인 랜드 총서"의 제3권이다.

7장 망할 놈의 러시아 이란 디스코

1. 리디가 사라진 자유라고 하는 것들은 플렌-티-플레인트의 걸작이다. 그러나 그는 그러한 특별한 자유들이 왜 크리스탈 메탐페타민 같은 각성제를 아무 때나 쓸 수 있는 권리나 도심을 경주 자동차를 타고 달릴 수 있는 권리보다 더 "자유로운 국가"로 만드는지에 대해서는 결코 설명하지 않는다. 그의 다른 불평들도 자세한 근거가 없기는 마찬가지다. 낙엽 태우기 관련: 낙엽을 태우는 것은 실제로 많은 곳에서 불법이다. 하지만 귀찮은 연방의 일방적인 명령 때문에 그런 것은 극히 드물고 대개가 주 법령이나 조례 때문에 그런 것이다. 실제로 농촌 지역이나 캔자스 소도시들은 지금도 낙엽들을 태운다. 리디는 그곳에 가봐야 할지도 모른다. 새 사냥 관련: 새 사냥은 G. 고든 리디가 태어나기 오래전부터 규제를 받았다. 리디가 총으로 쏘면 불법이라고 예를 든 까마귀는 농작물에 피해를 주기 때문에 연방법으로 특별히 보호하지 않는다. 총기 소지 관련: 캔자스 닷지시티를 비롯해서 많은 도시들이 리디가 태어나기 오래전부터 시내에서 총기를 소지하는 것을 법으로 제한했다. 오늘날 총기를 구하기 어렵다는 리디의 주장은 말 그대로 우스꽝스럽다. 불놀이 관련: 주마다 규제가 다르다. 인디애나와 위스콘신에서 폭죽놀이를 할 수 있다는 것은 확실히 안다. 몇 년 전 그것을 하다 내 손가락을 날릴 뻔했기 때문이다. 낙엽 태우기나 새 사냥, 나무 베기, 총기 소지, 폭약 구매 같은 것들을 모든 곳에서 아무 제한 없이 인정하는 것이 한 국가가 자유로운지 아닌지 판가름하는 잣대라면 이 세상에 그런 자유 국가는 한 곳도 없을뿐더러 지금까지 그런 곳은 한 군데도 없었다.
2. 도널드 메이어는 『긍정적으로 생각하는 사람들』이라는 책에서 기업문명과 극도의 자유방임 경제를 자연의 순리로 이해하는 긍정적 사고에 대해서 광범위하게 비평한다.(특히 8장 참조) 메이어는 정치에 대해서 말하면서 긍정적 사고 운동의 유명 연사

인 노먼 빈센트 필이 공화당 우파이며 캘리포니아에 있는 긍정적 사고의 대명사 조합 교회가 존버치협회의 사상을 받아들였다고 지적한다.

어렸을 때 증오에 찬 자수성가한 사람들이 대개 긍정적 사고를 가졌다는 것은 지리적으로 우연의 일치였을 수 있다. 캔자스시티가 긍정적 사고의 세계에 막강한 영향력을 끼치는 유니테리언 교회의 본산이기 때문이다. 그러나 내 생각은 좀 다르다. 오늘날 긍정적 사고는 자유주의 성향의 개신교에 나타나는 보편적 현상이며 로널드 레이건의 연설이나 오프라 윈프리 쇼에서 자립을 강조할 때도 자주 등장한다. 도널드 메이어, 『긍정적으로 생각하는 사람들: 메리 베이커 에디에서 노먼 비넨트 필과 로널드 레이건에 이르기까지 대중적 종교심리The Positive Thinkers: Popular Religious Psychology from Mary Baker Eddy to Norman Vincent Peale and Ronald Reagan』(Middletoen, Conn.: Wesleyan University Press, 1988).

3. 개리 윌스, 『레이건의 미국: 고향의 순박한 사람들Reagan's America: Innocents at Home』(Garden City, N.Y.: Doubleday, 1987), 305쪽.
4. 화이트, 『자서전』, 217쪽. 앞 문단의 인용문은 187쪽에 나온다.
5. 노먼 빈센트 필의 가르침에 대해서는 『긍정적으로 생각하는 사람들』, 3장 참조. "자기 자신만을 생각하라—즉 저절로 무의식 속에서 긍정적 사고가 가득 차게 스스로에게 집중하라." 메이어는 노먼 빈센트 필의 생각을 이렇게 요약한다. "저절로 이어지는 다음 행동은 그것이 이미 정해진 행동이기 때문에 굳이 따로 생각할 필요가 없다. 비유하자면 옛날 기업용어로 쓰인 '게임' 이론과 같은 것이라고 할 수 있다. 필의 엄청난 대량 수업이 또다시 그것을 자세히 설명했다."(284쪽)
6. 긍정적 사고는 경영이나 동기를 부여하는 글과 관련이 많다. 1957년 캘리포니아 조합교회의 긍정적 사고의 지도자 제임스 파이필드 2세는 이렇게 썼다. "기업의 최고 자리에 있는 사람들이 얼마나 온화한지 생각해본 적이 있는가? 그들의 온정이 제자들을 향한 그리스도의 깊은 사랑에서 퍼져 나왔다는 것을 아는가? 그리고 동시에 이러한 친목이 높은 자리에 오르는 가장 좋은 정치적 무기가 될 수 있다는 것을 아는가?" 메이어, 『긍정적으로 생각하는 사람들』, 283쪽에서 인용. 캔자스시티에 있는 유니테리언파는 《크리스천 비즈니스맨》이라는 잡지를 발간했다.

8장 행복한(?) 공화당의 포로들

1. 알티보그트가 이것을 심각한 모욕으로 몰고 갈 것은 틀림없다. 주류 연합을 만든 로버트 메넬리 목사는 1960년대 존슨 카운티에서 민권운동의 가장 유력한 지도자로 널리 알려져 있다. 따라서 지역의 자유주의자들에게는 영웅과 같은 인물이다. 그러나

메넬리는 노동계급의 지도자로는 유명하지 않다. 실제로 그의 교회는 존슨 카운티 교외의 상류층 지역에 있다.
2. 알티보그트가 쏟아내는 분노의 말은 대개 《캔자스시티 스타》의 칼럼이 아니라 《메트로보이스 뉴스》라는 기독교 주간지에 실렸다. 그는 1999년 12월 《캔자스시티 스타》를 떠난 뒤부터 그 주간지에 자기 생각을 표출했다. 주류 연합과 이언 페이즐리 관련: 「이것을 번역하라」, 《메트로보이스 뉴스》(2002.3.5). 토피카 기자 관련: 「캔자스 보수주의자 대 AP의 편향 보도」, 《캔자스시티 스타》(1999.6.16). 《토피카 캐피탈-저널》 관련: 「어리석은 언론, 장난치다」, 《메트로보이스 뉴스》(2002.2.4). 당혹스러운 뉴스 기사 관련: 「무지의 기쁨이 캔자스시티TV 뉴스에 있는가?」, 《메트로보이스 뉴스》(2002.2.22).
3. 이 분노의 외침은 2004년 1월 3일 캔자스 보수주의 네트워크 메일리스트 서버에서 터져 나왔다.
4. 캐실이 그러한 계획을 소설로 쓴 것이 『2006년: 여름 문화학교의 반란 The Chautauqua Rising』(Dunkirk, N.Y.: Olin Frederick, 2000)이다. 또 다른 예는 2002년 11월에 내가 참석한 존슨 카운티 보수 우파들의 모임이다. 그 모임에 참석한 대다수 사람들이 중도파의 배신 행위에 대해서 저녁 내내 불평을 쏟아내려고 했던 반면에 캐실은 한 발 앞서 그들을 다시 자기네 편으로 만드는 원대한 계획을 제시했다. 그녀의 생각은 지속적인 언론 공격을 위해 충분한 자금을 모금한 뒤, 오래된 낙태 논쟁—1991년 여름 위치토를 매우 효과적으로 분열시켰던 쟁점—을 캔자스시티 대도시에 사는 모든 사람들의 입에서 나오도록 해서 낙태 문제를 당국자들이 아무리 회피하려고 애써도 소용없는 지역의 화젯거리로 만들자는 것이었다. "그리고 집단의 특징에 따라 서로 다른 방식으로 메시지를 전달해야 해요." 캐실은 자기 계획을 이렇게 밝혔다.

"우리는 보수주의 집단들에게 이렇게 말합니다. '이것이 우리의 주장입니다. 나가서 알리세요. 더 이상 침묵하지 말아야 합니다.' 그리고 리노에게는 [즉 무늬만 공화당원인 중도파들] '헌법에서는 이렇게 말합니다. 당신은 낙태에 대해서 자유주의적 주장을 할 수 있어요. 그러나 '로우 대 웨이드'의 판결에 대해서 헌법적으로 옳다고 주장할 수는 없습니다. 그것은 혐오스럽고 망신스러운 짓입니다. 공화당 사람들 가운데 '로우 대 웨이드' 판결을 지지하는 사람은 한 사람도 없어요. 이상입니다'라고 말합니다. 더 나아가 일반 대중, 약간 자유주의적 성향의 민주당 계열의 사람들에게는 (……) '우리는 당신이 생각이 바뀌기를 바라지 않아요. 다만 태어나기도 전에 태아의 머리에 메스를 대는 일은 잘못된 것이라고 생각하는 사람들을 그저 이해해주기를 바랄 뿐이죠'라고 말합니다."

그러나 높은 곳에 있는 민주당 사람들에게 그 메시지는 매우 불쾌하게 들릴 것이다. 캐실의 대본에서 신성한 폭력배 역할을 맡게 되는 지역의 가톨릭 주교들은 분명히 자유주의자들에게 그들의 자유로움을 포기하게 압력을 넣을 것이다. "이 메시지가 밖으로 나가서 널리 퍼진다면 민주당은 모든 게 끝난다." 캐실은 틀림없이 떨고 있을 엘리트들에게 그것을 말하는 것을 상상했다.

5. 캐실의 에세이 선집 9장에 나온다. 『중서부 지역의 뱀 다루기: 90년대 미국의 삶과 노동에 나타난 자극적 모습Snake Handling in Mid-America: An Incite-ful Look at American Life and Work in the 90s』(Kansas City, Mo: Westport, 1991).
6. 잭 캐실, 「권력에 관하여」,《잉그램스》(1994.4), 35쪽.
7. 동부 해안의 병원들이 잇달아 폭파되는 사건이 일어나고 불과 몇 달 만인 1985년 2월에 블랙먼의 3층 아파트 창문에 총탄 한 발이 발사되었다. 이 사건은 라이즌과 토머스의 『천사의 분노』, 3~4쪽에 나온다.
8. 잭 캐실, 제임스 샌더스, 『선제 공격: 트랜스월드항공 800편과 미국에 대한 공격First Strike: TWA Flight 800 and the Attack on America』(Nashville: WND Books, 2003), 88, 118쪽. 캐실과 샌더스는 FBI와 연방교통안전위원회가 비행기가 미사일 공격을 받아 격추되었다는 것을 인정하지 않는다고 주장한다. 백악관이 테러분자의 공격을 인정한다면 클린턴이 유권자들에게 인기를 잃고 밥 돌이 대통령에 당선될지도 모른다고 생각했기 때문이다. 따라서 진실은 덮어졌다. 언론은 이런 음모에 부응했는데 "다른 여러 가지 이유들 가운데 어떤 주요 언론계 인사 두 명이 뉴트 깅그리치를 대통령으로 만들 수 있는 추문을 결코 바라지 않았기" 때문이다.
9. 비밀에 싸인 과거 공산주의자 관련:《잉그램스》(2000.4).
10. 베네딕트 아놀드 관련:《잉그램스》(2003.7). 교통 위반 딱지 관련:《잉그램스》(2002.11).
11. 골바가 펩시콜라 병에 음료를 채우는 공장에서 일하는 것은 맞지만 그 공장이 펩시콜라 공장은 아니다. 스티브 로즈, 「골바의 정치 대 우리 패벌들」,《존슨 카운티 선》(2002.6.5).
12. 골바가 왜 주류 연합의 명칭을 가로챘는지 묻자 골바의 변호사이자 보수파 지도자인 드와이트 서덜랜드는 "그것은 디스코의 강렬한 비트 같은 것이죠. 아이들이 모두 좋아해요"라고 말했다. 그레이스 홉슨, 「행동주의자, 정치단체의 명칭을 빼앗다」,《캔자스시티 스타》(2003.12.19).

《캔자스시티 스타》기사에 따르면 2000년 캔자스 주 의회 선거 동안 골바는 전화에 "캔자스에서 아직 태어나지 않은 아기가 계속해서 죽어나가기를" 바란다면 자기 단체가 승인하지 않은 후보자에게 표를 던지라는 메시지를 녹음했다. 짐 설린저, 「낙태 반대 단체 전화로 운동 개시」, 《캔자스시티 스타》(2000.7.25).
13. 오코너는 자기가 여성들이 투표해서는 안 된다고 말한 적이 없다고 하면서 자신은 분명 투표를 한다고 했다. 그 발언은 AP 통신 급보와 《캔자스시티 스타》 기사에 나왔다. 존 한나, 「여성 주 의원, 여성 참정권에 대한 발언 확인」, AP 통신(2001.9.28).
14. 알코올 도수가 3.2도보다 낮은 맥주는 캔자스에서 금주령 시대에 중요한 기준이었다. 금주법은 1881년 수정헌법에 따라 캔자스에서 처음 실시되었다. 그러나 1937년 주 의회는 알코올이 3.2도 이하인 맥주를 "취하게 하는 술"이 아니라 "맥아로 만든 음료수"라고 선언하고 합법화했다. 일반 술은 1948년까지 허용되지 않았지만 그때도 술가게에서 살 수 있었고 나중에는 민간 클럽에서도 마실 수 있었다. 내가 대학에 다닐 때까지도 캔자스의 술집에서는 3.2도짜리 맥주만 팔았다.
    1970년대에 캔자스 주의 검찰총장이었던 베른 밀러는 캔자스에서 여전히 큰 효력을 발휘하는 금주법을 지나치게 확대 적용해서 캔자스 주를 통과하는 기차를 급습해서 술을 사고파는 것을 적발했다. 비행기도 캔자스 상공을 날 때는 음주를 금지하도록 요구했다. 1987년 마침내 주 의회는 법을 고쳐서 '음주용 술'을 파는 본격적인 술집을 허가했다. 하지만 아직도 캔자스에서 술을 팔려면 여러 가지 법 때문에 복잡한 단계를 거쳐야 한다. 예컨대 오늘날 식료품점에서는 3.2도짜리 알코올 음료수만 팔 수 있다. 캔자스의 주류 관련 법의 흥미진진하고 복잡한 역사에 대해서는 http://skyways.lib.ks.us 참조.
15. 오코너의 포스터 맨 위에 정확하게 무슨 말이 쓰여 있는지 알기 위해 인터넷 검색을 한다면—"기독교 원리가 1962년부터 사회생활에서 사라진 이후 무슨 일이 벌어졌는가?" 갑자기 프리메이슨 집단이 인류를 지배하고 기독교인들이 사악한 지식인들에게 박해를 받는 세상에 떨어진 것 같은 기분이 들 것이다.
16. 그 단체 이름은 '자율적인 부모'다. http://parentsincontrol.org에서 이 문제와 관련한 오코너의 생각을 읽을 수 있다.
17. '자비의 여름' 이전부터 이미 공화당이 주도권을 잡았다는 것을 기억할 필요가 있다. 1990년 세지윅 카운티는 유권자 등록 비율을 볼 때 공화당과 민주당이 38대 32로 공화당이 앞서 있었다. 1990년대 동안 두 당 사이의 격차가 점점 크게 벌어졌다. 1994년에는 41대 34였다가 1998년에는 42대 31, 2003년에 가서는 47대 30으로 격차가 커졌다.
18. 마크 기첸, 『오늘날 미국에서 기독교인이 민주당을 찍는 것은 죄악인가?Is It a Sin

for a Christian to Be a Registered Democrat Voter in America Today?』 (Pittsburgh: Dorrance, 2001), 67~68쪽.

9장 캔자스가 당신의 죄를 대속하다

1. 보수 반동의 이런 특징에 대한 권위 있는 책은 토머스와 메리 에드솔, 『연쇄 반응: 미국 정치에서 인종, 권리, 세금의 영향력Chain Reaction: The Impact of Race, Rights, and Taxes on American Politics』(New York: Norton, 1992)이다.
2. 스스로 재키 로빈슨과 비교한 알티보그트 관련: 「새로운 인식의 해」, 《캔자스시티 스타》(1999.11.3). 흑인 유권자 관련: 「흑인 사회의 미래에 투자하기」, 《메트로보이스 뉴스》(캔자스시티)(2001.7.11). 버지니아 선거 관련 알티보그트의 글: "실제로 인종 문제를 선거에서 거론한 한 후보자의 모든 노력이 뉴스를 만들었다. 그러나 우리는 어떤 때는 기쁘게 또 어떤 때는 불쾌하게 인종 문제를 선거에서 거론했다. 우리는 그저 흑인 라디오 방송에서 중간중간에 스팟 광고하듯이 인종 문제를 공허하게 채웠다. 논설하나 없이. 흑인 라디오 방송은 주류 언론의 레이더에 걸리지 않는 것처럼 보인다.

    그러나 1년 뒤 알티보그트는 자기가 앞서 한 말을 취소한다. 2002년 선거에서 캔자스시티의 흑인 라디오 방송국은 사회보장제도를 '역배상금'과 비교하는 광고를 방영하기 시작했다. 그 광고를 후원한 공화당정치행동위원회(GOPAC)는 전국에서 비난이 쇄도하자 스팟 광고를 취소했다. 그 광고를 연출한 프로듀서는 알티보그트의 버지니아 동료 가운데 한 사람인 리치 내들러로 밝혀졌다. 짐 설린저, 「공화당, 캔자스시티 라디오 방송국에서 '역배상금' 광고 내리다」, 《캔자스시티 스타》(2002.9.13).
3. 미주리 주의 캔자스시티 전 시장인 이매뉴얼 클리버는 브라운백이 이런 문제들로 받는 칭찬들에 대해 명쾌하게 비판한다. 2003년 4월 21일자 《캔자스시티 스타》 기사를 보면 "사람들은 그것이 정략적인 것이라는 것을 이해하지 못했다." 클리버는 브라운백과 미주리의 공화당 의원 짐 탈렌트에 대해서 이렇게 말했다. "당신들은 [조지아 민주당 의원] 존 루이스와 입법을 추진할 수 있다. 그러나 아프리카계 미국인의 표를 되찾아올 수는 없다. 그것은 당신들이 이 나라에서 아프리카계 미국인의 생존에 가장 중요한 것들에 대해서 반대하기 때문이다. 확실히 우리는 그들이 핵심 문제에 대해서는 전혀 바뀌지 않았다는 사실을 알 정도로 충분히 똑똑하다."
4. 캔자스 일간지 칼럼니스트 데이비드 오브리는 '브라운 대 교육위원회' 판결이 나고 1년 뒤에 NAACP측 변호사들 가운데 한 명을 만나 왜 토피카를 그 유명한 소송의 대상 도시로 선정했는지 물었다. "인종 차별 문제가 단순히 남부 지역의 문제가 아니라

미국 전체의 치욕이라는 것을 보여주기 위해서 옛날에 자유토지 주었던 캔자스를 선택했어요. 만일 캔자스가 흑인을 2류 시민으로 다룬다면 나머지 지역은 더욱 더 특별한 주의가 필요했죠." 오브리, 「존 브라운의 망령, 매우 화나다」, 《토피카 캐피탈-저널》(2000.2.28).

그러나 이것으로 캔자스가 궁지에서 벗어나게 된 것은 아니다. 분명한 것은 토피카도 역시 인종차별 도시였다. 사실은 그것이 바로 NAACP 소송이 토피카에서 시작된 이유다. 미주리 주의 캔자스시티에 바로 인접해서 뻗어나간 부자들이 사는 교외 지역인 존슨 카운티의 역사에서 도시가 팽창하면서 백인들이 도심에서 교외로 이전하게 되었고 흑인들에 대한 토지 이용 제약과 인종차별적 임대, 주택 차별 문제를 빼놓을 수 없다. 초기에 존슨 카운티의 학교도 인종차별이 심했다.

캔자스 주에서 또 하나 주목할 것은 1920년대 KKK단과의 일시적인 만남이다. 다행히도 캔자스 주의 지배층인 공화당은 KKK단의 헌장을 취소하고 그들의 활동을 금지했다. 이 과정에서 캔자스의 유명한 신문기자 윌리엄 앨런 화이트가 큰 역할을 했다. 그는 1924년 KKK단을 "도덕적 파탄자"이며 "겁쟁이 집단"이라고 부르며 그들에 맞서 싸웠다. 이 문제에 대해서는 마이너, 『캔자스』, 252~258쪽 참조.

5. 2003년 캔자스 대학의 한 역사학 교수는 캔자스 주 초창기 이주민들이 저지른 다양한 인종차별적 행태들을 열거한 책을 한 권 출간했다. 그 책은 캔자스 보수 우파의 강력한 비난에 직면했는데 그들 중 한 명은 그 책을 "전체주의적 자유주의 학자들의 전형적인 미국 혐오"라고 주장했다.

6. 윌리엄 윌버포스 상이 윌버포스의 후손들이 관계된 영국의 노예제 반대 국제 단체와 전혀 상관이 없다는 것을 알았다. 그러나 오늘날 윌버포스는 우파의 문화전쟁에서 영웅 대접을 받는다. 1994년 하원의 "초선의원" 모임 회원들이 쓴 수필집 『인물 소개』에는 28명의 하원의원 중 2명이 윌버포스를 거론했다.

7. 펠프스, 「토피카에 보내는 메시지」, http://cjonline.com 참조.

8. 실제로 남북전쟁과의 비교는 너무도 진부하다. 제임스 라이즌과 L. 토머스는 『천사의 분노』에서 낙태 논란을 "노예제 논쟁 이래로 미국에서 가장 휘발성이 강하고 분열적이며 조정하기 어려운 논쟁"(5쪽)이라고 설명한다. 캔자스 주에 대한 최고의 역사서인 『캔자스』의 저자 크레이그 마이너도 과거의 자유토지주의자들을 "도덕적 압력단체이며 '법보다 더 높은 법'에 주목해서 20세기 말 낙태 문제를 둘러싸고 벌이는 논쟁의 양쪽에 감동을 주는 사람들"(56쪽)이라고 설명한다.

9. 비판을 범죄로 보는 것은 전국적인 현상이었다. 실제로 매사추세츠 상원의원 찰스 섬너는 상원에서 "캔자스에 반대하는 범죄"라는 연설을 한 뒤 한 남부 출신 하원의원

에게 맞아 죽을 뻔했다.
10. 노예제를 주장하는 사람들은 노예제를 인정하는 지역이 계속해서 늘어나야 한다고 생각했다. 노예제 지역이 정체되거나 일정 지역에 한정될 수는 없었다. 따라서 그들은 노예제의 존속을 위해서 캔자스를 노예제 지역으로 만들어야 했다. 이렇게 노예제 지역을 확장해야 하는 이유 가운데 하나는 남부의 환경을 파괴하는 약탈적 농사로 토지가 황폐화되었기 때문이다. 또 다른 이유는 노예제 지역이 늘어나면 노예 수요가 늘어날 테고 따라서 동부의 노예소유주들이 높은 가격에 노예를 팔 수 있기 때문이었다. 노예를 공급할 신규 시장이 없다면 노예 수요는 붕괴될 것이고 대형 농장주의 부동산도 가치가 폭락할 것이다.

이런 이유들 때문에 그들은 캔자스에서 노예제를 찬성하는 집단이 저지른 사악한 범죄행위도 기꺼이 눈감아주었다.
11. 사이비 주 의회는 미국 전역의 어떤 남자 시민이라도 (즉 미주리 주 남자들) 인두세만 낸다면 캔자스에서 투표하는 것을 합법화했다. 반면에 노예도망자 단속법에 대한 선서를 하지 않는 사람들은 비록 캔자스에 살아도 투표할 수 없게 했다.
12. T. H. 글래드스턴, 『캔자스의 영국인 또는 불법점거자의 삶과 국경 전쟁The Englishman in Kansas or, Squatter Life and Border Warfare』(New York: Miller, 1857), 43쪽.
13. 관련된 역사 기술 문제들에 대한 개요에 관해서는 폰 M. 브로디, 「낙태주의자를 누가 변호하는가?」, 『노예제 반대의 선봉: 낙태주의자들에 대한 새로운 소고The Antislavery Vanguard: New Essays on the Abolitionists』(Princeton, N.J.: Princeton University Press, 1965). 좌파인 마틴 더버만, 스토튼 린드, 하워드 진이 이 책에 글을 썼다.
14. 실제로 내가 이 문장을 쓰고 나서 영화를 보러 갔는데 2002년 영화 〈뉴욕의 갱들〉에서 낙태주의자들을 바로 이런 식으로 조롱한다. 거기서 낙태주의자들은 나약한 자유주의적 개신교 목사와 미국의 현실에서 일어나는 갈등을 전혀 모르는 백인 상류층으로 묘사된다. 영화의 주인공들에게 노예 해방 싸움은 완전한 허튼 소리, 부잣집 정치 개혁가 자유주의자들과 그들의 영원한 친구 소수 인종들이 꿈꾸는 망상이다. 뉴욕의 폭동은 당연한 결과다. 감독 마틴 스콜세지와 그 추종자들은 그 영화가 미국 역사의 깊숙한 진실을 말한다고 믿는다. 그러나 그것이 진정으로 보여주는 유일한 역사 이야기는 1970년대의 강제 버스 통학 반대 소요다. 실제로 그 영화가 미국의 사회적 갈등을 보는 시각—고귀한 백인종에 맞서는 흑인들과 함께하는 부유하고 나약한 개신교도들—은 1972년 보스턴의 강제 버스 통학 반대 세력이 사회 갈등을 바라보는 시

선과 동일하다. 그들에 대해서는 보수 반동 초기를 잘 설명한 J. 안토니 루카스, 『공통점: 세 미국인 가정의 거친 10년의 삶Common Ground: A Turbulent Decade in the Lives of Three American Families』(New York: Knopf, 1985) 참조.
15. 케빈 필립스는 1969년에 퀀트릴의 로렌스 파괴에 대한 오랜 비통함 덕분에 로렌스가 속한 카운티가 나중에 거의 한 세기 동안 "캔자스에서 가장 공화당다운 카운티"였다고 지적했다. 필립스, 『떠오르는 공화당 다수파The Emerging Republican Majority』(New Rochelle, N.Y.: Arlington House, 1969), 주석, 383쪽.

필립에게 캔자스 사람들이 왜 민주당을 그렇게 싫어하는지 묻자 그는 "로렌스에 집이 하나 있는데 그 집 현관문에 총알구멍이 두 군데 있어요. 그 집에 퀀트릴 사람들이 들어왔죠. 그런데 그들이 민주당원들이었어요"라고 말했다.
16. 이것은 어떤 사람이 1998년 6월 19일자 전국유대인공화당협의회가 배포하고 PR 뉴스와이어가 보도한 것을 보고 전에 전화에서 들은 내용을 떠올린 것이다. 캔자스 주의 다른 지역에서는 그런 전화가 여론조사 형태로 걸려왔다. 거기서 그들은 유권자들에게 질 도킹이 유대인지 아느냐고 물었다.

브라운백은 물론 자신이 반유대주의 운동과 전혀 관련이 없다고 주장했다. 그 전화를 건 사람들이 누군지 아직도 밝혀지지 않았다. 브라운백은 또한 이스라엘에 대한 확고한 지지를 표명함으로써 유대인 유권자들에게 다리를 놓았다.
17. 앨런 프람, 「캔자스 상원의원 후보자들, 공화당이 오른쪽으로 너무 많이 갔는지 시험하다」, AP 통신(1996.10.15).

10장 반지성주의의 물결

1. 브룩스 관련: 『천국의 보보스: 새로운 상류층과 그들은 어떻게 거기에 도달했나 Bobos in Paradise: The New Upper Class and How They Got There』(New York: Simon & Schuster, 2000), 14쪽. 림보 관련: 데이비드 브룩스 편집, 『뒤로 그리고 위로: 신보수주의적 저작Backward and Upward: The New Conservative Writing』(New York: Vintage, 1996), 308쪽.
2. 휘태커 챔버스, 『목격자Witness』(New York: Random House, 1952), 793쪽. 챔버스는 과거에 공산주의자였다. 그는 자기 책에서 여러 차례 마르크스 사회학과 반대되는 분석으로 돌아간다. "거의 모든 종류의 좌익 지식인들은 (대개가 전국의 말 많은 지식인들) 대도시의 높은 횃대나 대학의 높은 둥지에 웅크렸다가 갑자기 날개를 펄럭이며 나는 바닷새처럼 떼 지어 급습하고 공중을 맴돌았다. (……) 그리고 거친 울부짖음과 신성모독을 토해내었다. 나는 '공인된 신사' 한 사람을 비난했고 '신사

들의 공모'는 내게 보복하기 위해 결속을 다졌다. 히스를 옹호하는 사람들의 모순과 그들에게서 나는 지독한 속물 냄새."(789~790쪽)
3. 복음주의의 반지성주의 역사에 대해서는 리처드 호프스태터, 『미국의 삶에 나타난 반지성주의Anti-intellectualism in American Life』(New York: Knopf, 1963), 3~5장 참조.
4. 에런라이크, 『추락의 공포』, 139쪽.
5. 브링클리가 한 일에 대해서는 R. 앨턴 리, 『존 R. 블링클리의 기괴한 이력The Bizarre Careers of John R. Brinkley』(Lexington: University Press of Kentucky, 2002-115쪽에서 인용); 클럭스턴, 『민주주의의 건달들』; 프랜시스 W. 슈러벤, 『혼돈 속의 캔자스Kansas in Turmoil: 1930~1936』(Columbia: University of Missouri Press, 1969) 참조.
6. 루커 관련: 크리스틴 루커, 『낙태와 모성의 정치학Abortion and the Politics of Motherhood』(Berkeley: University of California Press, 1985), 2, 4장 참조. 법정 조언자의 의견서와 관련해서는 루커, 142쪽 참조. 루커는 낙태 개혁과 '로우 대 웨이드'가 낙태 논쟁에서 의학 전문가들이 배제됨으로써 서로 다른 의견을 가진 비엘리트 유권자들 사이의 정치적 경쟁이 되고 말았다고 주장한다. 그러나 낙태 반대 운동은 그 논쟁에서 다양한 전문가들의 역할을 확대할 것을 주장한다. 두 명의 신문기자 관련: 라이즌과 토머스, 『천사의 분노』, 34쪽.
7. 라이즌, 토머스, 『천사의 분노』, 11, 14쪽.
8. "오늘의 의견은 법원의 산물이다. 그것은 이른바 동성애 의제에 찬성한 법률 전문가 문화의 산물이다"라고 스컬리어는 '로렌스 대 텍사스' 소송의 유명한 반대 의견에 이렇게 썼다. "따라서 동성애 활동가들은 전통적으로 동성애 행위에 따라붙었던 도덕적 비난을 없애는 방향으로 그 의제를 널리 알렸다. 나는 앞서 미국 법학대학원협회가 동성애 행위에 연루된 것으로 밝혀진 사람을 변호사로 고용하지 않는다는 규정을 (아무리 작은 규모일지라도) 법무법인 취업 면접에 넣는 것에 반대하는 대학원은 회원 자격을 박탈하라고 특별히 언급했다."

쿨터 관련: 이것은 2003년 12월 3일자 쿨터의 칼럼인데 매사추세츠 대법원이 남성동성 결혼을 합법화한 것에 대한 반발로 쓴 것으로 추정된다. 거기서 그녀는 자유주의자들이 기본적으로 법의 지배를 포기했다고 주장한다. 그녀는 매사추세츠 법원장이 "대법원에서 남성 동성 결혼을 인정한다면 나도 내 칼럼에서 그것을 선포할 수 있다"고 하면서 법원의 사법적 권위를 정면으로 거부한다. 쿨터의 칼럼은 http://www.anncoulter.com에서 볼 수 있다.

9. 에버렛 쿠퍼, 프랜시스 쉐퍼, 『인류에게 무슨 일어났을지라도?Whatever Happened to the Human Race?』(Westchester, Ill.: Crossway Books, 1983), 42쪽. 이 책은 1980년대 낙태 반대 운동에 가장 영향을 많이 끼친 책 가운데 하나였다. 에버렛 쿠퍼는 레이건 대통령의 공중위생국장이 되었다. 무엇보다도 이 책은 저자들이 믿는 의학 전문가의 정당한 역할에 대한 고려가 그들의 전문 분야의 범위를 지나치게 넘어섰다.

10. 실제로 잭 캐실의 트랜스월드항공 800편 관련 주장 가운데 가장 설득력 있는 부분은 언론계의 위선에 대한 공격이다. 캐실과 함께 관련 책을 쓴 독립 탐사전문가 제임스 샌더스가 그 비행기가 미사일에 맞아 격추되었다고 믿을 만한 확실한 증거를 발견했을 때 주류 언론계는 그를 거부했다. 마침내 미 법무부는 비행기 잔해의 일부를 훔치기 위해 공모한 혐의로 그를 고발했다. 대개 언론인들은 수정헌법 1조의 권리(언론, 종교, 집회의 자유—옮긴이)를 극도로 중요하게 여기지만 이 경우에는 샌더스를 지원하지 않았다. 이것은 거대한 뉴스 조직에 속하지 않는 사람들은 언론인으로서 최소한의 대접이나 존중도 받지 못한다는 것을 보여주는 명백한 증거다. 그 책에 나오는 또 다른 사건은 이 점을 더 냉정하게 보여준다. FBI 기자 회견에서 "기자들 중 한 텁수룩한 인물"로 묘사된 한 남자가 사건의 실체를 밝히는 아주 핵심적인 질문을 하자 FBI 책임자는 경비원들에게 그 남자를 회견장 밖으로 끌어내라고 명령했다. 거기에 있었던 한 기자는 "FBI의 어리석은 행동에 대해서 뭔가 매우 미심쩍은 것이 있었다"고 썼다. 그러나 그 동료 기자들은 아무도 항의 한 마디 하지 않았다. 캐실, 샌더스, 『선제 공격』, 89, 137, 140, 205, 212쪽.

얄궂게도 언론인의 전문성 강조는 거꾸로 경제에 대한 언론의 자유를 잃게 만드는 문화적 요소가 되었다. 언론학자 로버트 맥체스니가 지적한 것처럼 전문가의 정통성과 전문기술에 대한 강조는 주류 언론이 뉴스를 주정부와 연방정부 관리들, 경쟁 정치인들이 하는 일로 한정하게 했다. 따라서 경제계는 심층적으로 파고들고 일반 대중이 주목해야 할 정당한 대상에서 제외된다. 맥체스니의 지적대로 언론이 이렇게 경제계에 대한 감시를 게을리 한 대가로 엔론이나 월드컴 파산과 같은 값비싼 붕괴를 초래할 수밖에 없었다. 맥체스니, 『언론의 문제』, 2장.

11. 제임스 W. 로웬, 『선생님이 내게 한 거짓말: 당신의 미국 역사교과서에서 틀린 모든 것Lies My Teacher Told Me: Everything Your American History Got Wrong』 (New York: New Press, 1995), 25, 288쪽.

12. 캐실, 『2006년』, 84쪽.

13. 심지어 이것도 지적 설계의 사례다. 캔자스의 보수 우파들은 이것을 진화에 대한 다

당하고 합리적이고 학문적으로 인정된 비판이라고 굳게 믿는다. 지적 설계는 종교적이고 정치적인 용어들과 분리되는 순간 예리한 비판에 견디지 못하고 와해된다. 고생물학자 케빈 패디언 비평집 《지적 설계 창조론과 과학 비평Intelligent Design and Its Critics in Science》(2002.3.29) 참조.

14. "하느님에 대한 전쟁" 관련: 이 부분은 나중에 나오는 지적 설계 학술회의에서 배포된 소책자에 나온다. 존 D. 모리스, 「데이턴 사기」, 『범위: 시험 중인 창조Scopes: Creation on Trial』(Green Forest, Ark.: Master Books, 1999), 31쪽. "이교도 종교" 관련: 1999년 캔자스 과학 교과과정 작성에 도움을 준 미주리 주 단체인 중서부 지역 창조과학협회 회장 톰 윌리스가 쓴 (1995년 19월 10일자) 전단 「진화론은 과학인가?」 주석 4번에 나온 '쐐기' 문서도 참조. 폴 애커먼, 밥 윌리엄스, 『캔자스 토네이도: 1999년 과학 교과과정 기준 전투Kansas Tornado: The 1999 Sceince Curriculum Standards Battle』(El Cajon, Calif.: Institute for Creation Research, 1999), 6쪽.

15. 브룩스, "약간 나눌 수 있는 하나의 나라." 브룩스는 진화론자들에 대해서 개인적으로 이런 생각을 하는 것처럼 보인다. 그러나 실제로 진화론자들에게 자동차에 다윈물고기를 붙이는 이유를 물어보면 그들은 브룩스의 생각과는 정반대의 이유를 대답한다. 한 조지아 대학 교수는 실제로 다윈물고기를 차에 붙이고 다니는 사람들을 조사한 결과 그들 가운데 많은 사람들이 "종교의 공격에 맞서 싸우기 위한 박해받는 무신론자들의 일종의 방어수단"으로 다윈물고기를 생각한다는 것을 알아냈다. 다윈물고기 연구와 관련된 신문기사에는 다윈물고기를 상류계급의 상징이나 지적 우월감을 나타내기 위한 것으로 생각하는 사람에 대한 언급이 없다. 캐롤 개석 윤, 「물에서 나온 물고기의 뜻밖의 진화Unexpected Evolution of a Fish Out of Water」, 《뉴욕타임스》(2003.2.11).

16. 캐실, 「자연도태 선거」, 《위클리 스탠더드》(2000.7.31).

17. 애커먼, 윌리엄스, 『캔자스 토네이도』, 15, 19, 23, 27쪽.

18. 《캔자스시티 스타》 1999년 8월 25일자, 1999년 10월 21일자 존 알티보그트 칼럼.

19. 이러한 주장 가운데 3가지는 『캔자스 토네이도』에 나온다.(6, 7, 11쪽 참조) "독단적이고 편협하다"는 말은 캔자스 교육위원회 위원장이었던 린다 홀로웨이가 그 역사적 결정을 내릴 때 썼던 말이다. 전문 저널의 편향성은 지적 설계 운동이 자주 토로하는 불평으로 그들은 지적 설계를 창조론이 학문적으로 인정을 받은 것이라고 본다. 조나단 웰스, 「지적 설계론자는 학계의 편견을 보여주는 것이 바로 '캐치-23'이라고 비난한다」, 《과학 신학 연구 뉴스와 기회》(July-August 2002). 또한 웰스가 《아메리칸

스펙테이터》(December 2000-January 2001)에 쓴 관련 논문 참조.
20. 이스터브룩은 과학계가 지적 설계론의 도전에 직면해서 스스로 의문을 차단하려고 애썼다고 믿는 게 틀림없다. 「새로운 근본주의」, 《월스트리트저널》(2000.8.8).
21. 이런 추론이 가능할 것이다. 보수 우파들이 행동을 개시하기 전에 캔자스 주가 생각했던 과학 교과과정 기준은 "철학적 자연주의 세계관을 캔자스의 공식적으로 인정된 과학 교육으로 정립하려는 (……) 시도"를 그대로 적용하는 것이었다. 그래서 캔자스의 선한 부모들은 이러한 사악한 강요에 대해서 단호하게 아니라고 말했다. (애커먼, 윌리엄스, 『캔자스 토네이도』, 21쪽; 44쪽도 참조) 또 어떤 사람들은 자유주의자들이 책임 있는 행동을 했다고 주장한다. 이를테면 존 알티보그트는 교육위원회의 공로를 논의하는 공개토론회에서 "이것이 좌파가 여태껏 했던 것에서 가장 무례하지 않은 행동 가운데 하나였다"고 말했다.(《캔자스시티 스타》, 1999.9.16)
    캔자스의 보수 우파들은 대개 진화론의 모든 혼란이 오만한 과학자들에게서 비롯되었다고 생각한다. 하지만 그들 자신이 1996년 캔자스 공화당 강령과 1998년 강령에서 다시 한번 "진화론을 뒷받침하는 과학적 사실들이 진화론과 동등한 기반에 서 있다"는 것을 지지한다고 선언함으로써 스스로 모순에 빠지고 말았다. 교육위원회 결정은 1999년 8월까지 확정되지 못했다.
22. 《캔자스시티 스타》, 1999년 8월 25일자, 1999년 9월 8일자 알티보그트 칼럼.
23. 캐실, 「당혹스러운 주」, 《잉그램스》(2000.7). 캐실, 「자연도태 선거」.
24. 홀로웨이는 선거에서 떨어졌다. 전단과 함께 배포된 편지는 "'중도파'라고 주장하는 사람들의 매우 편협하고 무자비한 모습을 보여주었다. 자유주의 교육과 정치 제도는 왜 진화론이라는 우상의 소를 그다지도 지키려고 하는가? 진실을 말하자면 진화론은 과학보다는 혁명과 사회주의, 세계정부에 대한 정치적 중립과 더욱 관련이 깊다!"고 써 있다. (원문 그대로임) 이 전단과 편지는 주류 연합의 문서보관소에서 찾음.
25. 캐실은 2000년 7월 캔자스시티 기업 잡지 《잉그램스》의 경영진 앞에서 이렇게 했다.
26. "확실한 증거"와 "세 명의 멋진 기독교 여성들"을 돌연변이로 묘사한 글의 전문은 지적 설계 운동의 지도자인 필립 존슨의 웹사이트에서 볼 수 있다.
    http://www.arn.org/docs/pjweekly/pj_weekly_010702.htm.

11장 엉뚱한 곳에 분노하는 사람들
1. 클럭스턴, 『민주주의의 건달들』, 20, 21쪽.
2. "KFL의 사무총장 데이비드 기트리치는 '그(브라운백)가 처음 입후보했을 때 낙태를 찬성하는 입장이었다'고 말했다." 마이크 핸드릭스, 「초기 브라운백을 사로잡은 정

치」,《캔자스시티 스타》(1996.10.27).

브라운백은 초기에 전통적인 중도파 공화당원에 가까웠다. 1993년 결국 브라운백을 캔자스 주 농무부에서 내쫓은 소송이 제기되자 중도파 신문《토피카 캐피탈-저널》1면에 그의 정치적 전망이 밝다고 하는 기사를 실었다.(당시에 브라운백의 아내 집안이 그 신문사를 소유했다.) 그 기사는 브라운백의 자질을 높이 평가하기 위해서 쉴라 프람과 같은 중도파 사람들의 칭찬하는 말들을 많이 인용했다. 쉴라 프람은 1996년에 그가 연방 상원의원에 나가기 위해서 짓밟아야 할 상대가 되었다.[《토피카 캐피탈-저널》(1993.1.22)]

브라운백은 1994년 연방 하원의원에 처음으로 입후보했을 때 "미국 국민과의 약속"을 지지하지 않았다. 그는 그러한 거부 덕분에 양식 있는 중도파 공화당원으로 인정받았다.(《위치토 이글》은 1994년 9월 29일자 기사에서 그의 행동을 칭찬하는 논설까지 게재했다.) 그러나 브라운백은 워싱턴에 입성하자 정치적 입장을 바꾸고 '신연방주의자'라는 모임을 이끌었다.

3. 사회학자 제리 램브케는 "국내의 배신때문에 패배한 전쟁으로 기억되는 베트남은 앞으로 더 많은 전쟁과 더 많은 참전용사 세대들을 위해 반드시 복수해야 할 오늘날의 알라모가 되었다"고 쓴다. 렘브케는 반전 시위대에게 멸시당하는 참전용사들에 대한 익숙한 이야기들을 폭로하는 책인『자화상: 신화, 기억, 그리고 베트남의 유산The Spitting Image: Myth, Memory, and the Legacy of Vietnam』(New York: New York University Press, 1998)을 썼다.

4. 데이비드 울리트,「더 높은 원칙: 클라인: 의원들은 양심을 따라야 한다」,《토피카 캐피탈-저널》(2002.7.8)에서 모두 인용.

5. 이스라엘 일간지《하레츠》2003년 6월 26일자 기사에 따르면 부시는 팔레스타인 수상에게 "하느님이 내게 알카에다를 공격하라고 명했고 나는 그렇게 했습니다. 그다음에 하느님은 사담을 치라고 해서 그렇게 했습니다. 이제 나는 중동문제를 풀기로 결심했습니다"라고 말했다.

6. 민주당 사람들의 가식적 신앙심을 조롱하는 보수주의자들 관련: 또다시 파렴치한 앤 쿨터의 2004년 1월 7일자 칼럼「예수 생각」을 참조. "민주당 사람들은 어떤 것을 믿는 것에 대해서 절대로 말하지 않는다. 그들은 어떤 것에 대한 가식적인 믿음에 대해서 말한다. 미국인들은 지금 우리가 믿지 않는 이 쓰레기 같은 미친 신을 믿는다. 어떻게 하면 그들에게 우리가 하느님을 믿는다고 속일 수 있을까? 이것은 민주당 사람들이 정상적인 사람들의 생각을 얼마나 일상적으로 멸시하는지를 잘 보여준다." 로라 잉그램과 할리우드 관련: 「데이비드 프럼의 일기」,《내셔널 리뷰 온라인》(2003.9.22) 참조.

7. 알 프랭큰이 수집한 쿨터의 오류 목록은 『거짓말과 거짓말쟁이: 우파에 대한 공정하고 균형 잡힌 모습Lies and the Lying Liars Who Tell Them: A Fair and Balanced Look at the Right』(New York: Dutton, 2003), 2~3장 참조.

에필로그: 세상의 정원에서

1. 에런라이크, 『추락의 공포』, 196쪽.
2. E. J. 디온은 "각성한 상류계급이 자유주의를 구할 수 있었다는 생각은 자유주의자들의 가장 중대한 실수 가운데 하나였다. 이러한 견해는 가장 기본적인 선거 결과를 무시했다. 고소득 유권자들은 그들의 경제적 이해관계에 따라 투표하며 따라서 그들 대다수는 대개의 경우 보수주의자를 지지한다. 자유주의자들이 백인 저소득층의 표 대신에 '양심 있는 사람들'의 표를 얻을 수 있을 것이라고 기대하는 것은 잘못이다."(『미국인들이 정치를 혐오하는 이유』, 12, 89~90쪽.)

    1972년 시카고 일간지 칼럼니스트 마이크 료코도 같은 생각을 한다. "백인을 포기하고 시카고 민주당을 개혁하려는 사람이 있다면 그는 위를 비워서 살을 빼려는 사람과 같다." 마이크 오플레어티, 세스 샌더스, 「44,000,000명의 로널드 레이건 표가 틀렸을 수 없다!」, 《배플러》 15(2002), 85쪽에서 인용.
3. 노조의 투표 행태에 대한 통계는 AFL-CIO가 의뢰하고 피터 D. 하트 조사기관이 수행한 연구인 "2000년 노조 유권자 조사"에 근거한 것이다. 노조원들이 가장 중요하지 않다고 생각하는 선거 의제는 도덕적 가치, 세금, 총기 순이었다. 짐 맥닐의 자료 도움을 받았다.
4. 캔자스의 농촌 지역을 가난하게 만든—소도시 상권을 파괴하고, 점원 임금을 낮추고, 농산물 가격 체계를 무너뜨리고 노동법을 수없이 위반하는—월마트 같은 대형 유통업체의 횡포에 대한 데이비드 브룩스의 여러 글들을 참조. 브룩스는 2002년 6월 9일자 《뉴욕타임스 매거진》에 월마트를 비롯한 대형 할인매장들을 거론하며 "그런 곳들 가운데 한 곳에 가보라. 그곳은 미국 중산층의 천국이다. 당신이 원하는 것을 모두 도매가로 살 수 있다. 행복한 인생"이라고 썼다.

함께 읽으면 좋은 갈라파고스의 책들

『왜 세계의 절반은 굶주리는가?』
—유엔 식량특별조사관이 아들에게 들려주는 기아의 진실
장 지글러 지음/ 유영미 옮김/ 우석훈 해제/ 주경복 부록/ 202쪽/ 9,800원
* 한국간행물윤리위원회, 책따세 선정도서/ 법정스님, 한비야 추천도서

120억의 인구가 먹고도 남을 만큼의 식량이 생산되고 있다는데 왜 하루에 10만 명이, 5초에 한 명의 어린이가 굶주림으로 죽어가고 있는가? 이런 불합리하고 살인적인 세계질서는 어떠한 사정에서 등장한 것일까? 그 책임은 누구에게 있을까? 학교에서도 언론에서도 아무도 알려주지 않는 기아의 진실! 8년간 유엔 인권위원회 식량특별조사관으로 활동한 장 지글러가 기아의 실태와 그 배후의 원인들을 대화 형식으로 알기 쉽게 조목조목 설명했다.

『탐욕의 시대』
—누가 세계를 더 가난하게 만드는가?
장 지글러 지음/ 양영란 옮김/ 364쪽/ 15,000원

세계는 왜 점점 가난해지는가? 이 세계의 빈곤화를 주도하는 자들은 누구이며 부의 재편은 어떤 방식으로 이루어지는가? 그리고 기아와 부채는 가난한 자들의 발목을 어떻게 옭아매고 있는가? '신흥 봉건제후들'이라 불리는 거대 민간 다국적 기업들과, IMF, IBRD, WTO 등 시장원리주의와 세계화를 맹신하는 신자유주의적 국제기구들, 전쟁과 폭력의 조직을 일삼는 '제국'들, 부패한 권력층의 실체를 고발하고, 그에 대항한 전 세계 시민들의 즉각적인 연대를 촉구하는 장 지글러의 역작.

『빼앗긴 대지의 꿈』
—장 지글러, 서양의 원죄와 인간의 권리를 말하다
장 지글러 지음/ 양영란 옮김/ 312쪽/ 12,800원
* 2008년 프랑스 인권저작상 수상작/ 한국인권재단 선정 2010년 올해의 인권 책

과거 서구 제국주의의 침략과 수탈에 의해 현재까지도 비참한 삶을 이어가고 있는 남반구 22억 사람들의 뼈아픈 기억과 그로 인해 위기에 봉착한 오늘의 세계를 이야기한다.

동시에 서구 열강에 대항해 세계 곳곳에서 기적처럼 되살아나는 연대와 혁명의 움직임까지 장 지글러 특유의 격정과 논리로 강렬하게 포착해내고 있다.

『푸코, 바르트, 레비스트로스, 라캉 쉽게 읽기』
-교양인을 위한 구조주의 강의
우치다 타츠루 지음/ 이경덕 옮김/ 224쪽/ 12,000원

구조주의란 무엇인가에서 출발해 구조주의의 기원과 역사, 그 내용을 추적하고, 구조주의의 대표적 인물들을 한자리에 불러 모아 그들 사상의 핵심을 한눈에 들어오도록 정리한 구조주의에 관한 해설서. 어려운 이론을 쉽게 풀어 쓰는 데 일가견이 있는 저자의 재능이 십분 발휘된 책으로, 구조주의를 공부하는 사람이나 구조주의에 대해 알고 싶었던 일반 대중 모두 쉽고 재미있게 읽을 수 있는 최고의 구조주의 개론서이다.

『지식의 역사』
-과거, 현재, 그리고 미래의 모든 지식을 찾아
찰스 밴 도렌 지음/ 박중서 옮김/ 924쪽/ 35,000원
* 한국간행물윤리위원회 선정도서/ 한국경제신문, 매일경제, 교보문고 선정 2010년 올해의 책

문명이 시작된 순간부터 오늘날까지 인간이 생각하고, 발명하고, 창조하고, 고민하고, 완성한 모든 것의 요약으로, 세상의 모든 지식을 담은 책. 인류의 모든 위대한 발견은 물론이거니와, 그것을 탄생시킨 역사적 상황과 각 시대의 세심한 풍경, 다가올 미래 지식의 전망까지도 충실히 담아낸 찰스 밴 도렌의 역작이다.

『촘스키처럼 생각하는 법』
-말과 글을 단련하고, 숫자, 언어, 미디어의 거짓으로부터 나를 지키는 기술
노르망 바야르종 지음/ 강주헌 옮김/ 352쪽/ 13,500원

생각의 주인으로 살고 싶은 교양인을 위한 지적인 자기방어법 강의. 언어, 수학, 심리학, 과학, 미디어 등 각 분야를 두루 살펴가며, 비판적 사고를 하는 데 필요한 거의 모든 지식을 꼼꼼하게 정리했다. 여론 조작, 정치인의 허튼소리, 광고의 속임수, 미디어의 정보 조작을 꿰뚫어 볼 수 있는 도구들을 제공하는 책.

왜 가난한 사람들은 부자를 위해 투표하는가
캔자스에서 도대체 무슨 일이 있었나

1판 1쇄 발행 2012년 5월 25일
1판 13쇄 발행 2025년 4월 23일

지은이 토마스 프랭크 | 옮긴이 김병순
기획 임병삼 | 편집 김지환 백진희 | 표지 디자인 이승욱

펴낸이 임병삼 | 펴낸곳 갈라파고스
등록 2002년 10월 29일 제13-2003-147호
주소 03938 서울시 마포구 월드컵로 196
대명비첸시티 801호
전화 02-3142-3797 | 전송 02-3142-2408
전자우편 book@galapagosp.com

ISBN 978-89-90809-43-8 03340

갈라파고스 자연과 인간, 인간과 인간의 공존을 희망하며, 함께 읽으면 좋은 책들을 만듭니다.